Das Jahrtausend im Spiegel
der Jahrhundertwenden

Das Jahrtausend im Spiegel der Jahrhundertwenden

Herausgegeben von
Lothar Gall

Propyläen

Die Deutsche Bibliothek – CIP-Einheitsaufnahme

Das Jahrtausend im Spiegel der Jahrhundertwenden / hrsg. von
Lothar Gall. – Berlin : Propyläen, 1999
ISBN 3-549-05779-2

Satz: Utesch GmbH, Hamburg
Druck und Verarbeitung:
Wiener Verlag, Himberg bei Wien
ISBN 3 549 05779 2
Printed in Austria 1999

Gedruckt auf alterungsbeständigem Papier
mit chlorfrei gebleichtem Zellstoff

Inhalt

Lothar Gall
Einleitung 7

1000
Johannes Fried
Ritual und Vernunft –
Traum und Pendel des Thietmar von Merseburg 15

1100
Hagen Keller
Am Scheideweg – die lateinische Christenheit
im Richtungsstreit 65

1200
Kaspar Elm
Innozenz III.: das Papsttum auf der Höhe
seiner Macht 107

1300
Jürgen Miethke
Das »Jubeljahr« Bonifaz' VIII.:
päpstlicher Anspruch auf Weltgeltung 137

1400
Peter Moraw
Papstschisma und Krise der Monarchien 177

1500
Heinz Schilling
Neue Welten und die Spaltung der Kirche –
die »Zeit der Reformationen« 205

1600
Paul Münch
Ordnungen im Umbruch – Angst und Vernunft 241

1700
Rudolf Vierhaus
Zwischen »Alteuropa« und »Moderner Welt« 285

1800
Lothar Gall
Aufbruch in die Moderne: Revolution oder Reform? 313

1900
Klaus Hildebrand
»Was das 19. Jahrhundert Alles brachte« oder
»Die gute neue Zeit« 343

2000
Gustav Seibt
Endliche Welt, kein Ende der Geschichte 379

Die Autoren 419

Auswahlbibliographie 421

Personenregister 426

Einleitung

Das 20. Jahrhundert ist, so scheint es, bereits geraume Zeit vor seinem kalendarischen Abschluß an sein Ende gelangt. Man spricht, in Abhebung von dem langen 19. Jahrhundert, das 1789 begann und erst 1914 endete, mittlerweile von dem kurzen 20., das mit den welthistorischen Umbrüchen des Jahres 1989 seinen Abschluß gefunden habe. Seither sei man in ein neues Zeitalter, in eine neue Epoche eingetreten. Über ihren Charakter, über ihre Perspektiven herrscht allerdings tiefe Unsicherheit. Überall sehen wir die Gegenwart nicht so sehr unter dem Aspekt des Künftigen, des Anfangs, im Lichte von Hoffnungen und Erwartungen, sondern unter der Kategorie des Abschlusses, an ihr Ende gekommener Entwicklungen, Vorstellungen, Zielvorstellungen. Das Ende der dualistischen Blockbildung, das weitgehende Verschwinden des Kommunismus als politisches, wirtschaftliches und gesellschaftliches Gegenbild und Gegenmodell zu den Lebens- und Daseinsformen der sogenannten westlichen Welt, das Erlöschen der darauf gegründeten Hoffnungen und Erwartungen scheint zugleich auch im gegnerischen, im westlichen Lager die Vorstellung vom dialektischen Charakter des historischen Prozesses aufgelöst zu haben. Zuspitzend ist zeitweise vom »Ende der Geschichte« die Rede gewesen. Gemeint war damit das Ende der Geschichte in ihrer bisherigen Form, als Kampf gegensätzlicher Zukunftsmodelle. Mit dem Sieg des einen habe die Geschichte selbst ihr Gesicht verändert, sei zu einer Geschichte nach dieser Geschichte, zur »posthistoire« geworden. Diese werde ganz anderen Regeln und Gesetzen folgen. Insofern stehe man am Ende des Jahrtausends dann doch an einer wirklichen Zeitenwende.

Auch wo man diese Zuspitzung der Idee einer radikalen Trennung der Gegenwart und der Zukunft von der Vergangenheit nicht teilt, dominiert doch weithin die Idee des Endes, des Abschlusses einer Epoche. Und nicht nur das. Wenig von dem, was zumal in der ersten, aber zum Teil auch noch in der zweiten Hälfte des Jahrhunderts dessen Entwicklung und Dynamik bestimmt hat, hält man für wert, in das neue Jahrhundert, das neue Jahrtausend mitgenommen zu werden. Zwar bezweifelt niemand, daß das neue in tausendfältigen Beziehungen an das alte Jahrhundert anknüpfen und auf ihm aufbauen wird – angefangen vom Alltag über die Einrichtungen und Institutionen von Politik, Wirtschaft, Gesellschaft und Kultur bis hin zur Wissenschaft und zu den Weltbildern –, aber insgesamt dominiert doch die Idee des Abschieds und der Trennung von diesem wenig glücklichen, ja zerstörerischen Jahrhundert. Der Gedanke ist weit verbreitet, seinen Abgründen mit knapper Not entronnen zu sein.

Das färbt auch, so glücklich sich für viele Menschen zumal der sogenannten westlichen Welt die Lebensumstände entwickelt haben, das Bild der Zukunft. Tief sitzt der Schock der Enttäuschung der zu Beginn unseres Jahrhunderts noch so mächtigen Zukunftserwartungen, die Klaus Hildebrand in seinem Beitrag nachzeichnet. Die Desillusionierungen vielfältiger Art in seinem Verlauf bestimmen heute das Bild dieses Jahrhunderts. Aber selbst die Idee der Befreiung aus den Fesseln des Jahrhunderts verliert ihre belebende, zukunftseröffnende Kraft. Die Verbindung zwischen »Zukunft« und »Fortschritt« scheint an seinem Ende weitgehend gelöst. Zukunft, das bedeutet Veränderung, immer raschere und radikalere Veränderung aller Lebensumstände, immer rascherer Abschied von der Vergangenheit. Aber mit welchem Ziel, in welchem übergreifenden Sinnzusammenhang, das bleibt unklar. Zwar dominiert vordergründig die Magie der runden Zahl, die an diese geknüpfte Idee des Umbruchs und Neuanfangs mit dem Übergang in ein neues Jahrhundert, das zugleich ein neues Jahrtausend eröffnet. Aber untergründig wird dieser Übergang – ganz anders als vor einhundert Jahren – von Skepsis, von Zweifeln, von einem gebrochenen Verhältnis zu Zukunftsverheißungen und Fortschrittsideen bestimmt.

Ist dies ein Signum des ausgehenden 20. Jahrhunderts, Produkt seiner Erfahrungen und Enttäuschungen? Oder markiert es die Rückkehr zu dem, was vor dem 18. Jahrhundert, vor dem Zeitalter der Aufklärung und seiner säkularen Fortschrittsidee das Normale, die Regel war? Wie haben sich die Menschen in dem nun zu Ende gehenden Jahrtausend an der Wende der Jahrhunderte jeweils die Zukunft im Licht und unter dem Eindruck der Erfahrungen der jeweiligen Vergangenheit, des jeweiligen Jahrhunderts vorgestellt? Elf Historiker haben sich die Frage für »ihr« Jahrhundert gestellt und sie im Licht ihres je spezifischen Ansatzes und historiographischen Temperaments hin- und hergewendet. Mit ganz unterschiedlichen Erfahrungen, Umständen, geschichtlichen Bewegungen, auch mit ganz verschiedenen Grundauffassungen und Mentalitäten hatten sie es dabei zu tun. Der eine betont mehr die Distanz, das Fremde, die nur mit subtilen Methoden zu erschließende Auffassungs- und Betrachtungsweise der damaligen Zeitgenossen, der andere das Vergleichbare, sich direkt Erschließende im Rahmen eines sehr verschiedenartigen Kontextes von Zeitumständen und historischen Gegebenheiten. Gemeinsam aber kommen sie zu dem Ergebnis, daß vor dem 17., ja dem 18. Jahrhundert Geschichte in der christlichen Welt nur heilsgeschichtlich-teleologisch betrachtet wurde, nicht aber in irdisch-säkularer Hinsicht, und daß damit auch die Idee der an ein Jahrhundertende geknüpften Zeitenwende höchstens in diesem Rahmen, in überweltlich-chiliastischen Vorstellungen, nicht aber unter Bezug auf die irdische Geschichte eine Rolle spielte. Erst der Wechsel vom 18. zum 19. und dann vor allem derjenige vom 19. zum 20. Jahrhundert war von dieser Idee bestimmt, wie überhaupt erst hier der Gedanke von der Geschichte als einem einheitlichen und voranschreitenden Prozeß konzipiert und verbreitet wurde. In ihm ruhte die Vorstellung von Zäsur, Bilanz und Neubeginn, die sich an das Ende eines Jahrhunderts und den Beginn eines neuen knüpfte, überwiegend optimistisch gefärbt zu Beginn des 19. und dann vor allem des 20. Jahrhunderts, pessimistisch heute, an dessen Ende.

So ist der Charakter der einzelnen Beiträge vor und nach der Wende des 18. Jahrhunderts denn auch ganz verschieden ausgefallen. Diejenigen über den Beginn des 19. und des 20. Jahrhunderts handeln von den Erwartungen und Perspektiven der jeweiligen Zeitgenossen vor dem Hintergrund der tatsächlichen Entwicklung der folgenden Jahre und Jahrzehnte, demjenigen über unser ausgehendes Jahrhundert von Gustav Seibt fehlt dieser Hintergrund. Für die Jahrhunderte davor aber gilt, daß die Zäsur der Jahrhundertwechsel nicht nur sehr viel weniger als solche empfunden und registriert wurde, sondern auch und vor allem, daß dabei der Gedanke des Fortschritts kaum eine Rolle spielte, also Veränderungen und der Wandel der Verhältnisse nicht von ihm her und mit Blick auf ihn betrachtet und interpretiert wurden. Nicht das Neue vom Alten abzusetzen, sondern Neues in bekannte Muster einzuordnen und beides auf eine heilsgeschichtlich definierte Ordnung zu beziehen, war die weithin vorherrschende Tendenz. Reform, Reformation, auch Revolution wurden zunächst verstanden als Anläufe zur Rückkehr zu einer von Gott begründeten und bestimmten Weltordnung und wurden entsprechend interpretiert, auch wenn sie faktisch in ganz neue Verhältnisse führten. Dementsprechend war der Blickwinkel, die Blickrichtung eine grundsätzlich andere, als sie uns und damit auch dem rückblickenden Historiker unserer Zeit eigen ist. Dieser interpretiert gemeinhin den Wandel, die Veränderung als einen voranschreitenden Prozeß. Er projiziert die Veränderung gewissermaßen auf eine lineare Zeitachse, verfolgt die Auseinandersetzung zwischen den Kräften der Beharrung und der Bewegung. So gewinnt auch von daher ganz natürlicherweise die historiographische Perspektive, die Bilanz des Nachgeborenen die Oberhand über die zeitgenössische Einschätzung und Interpretation, die von ganz anderen Voraussetzungen und Sichtweisen ausging.

Das Mittelalter in seiner Andersartigkeit, ja Fremdartigkeit aufzuzeigen und zugleich Wege zu seinem Verständnis zu bahnen, hat sich der erste Beitrag, der Beitrag von Johannes Fried über die erste Jahrtausendwende unserer Zeitrechnung, zum Ziel gesetzt. Er unterstreicht zugleich die Grenzen unserer eigenen, an Rationalität und Fortschrittsdenken gebundenen Sicht, die dazu neigt, ihre eigenen Denkkategorien gleichsam zu abstrahieren und sie dem bloßen Zeitablauf selbst zu substituieren. Die folgenden Beiträge gehen die Sache pragmatischer an, indem sie von »ihrem« Jahrhundertwechsel her zurückblickend und vorausschauend die Bilanz zwischen Alt und Neu, zwischen Beharrung und Wandel zu ziehen versuchen und dabei zugleich den heutigen Blick, die heutige Einschätzung in den Mittelpunkt rücken. Dabei konzentrieren sich einige wie Kaspar Elm im Hinblick auf den säkularen, alles beherrschenden Konflikt zwischen Kaiser- und Papsttum zwischen dem 12. und 13. Jahrhundert auf zentrale, die Epoche bestimmende Vorgänge und Entwicklungen. Andere wählen eine sehr viel weitere Perspektive, wie Peter Moraw, der die tiefe gesellschaftliche, wirtschaftliche und politische Krise zwischen dem 14. und dem 15. Jahrhundert ins Zentrum seiner Betrachtungen stellt. Wieder andere zeichnen ein die Summe der Veränderungen bilanzierendes und akzentuierendes, breit gefaßtes Porträt des ins Auge genommenen Zeitraums, so Hagen Keller für die zweite Hälfte des 11. und die erste des 12. Jahrhunderts oder Heinz Schilling für das 15. und 16. Jahrhundert. Im einzelnen bestimmen dabei Quellenlage und Forschungsstand den Blickwinkel und die Schwerpunktbildung ebenso wie die spezifische Interessenausrichtung und übergreifende Fragestellung des einzelnen Historikers. Das macht die Vielgestaltigkeit und Vielfarbigkeit und damit den besonderen Reiz des Ganzen aus.

Gemeinsam aber ist ihnen bis ins 17., ja bis ins 18. Jahrhundert, wie gesagt, der Befund, daß die Idee eines an die Abstraktion der bloßen Zahl gebundenen Zeitenwechsels ein spezifisches Produkt der Neuzeit, der letzten drei Jahrhunderte ist und ihrerseits eine epochenspezifische Haltung und Vorstellung widerspiegelt: die sich bei dieser Gelegenheit mächtig steigernde, aber stets präsente, wachsende Erwartung einer in der Vergangenheit zwar vorbereiteten, aber sich von ihr zugleich grundlegend unterscheidenden und von ihr sich in immer rascherem Tempo entfernenden Zukunft. Selbst die Proklamation des Jahres 1300 durch Papst Bonifaz VIII. am 22. Februar 1300 zu einem »annus jubilaeus«, zu einem »Jubeljahr«, in dem allen Rompilgern, die sich längere Zeit in der Stadt aufhielten, »vollkommener Ablaß« gewährt wurde, markiert, wie Jürgen Miethke in seinem Beitrag zeigt, im Hinblick auf Zeitgefühl und Zukunftserwartung keinen tiefergehenden Einschnitt. Bezeichnenderweise wurde nach der Ausrufung eines neuen »anno santo« im Jahre 1350 die weitere Folge zunächst, nach dem legendären Lebensalter Jesu, auf 33 Jahre festgelegt, also von den kalendarisch »runden« Zahlen gelöst, bis sich diese dann, in Anknüpfung an das alttestamentarische »Jobeljahr«, allmählich durchsetzten – immer bezogen auf Fristen, auf die vorangegangene Zeit, auf eine regelmäßige Zäsur mit Schuldenerlaß und Neuanfang, die man dann äußerlich und formal mit den »runden« Jahreszahlen des Kalenders synchronisierte. Anders gewendet: Bezugspunkte waren und blieben unbeschadet aller Veränderungen und allen Wandels über Jahrhunderte Religion und Tradition und die in ihnen eingeschriebene enge Verbindung von Vergangenheit und Zukunft – auch die Beiträge von Paul Münch und Rudolf Vierhaus über die Wende zum 17. beziehungsweise zum 18. Jahrhundert machen das sehr deutlich. Sie gab der Idee des grundlegend Neuen und einer über den Wechsel der Generationen, einzelner Lebensumstände und Verhältnisse von der Vergangenheit grundsätzlich, gleichsam substantiell wegführenden Zukunft erst ganz allmählich Raum. Und man wird sich am Ende des Jahrtausends, das diese Idee im Zeichen einer revolutionären Veränderung aller Lebensumstände der Menschheit unter Führung ihres westlich-atlantischen Teils in den letzten zwei, drei Jahrhunderten gewaltig gefördert hat, fragen müssen, ob nicht auch sie ganz epochenspezifisch war und in Zukunft wieder mehr der Gedanke der Kontinuität, des kulturellen Zusammenhangs unserer Welt und des Menschengeschlechts auch in vertikaler Hinsicht, im Ablauf der Zeit dominieren wird. Der Rückblick auf ein Jahrtausend europäischer Geschichte legt eine solche Frage, auch wenn sie dem gegenwärtigen Befund und Lebensgefühl widersprechen mag, zumindest nahe.

Lothar Gall

1000

Johannes Fried

Ritual und Vernunft – Traum und Pendel des Thietmar von Merseburg

Thietmars Traum und Franz Moors Bauch – Fragen des Historikers

»Fünf!« Der Mann schreckte aus dem Schlaf. Fünf? – Tage? Wochen? Monate oder Jahre? Zu warten oder zu sterben? – »Fünf!« Ein Wink des Himmels, ein Zeichen. Die zweite Traumbotschaft binnen Monatsfrist! Doch was offenbarte sie? Thietmar, so hieß der Mann, ein sächsischer Aristokrat, Domherr in Magdeburg und Propst des Stiftes Walbeck, war nervös. Hatte er nicht unlängst, wie in Sachsen üblich, gemeinsam mit den Kanonikern die »Gemeine Woche« gefeiert, die Gedenkwoche für die Toten nach Michaeli, als ihm jener erste Traum verkündete: »Binnen Jahresfrist werdet ihr Gottes Auftrag erfüllen: Bischof Hilderich, Dekan Meinrich und du«? Drei Wochen später war der Bischof tot und er selbst, Thietmar, entsetzt. Umgehend hatte er Urlaub vom Dekan erbeten, denselben gewarnt und sich auf sein Landgut zurückgezogen, um allein für sich zu beten und Gott zu bitten, ihm gnädig Gewißheit über sein Schicksal zu geben. Und jetzt diese Antwort. Der Dekan von Walbeck war ihm soeben im Traum erschienen, sein Freund: »›Du willst wissen, was dir in Zukunft heilsam ist?‹ Als er merkte, wie gespannt ich war, schaute er sogleich sorgfältig in sein Buch, ein Martyrolog, ließ schweigend ein Senkblei hinein. Nach langer Zeit kam es zur Ruhe. ›Und jetzt?‹ stieß ich hervor. Drauf er: ›Fünf!‹ Und ich sah die Zahl klar mit Tinte geschrieben und wußte nicht, ob sie Tage, Wochen, Monate oder Jahre meinte. Alsbald fragte ich ihn, ob sie dem zuvor verkündeten Zeitraum oder einem späteren gelte. Doch schweigend wandte er sich ab und verschwand.« – So geschehen in einer Novembernacht des Jahres 1008. Fünf Monate später wurde Thietmar Bischof von Merseburg, erinnerte sich seiner Träume, die so wunderbar in Erfüllung gegangen waren, und nahm sie endlich in seine *Chronik* auf.

Geschichte als Traum? Die wenigsten Historiker geben sich mit Träumen ab. Sie kämen aus dem Bauch und bedeuteten nichts, belehrte sie schon Franz Moor, keinesfalls vom Himmel. Sie verlohnten die Tinte nicht, nicht das Papier, sie zu beschreiben. Thietmar sei eifersüchtig auf die Erneuerung seines kleinen, eben wiedergegründeten Bistums bedacht gewesen; ein Bischof, der schlecht und recht seine Diözese verwaltet, sich an königlichen Heerzügen beteiligt, vielfach mit Grafen und Markgrafen in Fehde gelegen habe, der die Slawen seiner Herrschaft unterworfen, sie zur Taufe gezwungen oder in die Sklaverei verkauft habe, flott mit der Feder, ein Mann, kurzum, der Politik und somit realer Geschichte. Träume hätten da nichts zu vermelden.

Indes, warum notierte Thietmar seine nächtlichen Gesichte? Was wollte er festhalten? Für wen die Vereinigung privater Träume mit der Weltgeschichte? Einleitend und abschließend legte der Bischof von Merseburg die Chronik seinen Nachfolgern zur Lektüre und Fortsetzung ans Herz; doch fand sie mehr Leser. Sie vertreibe den Trübsinn, behauptete er: Träume zur Kurzweil? Zur Erbauung? Ausfluß novellistischen Erzähltalents, ohne Wert für die »eigentliche« Geschichte und die realitätsbeflissenen Historiker von heute? Der geschichtsschreibende Seelsorger forderte ausdrücklich, die Gerechten zu preisen, für die Sünder zu beten. Das gehörte sich so. Träume mithin als Anleitung zu einem christlichen Leben? Zu den Sündern zählte Thietmar eingestandenermaßen sich selbst – ob insgeheim auch zu den Gerechten? Jedenfalls komponierte er seinen Traum vom Pendel geschickt in die Geschichte der Könige und seines Bistums hinein: obwohl Sünder, dennoch nach Gottes Willen Bischof!

Einerlei, ob Wunder oder Gnade, es war ein denkwürdiges Ereignis. Thietmar betrieb die Historie wie niemand vor ihm im Mittelalter. Er sah sich selbst in sie hineingeflochten, mit erheblichen Konsequenzen. »Bin ich auch nur der Schleifstein, der das Eisen und nicht sich selber schärft, so will ich doch kein stummer Hund gescholten werden, will vielmehr den Unkundigen und zumal den Slawen, die mit dem zeitlichen Tod alles zuende sein lassen, von der Gewißheit der Auferstehung und allen Gläubigen von der Wiedervergeltung nach ihren Verdiensten sprechen.« Botschaften von Gott übermittelte er im Gewand einer Chronik, einer Art Predigt in Chronikgestalt, mit Exkursen zur Selbsterfahrung. Vergangenheit und Gegenwart flossen da in eins. Nicht irgendeinen Nachfolger beschwor der Merseburger Bischof, sondern – in emphatischer Steigerung eines Gedankens Gregors des Großen – den Menschen selbst: »Du Mensch, du von Gott mit Ruhm und hoher Würde gekrönter und über alle Seine Werke gesetzter Mensch, danke dem Höchsten!«

Aus älteren Werken mittelalterlicher Historiographie sprach kein schreibendes Ich. Erst gegen Ende des 11. Jahrhunderts entstanden veritable Autobiographien. Allenfalls wäre Rather zu erwähnen, der vertriebene Bischof von Verona, ein Egomane ohne Maß. Doch war er kein Geschichtsschreiber. Thietmar hätte ihn vielleicht als Geistverwandten zu schätzen gelernt, hätte er ihn oder sein Werk gekannt. In Briefen und auf Blatträndern irgendwelcher Handschriften räsonierte Rather über sich, gewöhnlich in eiliger Schrift, oft schwer zu entziffern, wohl gar nicht für andere bestimmt, dennoch der Schrift übergeben. »Was ich einst war, und was ich jetzt bin, was ich nicht war, und was ich nicht bin, was ich sein soll und sein sollte, das will ich erkennen und kann es nicht erkennen; ich denke darüber nach, wodurch, wo und wie ich mir diese Blindheit zugezogen habe.« Auch das waren fremdartige Töne im

10. Jahrhundert. Noch sein Nachfolger als Abt in Lobbes, Folcuin, wagte nicht, dergleichen wieder anzuschlagen, obwohl auch er ausgiebiger von sich sprach als andere Zeitgenossen. Aus dem Westen eigneten sich allenfalls die jüngeren Schriften eines Ademar von Chabannes oder jene des Kahlkopfes Radulf, zweier Mönche aus dem Umkreis des Klosters Cluny, zum Vergleich. Auch sie lenkten die Aufmerksamkeit auf sich selbst und appellierten doch an die Welt, waren von Gott mit Würde gekrönt und über Seine Werke gesetzt, Akteure also auf dem Schauplatz der Geschichte.

Etwas ganz Neues war eingetreten, etwas gänzlich Ungewohntes für die nachantike Welt: Ein Ahnen von sich hatte Worte gefunden, ein Wahrnehmen des eigenen Innern, der eigenen Ängste und Skrupel, der Hoffnungen und Enttäuschungen, als gälte es, das eigene gefährdete Ich aus den Wirren guter und böser Geschäfte, aus allen Fehden und Kriegen, allen Bedrohungen dieser Welt, aus den Nachstellungen der Dämonen und Teufel schreibend und reflektierend zu retten, sich durch erinnerndes und betendes Gedenken gegen das Vergessenwerden zu behaupten. Das schreibende Ich, gefesselt in einen verwachsenen Leib, das Antlitz entstellt, jähzornig, habsüchtig, ein Spötter und Heuchler, wurde zum historischen Exempel – lange vor der Renaissance. Thietmars Chronik steht an einem Wendepunkt der abendländischen Kultur. Sein Traum, das Pendel waren Zeichen dieser Wende, deren Artikulationsmedium; sie machen für uns das Neue sichtbar. Im folgenden komme deshalb allein Thietmar zu Wort.

Das Walbecker Senkblei aber schwingt an vielen Orten: in den nächtlichen Bildern und in Thietmars Erinnerung, im wirklichen Leben des Bischofs von Merseburg, in seiner Chronik, und nicht zuletzt im Kalkül des modernen Historikers, der sich der Zeit um die Jahrtausendwende zu nähern trachtet, im kulturellen Gedächtnis des Abendlandes. Selbst im Widerspruch jenes Kritikers, der eine traumlose Vergangenheit ersinnt, weht noch ein wenig vom Lufthauch seiner Schwingungen, auch wenn er es als Skeptiker gar nicht bemerkt. Geschichte spielt offenbar auf vielen Ebenen: in fernen Zeiten, in mancherlei Erinnerungen, in unserem eigenen Bewußtsein. Eben gerade hier hat sie ihre eigentliche Heimstatt. Erinnerte Vergangenheit ist niemals abgeschlossen, niemals unveränderlich, nie mit sich selbst allein. Denn sie erneuert sich stets in eines Betrachters Gedächtnis. Thietmars Pendel wird zur Herausforderung der Geschichtsdeutung.

Die Träume des Literaten lassen sich aus seinem Werk ebensowenig herausfiltern wie sein dem Gespött und der Selbstironie preisgegebener Körper oder die skrupulöse Selbsterforschung. Das visionäre Ich des Geschichtsschreibers drängt sich in die Gestaltung der Vergangenheit, weil er dieselbe nur in Bildern zu fassen vermag, nicht rein oder als solche, nie direkt und ohne Medium, und weil diese Bilder Geschöpfe eines Werkmeisters sind, der sie sich nach seinem Vermögen vor Augen rief. Die Einheit von nächtlicher Vision und Welt, die Thietmar auf seine Weise sichtbar werden ließ, nötigt uns, seine Nachfolger von heute, nicht nur zur Traumdeutung; sie zwingt uns zur Auseinandersetzung mit unserem eigenen Tun. Geschichte bedarf, um zu sein, einer erinnerten Gestalt, der Vision, unserer Schöpfungen. Diese mögen sein, wie sie wollen, unbedachte Nacherzählungen oder kritische Konstrukte – sie entspringen unseren Visionen, unseren Träumen, unserem »Bauch«. Sie sind einem Zeiten und Kulturen übergreifenden Diskurs verpflichtet, an dem wir partizipieren, der uns je eigenen Handhabung des Handwerkszeugs, mit dem wir, ihre Urheber, die Geschichte aus ihrem Stoff herausschälen. Diese Geschichte unterliegt der individuellen Begrenzung und Tönung unseres Wissens, unserer Sicht der Dinge, unseren Kombinationen und Kompositionen, die uns diese und keine anderen Einzelheiten und dieselben so und nicht anders zu verbinden heißen. Sie entspringt mit alledem nicht der Vergangenheit selbst.

Das historiographische Ich aber begibt sich seiner Schöpferrolle nie; es bleibt stets handelndes Subjekt. Wer es ausschalten möchte, drängt es in den Untergrund, aus dem heraus es unkontrolliert agiert. Als Subjekt unterliegt es mannigfachen bewußten und unbewußten Einwirkungen und Einflüssen seiner eigenen Umwelt, allerlei Hoffnungen, allerlei Träumen und Ängsten, den Pendel- und Pulsschlägen des Lebens. Es verarbeitet und sublimiert sie, vergißt und verdrängt sie. Weder aufgefangene Strahlungen der Vergangenheit noch Staubwolken alter Akten formen die Geschichte, nicht bloße Signale und Zeichen, die sich an irgendeiner Spiegelscheibe wie von selbst brechen, sondern die *schöpferische* Gestaltung vergangenen Daseins, menschlichen Handelns und Leidens, die sich im Bewußtsein der Geschichtsschreiber und ihrer Rezipienten ereignen. Die menschliche Wirklichkeit ist ein komplexer Kosmos mit zahllosen Wechselbeziehungen von Leben und Denken, sich überlagernden Wellen, Rückkopplungen, spontanen Impulsen – ein kreatives Chaos gleich dem menschlichen Gehirn, das aus Altvertrautem immer wieder Neues ersinnt und mit heutigen Instrumenten, Techniken und Erkenntnisverfahren weder zu durchdringen noch zu ordnen ist. Die schiere Unendlichkeit menschlicher Wirklichkeiten entzieht sich auch dem Historiker. Was er wahrnimmt, sind im besten Falle Segmente von Unendlichkeit. Hier stiften seine Visionen Begrenzung, Überschaubarkeit, Ordnung, lassen freilich auch Subjektivität und Willkür einfließen, wenn auch – zumindest im Fall der Wissenschaft – nach bestem Wissen und Gewissen. Nicht anders verfuhr Thietmar. Das geträumte Senklot verhalf ihm zur Ordnung.

Im folgenden betrachten wir zunächst sieben Vergangenheitsbilder moderner Historiker, die durch unterschiedliche Zugänge zur Geschichte zustandekamen. Ihnen fügen wir sodann nach vorbereitenden, doch unumgänglichen methodischen Reflexionen über die Ritualsprache der Epoche ein achtes Bild hinzu, das in besonderer Weise die mit Traum und Pendel gebrauchte Zeichensprache als Kennzeichen der geistigen Lage um die Jahrtausendwende verdeutlicht. Daran schließt sich ein Blick auf die einsetzende Entzauberung der Welt und Entmythologisierung des Denkens durch die Dialektik an, deren Siegeszug eben gerade in den Jahrzehnten um 1000 die geistige Kultur des Abendlandes zu verändern begann. Abschließend blenden wir dann noch einmal auf Thietmar und seine Zeitgenossen zurück.

Zwischen Mittelalter und Gegenwart – sieben exemplarische Bilder der Jahrtausendwende

Wie also können wir uns von heute her jener Welt nähern, die uns anstelle vielfältiger Zeugnisse kulturellen, geistigen, bewußt gestalteten Lebens wenige stumme Pretiosen, eine Fülle spröder Topfscherben und seltene Textzeugnisse hinterlassen hat, dazu Träume von Senklot und Pendel, und die doch ein gelebter Kosmos war? Jede Antwort umreißt den Gegenstand, der darzustellen ist. Die Kultur der ersten Jahrtausendwende konfrontiert wie wenige Epochen der Weltgeschichte den Betrachter mit den unterschiedlichsten Visionen zahlreicher Vergangenheitsbildner. Sie bietet aber auch eine einzigartige Gelegenheit, das kulturelle Gedächtnis, in dem eine jede Vergangenheit immer aufs neue zur Ruhe kommt, bei seiner Arbeit zu verfolgen, zu sehen, wie es bewahrt und vergißt, formt und zerstört. Die damaligen Zeitgenossen behielten die Eindrücke und Empfindungen, welche die Erfüllung des Jahrtausends in ihnen weckte, für sich. Auch Thietmar schwieg. Nur zwei anonyme Sätze durchdringen das laute Schweigen, niedergeschrieben von Gelehrten, die einander gewiß nicht kannten, doch verräterisch mit jedem Wort: »Von der Geburt des Herrn bis zur Ankunft des Antichristen sind es 999 Jahre«, so der eine der beiden Sätze. »Das tausendste Jahr übertrifft und übersteigt alles«, so der andere. Die beiden Sätze tauchen die gesamte Epoche in das fahle Licht der Eschatologie. Doch wem leuchtete es?

Spätere Geschichtsschreiber des Mittelalters und der Neuzeit interessierten sich gewöhnlich nicht für die Millenniumswende; sie quälten eigene Endzeitnöte. Erst die moderne Geschichtsforschung wandte sich ihr wieder zu. Ihre Auskünfte aber widersprechen einander. Große Gelehrte wie Jean Mabillon, Ludovico Antonio Muratori oder Leopold von Ranke in seiner Weltgeschichte, Wilhelm von Giesebrecht oder Albert Hauck in ihren bedeutenden und vielgelesenen Gesamtdarstellungen der deutschen Kaiserzeit und der deutschen Kirche des Mittelalters widmeten auf Hunderten von Seiten dem Jahrtausendende keine einzige Zeile. Die Zeit hallte bei ihnen wider von Kriegen, Friedensschlüssen und Verträgen, von Eroberungen und Rückschlägen, vom Streit der Großen, von mehr oder weniger zielstrebiger Politik. Auch von der Ordnung der Kirche war die Rede, von Bistumsgründungen und Klöstern, von Klosterreformen, geistlichen Literaten und Theologen, von kirchlichem Recht. Die fraglichen Jahrzehnte glitten in solcher Sicht hinüber in eine der, wie sie deuchte, glanzvollsten Epochen deutscher Geschichte: den Gewinn des Königsreiches Burgund durch Heinrich II. und Konrad II., die Unterwerfung des Papsttums unter die kaiserliche Gewalt. Französische oder englische Geschichte wurde in analogen Farben gemalt, wenn auch nicht im hellen Licht des Triumphs. Das war das *erste Bild.*

Geschichtsschreiber vom Schlage eines Jules Michelet oder eines Felix Dahn indessen benutzten eine ganz andere Palette. Sie weideten sich an Schreckensszenen, entwarfen phantastische Gemälde in grellen Farben, anziehend und abstoßend in einem. Schwer lasteten nunmehr »die Schrecken des Jahres 1000«, das dräuende Weltende, der Jüngste Tag, der da hereinbrechen sollte, auf einer bedrückten, von dumpfem Aberglauben gefesselten Menschheit. Angst peitschte die armen Seelen bis zur Besinnungslosigkeit, die wissend-unwissenden, kindlich-gläubigen Gemüter und hilflosen Opfer fanatischer Bußprediger. Das Ende des menschlichen Geschlechts, furchtbare Strafgerichte drohten. Ungeheures geschehe, grauenerregende Schreckensbilder zeigten sich am Himmel, Finsternisse, verheerende Erdbeben, Katastrophen aller Art verkündeten die sich erfüllende Zeit; Kriege, Feindeinfälle, Städte und Länder verlassen – Zeichen über Zeichen! »Jetzt, jetzt gewahrt den strengen Richter! Gedenket des Jüngsten Gerichts, in dem ihr mit Christus alle Seligkeit genießen werdet, wenn ihr recht handelt! – Seid nüchtern! Wachet! Denn euer Feind, der Teufel, umkreist euch wie ein reißender Löwe, bereit, euch zu verschlingen. Widersteht ihm, tapfer im Glauben! Der Glaube aber ohne Werke ist tot. Denn der rechte Glaube verlangt, Böses zu meiden, Gutes zu tun. Auf, meine Söhne, verteidigt Gott und erwerbt das ewige Reich!« So tönten jene Prediger, zuletzt der Ruf des Papstes Sergius IV. Neuere Geschichtsschreiber brauchten es nur aufzugreifen. Religiöser Wahn, entsetztes Taumeln – »Morgen geht die Welt zugrund'!« –, verzweifeltes Erhaschen letzter Lebensgenüsse, das letzte Silvester, die letzte Mitternacht und dann: der neue Morgen, der erste Sonnenaufgang eines neuen Äons, neu erblühendes Leben, leuchtende Zukunft. Ein angstbefreites Aufatmen beseelte die Christenheit, neue Liebe zur Welt, neues Schöpfertum ... ein traumhaftes *zweites Bild*, pittoresk und suggestiv, filmreif, verführerisch. Visionen solcher Art saugten sich fest am Spiegelglas traditioneller Geschichtsforschung, lüstern begafft von einem sensationsgierigen Publikum, dankbar aufpoliert von einer nüchterneren Spezialistenschaft, die sich mit ihnen zwar nicht identifizierte, sie aber als Beiwerk ihrer farbloseren Spiegelungen um so eifriger verdammte. Thietmars Pendel beansprucht in diesem Szenario einen hervorragenden Platz.

Eine erbarmungslose Kritik entzauberte alles. Nichts an diesen Schreckensbildern sei wahr, alles pure Erfindung, Legende, schlimmer noch: Theaterdonner effektbesessener, verkaufsorientierter Romanciers; bestenfalls Aberglauben einer Zeit, die ihrem Aberglauben niemals in solcher Weise zu folgen bereit gewesen sei. Der einundzwanzigjährige José Ortega y Gasset tat sich beispielsweise als Entmythologisierer hervor. Eine Weltwende habe es damals, im Jahr 1000, nicht gegeben. Die Menschen hätten vor und nach dem erfundenen Schreckensjahr gelebt, gefreit, ihre Geschäfte geplant, den Tod erwartet, wie sie es immer getan – gierig oder sanft, gewalttätig oder demütig, gelehrt oder dumpf, doch frei und unbedrückt von düsteren Apokalypsen. Beispielsweise der König Robert der Fromme von Frankreich. Er entbrannte just vor dem ominösen Jahre in Liebe zu seiner Cousine Berta von Blois, die verheiratet war und deren Gemahl der König mit allen Mittel zu bekriegen sich beeilte. Kaum war jener Graf tot, vermählte sich Robert mit der Witwe in unrechter Ehe, ward alsbald von Papst Gregor mit dem Kirchenbann bedroht und konnte doch von seiner Liebe nicht lassen. Als Gebannter wohnte er der Cousine bei, die drum ein Monster gebar mit Gänsehals und Schwimmhäuten zwischen den Zehen. So berichtete über fünfzig Jahre später der fromme Eiferer Petrus Damiani … Eine Welt voller Sünder, doch ohne apokalyptische Schrecken: Das war das *dritte Bild*.

Gewiß, auch ihre Großen, die Fürsten und Könige, mußten ständig auf der Hut sein, doch mehr vor ihresgleichen denn vor Satans Kommen. Thietmars eigene Erfahrung lief darauf hinaus. »Da begingen«, so erinnerte er sich etwa, »Leute des Markgrafen [von Meißen] im [Merseburger] Dorfe Görschen einen Diebstahl, den die Unsrigen umgehend bestraften. Vor ihren Gaugenossen erhoben sie Klage und ließen sie hängen, ohne es für nötig zu halten, deren Herrn zu benachrichtigen, wie es recht gewesen wäre. Alsbald flammte der noch schwelende Zorn des Grafen wieder auf; er hieß seine Krieger mit der Waffe Rache üben. Sein Vertrauensmann Rambold sammelte sogleich eine Truppe, ließ jenes Dorf umstellen, die Männer samt ihrer Habe ergreifen und in seine Burg schaffen; keinen von ihnen ließ er laufen, der sich nicht freikaufen konnte. Als ich später unsere Leute auf ihre Klage hin befragte, ob die Tat gesühnt worden sei, erfuhr ich zu meinem Entsetzen, daß sie ungesühnt geblieben war.« Hier sprach Thietmar, der Herr, kein Träumer. Nahe Sorgen drückten ihn. Anderen erging es nicht besser. »Sei auf der Hut, Leo!« warnte sich selbst der italische Bischof Leo von Vercelli, ein – wie man meint – getreuer Anhänger der ottonischen Kaiser, gerade vor seinen kaiserlichen Herren. Man stritt um jede Handbreit Boden, schnelles Handeln war geboten, Unrecht galt es abzuwehren, Recht einzufordern, der Realität in die Augen zu sehen. Und wie in der Diözese, so im Reich: »Stolz gleich Libanons Zedern erhob es sich, furchtbar allen Völkern weit und breit.«

Ein solcher Vers des Merseburgers war ganz nach dem Geschmack deutscher, zumeist protestantischer Geschichtsschreiber des 19. und auch des 20. Jahrhunderts. Giesebrecht zitierte ihn wörtlich. Das war Geschichte. Für Träume blieb da kein Raum. Realpolitik hieß die Schublade, in die dergleichen Sätze wie eingemessen paßten. Er gehörte in eine Welt der Königreiche, Kriege und Friedensverträge, der Machtpolitik, wobei weniger gefragt war, was Macht sei, ob mehr und anderes als Bataillone, und worin sie bestünde, als vielmehr, ob sie gemehrt wurde oder zerschmolz. Da galt es zu jubeln, daß Otto »der Große« etwa die Ungarn auf dem Lechfeld geschlagen, Italien und die Kaiserkrone gewonnen und die Deutschen zur Vormacht Europas gemacht hatte, daß Frankreich, der künftige »Erbfeind« der Deutschen, tief in den Schatten des »Reiches« herabgedrückt war und auch das angelsächsische England, hernach das perfide Albion, keine Großmacht darstellte. Die europäische Welt schien in solcher Perspektive recht überschaubar, eine Handvoll Königreiche, die zählten: außer dem »Reich«, Frankreich und England noch Byzanz und der Kalif von Córdoba, vorübergehend auch das Dänenreich Knuts des Großen – neben einer Vielzahl kleinerer Machtgebilde in Skandinavien, unter Slawen und Ungarn, in Spanien. Wie sie sich bekriegten oder miteinander vertrugen – das war *die* Geschichte. Die Kultur jener Epoche schien großer Darstellungen nicht wert, lag ja ohnehin in der Hand von Klerus und Mönchtum. Kaum daß man die klösterlichen Reformbewegungen erwähnte, die doch das geistige Antlitz des Abendlandes zu jener Zeit veränderten.

Indes, Thietmars Vers hatte einen Haken. Seinem Gehalt nach entsprang er uralter Topik – seit Römertagen wieder und wieder zum Fürstenpreis gesungen. Stimmte der Realhistoriker, der Giesebrecht sein wollte, panegyrische Hymnen an? Ließ er sich von Fiktionen leiten? Welcher Täuschung war er erlegen? War es das Wort vom »Reich«, das emotionale Saiten zum Klingen brachte, deren Schwingungen sich auf seine »Kaiserzeit« übertrugen? Giesebrecht feierte seine Nation, seinen Monarchen. Andere hielten es damals ebenso, seien sie Deutsche, Polen, Franzosen, Engländer oder Italiener. Schwelgten die Italiener nicht im einigenden Risorgimento, die Engländer nicht in Indien? Gaben sich nicht alle, die damals Vergangenheit malten, Träumen von Weltreich und Großmacht hin? »Britannia rules« ...; »La Gloire de la Nation« ...; »Ein Reich, den Völkern furchtbar« ... So träumten auch diese realpolitischen Geschichtsschreiber altdeutscher Kaiserzeit oder anderer Geschichten? Ihr Traum vom »Reich« wurde noch lange erzählt und gewann zuletzt furchtbare Realität. So gälte es, die Träume zu ergründen, um die Vergangenheitsbilder zu durchschauen und die Wirklichkeit zu verstehen?

Thietmars Chronik darf als Wegweiser zur Erschließung der geistigen Kultur der Jahrtausendwende dienen, eben gerade weil sie Träume, Zeichen und reflektierendes Ich offenkundig mit dem übergreifenden historischen Geschehen verflocht. Visionen und Zeichenbefolgung waren weit verbreitet. Auch der Vater des Chronisten, Graf Siegfried, hatte das Jahr seines Todes geträumt, der Botschaft vertraut und zur verkündeten Zeit seinen Tod erwartet, der pünktlich kam. Magische Vorstellungen verbreiteten sich, ungeachtet der Diskriminierung älterer heidnischer Praktiken, in christlichem Gewand aufs neue. Entgegen aller aufklärerischen Skepsis und Entmythologisierung – die Wirklichkeit der Thietmare und Siegfriede und ihrer Zeitgenossen war von Zauber erfüllt, die Welt der Kaiser und Päpste, der gelehrten Mönche und Kleriker so gut wie der ungelehrten Bauern.

Wie diese Welt verstehen? Wie sie entdecken? Kein Mensch vertraute dem Pergament an, was er über das sich erfüllende Millennium dachte, wie er es in seine Lebenswelt flocht, welche Hoffnungen und Sorgen ihn deshalb erfüllten – auch Thietmar nicht, trotz seiner Träume. Schwieg er auch schon, als seine Vollendung sich erst ankündigte? Noch, als sie sich eben ereignete? Indizien verraten, daß dem nicht so gewesen sein dürfte. Enttäuschte Erwartung wird umgeformt und erneuert oder verdrängt. Das lehrt die allgemeine Erfahrung. So fassen unsere Quellen nur unvollkommen, was die Zeitgenossen bewegte und ihr Handeln leitete? Wie dann ihre Welt erkennen, ihr Schweigen durchbrechen? Wie die Stummen zum Sprechen bringen? Oder sprachen sie klar und deutlich für ihresgleichen, und fehlen lediglich uns Heutigen Auge und Ohr, um ihrer gewahr zu werden?

Wer jemals einem Glauben folgte, wehrt sich gegen radikale Entmythologisierung. So kalt, so ohne Angst und ohne Wahn, so ohne Geheimnis sieht er die abgeschiedenen Zeiten nicht. Er weiß um eigene Nöte. Es gibt in der Tat Historiker, die den Glauben an das näher und näher rückende Endgericht in der Lebenswelt der Zeitgenossen sich einrichten sehen und mit ihm als weltgestaltender Macht zu rechnen trachten. Sie zeichnen noch einmal ein anderes Bild als jene Untergangsmaler oder mythenstürzenden Skeptiker, ein *viertes Bild*: voll Spannung vor dem erwarteten Jüngsten Gericht und dem Weltende, voll Heilssehnsucht, doch ohne blindmachenden Taumel und trunkene Untergangslust. Zumal die Gelehrten, die Mönche, die kirchlichen Reformer, die Träger der geistigen Kultur hielten Ausschau nach den Zeichen des herannahenden Antichristen und des Jüngsten Tags. Er sollte die Vollendung bringen, die ihre Predigt verkündete. Sie wußten um die Prophezeiung der Apokalypse des Johannes, wonach eintausend Jahre nach Christi Geburt oder Tod Satanas losgebunden würde, um der Welt Ende herbeizuführen. Sie verstanden den Kalender zu berechnen, erkannten beispielsweise, daß das Jahr 1000 ob eines Rechenfehlers nicht dem eintausendsten Jahre nach Christi Geburt entsprach, das Jahr 1033 nicht dem eintausendsten Jahr nach seinem Tod. So kam es, daß die »eintausend Jahre« sich über die Jahrzehnte von etwa 980 bis nach 1040 dehnten.

Seit der Mitte des 10. Jahrhunderts nahm die endzeitliche Spannung an Intensität zu und erreichte gegen Ende des Jahrhunderts und in den folgenden Dezennien einen neuen Gipfelpunkt. Sie lähmte nicht, sie spornte zu Taten an, zu höchsten Zielen. In solcher Sicht waren jene Jahrzehnte Aufbruchszeit, die allenthalben Kirchen bauen, Frieden stiften, Reformen ins Werk setzen ließ, die den Zölibat, das Papsttum, die Freiheit der Kirche mit legitimatorischen Argumenten versorgte und in die große Kirchenreform des 11. Jahrhunderts mündete. Auch Tränen flossen. Höchste Aktivität entfaltete sich in Erwartung des Jüngsten Gerichts, die Anspannung aller religiösen und geistigen Kräfte. Wie aber die Subjektivität des Glaubens fassen, die sich jeder Objektivierung und Dogmatisierung entzieht? Wie eine von ihm geweckte Angst, ihre Bewältigung, Verdrängung oder Sublimierung? Zwar ist in damaligen Schriften oft von Tränen die Rede: Tränen der Buße, Tränen tiefster Reue. Doch waren sie echt? Ein Zeichen von Angst? Unter Verweis auf rituell-demonstratives Verhalten meinten Historiker, sie mit leichter Hand wegwischen zu können. Wird derartige Kosmetik den träumenden Zeitgenossen gerecht?

Traumfrei dünkt uns nur die Erforschung des sozialen Milieus, in dem jene Tränen flossen, der natürlichen und zivilisatorischen Umwelt, der allgemeinen Lebensbedingungen und Lebensverhältnisse um die Jahrtausendwende. Sie schafft das *fünfte Bild*: ganz ohne Emotion, ohne Leben, ohne Pendelschläge – unwirklich, ein kaltes Konstrukt. Ach, Herr Thietmar, warum habt ihr, ein Parzival, geschwiegen von den Wäldern und Sümpfen, den Auen, die euch umgaben? Nicht gefragt, wie die Menschen die Erde bedrückten, um ihrer Not zu entkommen? Wie sie rodeten und gruben, um im Schweiße ihres Angesichts ihr täglich Brot, den Käse, das wenige

Fleisch, von dem sie lebten, auch das begehrte Silber und Eisen zu gewinnen, das ihnen Pflüge und Waffen zu schmieden erlaubte? Wie sie die Erde plünderten, ihr Antlitz zerfurchten? Wie jung ihr alle gewesen? Wie ihr euch den Zwängen dieser Erde und der eigenen Körper entwandet? Wie ihr lachtet? Wir wüßten es gerne. Sahet ihr keine Blumen? Keine reife Frucht? Euer Schweigen nötigt uns, die kostbaren Chroniken und Reflexionen beiseite zu legen und in die Gruben zu steigen, eure Grabesruhe zu stören oder in Abfall und stinkendem Auswurf zu wühlen, um den Abglanz des Lebens zu erhaschen, das euch erfüllte.

Die Bilder freilich, die aus diesen Tiefen aufsteigen, folgen einem radikalen Perspektivenwechsel. Ihre Schöpfer nehmen einen anderen Standpunkt ein, lesen andere Texte, sondieren andere Materialien, wählen anderes aus, fügen anders zusammen als die Betrachter herrischen Handelns, religiöser Kultur und beklemmender Endzeitbilder. Naturgeschichtliche Forschungen müssen herangezogen werden, um die vergangene Umwelt schattenhaft zu entwerfen, die noch riesigen zusammenhängenden Waldgebiete zu kartographieren, den Urwald, den noch keines Menschen Hand verändert hatte, die Verbreitung von Feld und Flur, von Ödlandschaften und unerschlossenen Ausbauzonen zur Jahrtausendwende. Wir erfahren nun, daß die Menschen vor allem dort bereits lebten, wo sie auch heute besonders dicht beisammenwohnen: beispielsweise im Rhein-Main-Gebiet oder in der Isle de France; ferner, daß die Ardennen in römischer Zeit dichter besiedelt waren als im früheren Mittelalter; daß der Odenwald im 10. Jahrhundert erschlossen wurde und dergleichen mehr. Jungfräulich unberührt ruhte die natürliche Umwelt nur an der Peripherie; die zentralen Kulturlandschaften hatten seit der Steinzeit den Zugriff der Zivilisation zu spüren bekommen. Kaum vernarbte Wunden bis hin zur Verwüstung waren der Erde vom beutemachenden Menschen eingegraben. Die Urwälder im Harz, wo kostbare Erze zum Abbau lockten, fielen eben um die Jahrtausendwende einer anthropogenen Umweltkatastrophe zum

Opfer, buchstäblich verfeuert zur Kohlegewinnung des Silbers wegen, doch wieder aufgeforstet. Natur und Kultur waren eins.

Keine Quelle benennt die Planer und Täter dieser Eingriffe. Individuelles Handeln verschwimmt im Datenmaterial kollektiven Wandels, übergreifender Ergebnisse, in säkularen Trends und Strukturen. Die mittelalterlichen Chronisten, Imitatoren antiker literarischer Muster, die sie waren, betrachteten keine Weltveränderer, bloß Könige und Fürsten in ihren Kriegen und Fehden. Da halbierten und viertelten die Klosterleute von Prüm im 9. Jahrhundert die Bauernstellen. Die Menschen aber, die es taten, bleiben namenlose Schemen, ohne Biographie. Nur das Ergebnis steht fest: das *sechste Bild*. Es nimmt sich detailreicher aus als die früheren. Geburtenüberschüsse zeichnen sich ab, eine Zunahme der Bevölkerung. Verdichtungsprozesse werden erkennbar und deren soziale und institutionelle Folgen. Erste Maßnahmen wie Teilung des Besitzes und seine intensivierte Nutzung lassen sich erkennen, bis er nicht weiter teilbar und noch nutzbarer war; dazu erhebliche Rechtsfolgen. Da wanderten die Leute aus, kolonisierten erst die nahegelegenen Ausbaugebiete, dann die ferneren, begannen vermehrt die Urwälder zu roden, Handel zu treiben, in die Städte zu ziehen. Doch nirgends raffte ein Chronist sich auf, einen Emigranten zu begleiten oder einen Kolonisten bei seinem Werk zu beobachten. Arbeit als Lohnarbeit breitete sich aus. Doch nirgends trat ein Erfinder in Erscheinung, ein Sozialreformer, dem die Neuerungen zu verdanken wären. Wirtschaftliche und ökonomische Chancen wuchsen gerade auch für die Unterschichten – doch nirgends ein Bericht, der den Arbeitsmarkt beschrieb. Noch war die Wirtschaft nicht auf Absatz gerichtet, sondern auf Bedarfsdeckung. Noch spielte Kapitalbildung keine Rolle. Nicht einmal einzelne Etappen und »konjunkturelle« Schwankungen dieses Kultivationsprozesses, den unterschiedliche wirtschaftliche Angebotslagen begleitet haben müssen, vermögen wir zu erkennen. Das Leben floß gemächlich, trotz aller Mühsal, trotz aller Kürze. Die Erfindung gemessener, wertvoller Zeit stand noch bevor. Nur eine Zeit zählte: die Lebenszeit angesichts des nahenden Jüngsten Gerichts. Sie galt es zu nutzen.

Die Dörfer waren klein, von wenigen Hufen, doch wurden sie größer, die Höfe noch locker gestreut oder gereiht, doch verdichteten sie sich. Freie und Unfreie lebten zusammen unter vielfach gleichen Bedingungen. Freie zahlten höhere Abgaben, Unfreie leisteten häufiger Dienste, wenn auch grundsätzlich gemessene. Doch gerade um die Jahrtausendwende mehrten sich die Hinweise auf ein standesmäßiges Zusammenwachsen freier und unfreier »Bauern«, die nun als solche tatsächlich wahrgenommen wurden. Der Begriff »Bauer« gewann jetzt Gestalt. Die älteren Formen der Grundherrschaft befanden sich in Auflösung und Transformation. Ungemessene Dienste wurden in der Regel am Herrenhof gefordert; sie boten die Chance spezieller Verwendung und damit sozialen Aufstiegs. Noch immer tritt uns in dieser agrarisch geprägten Welt eine »face-to-face-Gesellschaft« entgegen. Wer reiste, war froh, wieder auf Menschen zu treffen. Selbst die langsam wachsenden Städte – vor allem in Italien oder Frankreich, doch kaum jenseits von Rhein und Donau gelegen und zumeist Relikte der Antike und keine mittelalterlichen Neugründungen – weisen bestenfalls eine Einwohnerschaft von einigen tausend Menschen auf. Sogar Rom, die »ewige Stadt«, war zusammengeschrumpft und gab reichlich Raum für Viehweiden, Felder und Gärten innerhalb ihrer antiken Mauern. Die relativ geringe Menschenzahl erhöht im Vergleich zu neuzeitlichen »Massengesellschaften« den Wert des einzelnen, aber auch den Zusammenhalt der Gruppen.

Der Blick wendet sich vollends ab von den Zeitgenossen von einst. Tausendjährige Fäkaliengruben, von Forschern untersucht, fesseln ihn nun, weisen auf Nahrung und Gesundheit, Parasitenbefall oder den Fruchtkorb, den die Jahrtausendwende zu füllen vermochte. Er sieht die Zeichen des Todes, nicht die der Angst vor dem Jüngsten Tag. Skelette verraten die Allgegenwart des Hungers, endlosen Mangels, auch manches über die allgemeine Lebenserwartung jener Bevölkerung, welche die etwa fünfzigprozentige Säuglingssterblichkeit überstand: um die vierzig Jahre bei Frauen, fünfzig, mitunter sechzig Jahre bei Männern (Thietmar starb jünger) – das alles, ohne ein einziges planendes, handelndes Individuum zu benennen. Nackte Tatsachen bringen die Zweifel historischer Interpretationskunst zum Schweigen. Hunger bleibt Hunger. Doch das Salz der Tränen ergräbt kein Archäologe. Die Umweltdaten lassen Faktoren erkennen, die in jeder Vergangenheit wirkten, ohne schon die Geschichte zu sein. Die Taten und Leiden der Individuen entziehen sich derartigen Perspektiven, die gleichwohl die kulturellen Bedingungen der Vergangenheit und einstige Handlungsspielräume auszuloten erlauben.

Die Welt besaß eine überschaubare Größe. Von den Landmassen Asiens und Afrikas oder der Neuen Welt, von den Menschenmassen in China ahnte das Abendland noch nichts. Seine Welt endete an den afrikanischen Küsten, im byzantinischen Reich oder im Vorderen Orient, in den Mäotischen Sümpfen oder den Urwäldern um Weichsel, Dnjepr und Bug. Allein jüdische Fernhändler, die zwischen Indien und Spanien, Afrika und Sachsen Handel trieben, mochten um jene Regionen gewußt haben. Auch der höhere Adel lebte großräumig auf seinem zumeist weit gestreuten Besitz, hatte sich regelmäßig am Königshof einzufinden, besaß eine ausgedehntere Übersicht über Land und Leute und dachte regional oder überregional. Er wußte um fremde Länder und ihre ungefähre Bedeutung, ohne doch schon eine genauere Kenntnis Europas zu haben. Er war der Träger des »Reiches«, jedenfalls unter den Nachfolgern des karolingischen Imperiums. Die Könige bedurften seiner förmlichen oder stillschweigenden Zustimmung zum Handeln. Nur an der alleräußersten Peripherie des lateinischen Abendlandes, unter Skandinaviern und Vikingern, besaß man einen noch weiteren Horizont. Diese Nordleute suchten den Kontinent heim; Thietmar wäre beinahe ihr Opfer geworden. In ihren offenen Drachenbooten durchpflügten sie plündernd und handelnd Ostsee und Nordsee, umschifften Europa, segelten die russischen Flüsse aufwärts und wieder abwärts ins Schwarze Meer nach Konstantinopel, durch die Biskaya und die Straße von Gibraltar ins Mittelmeer und nach Italien. Über Island erreichten sie Grönland, über Grönland kurz vor der Jahrtausendwende »Vinland«, Amerika. Das Weltbild dieser Nordleute indessen wurde nicht der Schrift übergeben und in das antik-mittelmeerische Wissen integriert. So blieb es frucht- und folgenlos.

Statisch war diese Gesellschaft zu keiner Zeit. Auch um die Jahrtausendwende hielten Migrationsprozesse sie in Bewegung, wie sie beispielsweise das Hofrecht des Bischofs Burchard von Worms erwähnt. Neue soziale Strukturen etablierten sich. So sehen wir Heutigen es. Aber die Zeitgenossen der Jahrtausendwende sahen hier nur Auswanderer fortziehen, dort Einwanderer ankommen. Ihre Blicke hefteten sich an das Handeln einzelner; selbst allgemeine Normen konnten in individualisierendem Gewand erscheinen. Formuliert werden sollte zum Beispiel die (neue) Norm, daß mit der Emigration der Anspruch auf das Erbe erlischt. Zur Sprache gebracht wurde sie episodenhaft: Da kehrte einer, der der Not des zu klein gewordenen Erbes hatte entkommen wollen, nach Jahren in die Heimat zurück; andere bewirtschafteten nun rechtmäßig seinen Hof; vergebens klagte er sein einstiges Eigen ein: »Ich bin der Erbe, ich war arm, ich war Waise, ich hatte niemanden, der mich ernährte, deshalb habe ich die Heimat verlassen und dort von meiner Arbeit gelebt.« – »Warum lief er weg, wenn er der Erbe war, warum hat er sich nicht zu Hause niedergelassen, um seine Erbschaft zu wahren?« So regelte es das Hofrecht von Worms, das der Bischof Burchard verfaßte. Die Norm war Zwiegespräch von Emigrant und Dorfgemeinde oder Richter, nicht abstraktes Prinzip. Das Wahrnehmungsmuster folgte den Personen, nicht den Strukturen.

Der Perspektivenwechsel, wie er sich Jahrhunderte später im Strukturbegriff manifestieren sollte, lag noch in weiter Ferne. Männer wie Burchard aber repräsentierten die geistige Elite der Jahrtausendwende, die zugleich zur Machtelite gehörte. Abbo von Fleury, Erzbischof Gauzlin von Bourges, Bischof Fulbert von Chartres, der berühmte Gerbert, der als Papst Silvester II. den Thron des Apostelfürsten bestieg, der hl. Wolfgang, Bischof von Regensburg, oder Thietmar von Merseburg – sie alle und andere mehr zählten in gleicher Weise dazu. Begriffliches Denken war den meisten von ihnen noch wenig vertraut, und mit ihm fehlte der Leitstrahl, der gestattete, eine Linie, eine Perspektive systematisch in die verschlungene Vielfalt sozialer Bedingungen zu verfolgen. Die normative Regelung erfolgte in der Form individueller Willenserklärung. Folgenlos für das Wahrnehmen einer gegenwärtigen oder vergangenen Gesellschaft ist derartige perspektivische Blindheit nicht. Kollektive Triebkräfte in der Gesellschaft bleiben unbeachtet. Die Ursachen der Not, das soziale Problem der Realteilung etwa, der Segen und Fluch großer Nachkommenschaft, das Bevölkerungswachstum wurden nicht erörtert. Sah man sie nicht? Vermochte man sie nicht zu würdigen? Etwa weil angemessene Sozialkategorien noch fehlten? Weil überhaupt kategoriales Denken noch ungewohnt und wenig verbreitet war?

Sozialverhalten und soziales Ordnungsdenken blieben von derartigem Wandel nicht unberührt. Indizien dafür finden sich allenthalben, wenngleich versteckt. Sie wurden erst in jüngster Zeit als Folge neuer Fragestellungen aufgespürt. Im früheren Mittelalter treten zumal Verwandtschaftsverbände hervor; gemeinsames Erbe und rituelles Totengedenken hielten sie zusammen und grenzten sie nach außen ab. Die Wendung »Verwandte und Freunde« war damals eine weit verbreitete Formel zur Bezeichnung sozialer Kooperative. Sie ging seit der Jahrtausendwende deutlich zurück, ohne daß es die Zeitgenossen bemerkt hätten. Erst der Historiker, der die Vogelperspektive einnehmen kann und die Gesamtheit hinterlassener Texte des früheren Mittelalters überschaut, vermag es zu registrieren und daraus Folgerungen zu ziehen. Der Wandel des sprachlichen Ausdrucks aber weist ihn ebensogut auf Umbrüche in der sozialen Wirklichkeit wie im konzeptionellen Denken derselben. Das Wahrnehmen sozialen Wandels ist notgedrungen an entsprechende Deutungsmuster gebunden, seien sie rituell wie beispielsweise im Totenmahl artikuliert oder sprachlich wie in Begriffen und Metaphern. Gesellschaft läßt sich nur rituell inszenieren, nur denken, nicht sehen. »Gesellschaft« fordert zusammenfassende, ordnende Abstraktion von den wahrnehmbaren Einzelphänomenen. Wie also war eine Gesellschaft dafür gerüstet, deren herausragende Repräsentanten aufs höchste gespannt das Zur-Ruhe-Kommen geträumter Pendel erwarteten?

»Wegen der Sünden des ersten Menschen ist dem Menschengeschlecht durch göttliche Fügung die Strafe der Knechtschaft auferlegt. – So hat der gerechte Gott das Leben der Menschen geschieden: die einen zu Knechten, die anderen zu Herren gesetzt, damit die Möglichkeit zu freveln für die Knechte durch die Macht der Herren beschränkt sei.« Derartiges lehrte um 1010 Burchard, der Bischof von Worms, ein großer Rechtsgelehrter und selbst ein Herr. Er beschrieb, was er zu sehen meinte, die soziale Welt, eben als einen Dualismus von Herren und Knechten. Burchard bediente sich dabei eines vertrauten Sozialmodells, auf das zweihundert Jahre zuvor schon Karl der Große sich berufen hatte und das seiner Herkunft nach wohl ein Relikt der spätantiken Latifundienwirtschaft war. Anderthalb Jahrzehnte später freilich, um 1025, wußte ein anderer Bischof, Gerhard von Cambrais: »Das Menschengeschlecht ist von Anfang an dreigeteilt in Beter, Bauern und Krieger.« Wo waren »Knechte« und »Herren« geblieben? Was war geschehen? Die ältere Statusgesellschaft löste sich auf, am Rhein so gut wie im Cambraisis. Stemmte der Bischof von Worms sich dagegen? Beschwor er kämpferisch-konservativ ein restauratives Sozialmodell? Oder fehlte ihm, der Phänomene des Wandels innerhalb seiner Grundherrschaft durchaus registrierte, noch der rechte Begriff von demselben, ein brauchbares Modell, welches das Geschehen auf seinen Nenner zu bringen vermochte? Hier enthüllt sich das *siebte Bild*: der Blick der Zeitgenossen des Jahres 1000 auf das soziale Ganze. Es läßt sich mit wenigen Worten skizzieren.

Die Welt hatte sich schwerlich gerade in diesen fünfzehn Jahren geändert, welche die Texte Burchards und Gerhards voneinander trennen; soweit der soziale Wandel dem Historiker faßbar wird, folgte er langfristigen Trends. Neu war die Sichtweise, die funktionale Dreigliederung. Sie resultierte – oberflächlich, nämlich im Sinne bloßer literarischer Herkunft gesehen – vermutlich aus der im 10. Jahrhundert intensivierten Lektüre von Platons *Timaeus* in der lateinischen Teilübersetzung und mit dem Kommentar des Chalcidius, wie sie von einigen Schulen der »Francia«, des französischen Kernlandes um Orléans, Chartres, Paris oder Reims, ausging. Abbo, der Abt von Fleury (bei Orléans), der im Jahre 1004 ermordet wurde, war der erste, von dem wir mit einiger Gewißheit vermuten dürfen, daß er den *Timaeus* kannte; er war auch der erste, der jenes dreiteilige Schema in die Diskussion einführte. Die neue Sicht setzte sich auf Dauer durch, und in diesem Erfolg manifestierte sich eine neue Angemessenheit des Modells für eine Gesellschaft, die mit »Verwandten und Freunden« oder »Herren und Knechten« nicht mehr zu denken und in welcher »Arbeit« ein neuer Wert geworden war. Neue soziale Stände etablierten sich nun, bald von neuen Rechtsnormen gefestigt, die, wie sich zeigen sollte, erst nach einem Dreivierteljahrtausend in Versteinerung übergehen sollten, die aber um die Jahrtausendwende von höchster dynamischer Wirksamkeit waren. Die Zeitgenossen indessen faßten den Prozeß nicht abstrakt, etwa legalistisch, sondern in funktionaler Bildhaftigkeit. Strukturen sahen sie nicht als »Strukturen«, sondern in mythischen Bildern wie etwa dem des Sündenfalls, in zeichenhaften Figuren, die Abstraktionskünstlern wie uns eher fremd geworden sind. Offenbart sich hier eine geistige Haltung, eine Eigentümlichkeit der Epoche, eine Gemeinsamkeit mit Thietmars Pendel? Den häufigen Tränen? Den spezifischen Formen ihrer Angst?

Annäherung an eine Welt der Zeichen und Rituale

Die vorstehenden Beobachtungen verdanken sich einem Umbruch im Denken, einem Perspektivenwechsel der Geschichtswissenschaft, wie er sich zumal seit den Jahrzehnten um 1900 manifestierte. Abermals schiebt sich ein wahrnehmendes Ich vor die Wirklichkeit, eines, das gewohnt ist, soziale Strukturen ins Auge zu fassen, kollektive Prozesse und überindividuelles Geschehen. Ein soziologisch trainiertes Ich. Die Lehren eines Georg Simmel, Emile Durkheim, Max Weber und ihrer Nachfolger wirken in seinem Bewußtsein und formen mit an dem, was es zu gestalten unternimmt. Es denkt nicht mehr in den Traum-, Zeichen- und Zauberwelten, in denen sich Thietmar einst bewegte, kaum daß es sie noch wahrzunehmen vermag. Verdunkelt nun umgekehrt die Revolution der Aufklärung und der modernen Rationalität die noch von Zauber gefesselten Welten der Jahrtausendwende? Sind wir nun die Blinden, die nicht sehen, was jene sahen? Wie dann diese Welten ertasten? Mit dem neuen soziologischen Wissen beginnt das alte Spiel von neuem. Vergangenheit und Gegenwart vereinen sich erneut im soziologisch forschenden Historiker und erzeugen eine andere Geschichte, wiederum Bilder über Bilder. Ein Ende dieses Spiels ist nicht abzusehen, solange Menschen über ihre Vergangenheit nachdenken, eine endgültige Übereinstimmung über eine einzige Vergangenheit ebensowenig. Was war, bleibt ewig offen für die Zukunft der Erinnerung und der Geschichtswissenschaft.

Der heutige Historiker übernimmt jetzt Thietmars Rolle eines Entzifferers unverstandener Zeichen. Ein Herantasten an die Welt der Traumgesichte, Phantasmagorien und Rituale, der magischen Praktiken wird ihm nun abverlangt, ein Sich-Hineindenken in fremde Vorstellungswelten. Das *achte* Bild, das damit zutage treten soll, liegt unter einer Schicht von Mißverständnissen versteckt, die beiseite geräumt werden muß, soll es offenbar werden. Die Geschichtsforschung ist sich dabei über die einzusetzenden Techniken keineswegs einig. Widersprüchliche Aussagen über die Menschen der Jahrtausendwende, was dieselben taten, fühlten oder dachten, wie planvoll sie ihre Welt kultivierten, sind die Folge. Die Methoden der Annäherung an das Fremde aber konstituieren das Erkannte. Die folgenden Ausführungen müssen deshalb in den Entstehungsprozeß der wissenschaftlichen Vergangenheitsbilder hineinleuchten.

Es geht um Thietmars geträumtes Pendeln selbst, um die praktizierten Rituale, die ihnen immanente Topik sowie beider Deutung. Manche Forscher erkennen in ihnen eine bislang ungenutzte Chance zu angemessenerem Verständnis gerade des *planvollen* politischen, kirchlichen oder gesellschaftlichen *Handelns* jener Zeitgenossen, vielleicht sogar ihrer Emotionalität. Andere jedoch deduzieren aus dem Regelsystem des Ritualismus, wie *sie* es zu sehen vermögen, eine genau entgegengesetzte Skepsis hinsichtlich der Erkennbarkeit der Intentionen und Emotionen der Protagonisten jener Epoche. Beide Forschungsrichtungen stehen vor denselben Schwierigkeiten, mit denen bereits der Merseburger Bischof zu kämpfen hatte: vor der Entzifferung verhüllter Zeichenwelten.

Der jeweilige Umgang mit den Ritualen zeitigt erhebliche Konsequenzen. Schwiegen die rituellen Hinterlassenschaften der Jahrtausendwende über die Menschen, Wesen aus Fleisch und Blut, mit Herz und Verstand, über ihr Wollen und Planen, ihre Seelennöte und Ängste, Thietmars Traum versänke in ewiger Nacht. Die Bilder der Epoche wären davon auf das nachhaltigste berührt. Bestenfalls, so geben jene Skeptiker zu bedenken, stoße man auf rituelle Wiederholungen, auf topisches Reden, auf ein fixes Regelwerk und Rollenspiel mit rituell-demonstrativem Rollenverhalten ohne Planung, Zielsetzung und kalkulierbare Folgen. Wenn, so jene Pessimisten, von Buße und Tränen gesprochen würde – und das wurde es oft –, so seien Sack und Asche, Fasten und Beten, das Weinen bloß demonstrative Gesten, Rollenattribute. Statt individuellem Sündenbewußtsein und spontaner emotionaler Äußerungen gäbe es nur zeittypische, alltägliche Buß- und Frömmigkeitspraxis, kalte Routine ohne seelisches Engagement, ohne Schmerz und Angst. Alles Persönliche verschwimmt, so gesehen, im Einerlei überpersönlicher Spielregeln.

Der genannte Thietmar aber liebte eigene und fremde Tränen; allerorten ließ er sie rinnen, beim Sündenbekenntnis, während der Bußübungen, beim Totengedenken und auch sonst. Er hatte ein weinendes Zeitalter im Blick, das der Sündhaftigkeit dieser Welt erschrocken inneward. Zumal der Kaiser der Jahrtausendwende, Otto III., weinte in der Erinnerung des Merseburger Bischofs regelmäßig und heftig. Er war, als Thietmar es festhielt, längst ins Grab gesunken. Warum also daran erinnern? »Äußerlich«, so stand über den Toten fortan zu lesen, »gab er sich stets heiter; heimlich aber seufzte sein Gewissen ob zahlreicher Vergehen, die er unablässig in stiller Nacht durch Wachen, inniges Gebet und Ströme von Tränen zu sühnen suchte.« Das erinnert an Thietmars eigene Skrupel. Gedachte der Bischof nächtlicher Schaustellungen vor einer geladenen Öffentlichkeit?

In der Tat, Ottos Tränen galten einstmals im Verein mit zahlreichen gleichartigen Zeugnissen für einen Hinweis auf die eigentümliche religiöse Empfänglichkeit des jugendlichen Herrschers, sein ganz persönliches Sündenbewußtsein. Neuerdings aber dienen sie bei manchen Historikern nur noch zur Exemplifikation des erwähnten topischen Ritualismus, mithin als Beleg für rituelles Weinen ohne emotionale Spontaneität und folglich als alltägliche, routinemäßige Buß- und Frömmigkeitsschau ohne den kleinsten Hinweis auf einen persönlichen Charakterzug, wenn nicht als bloße Fiktion. Zwar hatten Forscher wie Albert Hauck der Zeit um die Jahrtausendwende »größere Sensibilität des Seelenlebens« im Vergleich zur vorangegangenen Epoche der Karolinger attestiert; doch dazu waren theologische Traktate und spezifische Selbstzeugnisse – sogenannte »Ego-Dokumente« – analysiert worden, wie sie in jener Zeit vereinzelt anzutreffen sind, keine Handlungszeugnisse. Jenseits solcher Texte aber, in der sozialen Wirklichkeit selbst nämlich, wäre – als bloße Routine – alles Seelenleben wie unter einer ritualistischen Tarnkappe von Unerkennbarkeit, einer strukturellen Unsichtbarkeit bedroht. Manche lassen den kaiserlichen Jüngling seine Tränen geradezu »demonstrativ-rituell« erzeugen, als stünde er auf der Bühne eines heilig-herrscherlichen Staatstheaters. Alsbald verflüchtigt sich »echte Innerlichkeit«, verschwindet »echte« Emotion und »wirkliche« Intention, löst sich eine jede individuelle Persönlichkeit in Bühnenluft auf und verdrückt sich die geistige Kultur in die Bühnengassen und auf rituelle Hinterbühnen. Die mechanischen Schwingungen eines Pendels wären vielleicht noch zu erahnen, Thietmars atemloses »Und jetzt?« bliebe auf ewig unhörbar. Der Kaiser Otto aber verlöre sich auf jener Bühne in der Kollektivität der Sprache, derer er sich bediente, der Gesten, die er vollführte, ein fleischgewordener Demonstrationsapparat.

Fällt die Wendezeit um das Jahr 1000, von der eingangs die Rede war, nunmehr ritualistischer Starre zum Opfer? Hat gar die Entdekkung derartiger Starre als Wende in der Mediävistik zu gelten? Die Erkennbarkeit des Abwesenden, menschlicher Vergangenheiten nämlich, steht auf dem Spiel. Sie muß aus fremdartigen Texten gleich Thietmars *Chronik* ohne Leseanweisung gewonnen werden. Erkenntnis aber ist ein individueller, ein ganz persönlicher Akt, abhängig vom verfügbaren Wissen, von den eingesetzten Techniken, den Imaginationsfähigkeiten und Assoziationshorizonten, in denen das erkennende Ich sich bewegt. Jene Historiker, die sich der Vorstellung eines starren Regelwerkes hingeben, das um das Jahr 1000 alles gelenkt habe, vermeiden die Frage, wie denn »wirkliche« Planung, »tatsächlich« gehegte Zielsetzung und Intentionalität sich zu manifestieren hätten. Was denn »Innerlichkeit« sei, was seelische »Wirklichkeit«, »echtes Weinen« oder »echte« Buße und Reue, »echte« Emotion. Wie derartige Wirklichkeit und Echtheit sich damals, im 10. und 11. Jahrhundert, sprachlich oder symbolisch zu artikulieren hätten, um den Mitlebenden faßbar, den Nachgeborenen mitteilbar, nämlich als das begreifbar zu sein, was sie vergegenwärtigen sollten.

Die Zeichen und Rituale aber verlangen Geduld, nicht voreiliges Konstrukt. Die Spielregeln, die angeblich bloß Topik und Ritualismus produziert und die Herzen der Menschen kalt gelassen haben sollen, bedürfen sorgfältigster Prüfung. Gehören sie tatsächlich zur ersten Jahrtausendwende oder ins 20. Jahrhundert? Begnügte sich Otto III. in der Tat mit demonstrativen nächtlichen Zähren? Von keinem anderen König seiner Zeit, weder von einem seiner Vorgänger auf dem Thron noch von Ottos Nachfolger Heinrich II., hielt der Merseburger Bischof Vergleichbares fest; Heinrich weinte nach Thietmar bloß aus Trauer um seinen Vorgänger. Derartiges soll auch heute noch geschehen, wäre also nicht unbedingt ein Ritual, könnte tatsächlich »echte« Emotion oder zumindest *auch* eine solche gewesen sein. Vertrüge sich ein derartiges Geflecht aus Emotion und Ritual mit Thietmars Pendel?

Nächtliches Weinen war damals das Geschäft heiliger Männer und Frauen, von Mönchen, Nonnen, Klerikern oder Witwen, und gehörte zu keiner Zeit zum hohen Gewerbe eines Kaisers oder sonst eines Königs. Erst von Ludwig dem Heiligen, einem französischen König im 13. Jahrhundert, wird es wieder berichtet. Der Tränen vergießende Otto verfiel nicht in Routine; er verhielt sich wie ein wahrhafter Büßer, fast wie ein Heiliger, nicht wie irgendein Sünder gleich dem Merseburger Bischof selbst, der sein Geständnis fruchtloser Zerknirschung nicht müde ward zu wiederholen. Das war Thietmars Botschaft. Gewiß, Ottos Sündenbewußtsein manifestierte sich in zeittypischen Formen – »Zerknirschung des Herzens« und »Tränenquell« hießen sie im erhaltenen kaiserlichen Gebetbuch. Wie hätte es sich anders artikulieren können? Diese Gebetssprache, die einzige, die zur Verfügung stand, war aber deshalb nicht weniger persönlich als das heißeste Flehen barocker Inbrunst. Gebete bedienen sich stets der Topik, bestehen, textlich betrachtet, aus wieder- und wiederkehrenden Formeln, nicht aus gestammelten

Seelenergüssen. Selbst das Stoßgebet folgt festen sprachlichen Bauformen. Das Ritual gehört zur Religion wie Schale und Fleisch zum Kern. Doch besagt das schlechthin nichts über die seelische Wirklichkeit des Betens, der Bußübung und Reue. Otto lebte eingetaucht in religiöse Zeichenwelten. Erst der Kontext verrät die Semantik seiner Gesten. Der aber verheißt in seinem Fall Einzigartigkeit und weist damit über jedes Ritual hinaus.

Erschienen Thietmars Träume und Pendel, sein neuartiges Sprechen von sich, nicht in derselben Zeichenwelt wie die kaiserlichen Tränen? Hatten nicht gerade kirchliche Rituale – das Totengedenken, der Gebrauch des Martyrologs, die biblischen Anweisungen fürs Beten – Thietmars Träume ausgelöst und sein weiteres Verhalten gelenkt? Wieder griffen Zeichenwelten, die offenbarenden Traumzeichen und die Gesten und Gebärden heiliger Rituale, ineinander. Offenbar diente zu Zeiten des Merseburger Chronisten und der ottonischen Kaiser das Ritual als *Sprache der Seele*, einer Seele, die sich eingespannt wußte in über sie hinausweisende Zeichenwelten. Daß etwa Thietmar sich in die Einsamkeit seines Landguts zurückzog, um sich an Gott zu wenden, folgte dem rituellen Gebot der Zeit, welches das Beten im Verborgenen vorschrieb, wie es das Matthäus-Evangelium verlangte. War Thietmar deshalb weniger erschrocken? Sein Beten deshalb nicht »echt«? Oder griff er eben auf die Sprache der Rituale zurück, um seine Seelennot zu äußern, ließ andere wie den Kaiser sich derselben Sprache bedienen, die dennoch nicht die unsere ist? So gesehen erstirbt nichts in Topik, in Gesten und Riten, in Inszenierungen ohne Substanz. Ganz im Gegenteil: Jeweils auf seine Weise artikulierte sich alles, wovon zu erzählen war, als rituelles Handeln, als Ritual der Gemeinschaft, der Religion, der Macht, der Liebe oder der Freundschaft. Die Zeitgenossen explizierten und beschrieben, was sie taten, in der Sprache des Rituals. Doch erfordert die »Lektüre« eines jeden Rituals – wie eines jeden Sprechaktes – die genaue Beachtung des Kontextes, der aktuellen Modulation und situativen Variation des rituellen »Ausdrucks«, nicht bloße Konstatierung demonstrativen

Gebarens. Nur durch den Kontext wird eine Geste zur Geste, ein Zeichen zum Zeichen und damit zu dem, was es sein soll. Fußballregeln beispielsweise gelten nur auf dem Fußballfeld.

Sprache entfremdet stets. Sie objektiviert – das ist geradezu ihr Wesen – und muß vertraute Zeichenbenutzung, Wiederholung, Topik einsetzen, um ihren Zweck zu erfüllen. Wäre dem nicht so, stammelte ein jeder nur unverständlich vor sich hin. Ohne Topik kein artikuliertes Gefühl, keine explizierte Innerlichkeit, keine mitgeteilte Wirklichkeit. Auch der spontanste Gefühlsausbruch schlüpft, wenn er sich anderen mitteilen will, in sprachliche Routine. Jene skeptischen Ritualbetrachter übergehen auch die Frage, wie denn Rituale um die Jahrtausendwende im sozialen Wissen der Epoche verankert waren, wie sie also zu »lesen« sind? Denn das Ritual ist eine Zeichensprache, die übersetzt werden muß, wenn sie Fremdsprachigen verstehbar werden soll. Das Wesen des Rituals ist nicht die Wiederholung, vielmehr die Inganghaltung des Bezeichneten, der Ordnung beispielsweise oder des Lebens, ist Sinnstiftung, nicht sinnentleerte, hohle Routine, kein bloßes Rollenspiel und Regelwerk um seiner selbst willen, sondern in der Wiederholung gewährleistete Manifestation und Erneuerung der Ordnung, des kollektiven Lebens, auf Dauer gestelltes Wissen um die zentralen Bedürfnisse der zelebrierenden Gemeinschaft. Es ist damit um die Jahrtausendwende auch die *Sprache der Politik*. Im Ritual müssen sich, so gesehen, auch Planungen und Intentionen verbergen, und seien es die grundstürzendsten Neuerungen. Wie ist diese Sprache zu entschlüsseln?

Handeln und Leben mit Ritualen – ein achtes Bild

Wir betrachten zur Antwort das herausragende Ereignis des Jahres 1000: des Kaisers Pilgerfahrt nach Gnesen zum Grabe des Pruzzenapostels und jüngsten Märtyrers der Kirche, Adalbert, des Bischofs von Prag, ein weltgeschichtliches Geschehen. Die Fahrt begann, bevor Otto sie tatsächlich antrat, mit Planungen. Wie könnte es auch anders sein. Sie artikulierten sich in einem Titel, wie ihn nie ein Kaiser zuvor oder hernach geführt hat und den sich Otto allein für die Dauer dieser Pilgerreise zulegte: »Otto III., Knecht Jesu Christi und nach dem Willen Gottes, des Erlösers und unseres Befreiers erhabener Kaiser der Römer«. Jedes einzelne Element dieses Titels ist topisch. Doch in seiner Zusammensetzung und im Kontext seines Gebrauchs war dieser Titel einzigartig. Er entpuppt sich als Schlüssel zu den Zeichenwelten der fremden Ritualsprache und der Kultur, die sich ihrer bediente.

Die Reise selbst führte von Rom über Regensburg, Zeitz und Meißen ins Reich Boleslaws des Tapferen, der den Kaiser an der Grenze seines Landes mit prächtigem Gefolge einholte und nach Gnesen geleitete, wo ihn der Bischof des Ortes, Unger, erwartete, und das der Kaiser entblößten Fußes, in einer Prozession betrat. Otto eilte zum Grabe St. Adalberts und »bat unter Tränen den Märtyrer Christi um seine Fürbitte zur Erlangung der Gnade Christi«. Alsbald krönte er Boleslaw mit seiner kaiserlichen Krone zum König, hieß ihn »Freund und Helfer des römischen Reiches« und gründete ohne Zustimmung Ungers ein Erzbistum, dem er das ganze Land zuordnete, errichtete einen Altar, empfing zum Dank Reliquien St. Adalberts, reiste weiter nach Magdeburg und Aachen, wo er einen Teil der Adalbertsreliquien deponierte und im Beisein Boleslaw Chrobrys das Grab Karls des Großen öffnete, und kehrte endlich über die Alpen nach Rom zurück, das er gleichfalls mit Reliquien des Märtyrers beschenkte. »Niemals hatte ein Kaiser in Rom beim Auszuge und bei der Wiederkehr größere Pracht gezeigt« als dieser Otto, bemerkte Thietmar. Doch registrierte weder der Merseburger noch sonst ein Chronist oder ein neuzeitlicher Historiker die eigentümlichste Wirkung, die von dem Geschehen in Gnesen ausging: die Namensgebung für Volk und Land, die gleichsam deren Taufe vollendete und ihnen für alle Zeit unverwechselbare Identität verlieh. Bis dahin hatten sich beide mit diversen Bezeichnungen zu begnügen, hießen bald »Slawen« und »Slawenland«, bald irgendwie anders. Fortan aber waren sie »Polen«.

Die ganze Fahrt war ein einziges großes Ritual, gefügt aus einer Kette von Ritualen. Jede Geste, jedes Handeln wies über sich selbst hinaus auf das übergeordnete Ganze. Weder »Mystik«, wie Ranke, noch »eitle Märchen«, wie Giesebrecht lehrte, äußerten sich da. Politisches Planen und Handeln manifestierte sich im Ritual – geradeso wie zu anderen Zeiten und andernorts als gesprochene oder schriftlich fixierte Sprache. Die Zeitgenossen artikulierten, was sie taten, in Zeichen. Der rätselhaft dünkende Herrschertitel bietet uns den Schlüssel zu ihrem Verständnis. Jedes Wort war von Gewicht und bekundete die Intentionen seines Trägers, den Kontext, in den er sein Tun stellte. Der Titel weist auf den religiösen Hintergrund von Ottos Zielen. Er verschränkte zwei biblische Gedanken: die christlich gewendete Gottesknechtschaft mit dem göttlichen Erlösungs- und Befreiungswerk. Entlehnt waren sie den Briefen des Apostels Paulus sowie den Propheten Jesaja und Daniel in der Deutung der Kommentare des hl. Hieronymus.

Der Titel faßte in Worte, was den Kaiser bewegte und sein Handeln lenkte. So eröffnet er Einsichten in den Verstehenshorizont der Zeitgenossen. Byzantinisches Vorbild klang an; Kaisertum und Aposteltum ergänzten in Byzanz einander im Hinblick auf die vom Kaiser ausgehende Mission in der Nachahmung des Völkerapostels Paulus und in der Nachfolge des großen Konstantin. Rom-Erneuerung in einem politischen Sinne wurde deshalb aus ihm herausgelesen. Ottos Pilgerfahrt realisierte weiter den Gedanken der Gottesknechtschaft in christlichem Gewand, sie brachte Erlösung und Freiheit in einem eschatologischen Sinn. Als Kaiser und erlösungsbedürftiger Sünder zog Otto nach Gnesen, als Gottesknecht, der nach dem Willen des Erlösers Kaiser war, handelte er dort. Er trat typologisch an Christi Stelle. Alles, was er in Gnesen tat, folgte den

Anweisungen, welche die erwähnten Kommentare nahelegten, bis hin zur Königskrönung Boleslaws, zur Altarstiftung und zur Namensgebung. »Ich habe dich bei deinem Namen genannt, du bist mein«, sprach einst der Herr durch den Mund des Gottesknechtes Jesaja und eben jetzt durch den Knecht Jesu Christi. Otto erfüllte typologisch die göttliche Heilstat an den Grenzen zur Heidenschaft, an den Grenzen der bekannten Welt: ein Kaiser und Prophet und ein Apostel dazu. Wie es der Titel verhieß, offenbarte der Zug nach Gnesen die Raum und Zeit umspannende Einheit von Kaisertum und Kirche, Heilsgeschehen und politischem Handeln, Gegenwart und kommendem Gericht.

Alles war Ritual, doch nichts Routine; alles war vertraut, doch grundstürzend neu – so wie jeder revolutionäre Gedanke sich der gewohnten Sprache bedient. Die Geschichtsschreiber, die in Symbol- und Ritualsprache geübten, in Zeichenerfassung und Zeichendeutung erfahrenen Zeitgenossen – ein Thietmar, der sogenannte Gallus Anonymus, der im 12. Jahrhundert den Bericht eines Zeitgenossen der Jahrtausendwende referierte – berichteten indessen nur lückenhaft. Der Merseburger Bischof ließ nahezu alle Details aus, überging zumeist den Vollzug der Rituale und bot die »politische« Substanz des Geschehens, so wie er sie – anderthalb Jahrzehnte nach dem Geschehen und in einer gänzlich veränderten politischen Konstellation – gedeutet wissen wollte, wußte aber noch von der Errichtung des Altares. Gallus überlieferte zwar die Erhöhung des polnischen Fürsten zum König, überging dafür aber die Altarsetzung oder die Fahrt nach Aachen mit der Suche und Öffnung des Karlsgrabes in Gegenwart Boleslaws. Diese Chronisten »verstanden« einige der Zeichen zu deuten, doch verrät ihr jeweiliger Text, daß ihm eine viel komplexere Ritual- und Symbolsprache vorausging, die beide nicht entzifferten, sei es, daß sie es für unnötig erachteten, sei es, daß sie es nicht vermochten. Dieser Zusammenhang läßt sich umkehren. »Hinter« einem prosaischen Text standen Zeichenwelten, in denen gedacht und gehandelt wurde; das »eigentliche« Geschehen verbarg sich gerade in den Zeichen. Doch erschließen sich dieselben weder uns noch – so steht zu vermuten – den einstigen Zeitgenossen auf Anhieb.

Der dem bloßen Rollenspiel zugrunde gelegte Ritualbegriff greift offenbar zu kurz. Er suggeriert, daß das menschliche Ich, sein Wille, sein zielvolles Handeln ohne Ritual, ohne Formeln, ohne Topik faßbar und erschließbar wären; daß menschliche Innerlichkeit sich spontan und originell äußern könnte oder müßte; daß derartige Artikulation der menschlichen Psyche keine Entwicklungsgeschichte besäße und daß das Ich in Werk und Handeln, in Ritualen schweige. Doch jedes Sprechen ist Topik und Ritual, und zwar unabhängig davon, ob es vor sich selbst oder vor einer »verstehenden« Öffentlichkeit geschieht. Es bedient sich eingeübter, bedeutungsschwerer, grundsätzlich auf das Ganze des Gemeinten zielender Symbolgesten, erprobter rhetorischer Figuren und Redemuster, und in jeder Rede schwingt das Ich mit – ein Pendel im Lebenstraum. Analoges gilt für das Handeln. Wieder und wieder läßt es sich um die Jahrtausendwende beobachten und diese als eine Wendezeit erkennen.

Da schrie etwa Dietmar auf, der erste Bischof von Prag, als es ans Sterben ging, im Jahr 981. Panik hatte ihn erfaßt: »Weh mir! Wie war ich! Wie anders als ich jetzt sein wollte! Ich Elender! Ich habe meine Tage vertan! Nie Früchte der Buße! Ich bin erledigt! Meine Ehre, mein Reichtum? Elendes Fleisch, den Würmern ein Fraß! Wo dein Glanz, deine vergängliche Schönheit? Hast mich betrogen, du falsche Welt! … Ich bin verloren! Weh mir! Geraden Wegs fahre ich zur Hölle, wo mir die Würmer nicht sterben und das Feuer in Ewigkeit und darüber hinaus nicht erlischt!« Die dabeistanden, »packte alle gewaltige Furcht, aber am meisten den Jüngling Adalbert«, den die grausige Szene im Innersten aufwühlte und der sich bekehren ließ. Doch verbal oder gestisch entpuppt sich die Szene als pure Topik, als Kette von Entlehnungen zum Beispiel aus Bußritualen. Jedes Wort war seit der Antike Hunderte von Malen ausgesprochen, jedes Erschrecken in immer gleiche Worte gekleidet worden. Hatte deshalb Dietmar beim Sterben keine Angst? War Adalbert, der künftige Heilige, deshalb nicht im Innersten erschüttert? Wie hätten sie oder die Erzähler ihre Todesangst anders mitteilen können? Um die Jahrtausendwende artikulierte sie sich, wenn sie sprachlicher Vermittlung bedurfte, so und nicht anders, indem sie sich der Angsttopik bediente. Es gab keine Alternative.

»Natur« hält keine Sprache der Innerlichkeit bereit – es sei denn das Grunzen, Schnalzen und Schmatzen von Schimpansen. Jede Sprache ist hoch entwickelt und birgt die ganze Geschichte der »Kultur«, die sich ihrer bedient, und diese wiederum unterliegt der Geschichte. Thietmars Traum und Pendel beugten sich diesen Bedingungen. Sie waren Zeichen und verlangten individuelle Zeichendeutung. Der künftige Bischof bediente sich träumend zwar keines kirchlichen Rituals, wohl aber einer verbreiteten rituellen Praxis. Er tat es, um über sich und sein Geschick Verborgenes und Künftiges in Erfahrung zu bringen; er konnte es tun, weil sein Traum sich der *universalen Zeichensprache* bedienen würde, die seiner Zeit vertraut war. Er handelte in höchster Seelennot. Symbolwissen, Emotion, Erwartung und Handeln vereinten sich im Traum. Die seelische Disposition aber wurde in dem Maße geschichtsrelevant, als personale Bindungen, nicht überpersönliche Institutionen, als Willkür, Gefühle und Affekte, nicht Verwaltungsnormen das politische Handeln beherrschten. Jenes Muster an Innerlichkeit, das die Verkünder prinzipieller Unerkennbarkeit von Intentionen und Emotionen zugrundelegen, entstammt anderen Epochen als der Jahrtausendwende, etwa den Seelenergießungen des »Sturm und Drang«, der Romantik, dem schwärmerischen Seelenhabit des Trivialromans von heute. Wer hier verharrt, tummelt sich in seiner eigenen Psyche, mißt Fremdes an eigenen Ritualen der Objektivation, einer Vergegenständlichung mithin, die den eigenen Subjektivismus nicht zu überwinden vermag. Sie nimmt nur eigene Redemuster wahr und projiziert sich selbst in die Vergangenheit, ohne Schöpfer von Geschichte zu sein. Historisierung der Seele, des Gefühls, des Willens und ihrer sprachlichen Objektivationen ist gefordert. Sie muß sich der Sprache ihrer jeweiligen Vergangenheit vergewissern – für die Jahrtausendwende eben der Sprache der Rituale. Sie ließ Himmel und Erde, menschliche und übermenschliche Welt kommunizieren; sie korrespondierte mit den Zeichenwelten, in denen die Dietmar, Adalbert, Otto und ihre Zeitgenossen lebten.

Alles war Zeichen, die ganze Welt war erfüllt von Zeichen und sprach durch sie. Es galt, auf sie zu achten und zu antworten. In Süditalien verfinsterte sich die Sonne – die deutschen Ritter gerieten in Panik und verkrochen sich unter die Wagen aus Angst vor dem Weltuntergang. Jedes Unwetter, jede Sonnenfinsternis, jedes bizarre oder lichte Wolkengebilde, jedes Mißgeschick konnte Zeichen sein. In Aquitanien ging roter Regen nieder, »Blutregen«, wie es hieß. Der König von Frankreich, Robert II., geriet in höchste Sorge; eilig ließ er seine Gelehrten befragen und forschen, was das bedrohliche Zeichen, die apokalyptische Botschaft, bedeute. Ademar von Chabannes brütete über den *Kategorien*, als eine zweite Sonnenfinsternis binnen weniger Jahre ihn aufschreckte und nach Jerusalem pilgern hieß. Eine existentielle Semiotik las deutend in der Welt, um Konsequenzen für das Leben zu ziehen. In Thüringen wurde ein mißgestaltetes Kind geboren, »hinten einer Gans ähnlich, das rechte Auge und Ohr kleiner als das linke, mit safrangelben Zähnen; an der linken Hand war nur der Daumen normal, vier Finger fehlten; vor der Taufe hatte es einen blöden Blick, danach nicht mehr; am vierten Tage starb es. Dieses Ungeheuer brachte ob unserer Missetaten eine schwere Seuche mit sich.« Welch genaue Beschreibung! Zeichen fesselten den Blick; sie brachten Sünden an den Tag. Selig, wer ihre Botschaft zu lesen verstand. »Siehe, Gottes Zorn offenbart sich uns und warnt uns, fortzufahren wie zuvor.« Rechtes Handeln – Gebete oder Tränen – versöhnte den Himmel, bewirkte Fruchtbarkeit der Erde oder Friede unter den Menschen und im eigenen Innern. Rituale und Zeichen korrespondierten miteinander. Blitz und Donner ließen Bischöfe vor Angst beben.

Religion, Moral und Wetter standen in Wechselbeziehung. Prozessionen bändigten Naturkatastrophen, zwangen die über die Ufer getretenen Flüsse in ihre Betten zurück. Rituale antworteten auf die irdisch-überirdischen Zeichen. Sie erlaubten den Menschen, sich mit dieser in Zeichen sprechenden Welt zu verständigen. Das tägliche Leben fügte Zeichen zu Zeichen und Ritual zu Ritual, nicht anders denn die Antwort zur Frage. Das war die Syntax der *Sprache des Lebens*.

Jeder Morgen, jeder Abend sollte durch Gebete ein- und ausgeleitet werden, so verlangten es Erziehungsschriften und Ritualbücher des früheren Mittelalters: jedes Leben, jedes Sterben, jede Ehe, jedes Priester- und Königtum. Alles hob mit rituellen Anrufungen Gottes an, die der Herr mit Gnadenerweisen oder Züchtigungen, mit Straf- und Heilwundern, mit allerlei Zeichen beantworten würde. Nichts blieb ohne Ritual. Rituale erfüllten das Leben wie die Sprache den Alltag. Jedes Essen sollte von Segen oder Segensbitten begleitet sein. Jeder Handschlag beim Kauf war rituelles und sichtbares Zeichen für Zeugen. Jeder Handgang, jede Übergabe von Symbolen machte Rechtsgeschäfte evident. Das gesamte Rechtswesen war von Ritualen durchsetzt. Die Kleidung verriet Herren und Herrinnen, die Sprechweise desgleichen. Beides war Ritual. Begegneten zwei Freie einander, zogen sie voreinander den Hut; so wußte Ekkehart von St. Gallen. Alpert von Metz erzählte vom Streit der blutrünstigen Gräfin Adela mit ihrer frommen Schwester Liutgard. Adela trat standesbewußt auf, »laut mit der Stimme, aufreizend mit Worten«, luxuriös in der Kleidung; »sie wollte über zahlreiche Zofen verfügen, die vielfältige Webkünste beherrschten, und bei der Herstellung kostbarer Kleider fast alle Frauen in unseren Ländern übertreffen.« Ritual um Ritual, Zeichen um Zeichen, in jeglicher Handlung. Jedes Gottesurteil, jede Wasser- oder Feuerprobe, die vielen Wunder, die sich dabei ereigneten – Rituale voller gottgesandter Zeichen. Im Grenzgebiet zwischen Baiern und Mähren griff man einen Mann namens Koloman auf, der behauptete, Pilger zu sein, hielt ihn für einen Spion, zwang ihn mit Gewalt zum Geständnis und knüpfte ihn an einen dürren Baum – »schuldlos! Denn als man später sein Fleisch ein wenig anschnitt, floß Blut heraus; Nägel und Haare wuchsen; der Baum begann zu grünen und erwies ihn als Märtyrer Christi. Sobald der Markgraf Heinrich davon erfuhr, ließ er seine Leiche in Melk bestatten.« Zeichensprache Gottes, Anfang eines Klosters und eines Heiligenkultes, die noch heute blühen.

Auch und gerade der Tod war Zeichen. Wann er kam, wie er Ernte hielt, wen er erkor oder verschonte – Zeichen über Zeichen und Gesprächsangebote Gottes. Ottos III. frühzeitiges Ende mit etwa einundzwanzig Jahren war auf diese Weise Botschaft Gottes an die Welt. Zwar waren sich die Zeitgenossen nicht einig, welche Sünde hier zum Aufruf kam. War es die Störung der Totenruhe, die der Kaiser sich mit der Öffnung des Grabes Karls des Großen hatte zuschulden kommen lassen? Die übermäßige Rache an seinen italienischen Gegnern, die ihm der hl. Nilus zur Last legte? Unkeusche Liebe? Die Abkehr von der eigenen Heimat? Eine andere geheime Schuld? Jede aber offenbarte, daß dieses frühe Sterben Zeichen war und das kaiserliche Leben von seinem Tod her erklärte. Vergangenheit und Zukunft konnten durch derartige Zeichenlektüre miteinander verschränkt werden. Wir dürfen vermuten, auch wenn wir es nicht strikt nachweisen können, daß Ottos Nachfolger Heinrich II. den vorzeitigen Tod gleichermaßen als Zeichen verstand. Seine Italienpolitik brach jedenfalls radikal mit derjenigen seines Vorgängers. Heinrichs Nachfolger aus salischem Hause, Konrad II. und Heinrich III., folgten ihm auf diesem Weg. Erst die Staufer mit Friedrich Barbarossa an der Spitze schüttelten derartige Hemmungen ab und trieben erneut die deutschen Heere Italiens wegen in den Tod. Ihre Gelehrten aber hatten die Zeichenbotschaften der Jahrtausendwende längst durch ein neues Wissen ersetzt.

»Was bedeutet es?« Das ganze Leben ordnete sich aus Zeichenbeachtung und Zeichendeutung, war – gleich Thietmars einander folgenden Träumen – Sequenz von Frage und Antwort in Zeichen. Die gesamte geistige Kultur war davon geprägt; auch die weltliche partizipierte daran. Gespräche, Diskurse in Himmelszeichen, Träumen und Ritualen. Umfassende Annäherung an Zeichenwelten ist vonnöten, um die Zielsetzungen, Planungen oder Verhaltensweisen, um die gedanklichen Urteile der Zeitgenossen der Jahrtausendwende zu verstehen. Von derartiger Historisierung der geistigen Handlungsspielräume ist die Geschichtswissenschaft noch weit entfernt. Religion und profanes Leben lagen im Schatten des Zaubers; Tag für Tag, allenthalben. Geheime, sich in Zeichen artikulierende Verbindungen zwischen Kosmos und Einzelmensch oder menschlicher Gesellschaft galt es zu erfassen. Die Zeitgenossen verstanden, was sie sahen, als Zeichen, auch wenn sie seine Bedeutung und seine Korrespondenzen nicht ohne weiteres entzifferten; sie handelten durch Zeichen. Die Zeichenwelten verlangten ein geduldiges Hinsehen, Hinhören, keine vorschnellen Urteile. Bloßer Augenschein, jede rasche Folgerung konnte täuschen. Die Zeichen offenbarten nicht jedem, was sie bedeuteten, und schon gar nicht einem jeden in gleicher Weise. Es kam stets darauf an, wer hinter einer Deutung stand und wer sie durchsetzte, sei es Kaiser, Bischof oder Mönchsgemeinschaft. Thietmar selbst erging es nicht besser. Die Bedeutung der »Fünf« enthüllte sich nur mit der Zeit, erfüllte ihn aber mit vorgreifender Sorge und nachträglicher Freude. Wer irrte, verfiel nicht in grundsätzliche Zweifel; allenfalls hatte ein Deuter versagt, nicht aber der Zeichengeber. Gewiß, auch dieser Sprache bemächtigten sich Schwindler, Betrüger, Scharlatane. Wagen konnten sie es, weil die Leute von den schlichtesten Bauern bis zu den herausragenden Gelehrten in Zeichen dachten, die Zeichenwelten ernst nahmen und in ihnen lebten, selbst wenn sie den einen oder anderen Betrug durchschauten – nicht anders als wir in unserer Sprache.

Der Einbruch der Dialektik – die Entzauberung der Welt beginnt

Gleichwohl wäre es unangemessen, jenen Menschen nur phantastische Ziele, traumgeleitetes Schwärmertum zu unterstellen. Sie verfolgten beharrlich irdische Ziele: das Überleben in dieser Welt, Reichtum, Macht, Ruhm. Aber derartige Ziele lagen eingebettet in ein anderes soziales Wissen, ein anderes Weltbild, in andere Denkweise und Sprache. Erst *aufgeklärte* Denker begannen Zweifel zu hegen und zu prüfen, ob zwischen Sonnenfinsternis und Weltuntergang, zwischen Mißgeburt und Seuche Zusammenhänge bestehen. Sie entsagten dann bald der Sprache der Rituale und bedienten sich logisch-kausaler Ausdrucksweisen. Die geistigen Techniken, mit deren Hilfe solche skeptischen Denker jene Zusammenhänge bestritten, standen den Zeitgenossen der Jahrtausendwende noch nicht oder allenfalls in ersten Ansätzen zur Verfügung. Wie aber läßt sich nach diesen revolutionären Umbrüchen im Denken das frühere symbolisch-rituelle Weltbild, das Leben mit ihm erfassen?

Die Aufklärung zog nicht plötzlich ins Land. Ihre Anfänge liegen weit zurück und bereiteten sich fast unmerklich vor. Gleichwohl zeichnen sich einzelne Stufen anhand der erhaltenen Handschriften und Texte deutlich ab. Zunächst dominierte die Lehre vom drei- oder vierfachen Schriftsinn: dem historischen, allegorischen, moralischen und anagogischen. Sie war Einübung in die Syntax der Ritualsprache. Jerusalem etwa war »historisch« die jüdische Stadt, »allegorisch« die Kirche, »moralisch« die gläubige Seele, in der ein reines Herz als Tempel und der Heilige Geist als sein Bewohner galt, und »anagogisch« das himmlische Jerusalem der Apokalypse. So erklärte Honorius Augustodunensis im 12. Jahrhundert die Erkenntnisweise. Die Lehrer der Zeit um 1000 verfuhren entsprechend, beispielsweise der hl. Wolfgang als Domscholaster in Trier: »Die Schüler, die er aufnahm, unterwies er nicht bloß in den freien Künsten, vielmehr auch in den Morallehren. – So sehr ging er auf sie ein, daß, wenn er den Begabteren die Schwierigkeiten und Tiefen der Künste und Autoren erläuterte, er sich alsbald den Blöden und Einfältigen zuwandte und, einer Amme gleich, sie mit der Milch vorgekochter historischer Speise fütterte.« Den Begabten also der hohe Sinn, den Dummköpfen die Geschichte.

Entsprechend wurde Thietmar erzogen. Einsichten in das bloße Treiben der Menschen verharrten auf der alleruntersten Stufe des Erkennens; höheres Wissen betrachtete, was geschah, als allegorisches, moralisches, himmlisches Zeichen und handelte entsprechend. Wahre Bildung entwand sich gerade der sinnlichen Anschauung, erhob die Augen zum Geist und entdeckte in den Dingen Zeichen übermenschlicher, erhöhender Wahrheit. Konsequenzen sind allenthalben zu spüren. Thietmar und seinesgleichen, unsere Informanten – fortgesetzt auf der Suche nach höherem Sinn –, bildeten ihre Argumente anders als wir. Sie gewichteten anders, wählten aus den Sinnesdaten anders aus, assoziierten und kombinierten anders. Sie dürsteten nach der Entzifferung der Allegorien, der moralischen und anagogischen Winke des Geschehens, nach dem Unsichtbaren und Himmlischen im Irdischen. So nahmen sie anders wahr, als wir Heutigen es vermögen. Rechte Bildung, rechtes Wissen und rechtes Handeln erwiesen sich im Eindringen in die göttlichen Zeichenwelten, in das Geheimnis des Pendels.

Trotz gleichartiger Ausbildung garantierte die Methode des mehrfachen Schriftsinns zwar eine gleichartige Bereitschaft zur Zeichendeutung, aber auch unter den Zeitgenossen keine Gleichheit der Deutung. Dennoch manifestierte sich für alle in den Zeichenwelten die Einheit der ganzen Welt, der übernatürlichen und der natürlichen, der seelischen, kulturellen und politischen Welt. Die Rituale waren die Sprache der Kommunikation mit Gott und allen numinosen Mächten, guten wie bösen, Engeln, Heiligen oder Teufeln. Über die Zeichen kommunizierten dieselben mit der Welt und einzelnen Menschen. Derartige Offenbarungssemiotik schuf keine einheitliche Erkennensbasis, wenn einmal von der verpflichtenden

Bindung an heilige, sakrosankte Autoritäten abgesehen wird. Sie legte jeder zwischenmenschlichen Verständigung schwere Hürden in den Weg. Kein Zeichen war von Anfang an eindeutig. Andere mochten die Zeichen zwar ähnlich, aber vielfach auch anders gedeutet haben.

Sogar das Verstehen der Autoritäten divergierte, da kein Verfahren existierte, um die Widersprüche zwischen ihnen aufzudecken, zu erklären und zu harmonisieren. Erst unter dem Siegel der Vernunft wurde es möglich; erst seit Abaelard im 12. Jahrhundert kam es in Gebrauch. Um die Jahrtausendwende aber wurde die Vernunft der Zeichen noch nicht Herr. Niemand flüchtete sich in semiotischen Skeptizismus – nicht weil man ihn aus Prinzip abgelehnt hätte, sondern aus Mangel an Voraussetzungen. Der Glaube hatte sich noch nicht vor der Vernunft zu bewähren. Erst gegen Ende des 11. Jahrhunderts begann es sich zu ändern. In der Zwischenzeit hatte Berengar von Tours vernünftige Zweifel an der sich ausformenden Lehre von der Transsubstantiation formuliert, also an dem christlichen Ritual schlechthin, der Wandlung von Brot und Wein in Leib und Blut des Herrn. Er hatte, der Schüler Fulberts von Chartres, die logische Widerspruchsfreiheit in ihr vermißt. Damit wurde eine Epochenwende manifest.

Die neue Gelehrsamkeit zog auf zwei Wegen ins christliche Abendland ein. Doch blieb sie fürs erste noch den für die kirchlichen Ämter vorgesehenen Adelssöhnen oder den Mönchen und Nonnen vorbehalten. Zunächst drang sie auf die Beherrschung der lateinischen Sprache, welche die Fächer »Grammatik« und »Rhetorik« zu gewährleisten hatte. Statt christlicher Dichter, die in den Schulen der Karolingerzeit traktiert wurden, dienten fortan heidnische Autoren der Eloquenz und sprachlichen Beweglichkeit: neben dem schon länger vertrauten Vergil vor allen Horaz, Ovid, Persius, Lucan, Terenz, Martialis und Juvenal, dazu die *Saturnalia* und der Kommentar zum *Somnium Scipionis* des Macrobius, auch die moralischen *Disticha Catonis*. Ihre Lektüre, ihre Imitation kennzeichnete damals Modernität.

Mit ihnen kündigte sich freilich mehr als lediglich eine neuartige Beherrschung der lateinischen Sprache an; sie offerierten zugleich eine andere Weise der geistigen Auseinandersetzung mit der Welt und dem Wissen von ihr, die von den Geheimnissen des christlichen Glaubens entfernten. Die neue Bildung trieb denn auch alsbald in Legitimationsnöte. Zumal das Mönchtum versagte sich ihr.

Nicht in gleicher Weise behend wie die Rhetorik und die heidnisch geschulte Literalität kam die aristotelische Logik daher, obwohl sie gleichfalls über die »Rhetorik«, doch vor allem über die »Dialektik« eingeübt wurde. Ihr Kommen kündigte sich zur Zeit Karls des Großen an. Damals tauchten die anonymen *Categoriae Decem* auf, deren älteste Handschrift über Lyon, wo sie um 800 entstand, an den Hof des großen Kaisers selbst verweist. Sie stellt den ältesten erhaltenen aristotelischen Text überhaupt dar. Der König selbst gab bei dem gelehrten Angelsachsen Alkuin eine *Rhetorik* und *Dialektik* in Auftrag, zwei knappe, schlichte Lehrbücher in Gestalt eines Schüler-Lehrer-Gesprächs. Die drei Texte bildeten für Jahrzehnte den Grundstock logischer Schulung; seit der zweiten Hälfte des 9. Jahrhunderts kam das spätantike Lehrbuch in Versen des Martianus Capella hinzu. Aufklärung war damit nicht zu betreiben, wenn auch das Lob auf die Vernunft, das in diesen Schriften gesungen wurde, nicht mehr verstummen und bald Eigendynamik entfalten sollte.

Auch die nächsten Schritte erfolgten im Westen. Ein neuer Aufschwung des Schulwesens wurde damit eingeleitet. Doch hing er am dünnen Faden einer Reihe von Lehrern, die Schülern und Enkelschülern ihr Wissen tradierten. Unterschiede zwischen Schulen und Kulturregionen begannen sich auszuprägen. Reims, bald Chartres oder der Unterricht des Abtes Abbo von Fleury stachen hervor. Der nächste Schritt bestand in der Rezeption originaler Texte des Aristoteles in der Übersetzung und mit den zugehörigen Kommentaren des Boetius, der *Kategorien* nämlich, der *Perihermeneias*-Schrift sowie der *Isagoge* des Porphyrius, einer Einführungsschrift, die beiläufig die Universalien ansprach, was gegen Ende des 11. Jahrhunderts die ersten philosophischen Diskussionen der Frühscholastik auslösen sollte. Binnen zweier oder dreier Generationen breitete sich die Kenntnis dieser seit dem 13. Jahrhundert sogenannten Logica Vetus über die Schulen aus. Man bediente sich fortan derselben Methode, die nicht nur gleichartige, sondern – korrekt gehandhabt – allen räumlichen und zeitlichen Entfernungen zum Trotz identische Ergebnisse zeitigte: ein wissenschaftlicher Fortschritt sondergleichen. Nicht einmal die Antike hatte einen solchen Triumphzug einer philosophischen Schule erlebt. Die genannten Schriften vermittelten formalisierte Erkenntnisverfahren wie die Forderung der Widerspruchsfreiheit oder das Prinzip des methodischen Zweifels. Sie gestatteten ein für jedermann kontrollierbares Vordringen von Bekanntem zu Unbekanntem. Man begann, mit dem Gelernten zu argumentieren. Auch dies war neu. Die Lehren von den Kategorien und Satzaussagen blieben nicht bloßer Lehr- und Lernstoff, sie bildeten das Fundament einer geistigen Neuordnung der Welt.

Fulbert von Chartres war ein begnadeter Lehrer. Er führte in die Geheimnisse der freien Künste und zumal der Dialektik ein, daß man glaubte, die Engel im Himmel singen zu hören. Zahlreiche Schüler dankten es ihm. Überall in Frankreich und in den Ländern diesseits und jenseits des Rheins besetzten sie – gleich Berengar in Tours – die Scholasterstellen: eine Gewähr für dauerhaften Erfolg. Auch andernorts war man um logische Schulung bemüht. In Italien erlebte die Bildung, die dort seit der Antike nie ganz erloschen war, eine neue Blüte. Eine Reihe italienischer Lehrer leistete alsbald den Deutschen geistige Entwicklungshilfe. Die intellektuellen Ansprüche stiegen mit der Zeit. Zwischen den Scholastern von Lüttich und Köln – auch sie aus Fulberts Schule hervorgegangen – entbrannte im dritten, vierten Jahrzehnt des neuen Jahrtausends eine Diskussion über die Quadratur des Kreises. Der hl. Wolfgang soll nach der Erinnerung seines Biographen Otloh von St. Emmeram mit Hilfe schulgerechter Syllogistik christliche Ketzer des Aberglaubens überführt haben. Vielleicht traf es nicht zu. Doch hatte Otloh, in jungen Jahren selbst ein Dialektiker, dennoch die intellektuelle Zeitenwende erfaßt, die tatsächlich eingetreten war, gleichgültig, ob sie schon unter Wolfgang oder erst unter seinem Biographen im Reich bemerkt wurde: eben den Durchbruch der Dialektik in der Schule, die entscheidende Phase in der Geschichte der Vernunft, den Beginn der Aufklärung.

Je mehr sie fortschritt, je weiter die Entzauberung um sich griff, desto leichter fallen uns Heutigen die Verstehensprozesse ihrer frühen Adepten. Die Welt der Logik, der heraufziehenden Wissenschaft, des rationalen Beweises, nicht der himmlischen Zeichen ist unsere Welt. Mit ihr bereitete sich ein nachhaltiger sozialer Wandel vor, der seit dem späten 11. und im 12. Jahrhundert sich durchsetzen sollte. Er sprengte die überkommene Einheit von Bildungs- und Machtelite für immer. Die Träger der sich mehr und mehr spezialisierenden Wissenschaften – der Theologie und Jurisprudenz, vereinzelt schon der Philosophie, selten indessen der Medizin –, die Lehrer und Professoren an den nun entstehenden Hohen Schulen und ihre Studenten, drangen, von Deutschland einmal abgesehen, fortan in die bislang dem Adel vorbehaltenen kirchlichen Führungspositionen ein. Thietmar, der um das Jahr 975 geborene Grafensohn, lebte vor dieser Wende. Er partizipierte – wie übrigens der Großteil der Zöglinge deutscher Schulen dieser Zeit – nur über die grammatische Bildung an der intellektuellen Wende um das Jahr 1000. Soweit wir wissen, kam er ohne sonderliche rhetorische und dialektische Bildung aus. Erklärt sich daraus seine Art und Weise, Historie zu denken und zu konzipieren? Die Qualität seiner Nachrichten? Sein Pendel? An drei Stätten hatte er seine Erziehung genossen: durch seine Tante Emnilde im Nonnenstift Quedlinburg, für kurze Zeit im Kloster Berge bei Magdeburg und endlich im Magdeburger Domstift. Der grammatische Lehrstoff wird derselbe gewesen sein wie sonst an Domschulen. Die heidnischen Dichter, Macrobius und die *Disticha Catonis* waren dem Merseburger vertraut; sein Latein entsprach freilich keineswegs der Klassizität jener antiken Sprachkünstler.

So allgemein dieser Aufbruch in Aufklärung, so wenig gradlinig war deren Siegeszug. Thietmars partielle Rückständigkeit nimmt sich hier weniger verwunderlich aus. Gerade die französischen Reformklöster und an ihrer Spitze Cluny stemmten sich gegen die kalte Vernunft und ihren Zugriff auf die Welt. Die religiösen Bedürfnisse der Selbstheiligung, des Gebets, der Erwartung des Jüngsten Gerichts, ihre an den Vätern, an Augustin oder Gregor dem Großen geschulte Geistigkeit begnügten sich mit den traditionellen Zeichenwelten und vertrauten auf die Kenntnis der Ritualsprache. Sie bedurften weder heidnischer Dichter noch geschulter Dialektik. Tränen behielten ihren Rang. Neuerliche strukturelle Unterschiede etablierten sich. Vor allem verschoben die rasche Ausbreitung der cluniazensischen Reform sowie die Vorbildwirkung, die von ihr ausging, die Bildungsziele der Klosterschulen in Frankreich. Die Folgen zeigten sich alsbald in Klassenzimmern, in Büchertruhen oder auf Bücherborten der Monasterien des 10. und 11. Jahrhunderts. Kein Mönch sollte Ovids *Liebeskunst* studieren, keiner sich mit dialektischen Zweifeln plagen, wie sie den Weltklerus zu quälen begannen. Man orientierte sich an der Glaubenssicherheit der Väter und drängte die Wissenschaft vor die Klausur. Ein Mönch wie Abbo von Fleury, der um seines Wissens willen weit umherreiste, erschien bald als bestaunenswerte Ausnahme.

Je stärker sich dieser Trend durchsetzte, desto deutlicher divergierte das Lehrprogramm der Kathedralschulen von jenem der Klosterschulen, desto mehr verloren letztere an Attraktivität für den Weltklerus, und desto nachhaltiger zogen die herausragenden Kathedralschulen die Masse der wandernden Scholaren an. Seit etwa derselben Zeit verlangte das vertiefte Studium der »Artes« und der Wissenschaften überhaupt das Vagantentum der Scholaren, die hier in die Dialektik, da in die Musik, dort in die höheren Bereiche der Arithmetik oder der Medizin einzudringen suchten. Für Mönche, für die ja die Unveränderlichkeit ihres Wohnortes galt, taugte solches Schweifen nicht. Alsbald gab es in Frankreich zwei recht unterschiedliche Schulen, die sich gründlich nach Lehrprogramm, Bildungszweck und Organisation, nach den Lebensformen ihrer Lehrer und Schüler unterschieden: eben die Kloster- und die Domschule. Aus den letzteren sollten dann im 12. Jahrhundert die ersten Universitäten hervorgehen, die grundstürzende Bildungseinrichtung des Abendlandes.

Die deutschen Klöster verweigerten sich zunächst der eben skizzierten Auseinanderentwicklung der Kloster- und Domschulen. Sie verharrten bei dem früheren Lehrprogramm der karolingischen Renaissance und verhielten sich nicht anders als Domschulen; ihre Förderer akzeptierten es. Keinen Augenblick zögerten sie, die neuesten Trends der Lektüre heidnischer Klassiker oder aristotelischer Logik aufzugreifen, die damals aus Frankreich oder Italien nach Osten und Norden drangen. Die Lehrer wechselten von Kloster- zu Domschulen und umgekehrt; die wissenschaftlichen Anforderungen glichen hier und dort einander. Klosterbibliotheken ähnelten Dombibliotheken. Nonnenklöster oder -stifte partizipierten an der Entwicklung. Auch Nonnen konnten in Ovids *Liebeskunst* lesen. Die christlichen Väter, antik-heidnische Klassiker, dialektische oder arithmetische Spezialliteratur – nichts fehlte prinzipiell.

Im ottonischen Reich etablierte sich im 10. Jahrhundert abweichend von der Entwicklung im Westen proportional zur Bevölkerung ein vergleichsweise dichtes Netz gleichartiger Schulen, deren keine durch Lehrprogramm oder Zweckbestimmung eine höhere Attraktivität als andere zu entfalten vermochte, weil alle auf dasselbe hochgesteckte Ziel ausgerichtet waren. Während sich damals in Frankreich die höheren Studien zunehmend auf wenige Domschulen – Reims, Chartres, Laon oder Paris, um die wichtigsten zu nennen – konzentrierten und den anschwellenden Scholarenstrom frühzeitig lenkten, ragten deutsche Domschulen kaum aus dem Schatten ihrer Gleichartigkeit mit Kloster- oder Stiftsschulen hervor. Keine von ihnen vermochte langfristig Anziehungskraft auf fremde Scholaren auszuüben. Keine stand unter besonderem Erfolgsdruck, und keine entwickelte sich ähnlich den bedeutenden Schulen der »Francia« zu einem überregionalen, weithin attraktiven Wissenschaftszentrum mit überdurchschnittlicher Scholarenkonzentration, einer Vielzahl untereinander konkurrierender Lehrer und der Notwendigkeit, neue Organisationsformen – die Frühformen der Universität – zu entwickeln. Es bestand im ottonisch-salischen Reich kaum ein Bedarf nach derartigen Zentren, da anscheinend alle Schulen deren Aufgaben prinzipiell zu erfüllen vermochten. Allenfalls vorübergehend lenkte eine Domschule – bald Lüttich, bald Köln oder Hildesheim, bald Bamberg oder Konstanz – ein wenig mehr Aufmerksamkeit auf sich, ohne deshalb die Schullandschaft des Reiches grundsätzlich umzugestalten. Die geistige Bildung folgte dieser institutionellen Gleichförmigkeit.

Die Entwicklung blieb freilich dabei nicht stehen. Neuerliche Einflüsse aus dem Westen drangen nach dem Osten. Die Vorboten der sogenannten jungcluniazensischen Klosterreform und diese selbst veränderten seit etwa den dreißiger Jahren des 11. Jahrhunderts allmählich die Situation. Weltliche Wissenschaft, vor allem in Gestalt der Dialektik, wurde nun auch in deutschen Klöstern mehr und mehr in Frage gestellt; man stritt über ihren religiösen Wert. Bald lehnte man sie leidenschaftlich ab, bald verteidigte man sie ein wenig. Letztlich triumphierte auch im Reich die von den klösterlichen Reformbewegungen des französischen Westens geprägte Haltung und mit ihr eine gewisse Aufklärungsfeindlichkeit. Die Wirkungen reichten bis in die deutschen Domschulen hinein. Denn so eng Kloster- und Domschule bisher miteinander verflochten waren, so gleichartig wirkte nun der neuerliche geistige Umschwung auf die Schulen im Reich zurück. Die Wege der Dom- und Klosterschulen trennten sich wiederum nicht wie in Frankreich. Deutschland wurde im Unterschied zu seinem westlichen und südlichen Nachbarn kein Land der Wissenschaften. Die Aufklärung ging hier und dort mit ungleichen Schritten.

Thietmars letzte Zeichen

Unter Sachsen, Franken oder Bayern regierten in der Tat die Zeichenwelten dauerhafter als im Westen oder Süden Europas. Mit ihnen lastete beklemmender Druck auf den Seelen: Thietmar verhehlte es nicht. Er ängstigte sich und weckte mit seiner Angst eine Ahnung, wie sich ein Leben im Schatten der Vorzeichen ausnahm, welche Entlastung der Fortgang der Aufkärung brachte, verweist damit aber auch auf Quellen des Glaubens und des geistigen Orientierungswissens, die jenseits aller Theologie und Logik lagen. Da ließ Gott pendeln, und der schaudernde Bischof richtete, so gut er es vermochte, sein Leben nach solchem »Aberglauben« ein. Bis in seine *Chronik* hinein wurde es spürbar.

Noch die letzten Eintragungen bekundeten es. »Im Monat August« – so schrieb Thietmar im Jahr 1018, und noch ohne die »wahre« Bedeutung der sich ereignenden Zeichen erkannt zu haben – »erschien ein neuer Stern neben dem Wagen und schreckte durch sein Leuchten aus der Ferne alle, die es sahen. War doch niemals, solange wir denken können, etwas Ähnliches geschehen. Alle entsetzten sich darüber. Die Menge fürchtet eine böse Vorbedeutung, das Häuflein der Gläubigen aber hofft auf einen barmherzigen Ausgang. – Im Nordthüringgau fügten drei vereint jagende Wölfe, wie sie die Einwohner niemals zuvor gesehen hatten, vielen Menschen und dem Vieh maßlosen Schaden zu. Auch das erschreckte die Bevölkerung sehr und weckte Besorgnis vor kommendem, größerem Unheil. – Alles zuvor Genannte enthüllt uns von oben her den Zorn des Himmels, doch die menschliche Schwäche richtet darauf kein wachsames Auge. – Dieses Jahr darf mit neuem Namen wahrlich ein Jahr des Erdbebens heißen, ein Jahr tiefer Erschütterung. Brach doch über die unbeständige Welt unsägliche Bedrängnis herein und ängstigte allenthalben ihre Bewohner. – Möge uns der allmächtige Gott fest beistehen und in seiner Barmherzigkeit zeigen, was ihm gefällt und uns frommt.« Zeichen, Zeichen bis in die letzten Sätze hinein. Unwissend wissend, einer drohenden Zukunft entgegen. Auch der heutige Historiker muß sich diesem Erschrecken stellen, das dem Chronisten die Feder führte, sein Erkennen lenkte, Geschichte machte. Die verfügbaren Informationen sind von diesem Erschrecken gefiltert: die zahllosen Feindeinfälle und Kriege, die gebrochenen Frieden, das Wüten der Gewalttäter und das Unrecht, das von ihnen ausging; auch die Ordnung dieser Geschehnisse, ihr Sinn, das ganze Erinnerungsbild waren davon nachhaltig berührt. Das dräuende Unheil, die Furcht, die Abgründe der Seele gestalteten so gut die Kultur und ihre erinnernde Bewahrung wie die vorbildlichen Dichter, Schulmeister und heiligen Schriften.

»Und jetzt?« Die Antwort auf die letzten Schreckenszeichen ward Thietmar nun nicht nur im Traum verweigert, auch das Leben verschwieg sie ihm; anderen wurde sie statt seiner zuteil. Der Bischof Thietmar von Merseburg starb am 1. Dezember des Jahres 1018, nicht leidend, eher unerwartet, etwa dreiundvierzig Jahre alt – Zeichen vor Augen, die bis zur Stunde niemand zu deuten wußte und doch alle wahrgenommen hatten. Das Leben lavierte im Ungewissen, alles Handeln, Planen, Entscheiden erfolgte daraus, gewarnt von beängstigenden Zeichen, die ihr Geheimnis behielten, erfüllt von beklemmender Not, wissend allein, daß Schreckliches und immer Schrecklicheres heraufzieht. Hier rettete nur – das Gebet.

1100

Hagen Keller

Am Scheideweg – die lateinische Christenheit im Richtungsstreit

Für die Christen im Abendland war der Übergang vom Jahr 1099 zum Jahr 1100 »nach Christi Geburt« ein Jahreswechsel wie jeder andere. Daß man bisher im tausendsten und soundsovielten Jahr seit der Inkarnation des Herrn gelebt hatte und nun in die Serie der tausendeinhunderter Jahre eintrat, hatte für sie offenbar keinerlei symbolische Bedeutung. Dabei war die Zählung der seit Christi Geburt verflossenen Jahre im Verlauf des 11. Jahrhunderts zur Hauptgrundlage der Zeitrechnung geworden und hatte andere Datierungsweisen – zum Beispiel in der damals aufblühenden Weltchronistik oder in den Datumsangaben von Urkunden – zurückgedrängt. Daß die Jahreszahlen von den Tausendern in die Elfhunderter übergingen, war den Menschen also geläufig, gegenwärtiger vielleicht als bei manchem Jahrhundertwechsel zuvor – und das unabhängig davon, ob man das neue Jahr am 1. Januar zu zählen anfing, was selten war, oder an einem anderen Tag, etwa – wie in großen Teilen Deutschlands, in Norditalien oder Ungarn üblich – schon am 25. Dezember oder erst am 25. März, wie beispielsweise in der Trierer Kirchenprovinz oder in England seit der normannischen Eroberung von 1066.

Allerdings: Wußte man wirklich, wann genau Jesus den Kreuzestod erlitten hatte und wann er geboren worden war? Damit mußten sich die Gebildeten um das Jahr 1100 ernsthafter auseinandersetzen als ihre Vorfahren. Denn in manchen Klöstern kamen seit dem 11. Jahrhundert berühmten Gelehrten Zweifel, und sie begannen neu zu rechnen. Derjenige, der sich am eingehendsten mit den »historischen« Angaben zur Lebensgeschichte Jesu Christi, mit den Weltalterberechnungen und mit den für die Festlegung des Passah-Festes relevanten astronomischen Daten beschäftigte, der in Mainz lebende Ire Marianus († 1081/82), erhärtete die Auffassung, daß die Passion Christi, verglich man die Angaben der Evangelien mit anderen Fakten, nur im Jahre 12 der üblichen Zeitrechnung stattgefunden haben könne, die Geburt Jesu Christi demnach in das Jahr 22 »vor Christus« fallen müsse. Doch mit Bezug auf den bevorstehenden Beginn eines neuen Jahrhunderts wurde die Frage damals nicht debattiert. Man zählte weiter wie bisher, so wie wir es heute noch immer tun, verband aber mit dem Jahrhundertwechsel weder Spekulationen noch Deutungen, noch Feiern. Weder spielt das Jahr 1100 eine Rolle in den Endzeiterwartungen, die seit 1096 mit dem Massenaufbruch zum Ersten Kreuzzug auflebten, noch beschäftigte es die gelehrten Geister der Zeit, unter denen damals das symbolträchtige Spiel mit Zahlen in Mode kam und die Frage nach der Signifikanz von Zahlen geradezu wissenschaftlich erörtert wurde.

Auch von den folgenden Generationen wurde der Jahrhundertwende nichts Zeichenhaftes angedeutet, obwohl sie mit Ereignissen zusammenfiel, denen man im Rückblick »epochale« Qualität zuerkannte. Der Erste Kreuzzug hatte am 15. Juli 1099 zur Eroberung Jerusalems geführt; gleich darauf übernahm Gottfried von Bouillon, der niederlothringische Herzog, als »Vogt des Heiligen Grabes« die Oberhoheit über die christlichen Fürstentümer im Heiligen Land; in Jerusalem wurde ein lateinisches Patriarchat errichtet; nach Gottfrieds Tod wurde sein Bruder Balduin von Boulogne am 25. Dezember 1100 in der Stadt Davids und des Grabes Christi zum König gekrönt. Am 8. September 1100 starb der Gegenpapst Clemens III. – ein zwanzigjähriges Schisma war zu Ende; der am 14. August 1099 erhobene Papst Paschalis II. († 1118) konnte nun, in seiner Würde unbestritten, an der hierarchischen Heraushebung des Nachfolgers Petri über Könige und Bischöfe sowie an der Verwirklichung des kurialen Zentralismus weiterbauen, für die Papst Gregor VII. (1073–1085) zu kämpfen begonnen hatte. Doch auch hundert Jahre später, als das Papsttum mit Innozenz III. (1198–1216) auf einem Höhepunkt seiner Macht angelangt war und manche den Papst als den »wahren Kaiser« apostrophierten, als überdies die Verteidigung des Heiligen Grabes gegen die Ungläubigen in der westlichen Christenheit erneut zur vordringlichsten Aufgabe erklärt wurde, hat niemand die Ereignisse von 1099/1100 deutend mit dem Beginn eines neuen Jahrhunderts verbunden.

Daß sie aber in der Zeit eines tiefgreifenden Wandels lebten, daß sie die richtige Orientierung suchen mußten, daß sie zur Entscheidung aufgerufen waren – das erfuhren und empfanden die Menschen in den Jahrzehnten um 1100 mit einer Intensität, die in der abendländischen Geschichte bis dahin ohne Beispiel war. In seiner weitverbreiteten Weltchronik charakterisierte Sigebert von Gembloux († 1112) die Epoche, die mit Papst Gregor VII. begonnen hatte, als eine einzige Zeit der Krise, die unter Urban II. (1088–1099) den Höhepunkt der Spaltung erreicht habe, die er aber 1111 als noch nicht überwunden ansah; ähnlich urteilten andere Zeitgenossen. Und schon in der nächsten oder übernächsten Generation diagnostizierten viele, daß sich die Welt in jenen Jahren verändert habe, daß die Veränderungen von damals handelnden Menschen bewirkt worden, ja die Menschen selbst andere geworden seien. Aus der Erfahrung des historischen Wandels gewann man seit dem Ausgang des 11. Jahrhunderts immer mehr die Überzeugung, daß auch Normen, Institutionen, Verhaltensweisen verändert, den Zeitläuften angepaßt werden müssen, wenn man die unverrückbaren Werte und Ideale bewahren will: Der Mensch selbst muß in seiner Zeit die Welt mitgestalten, um seinem Auftrag in der Schöpfung gerecht zu werden. An bisherigen Leitbildern wurde man zunehmend irre – und so mündeten die Fragen, wie man leben solle, was zu tun sei, was als wahr gelten müsse, in einen Strudel von Auseinandersetzungen, dessen Radius ständig wuchs.

»O welch erbärmlichen Anblick bietet das Reich!« schrieb gegen 1100 ein Augsburger Geistlicher, auf die Geschichte der letzten zwanzig Jahre zurückblickend, in seine Annalen. »Wie man bei einem Komödiendichter ›Alle sind wir gedoppelt‹ liest, so sind die Päpste gedoppelt, die Bischöfe gedoppelt, die Könige gedoppelt, die Herzöge gedoppelt.« Angesichts der Kämpfe im Bistum Augsburg und im Herzogtum Schwaben war die Anspielung auf eine Verwechslungskomödie im Stil des römischen Dichters Plautus ein sarkastischer Witz für Gebildete. Im Leben wurde die Verdoppelung zum blutigen Ernst, bestimmt von unversöhnlichen Positionen und haßerfüllten Äußerungen über die Gegner. 1094 schrieb der Bischof von Naumburg an den Landgrafen von Thüringen, um ihn auf die Seite Heinrichs IV. (1056–1106) zu ziehen: Die Widersacher des Kaisers verunglimpfend, mahnt er unter Beschwörung des Nutzens für das Reich zu Eintracht und Gerechtigkeit, zum Frieden, der freilich nur durch die Unterwerfung der Rebellen unter Kaiser Heinrich zu erreichen sei. Der Landgraf ließ seinem Sekretär die Antwort vom Bischof von Halberstadt diktieren: Unter wüster Beschimpfung des Königs, der keiner sei, und unter schweren Vorwürfen gegen den Naumburger Mitbruder wird der Haß gegen die Feinde der Kirche zur Pflicht erklärt, weil sie Feinde Gottes seien. Der Friede, den der Teufel habe, sei grausamer als jeder Krieg; in einem solchen Reich, in dem das Böse herrsche, dürfte es keine Eintracht geben, denn dies wäre nur das Einvernehmen der Räuber, Diebe, ins Verbrechen und Verderben Verstrickten. Auch wenn sich viele im großen wie im kleinen Rahmen um Vermittlung, Verständigung oder Ausgleich bemühten, war das Geschehen überwiegend von Unversöhnlichkeit und – wenn Bemühungen um einen Frieden konkreter wurden – von fundamentalistischen Positionen bestimmt. Über dem Streit und den Kämpfen mit allem Leid und allen Scheußlichkeiten schwebte ein hehres Ziel: die rechte Ordnung in der christlichen Welt. Würde man sie finden? Sollte es im neuen Jahrhundert so zerstörerisch, so blutig weitergehen wie in den letzten zwanzig, dreißig Jahren des alten?

Die Streitfragen reichten bis in die letzten Tiefen der menschlichen Existenz. Die Konflikte hatten auf verschiedenen, getrennten Feldern begonnen, immer weitere Bereiche wurden erfaßt, bis sich um 1075/80 alles im großen Streit mit seinen vielen Einzelhändeln verknotete: ein schier unauflösbares Geflecht von Grundsatzfragen und Sonderinteressen, in das alle Lebensordnungen verstrickt waren. Um 1100 steckte die abendländische Christenheit noch voll in der Krise. Was man für das gute Herkommen gehalten hatte, sollte nicht mehr gelten; was die einen als altes Recht beschworen, wollten die anderen als Unrecht abschaffen; die Gewohnheit, die doch vor allem auch Rechtsgewohnheit war, mußte der »Wahrheit« weichen, hinter der freilich stets auch materielle Interessen standen. Von allen Seiten wurden die Menschen aufgefordert, sich persönlich zu entscheiden: für das Gute natürlich, das Gottgefällige, das Recht, die Wahrheit, den Frieden – und deshalb für die Partei, die all dies zu vertreten behauptete und im Gegner nur das Böse, das Werkzeug des Teufels, nur das Unrecht, die Perversion der Ordnung, den alleinigen Stifter der Zwietracht sah oder zu sehen vorgab. Was war zu tun, wenn das bisher als rechtmäßig Geübte sich als tief eingewurzelter Irrtum erwies – oder böswillig als solcher hingestellt wurde?

Theoretisch reflektiert wurde das Problem natürlich vor allem im Hinblick auf die Stellung der Kirche Gottes unter den Menschen, die Position des Papstes in Kirche und Welt, die Aufgaben, Rechte und Pflichten des Priestertums und der Gesellschaft insgesamt. Für Gregor VII. gab es eine klare Maxime: »Christus sagt: ›Ich bin die Wahrheit‹, und nicht: ›Ich bin die Gewohnheit‹«, und deshalb sei alles, was dieser Wahrheit widerspricht, verkehrt, verabscheuenswert, verderblich. So charakterisiert der Papst auch Gewohnheiten, welche die Traditionalisten als althergebrachte, ehrwürdige, rechtmäßige Handlungen betrachteten. Selbst 5000 Jahre könnten eine verdammenswerte Gewohnheit nicht zum Recht machen, sekundiert einer seiner im Kirchenrecht bewanderten Helfer, Bischof Anselm II. von Lucca († 1086). Und zwei Generationen später sagt in Deutschland Gerhoch von Reichersberg († 1169): Keine noch so alte Gewohnheit, kein noch so oft von Königen bekräftigtes Gesetz könne und dürfe Bestand haben, wenn man erkenne, daß sie den Normsetzungen der Propheten, der Evangelien und der Apostel widersprechen. In der ganzen lateinischen Christenheit waren »Reformer« von dieser Überzeugung erfüllt, manchmal geradezu besessen. Man berief sich auf die höchsten Autoritäten – doch wer entscheidet im Zweifelsfall, was diese sagen und meinen, wer definiert »die Wahrheit«, wenn man sich über sie streiten kann? Schon seit etwa 1080 war der Kampf zwischen Papst und König, zwischen Papst und Gegenpapst, zwischen königlicher und gegenköniglicher Partei auch zum Streit über die Auslegung der Bibel, des Kirchenrechts, der historischen Beispiele geworden. Propaganda- und Flugschriften kursierten, rechtfertigten die eine Position und verdammten die andere, um Parteigänger zu bestärken oder um die Gegenseite zu widerlegen und die Gegner selbst zu schmähen. Nach einer ersten Welle in den achtziger Jahren erreichte die Produktion der »Streitschriften« um 1100 einen Höhepunkt. Eine vergleichbare Debatte hatte es im abendländischen Mittelalter noch nie gegeben, weder im Hinblick auf die Dimensionen noch auf die Resonanz, weder im Hinblick auf die konkrete, gegenwärtige Situation noch auf die geschichtliche Wirkung.

Wer die Tiefe der Auseinandersetzung, ihre Grundsätzlichkeit und ihre vielen Facetten verständlich machen will, muß weit zurückgreifen und gleichzeitig ein ganzes Stück in das neue Jahrhundert hineinschauen. Erst im 12. Jahrhundert fand man Antworten auf all das, was in der ersten umfassenden Krise der abendländischen Geschichte in Frage gestellt worden war – zunächst nicht selten Antworten, die geradezu in entgegengesetzte Richtungen tendierten. Dann setzten sich vielfach »Lösungen« durch, die das Gesicht der europäischen Kultur von da an für Jahrhunderte prägten: Institutionen, Organisations- und Lebensformen, Leitbilder, Überzeugungen, Denkweisen und Verhaltensmuster. Kleine Wirbel, da und dort unter jeweils eigenen Bedingungen entstanden, vereinigten sich gegen 1100 zu einem Zyklon, der trotz der Fixpunkte, die in der Religion sowie in den Institutionen der Kirche und der weltlichen Herrschaft gegeben waren, fast nichts an dem Ort beließ, an dem es im Gesamtgefüge bisher gestanden hatte. In der Geschichtswissenschaft wird deshalb mit Blick auf das 11. Jahrhundert, besonders auf seine letzten Jahrzehnte, von einer Wende gesprochen, manchmal sogar von der ersten europäischen Revolution. Durch die Neugestaltungen und intellektuellen Durchbrüche im 12. Jahrhundert, hier wiederum vor allem in dessen erster Hälfte, erscheint dieses dem Historiker gleichsam als Wasserscheide, welche das frühere Mittelalter – die Zeit des 6. bis 11. Jahrhunderts – von der europäischen Vormoderne – der Zeit des 13. bis 18. Jahrhunderts – trennt. Es ging nicht nur grundsätzlich um die rechte Ordnung der christlichen Welt, vielmehr um Normen der Lebensgestaltung und des Zusammenwirkens überhaupt und überall: in der Kirche, im Reich, im Kloster oder Klosterverband, im Fürstentum oder »Land«, in der Stadt und in der Grundherrschaft. So stritten die Menschen um die Ordnung im kleinen wie um die Ordnung des Ganzen zugleich, weil sie nicht mehr sahen, wie sich das eine vom anderen trennen läßt. Sie bekämpften sich mit Worten, mit Waffen, unter gegenseitigen Beschuldigungen und um den Preis von Menschenleben.

Mehr als alle anderen Streitfragen hat die Menschen das Ringen um die Gestalt der Kirche aufgewühlt, denn zur Debatte standen ebenso die theologische Deutung ihres Auftrags und die kirchenrechtliche Begründung ihrer damals geschaffenen Strukturen wie die Formen, in denen Kirche den Menschen im Alltag begegnen soll. Letztlich ging es um das Heil aller und die Errettung jedes einzelnen – auch hier schien, mit dem Blick auf die letzten Dinge, das Persönliche mit dem Allgemeinen, die individuelle Entscheidung mit dem Schicksal des Ganzen unauflösbar verquickt zu sein. Die Tiefe der Auseinandersetzung löste den Menschen die Zunge, selbst in den Webhäusern der Frauen und in den Werkstätten der Handwerker soll heftig diskutiert worden sein. Da die schreibkundige Geistlichkeit selbst am meisten betroffen war, griffen viele zur Feder, um Stellung zu nehmen. Deshalb vollziehen sich die grundlegenden Änderungen für den beobachtenden Historiker teilweise unter greller Beleuchtung, unter wechselnden Schlaglichtern von ganz verschiedenen Seiten.

Im »Zeitalter des Investiturstreits«, wie man die Jahrzehnte zwischen 1075 und 1122 nach einem der Hauptstreitpunkte zwischen dem Papsttum und den Königen und Kaisern – nämlich der Einsetzung der neu erhobenen Bischöfe durch den König durch die Überreichung von Ring und Stab, durch die »Investitur« – schon im 12. Jahrhundert manchmal nannte, sieht nicht nur die moderne Forschung die entscheidende kirchengeschichtliche Epoche zwischen der konstantinischen Wende, das heißt der Anerkennung und Förderung des Christentums durch den römischen Kaiser Konstantin seit 312 n. Chr., und der lutherischen Reformation. Männer wie Siegbert von Gembloux oder Gerhoch von Reichersberg und viele andere beobachteten den grundsätzlichen Charakter der Veränderung schon, als diese noch im Gang war. Bischof Otto von Freising (1138–1158), als Enkel Kaiser Heinrichs IV. kein Unbetroffener, kennzeichnete 1145/46 in seiner *Weltchronik* die Wende mit den bitteren Worten: Die Kirche »hat ohne Zweifel das Reich ... an seinem schwächsten Teil getroffen, als sie beschloß, den römischen König nicht als Herrn des Erdkreises zu ehren, sondern als ein wie alle Menschen aus Ton gemachtes Geschöpf mit dem Schwert des Bannes zu treffen. Sie selbst aber, die vorher klein und niedrig war, zu welchem Berg sie jetzt emporgewachsen ist, kann inzwischen jedermann erkennen. Wie viel Unheil jedoch, wie viele Kriege mit ihren verhängnisvollen Folgen daraus entstanden sind, wie oft das unglückliche Rom belagert, erobert und verwüstet, wie Papst wider

Papst und König wider König gesetzt worden ist, das zu berichten ekelt mich ...« Der menschlichen Unvollkommenheit nachsinnend, klagt der Bischof und Zisterziensermönch über das Unheil, die Spaltungen, die Gefahren für Leib und Seele, über die Unmenschlichkeit der Verfolgung und ihre lange Dauer, welche der »Wirbelsturm der Zeit« über die Menschen gebracht hatte. Die Ereignisse hatten in seinen Augen ein neues Zeitalter eingeleitet.

Freilich: Die Not hatte nicht erst mit dem Ringen um die Gestalt der Kirche begonnen. Am Ausgang des Jahrhunderts erfüllten derartige Kämpfe die deutschen Lande schon seit dreißig Jahren. Ihre Schärfe, ihre oft fanatische Unversöhnlichkeit erhielten sie vor allem durch den grundsätzlichen Konflikt, in den König Heinrich IV., der dritte Herrscher aus dem salischen Haus, 1075/76 mit Papst Gregor VII. geriet. Das viele Blut, das in Deutschland floß, wurde indessen nicht nur wegen des Streits zwischen Regnum und Sacerdotium vergossen. Die großen Schlachten wurden um das Königtum Heinrichs IV. geschlagen: die ersten schon, bevor man 1077 gegen den päpstlichen Rat einen Gegenkönig erhob, und danach die nächsten, bevor sich Gregor VII. im Frühjahr 1080 offen für einen der beiden, nämlich für Rudolf von Rheinfelden, erklärte.

Blutig waren bereits die Kriege, mit denen der König in den 1070 ausgebrochenen Auseinandersetzungen mit sächsischen Fürsten und dem sächsischen Volk die alte Königslandschaft um den Harz und bis zur Elbe überzog. Die wachsenden Spannungen und Zusammenstöße zwischen Heinrich IV. und weiteren, vor allem süddeutschen Fürsten hatten bis 1075 für manche das Undenkbare denkbar werden lassen: dem König wegen ungerechter, grausamer Regierung und wegen persönlichen Fehlverhaltens die Herrschaft zu entziehen – obwohl das Königtum gerade damals allgemein als sakrale, allein von Gott verliehene Würde galt. So trat Heinrich IV. sozusagen bereits angeschlagen in den Kampf mit Gregor VII. ein, der in der Zeit davor seine Vermittlung angeboten hatte, um durch päpstlichen Schiedsspruch den Zwiespalt im Reich zu überwinden und dem auch von ihm getadelten König wieder allgemeine Achtung zu verschaffen. Einen Sieg über die Sachsen überschätzend, wohl auch in der trügerischen Hoffnung, daß Spannungen zwischen Gregor VII. und führenden deutschen Bischöfen diese ganz auf seine Seite treiben würden, riskierte Heinrich 1075 den offenen Konflikt, der dann rasch der Kontrolle beider Protagonisten entglitt. Er führte zu einer kaum mehr zu überbrückenden Kluft zwischen Papst und König – und zu einer tiefen Spaltung im »römischen Reich«, wie die Salier ihr aus dem deutschen, dem italienischen und dem burgundischen Königreich bestehendes sowie durch Schutzpflichten sich auch über das päpstliche Patrimonium und Rom erstreckendes Hoheitsgebiet nannten.

Durch den »Gang nach Canossa« haben die folgenden Ereignisse einen festen Platz im Geschichtsbewußtsein der Deutschen, und bis weit in unser Jahrhundert hinein wurden die Vorgänge selten emotionslos, ohne Parteinahme für die eine oder andere Seite bewertet. Für die Menschen damals geschah mit jedem Schritt Unerhörtes, noch nie Dagewesenes. Der erregte Streit um die Ereignisse ließ latente Konflikte in offene Auseinandersetzungen ausbrechen. Der Papst hatte dem König im Dezember 1075 mit der Exkommunikation gedroht, falls er nicht umgehend sein Verhalten ändere und sich von seinen gebannten Ratgebern trenne. Der König hatte im Januar 1076 auf einer Synode in Worms Gregor als seines Amtes unwürdig sowie als Usurpator des päpstlichen Thrones erklären lassen; er forderte den »falschen Mönch« auf, vom Stuhl Petri herabzusteigen, und wies die Römer an, einen neuen Papst zu wählen.

Im Februar, auf der römischen Fastensynode, belegte Gregor Heinrich IV. mit dem Kirchenbann, untersagte ihm die Ausübung des Königsamtes und löste Fürsten, Vasallen und alle anderen vom Treueid, den sie dem König geschworen hatten. Der Anhang Heinrichs bröckelte ab. Als sich der König und die oppositionellen Fürsten im Oktober 1076 mit ihren Heeren, durch den Rhein geschieden, bei Oppenheim gegenüberlagen, gelang es dem um Konfliktdämpfung bemühten Teil der Fürsten nur mit Unterstützung der päpstlichen Legaten, die radikale Opposition von der geplanten Neuwahl abzuhalten. Dem König wurde zunächst Gelegenheit gegeben, bis Februar 1077 von Gregor die Aufhebung der Exkommunikation zu erlangen. Dann sollte er sich in Deutschland einem vom Papst präsidierten Gericht stellen, das über die Klagen gegen ihn und damit auch über den Fortbestand seines Königtums entscheiden würde. Heinrich erreichte zwar im Januar 1077 bei Canossa die Lösung aus dem Bann, doch schon bevor er wieder in Deutschland eintraf, hatte die Fürstenopposition am 15. März 1077 Herzog Rudolf von Schwaben zum König erhoben und der Erzbischof von Mainz ihn gekrönt. Seither gab es in Deutschland zwei sich offen und vielerorts bekämpfende Parteien: außer den beiden Königen eben auch jene zwei Herzöge in Schwaben und in Bayern oder jene zwei Bischöfe, die um Augsburg und andere Bistümer stritten. So ging es bei Klerus und Laien nach unten weiter: zwei Äbte, zwei Dompröpste, zwei Pfarrer, zwei Vögte ... Daß Heinrich IV., von Gregor VII. erneut gebannt, 1080 einen Gegenpapst erheben ließ, machte für viele den Bruch mit dem Salier und seinem Anhang definitiv. Selbst die Familien waren teilweise gespalten: Vater stand gegen Sohn, Bruder gegen Bruder. Zwar kam König Rudolf schon 1080 im Kampf gegen Heinrich IV. um; der Nachfolger Hermann von Salm († 1088) fand wenig Unterstützung; Pläne, den Markgrafen Ekbert von Braunschweig († 1090) zum König zu erheben, wurden nicht mehr Realität. Doch die Gegensätze bestanden fort, und der Tod des Gegenkönigs bedeutete keineswegs, daß Heinrich von der Opposition im Reich als König anerkannt wurde. Es ging jetzt viel grundsätzlicher um das Königtum, seinen Charakter, seine Aufgaben überhaupt, um die politische Ordnung im Reich, und zwar nicht nur unter dem kirchlichen Aspekt, obwohl man natürlich diese Ordnung und ihre Legitimation als religiös begründet verstand.

Bewußt wurden Wege gesucht, die Strukturen des Reiches neu zu gestalten: mit unterschiedlicher Intention, mit divergierenden

Tendenzen, aber letztlich mit demselben Ziel – für eine bessere Zukunft. Um der Alternative zwischen erzwungenem Bußgang zu Gregor VII. und Absetzung durch die Opposition mit der Wahl eines neuen Königs zu entgehen, bot Heinrich IV. 1076 von Oppenheim aus den auf der anderen Rheinseite lagernden Fürsten an, die Regierung des Reiches ganz in ihre Hände zu legen, wenn sie ihm den Königstitel und die Abzeichen der Königswürde beließen – die allerdings könne man ihm nicht ohne Schaden für die Ehre des Reiches entziehen: ein Appell an die Verantwortung auch der zum Widerstand Entschlossenen für das Ganze. Als fünf Monate später die Gegner dem Salier das Königtum aberkannten und den Herzog Rudolf zum König machten, da formulierten sie einen geradezu revolutionären »Verfassungsgrundsatz«: das Königtum solle künftig nicht mehr aufgrund des Erbrechts vergeben, sondern durch Wahl verliehen werden; selbst wenn der Sohn dem Vater folge, solle die Legitimation ganz in der Wahl liegen. Die umstrittene Absetzung Heinrichs rechtfertigte der Magister Manegold von Lautenbach um 1085 mit dem drastischen Vergleich, daß man einen schlecht regierenden König fortjagen müsse wie einen Schweinehirten, der die Herde schlecht hüte. Große Themen der europäischen, vor allem der deutschen Geschichte sind damit angeschlagen: Mitregierung der Fürsten, Wahlkönigtum, Widerstandsrecht. Es waren Forderungen und Parteimeinungen, keine allgemein anerkannten Konzepte. Doch für die, die sie vertraten, stellten sich sogleich weitere Fragen: Wenn die Fürsten das Reich regieren sollten – wer gehörte zu ihrem Kreis? Wenn man das Königsamt durch Wahl vergab – wer sollte wählen, wie ließ sich überhaupt eine gültige Wahlentscheidung herbeiführen? Und wer durfte über einen untauglichen König richten, wer hatte das Recht, dem »König von Gottes Gnaden« die Herrschaft zu entziehen? Wenn man begann, die Verfassung des Reiches nicht mehr von der traditionellen Ordnung her, sondern gewissermaßen »konstitutionell« zu denken, dann mußte man Antworten auch auf solche Fragen finden. Sie wurden unausweichlich, als König Heinrich V. 1104 sich von seinem Vater trennte und zur Opposition überging, 1105 zusammen mit den Fürsten den Kaiser entmachtete, um selbst die Herrschaft zu übernehmen; 1125, nach dem Tod des letzten Saliers, waren sie noch brandaktuell. Am Ausgang des 12. Jahrhunderts brachen sie im deutschen Thronstreit erneut auf.

Doch das alles wies nur *eine* Richtung möglicher Entwicklungen. Gleichzeitig verfestigten sich Strukturen, denen ganz andere Prinzipien zugrunde lagen. Haus, Dynastie, Geschlecht, ererbtes Recht wurden als zentrale Ordnungskategorien des politischen Machtgefüges betont herausgestellt. Wenn Heinrich IV. seit etwa 1080 dem Speyerer Dom durch die – damals neu aufkommende – Einwölbung eine ungewohnt monumentale Gestalt geben ließ, so verkündete die salische Herrschergrablege als sakraler Ort die Legitimation des Königtums aus der dynastischen Kontinuität, so wie damals auch Adelsgeschlechter mit Hausklöstern und Stammsitzen die Legitimation ihrer Herrschaft aus dem Familienerbe in neuen Formen demonstrierten. Zugleich begann man, Herrschaftsgewalt selbst neu zu denken: gewissermaßen als Institution, die an einem Ort, in einem Territorium, im ganzen Reich Recht, Ordnung und Frieden zu garantieren beauftragt war – durch stetigere Präsenz als bisher. Alte, nie ganz beantwortete Fragen wurden jetzt dringlicher: War Widerstand gegen eine für das Ganze eingesetzte, über die Gemeinschaft gestellte Hoheitsgewalt unter religiösem Aspekt nicht Auflehnung gegen Gott und unter rechtlichem ein Majestätsverbrechen? Durfte der König sich, wie es die Ottonen getan hatten, der Rebellen erbarmen, wenn diese zu Unterwerfung und Genugtuung bereit waren, und sie wieder in Gnaden unter die Getreuen aufnehmen? Oder mußte man zur Abschreckung künftiger Rebellion Majestätsvergehen mit aller »gesetzlichen« Schärfe verfolgen, ja ihre Urheber wie fast rechtlos gewordene Subjekte vernichten?

Die Fragen an Herrschaft und Königtum, die im späten 11. Jahrhundert aufgebrochen waren, fanden in den widerstreitenden Konzepten allenfalls Teilantworten. Was mußte Herrschaft in der menschlichen Gesellschaft leisten, und woraus bezog sie ihre Legitimation? Das alte Problem hatte sich neu gestellt. Rex a recte regendo: »der Königsname leitet sich dem Begriff nach ab von ›dem Recht gemäß regierend‹« – diese Definition hatte Isidor von Sevilla († 636) in seinen *Etymologiae* dem abendländischen Mittelalter gewissermaßen als Parole mitgegeben, und sie wurde ständig wiederholt, zusammen mit der Mahnung, daß der König durch Gerechtigkeit und Gnade herrschen solle. Doch hier verschoben sich im 11. Jahrhundert die Akzente: zum einen von der Gnade zur »Gerechtigkeit« und dann im Spektrum der Gerechtigkeit selbst vom Ausgleich zur Sanktion. Die Herrschenden interpretierten ihr Amt vor allem als die Pflicht, »das Recht« durchzusetzen. Sie handelten in diesem Sinne insbesondere dort, wo es um ihr »Recht«, ihren Rechtsanspruch ging. Aufständischen zu verzeihen und sie wieder in seine Gnade aufzunehmen, wenn sie reumütig zur Unterwerfung bereit waren, dazu ließ sich Heinrich IV. allenfalls aus augenblicksbezogener Taktik bewegen. In seinen Kriegen gegen die Sachsen versuchte er jede Vermittlung, jeden Kontakt seiner Getreuen zum »Feind« zu unterbinden, weil er nach herkömmlichen Überzeugungen dann vielleicht zu Gesten der Begnadigung gezwungen gewesen wäre, um sich nicht öffentlich als Tyrann zu erweisen. Von »Exekution des Rechts« haben seine staufischen Nachfahren in vergleichbaren Situationen gesprochen – in der zweiten Hälfte des 11. Jahrhunderts scheinen sich derartige Überzeugungen erstmals deutlicher zu artikulieren.

Es waren Tendenzen, die damals in Europa jenen neuen Formen der Staatlichkeit den Weg bereiteten, die dann unter den Staufern schon deutlicher zu erkennen sind, die in England und Frankreich noch klarer hervortreten und die letztlich auf den Staat der frühen Neuzeit hinführen. Im Streit um die Rechte von Königtum und Kirche hatte man um 1100 gelernt, Hoheitsrechte, die ihrem Charakter nach dem König zustanden und nur von ihm weiterverliehen werden konnten, als sogenannte Regalien von anderen Substraten weltlicher Macht zu unterscheiden. Bald darauf fing man an, von der »Krone« als dem Inbegriff von Königtum und Reich zu sprechen. Die Vorstellungen über Herrschaftsordnung und staatliche Gemeinschaft objektivierten sich, lösten sich ab vom jeweiligen Inhaber der Königswürde. Am Anfang des langen Wegs der Verdichtung der Königsmacht zur institutionalisierten Krongewalt stehen die Auseinandersetzungen, die in der Mitte des 11. Jahrhunderts aufgebrochen sind. Heinrich IV. und seine Helfer behaupteten, von den Sachsen nur alte Rechte und Ansprüche des Königtums einzufordern, die in Vergessenheit geraten seien. Neuartige, wehrhafte Burgen mit gewaltbereiten, landfremden Besatzungen sollten dem Herrscher dazu verhelfen. Doch die Sachsen sahen hier reine Willkür und verteidigten in bewaffnetem Widerstand, was sie für ihr altes Recht und ihre Freiheit hielten. Ähnlich empfanden die Fürsten, wenn der König ohne ihren Rat regierte und mit einem Stab von Ministerialen – von ihm abhängigen, rechtlich unter den Freien stehenden Dienstleuten – seine Herrschaft intensiver zu organisieren begann. In ihren Augen verstieß Heinrich IV. gegen jedes Herkommen, verletzte ihre Ehre, mißachtete die Rechte, die sie zu seiner Unterstützung verpflichteten – aber sie fragten nicht, ob sich die Gewichte der Macht zwischen König und Fürsten seit der Mitte des 11. Jahrhunderts nicht zu ihren Gunsten verschoben hatten, so daß ihre Mitwirkung im Rat des Königs einen anderen Charakter bekam, und sie ignorierten, daß es nicht zuletzt ihre gegenseitigen Machtkämpfe waren, die dem König eine Politik »gemeinsam mit den Fürsten« erschwerte.

Gegenüber ihren eigenen Untergebenen verhielten sich die geistlichen und weltlichen Herren nicht anders als Heinrich IV. im Harzland. Damals begann überall in Deutschland und in ganz Europa der Bau von Höhen- und Wasserburgen, die nicht mehr in erster Linie der Bevölkerung in Kriegszeiten Zuflucht bieten sollten, sondern der Beherrschung des Landes und seiner Menschen dienten und von diesen oft als Ort der Unterdrückung empfunden wurden, als Quelle neuartiger Frondienstforderungen und einer das Herkommen verletzenden fiskalischen Raffgier. Nicht nur die Sachsen lehnten sich auf. Selbst Klöster und Propsteien wurden als Räubernester bezeichnet und gelegentlich, wie St. Georgen im Schwarzwald 1093, von aufständischen Bauern angegriffen, die sich – genau wie die Sachsen von Heinrich IV. – in ihrer gewohnten Nutzung von Wald und Weide beeinträchtigt sahen. Nur mit Hilfe des schwäbischen Herzogs – des »Gegenherzogs« Bertold von Zähringen, nicht des von Heinrich IV. eingesetzten Herzogs Friedrich von Staufen – konnten sich die Mönche behaupten. Solche Zusammenstöße hatten meist lokalen Charakter, aber sie geschahen vielerorts, in Frankreich ebenso wie in Deutschland, und sie trugen bei zu der Unruhe und allgemeinen Erregung, die solche Streitigkeiten mit den Grundsatzfragen der Zeit verbanden. Die Ordnung der Welt schien aus den Fugen geraten zu sein, mutwillig verändert durch böswillige Menschen.

Was den Konflikten ihre Schärfe verlieh und die Probleme oft fast unlösbar erscheinen ließ, war die Tatsache, daß das Bestehende, Gewohnte keineswegs einfach von einer Seite gewaltsam umgestoßen wurde. Die Verhältnisse selbst – im Großen wie im Kleinen – waren so sehr in Bewegung geraten, daß auch das Festhalten am bisher Geltenden neue Situationen schuf, daß alte Rechtsgewohnheiten verändernde Wirkung in der Gesellschaft entfalteten. Die Bevölkerung wuchs deutlich, die schleichende Zerstörung von Wäldern durch intensivere Nutzung und Beweidung nahm überall zu, die Rodungen erreichten um 1100 einen Höhepunkt – auf dem Weg von den waldumgebenen Siedlungsinseln des frühen Mittelalters zur offenen, dem Ackerbau oder der Weidewirtschaft dienenden Landschaft mit abgegrenzten Wäldern und Waldgebieten bezeichnet die Zeit zwischen 1050 und 1150 die entscheidende Etappe. Weit drangen die Menschen mit ihren Gehöften und Herden in die bisher wenig genutzten Mittel- und Hochgebirge sowie in die Flußauen und Küstenlandschaften vor. Ein Regulierungsbedarf bestand auf jeden Fall; für den König, die geistlichen Fürsten und weltlichen Großen gewiß auch ein Interesse zu handeln: Sollten sie zusehen, wie aus einer früher unter ganz anderen Bedingungen gewährten oder nur tolerierten Nutzung durch Anwohner etwas wurde, was den Bestand der Wälder bedrohte, das Wild für die zur standesgemäßen Lebensführung gehörende Jagd vertrieb, ja vielleicht sogar das bisherige Eigentumsrecht in Frage stellte? Wenn sie die Nutzung des Waldes nicht unterbanden, wollten die Herren zumindest etwas dafür haben, und das ließen sie mit dem üblichen Mittel auch eintreiben: mit bewaffneter Gewalt.

Vergleichbares läßt sich für viele Lebensbereiche anführen. Die Lasten der Bauern wurden gesteigert, doch zugleich stieg durch verbesserte Wirtschaftsmethoden und besseren Absatz der Produkte auch ihr Ertrag. Sollten sich die Herren nichts davon geben lassen, wenn ihnen der Boden gehörte? Die persönliche Abhängigkeit lockerte sich, manchen gelang es, sie ganz abzuschütteln; Frondienste wurden teilweise durch einen festen jährlichen Kopfzins abgelöst. Die Zinspflichtigen suchten in den um 1100 stark wachsenden Städten und neu entstehenden Flecken nach neuem Auskommen im expandierenden städtischen Handwerk, oft durchaus mit Einverständnis ihres Herrn, solange sie nur die geschuldeten Abgaben leisteten. Was ihm außer dem Kopfzins an Ansprüchen an die Leibeigenen verblieb, das freilich wollte der Herr auf jeden Fall behalten, vor allem die Heirats- und Todfallabgaben. Doch diese Formen der »Erbschaftssteuer«, die im Bereich der bäuerlichen Hörigkeit eine funktionale Begründung besaßen, erschienen in der Anwendung auf städtische Handwerkerfamilien als Willkürrecht ohne wirklichen Grund und konnten für die Betroffenen leicht den Ruin bedeuten – für die nächsten Generationen war so ein neuer Konfliktpunkt entstanden.

Für die ländliche Bevölkerung lag in den damaligen Veränderungen Gefahr und Chance zugleich. Die Anfänge der gelenkten Rodungssiedlung boten Möglichkeiten einer erheblichen Statusverbesserung für diejenigen, die bereit waren, bisherige Sicherheiten aufzugeben. Um 1090 ist erstmals bezeugt, daß Siedler gezielt aus der Ferne geholt wurden, um Neuland – hier in der Sorbenmark – zu erschließen. Der Initiator, Markgraf Wiprecht von Groitzsch, brachte 1104 weitere Bauern aus Franken mit, die zwischen Pleiße und Mulde roden und das gewonnene Land nach Erbrecht besitzen sollten. In denselben Jahren riefen die Hochstifte Naumburg, Meißen, Magdeburg und Halberstadt Holländer, Flamen, Lothringer, Franken, Sachsen und Slawen, um Land urbar machen zu lassen, wie auch der Erzbischof von Hamburg-Bremen – seit 1106 bezeugt – durch holländische Siedler am Unterlauf von Weser und Elbe durch Entwässerung Land gewinnen ließ. Die Fürsten boten dafür den Bauern ein günstiges Siedlerrecht. Wer in den Landschaften, aus denen die Kolonisten kamen, seine Eigenleute auf der Scholle halten wollte, konnte bei der Gestaltung ihrer Lebensbedingungen diese Entwicklungen nicht ignorieren. Viele gaben ihren Bauern Rechtsgarantien, die diese vor einer Verschlechterung ihres Status schützen sollten, schrieben dabei aber zugleich ihr eigenes Herrenrecht eindeutiger fest. Es blieb nichts wirklich so, wie es früher war, und dies war vielen Menschen auch bewußt.

Die Gesellschaft änderte sich nicht zuletzt dadurch, daß sich die absolute Dominanz der bäuerlich-agrarischen Strukturen seit den Jahrzehnten um 1100 durch die städtische Entwicklung abzuschwächen begann. Dies veranlaßte die Herrschenden, ihre Herrschaftsorganisation auf die neuen Einkommensquellen zu gründen, die ihnen die Entwicklung der städtischen Wirtschaft bot. Der Handel wuchs damals gewaltig, der Verkehr auf Straßen und Flüssen nahm zu, auch durch die Pilgermassen, die sich seit dem 11. Jahrhundert zu den zahlreicher werdenden Wallfahrtsorten bewegten. Wege mußten instandgehalten, Reisende geschützt werden. Herrschaftsträger waren für die Sicherheit und Begehbarkeit der Straßen verantwortlich, ließen sie – wie Bischof Benno II. von Osnabrück (1068–1088) – durch Aushebung von Seitengräben auch bei Nässe passierbar machen, ließen neue Verbindungstrassen erschließen und seit dem späteren 11. Jahrhundert vermehrt Brücken bauen. In Deutschland bündelten große Werke – wie die Mainbrücke bei Würzburg, vom Dombaumeister Enzelin (gestorben 1133) errichtet, die Donaubrücke bei Regensburg, gebaut 1135–1146, die Inn-Brücke bei Passau, 1143 schon in Betrieb – die seit ein bis zwei Generationen gewonnenen Erfahrungen. Die Pfeilerbrücke hatte die Schiffsbrücke ersetzt, und wo mächtige Herren und eine finanzkräftige Bürgerschaft dahinterstanden, wurden statt der Holzkonstruktionen nun Brücken in Stein errichtet, unter Einsatz von Wölbungstechniken, wie sie sich um 1100 auch im Kirchenbau und selbst im Profanbau der Feudalherren ausbreiteten. Die Entschädigung für solchen Aufwand holte man sich nach anerkannten Modellen: Passierzölle an bestimmten Punkten, Brücken- und Torzölle und gegebenenfalls auch Marktzölle, wenn die Waren am »eigenen« Marktort angeboten wurden.

So schossen neue Zollstätten aus dem Boden, wo es früher keine gegeben hatte, mußten Kaufleute teures Geleit annehmen, wo früher zwar nicht sie, aber wenige andere Kaufleute im Dienst der Großen auf eigene Gefahr und im Vertrauen auf das eigene Schwert, die Stärke der Gefährten und die Furcht vor ihrem mächtigen Herrn gereist waren. Wer die Kaufleute zwingen konnte, auf bestimmten Wegen zu ziehen, sein Geleit anzunehmen, seinen Markt zu besuchen, für den lohnten sich Investitionen in Straßen, Brücken, kriegerisches Gefolge und in Burgen, die die Straßen überwachten. Er verdiente sozusagen die goldenen Sporen, die Mittel für höfisch-ritterlichen Luxus, gleich mit. Die *Lebensgeschichte Kaiser Heinrichs IV.* (gestorben 1106), unmittelbar nach seinem Tod geschrieben, stellt heraus, wie der Kaiser durch den 1103 in Mainz geschlossenen Landfrieden solche Formen von »Raub« unterbinden wollte. Aber der Autor beschreibt auch, daß die Gesellschaftsformen auf diesem »System« basierten – und ruft deshalb zu einem utopischen Verzicht auf höfischen Lebensstil und bewaffnete Gefolge auf, um in ein auf

Genügsamkeit gegründetes Zeitalter des Friedens zurückzufinden. Der Trend wies jedoch in die Gegenrichtung. Die Herrschaftsträger scheuten sich nicht, mit Abgabeforderungen kräftig zuzulangen. Die Maßstäbe dafür setzten die von jeher üblichen Erhebungen auf die Luxuswaren des frühmittelalterlichen Handels für hohe Herren, auch wenn der Warenverkehr nun auf Märkte gerichtet war und immer mehr Güter des gehobenen täglichen Bedarfs auch stadtbürgerlicher Familien umfaßte. So schufen soziale und wirtschaftliche Entwicklungen überall Situationen, auf die das alte Recht so oder so nicht ganz paßte. In diesem Wandel hatten die Herrschaftsträger meistens die Macht, ihren Anspruch neu als »Recht« durchzusetzen; doch gerade dies verstärkte die Frage nach der Legitimation ihrer Rolle im gesellschaftlichen Gesamtgefüge.

In einem Bereich trafen die Auseinandersetzungen um die Organisation der Herrschaft – um den Anspruch der Herrschenden und den Status der Beherrschten – mit der Kräftekonstellation im großen Streit zusammen: in der städtischen Entwicklung. Was seit der Zeit um 1100 deutlichere Gestalt gewinnt, der Aufstieg der Stadtbürgerschaften zu politischer Macht, kündigte sich auch hier bereits seit den siebziger Jahren, in Italien schon seit der Jahrhundertmitte an: in Aufständen, Schwureinungen, im Zusammenschluß der Einwohnerschaften zu Gemeinden im politischen Sinn, in der Erwähnung von »Kommunen«. Noch sind die Ereignisse meist punktuell – aber im Da und Dort ihres Auftretens wird etwas Neues, für die künftigen Strukturen Wichtiges sichtbar. Als Heinrich IV. Ende 1073 vor Worms erschien, wollte ihm der Bischof die Aufnahme verweigern. Doch die Bürger zwangen den Stadtherrn mit seinen Kriegsleuten zur Flucht und zogen dem König in Waffen entgegen, »damit er beim Anblick ihrer Menge, ihrer Rüstung, der großen Zahl junger Männer in seiner Not erkenne, wie große Hoffnung er auf sie setzen könne«. Worms wurde so zum sicheren Hauptquartier des bedrohten Herrschers, und dieser dankte es den Bürgern am 18. Januar 1074 mit einem großen Privileg: dem ersten, das ein König den Bürgern einer Stadt im deutschen Reich direkt verlieh. In ihrer unverbrüchlichen Treue zum König und hinsichtlich der königlichen Belohnung sollten die Wormser anderen Stadtbewohnern als anspornendes Beispiel dienen – so jedenfalls verkündet es feierlich das Privileg.

Freilich: Die Parteinahme der Wormser war Ausdruck nicht nur ihrer Treue zum König, sondern ebensosehr der Spannungen zwischen ihnen und dem Stadtherrn. Wie seine Mitbrüder in anderen Bischofsstädten war er dabei, seine Herrschaft in dem rasch wachsenden, sich sozial und wirtschaftlich differenzierenden Worms zu intensivieren und zu straffen. Wie ruinös sich die »Abschöpfung« des städtischen Marktes durch den Stadtherrn auswirken konnte, schilderte gerade in jenen Jahren (1074/75) Adam von Bremen am Beispiel Erzbischof Adalberts von Hamburg († 1073). Deshalb haben in den folgenden Kämpfen immer wieder auch Bürgerschaften großer Städte für den salischen König Partei ergriffen, wenn der Bischof gegen ihn stand.

Doch wie die offenen Konflikte zwischen König und Bischöfen es den Stadtbürgern einerseits ermöglichten, sich politisch zu artikulieren, so verhinderten andererseits die rasch wechselnden Konstellationen, also gerade die politische Instabilität, daß sich dauerhaftere Koalitionen bildeten. Schon die ersten, die das Wormser Beispiel nachahmen wollten, die reichen Kaufleute und die übrige Stadtbevölkerung von Köln, mußten erfahren, daß der König sie alleinließ, wenn der Aufstand gegen den Stadtherrn nicht unmittelbar zu seinen Gunsten und gegen einen von ihm abgefallenen Fürsten erfolgte. Nach Ostern 1074 wollten Beamte des Erzbischofs das Schiff eines Kaufmanns requirieren, um den Bischof von Münster bis Wesel bringen zu lassen. Der Eigner, unterstützt von seinen Knechten und Genossen, wehrte sich mit Waffengewalt und vertrieb auch den herbeigerufenen Stadtvogt mitsamt seinen Bütteln. Erzbischof Anno drohte mit strengen Sanktionen – da brach noch am gleichen Tag der Aufstand los. Mit Mühe rettete sich der Erzbischof mit seinem Anhang in den Dom hinter fest verrammelte Türen; die Bischofspfalz wurde geplündert. Doch in der Nacht konnte Anno aus der Stadt fliehen und vor den Mauern die Kräfte sammeln, die ihm die Niederschlagung des Aufstandes und ein Strafgericht über die im Umland keineswegs beliebten Städter ermöglichten. Aus Furcht sollen über 600 reiche Kaufleute zum König geflohen sein, um Hilfe oder wenigstens seine Vermittlung zu suchen – doch Heinrich hütete sich, es sich vor dem geplanten Rachefeldzug gegen die Sachsen mit dem vielleicht wichtigsten Reichsfürsten zu verderben. Der Erzbischof verbot den Geflohenen die Rückkehr nach Köln, verhängte den Kirchenbann über sie, um sie auch in der Ferne zu treffen, und bat seine Amtsbrüder, die Exkommunikation auch in ihren Diözesen verkünden zu lassen – nicht ohne den Hinweis, daß ihnen schnell ähnliche Gefahren drohen könnten, wenn man nicht durch Abschreckung gemeinsam den Anfängen wehre.

Die Warnung war nicht aus der Luft gegriffen. So episodenhaft die Ereignisse zunächst erscheinen, sie sind Indikatoren für etwas, das sich in tieferen Schichten vollzog – unabhängig von den Kämpfen um die großen Streitfragen der Zeit – und die Gesellschaftsstrukturen in der lateinischen Christenheit grundlegend veränderte. Die aufgebrochenen Probleme bestanden meist in latenter Form fort, auch wenn dies nur an der Folge ähnlicher Episoden ablesbar ist. Die Wormser stellten sich betont auf die Seite der Salier, und später erweiterte Heinrich V. mit den Privilegien von 1111 und 1114 ihre Freiheiten und Rechte. Die Kölner nahmen 1106 mit einer Schwureinung für den abgesetzten Heinrich IV. Partei, verweigerten dem von den Fürsten erhobenen Heinrich V. die Aufnahme, zwangen den neuen König schließlich durch eine Schiffsblokkade auf dem Rhein, die Belagerung ihrer Stadt abzubrechen. 1112 gingen die Bürger gar eine »Schwureinung für die Freiheit« mit dem Kölner Erzbischof und niederrheinischen Großen gegen den Kaiser ein. Im äußersten Westen des Reiches hatten die Bürger von

Cambrai 1077 ihren vom König zurückkehrenden Bischof nicht in die Stadt eingelassen und die »von ihnen seit langem erörterte und herbeigesehnte Kommune« verwirklicht, die freilich dann von dem unter falschen Versprechen eingelassenen Bischof mit Hilfe des Grafen von Geldern niedergeschlagen wurde: »Ausgeplündert, des Geldes beraubt, bestraft für die Anmaßung, verschwand die Schwurgemeinschaft mit allem Drum und Dran«, schrieb ein zeitgenössischer Chronist. 1101/02 mußte der Bischof dann die Kommune förmlich anerkennen, um den Treueid der Bürger zu erhalten. Doch 1107 ließ er das Privileg wieder zerreißen, nachdem er mit Unterstützung des Königs die Stadt unterworfen hatte. Die Auseinandersetzungen dauerten an und wurden unter Friedrich Barbarossa (1152–1190) und Friedrich II. (1212–1250) wieder ganz akut. Ohne Unterstützung von außen konnte sich keine Stadtgemeinde länger gegen die Fürstenmacht behaupten, jedenfalls in Deutschland nicht, und ebensowenig in Frankreich, wo durch Guibert von Nogent die Vorgänge um die Kommune von Laon (1107/1112) mit Hintergrund und Konfliktverlauf detailliert geschildert sind.

Nicht die Ereignisse im einzelnen sind hier wichtig, sondern das, was sie von den Entwicklungstendenzen in der Zeit um 1100 erkennen lassen. Als das verfassungsgeschichtlich wichtigste Element zeichnet sich in diesen Vorgängen die Schwureinung von Stadtbevölkerungen ab. Zunächst noch eine auf Zeit angelegte, von den Stadtherren immer wieder unterbundene Verschwörung, wird sie im 12. Jahrhundert zur dauerhaften, jährlich neu bekräftigten Eidgenossenschaft der ganzen Stadtgemeinde. Sie machte die Bürgerschaften handlungsfähig, nicht nur im Konflikt, sondern auch für Übereinkünfte mit dem Stadtherrn und mit außenstehenden Partnern, für Rechtsverleihungen und vertragliche Regelungen, die den Städten und Stadtbürgern Wege zur Vergrößerung ihrer Freiheiten in gesicherter Form eröffneten. Schon während der geschilderten Konflikte traten die Stadtgemeinden immer deutlicher als Rechtssubjekte hervor, mit eigener Repräsentation und mit sich rasch entfaltenden Ansätzen zur Selbstverwaltung. Auf Bitten der Marktbürger verbriefte der Bischof von Halberstadt im Jahr 1105 den Einwohnern »mit Wort, Schrift und Siegel« die städtischen Rechte und Satzungen, die seine Vorgänger nur mündlich garantiert hatten, vor allem, daß die Einwohner die Bürgerversammlung besuchen und sich an ihre Beschlüsse halten mußten. Als Konrad von Zähringen bei seinem Ort Freiburg einen Markt gründete, versprach er den Kaufleuten und Bewohnern 1120 weitgehende Rechte und Freiheiten; sie wurden zum Vorbild für weitere zähringische Städtegründungen. Die um die Mitte des 12. Jahrhunderts aufgezeichneten umfangreichen Stadtrechte von Straßburg oder Augsburg spiegeln inhaltlich weitgehend den Zustand, den die bischöfliche Stadtherrschaft mit ihrer Verwaltung, aber auch mit ihren Rechtsgarantien schon am Anfang des Jahrhunderts erreicht hatte. Die schriftliche Fixierung von Rechtsordnungen – im Ansatz möchte man manchmal schon sagen: von »Verfassungsverhältnissen« – gehört zu den entscheidenden Neuerungen, die sich in Europa seit der Zeit um 1100 anbahnten, mit großer historischer Wirkung trotz der meist lokal begrenzten Anfänge.

Das Denken über Grundlagen und Formen politischer Ordnung veränderte sich insgesamt. Schon bald nach der Mitte des 11. Jahrhunderts begann man in verschiedenen Bereichen, Konflikten vorzubauen und ein geregeltes Verhältnis von Herrschenden und Beherrschten, von Herrschaft und Genossenschaft zu begründen, indem man die gegenseitigen Rechte und Pflichten urkundlich festschrieb. Das Dienstrecht für die Ministerialen des Bistums Bamberg (1061/1062), der Freiheitsbrief des Bischofs von Lüttich für die Bewohner des Maasstädtchens Huy (1066) oder die ausführlichen Bestimmungen über das Amt des bischöflichen Grafen in Toul (1069) gehören zu den frühesten Beispielen. Die Stadtrechtsentwicklung des 12. Jahrhunderts steht in dieser Linie und nimmt bei den »Gründungsstädten« zusätzlich oft noch Elemente der Privilegien auf, welche damals die Rodungssiedler für eine eigenverantwortliche Gestaltung ihres Zusammenlebens bekamen. So ist es kein Zufall, daß sich wichtige Indizien für die Entwicklung einer Stadtverfassung, die den Bürgern Mitsprache zugesteht, seit der Zeit um 1100 verdichten: etwa wenn Marktrechtsbestimmungen als »Bürgerrecht« erscheinen wie 1101 in Speyer, 1105 in Halberstadt, 1107 in Lüttich, 1109 in Maastricht, 1119 in Straßburg, 1120 in Freiburg; wenn Schöffen oder andere Sprecher der Bürgerschaft an Entscheidungen des Stadtherrn, welche die Gemeinde betreffen, mitwirken wie 1103 in Köln, 1106 in Worms, 1111 in Speyer, 1120 in Freiburg; wenn die garantierte Rechtsstellung der Zinspflichtigen in der Stadt seit den siebziger und achtziger Jahren des 11. Jahrhunderts immer häufiger als »städtischer Rechtsstand« bezeichnet wird; wenn schließlich seit dem frühen 12. Jahrhundert Urkunden die Bildung von Zünften und deren rasch fortschreitende Differenzierung nach spezialisierten Berufssparten erkennen lassen. Das für die Kultur des hohen und späten Mittelalters so wichtige Stadtbürgertum nimmt hier Gestalt an, wenngleich die noch immer dominierende mündlich-eidliche Form der Festsetzungen, Garantien und Vereinbarungen vieles, oft Entscheidendes dem forschenden Blick des Historikers entzieht. Von den Einstellungen, vom »politischen Willen« her verweist das, was hier sozusagen im kleinen geschieht, auf die Festlegungen für die Zukunft, die man 1077 bei der Wahl eines neuen, eines »besseren« Königs getroffen hatte: die Erhebung durch Wahl, das Versprechen gerechter Regierung für alle, den Verzicht auf Einwirkung des Königs bei der Bischofswahl. 1125 wollten viele diese Prinzipien bei der Wahl König Lothars III. († 1137) als unumstößlich festschreiben.

Während das, was sich in Deutschland beobachten läßt, in Frankreich Parallelen hat und auch mit der sich verändernden Stellung des Stadtbürgertums in England vergleichbar ist, ging die Entwicklung in einem Teil des Imperiums, in Ober- und Mittelitalien, deutlich darüber hinaus. Auch in der Lombardei hat es Auflehnungen gegen die bischöflichen Stadtherren gegeben, und dabei ging es nicht nur um die weltliche Herrschaftsstellung, sondern auch um die geistliche Führung. Im Konflikt der Päpste Alexander II. (1061–1073) und Gregor VII. mit den »halsstarrigen Stieren«, wie man an der Kurie die unbeugsamen oberitalienischen Prälaten nannte, dann wegen der Parteinahme für den gebannten Heinrich IV. litt auch die weltliche Herrschaftsstellung der Bischöfe. Gleichzeitig schlossen sich die Stadtbewohner zu politisch handlungsfähigen Verbänden zusammen: durch Schwureinung, geregelte Versammlung und Willensbildung, gemeinsame Beschlüsse. Seit 1075 wurden die Bürgerschaften voll in die Auseinandersetzungen zwischen Heinrich IV. und der »gregorianischen Partei« hineingezogen. Als 1093 König Konrad, der Sohn Heinrichs IV., von seinem ebenfalls in Italien stehenden Vater abfiel und sich von dessen Gegnern in Mailand zum König krönen ließ, da schlossen die entstehenden Kommunen Mailand, Cremona, Lodi und Piacenza einen Bund mit Heinrichs Feinden – den ersten Städtebund in der Lombardei, von dem wir hören. Seit den neunziger Jahren werden in verschiedenen Städten erstmals »Konsuln« genannt, zunächst noch als Repräsentanten der Einwohnerschaft neben den traditionellen Autoritäten wie dem Stadtherrn oder den Königsboten. In den zwanziger und dreißiger Jahren des 12. Jahrhunderts wurde das Konsulat dann überall zur eigentlichen Stadtregierung: durch jährliche Wahl eingesetzt, vom Bürgereid getragen, anerkannt als richterliche Gewalt, mit einem Rat als politischem Gremium an der Seite und in wichtigen Angelegenheiten an die Entscheidungen der Volksversammlung gebunden. Vergeblich versuchte Kaiser Friedrich Barbarossa von 1153 an in über zwanzigjährigen Kämpfen, die Autonomie der Kommunen noch einmal zurückzustutzen.

So bildeten sich während der großen Konflikte um Kirche und Kaisertum in der europäischen Gesellschaft neue Strukturen. Der »Wirbelsturm der Zeit« hat ihre Ausformung gewiß beschleunigt, manchmal vielleicht erst ermöglicht, doch war sie von Kräften getrieben, die man nicht einfach aus den politischen und kirchlichen

Gegensätzen ableiten kann. Im Gegenteil, man muß fragen, ob nicht unterschwellige Tendenzen, für den Historiker oft mehr in Einzelvorgängen spürbar als in ihrem Zusammenhang erkennbar, einen entscheidenden Anteil daran haben, daß es – aus vielen benennbaren, aber eigentlich kaum zwingenden Gründen – im ausgehenden 11. Jahrhundert zu einer der großen Krisen der europäischen Geschichte kam.

Wie an einer Verwerfung in der Erdkruste bauten sich im 11. Jahrhundert dort, wo Religion und Herrschaftsordnung, Theologie und Frömmigkeitspraxis, Herrschaftsausübung und Lebensalltag sich verzahnten, Spannungen auf zwischen statischen und der Veränderung unterworfenen Komponenten des bisherigen Lebenszusammenhangs. Sie entluden sich in heftigen, tiefgreifenden Erschütterungen, als die in der Tradition liegenden Faktoren des Ausgleichs – unter dem Druck der Widersprüche in sich zerbrechend – ihre Bindekraft verloren. Nach den Beben stand das 12. Jahrhundert vor der Notwendigkeit, vieles neu aufzubauen, und es hat dabei dann auch grundlegend Neues geschaffen. Schon die Zeitgenossen haben das, was sich ereignete, mit dem Wirken von Naturgewalten verglichen. Solche Bilder drängen sich heute noch auf, wenn man den Wandel in der lateinisch-christlichen, europäischen Welt in den fünfzig Jahren betrachtet, in deren Mitte der Jahrhundertwechsel fällt. Doch Geschichte ist kein Naturereignis, sondern das Ergebnis menschlichen Handelns und Gestaltens: das Geschehen zwischen 1075 und 1125 macht dies überdeutlich. Die Konflikte und Veränderungen erschienen schon den Zeitgenossen und erscheinen uns heute noch in stärkstem Maße vom Handeln einzelner Persönlichkeiten bestimmt. Die Geschichtswissenschaft kann darüber hinaus den tiefen Strukturwandel diagnostizieren, den die damals Lebenden schon spürten, ohne ihn klar verorten zu können. Daß sich die Menschen anders verhielten als ihre Vorfahren, glaubten aber schon viele Zeitgenossen wahrzunehmen. Waren es die unerhörten Ereignisse im Großen und der Wandel im Kleinen, waren es die großen und die begrenzten Erschütterungen, welche die Menschen veränderten? Oder konnte es überhaupt erst zu all dem kommen, weil die Menschen im 11. Jahrhundert anders dachten, anders reagierten, anderes wollten als frühere Generationen? Weil sie, aus der Sicherheit des Herkommens heraustretend, zu Suchenden, Fahrenden, zu Abenteurern des Lebens zwischen Himmel und Hölle wurden?

Man kann die Tiefenwirkung und Reichweite der Erschütterungen, denen die lateinische Christenheit in der Zeit um 1100 ausgesetzt war, kaum erklären, ohne das ins Zentrum zu stellen, was schon die Zeitgenossen am meisten aufgewühlt hat: Fragen des Glaubens, der kirchlichen Ordnung, der Lebensgestaltung nach Gottes Gebot und Christi Vorbild. Bei den wortführenden Intellektuellen der Zeit reduzierten sich die Lebensfragen oft auf die Frage nach den normgebenden Autoritäten und endeten im Streit um deren richtige, den Weg aus dem Dilemma weisende Interpretation; man diagnostizierte Mißstände und drängte auf ihre Korrektur, erforderlichenfalls mit radikalen Mitteln. Für den Historiker bleibt aber das irritierende Problem, wie gerade im religiös-kirchlichen Bereich mit seinen scheinbar festen, unverrückbaren Wahrheiten und seinen langen, stetig, ja täglich gepflegten Traditionen plötzlich in Zweifel geraten konnte, was seit Generationen, teilweise seit Jahrhunderten gegolten hatte. Weshalb sind Differenzen in exegetischen, kirchenrechtlichen, seelsorgerischen und disziplinarischen Fragen, die – manchmal in derselben Form – in der Geschichte der lateinischen Kirche schon früher diskutiert worden waren, hier nicht Gegenstand des Streits zwischen Kirchenmännern geblieben, vielleicht unter Einbeziehung der sakral gesehenen Königsgewalt, sondern mobilisierten nun alle Gruppen der Gesellschaft?

Offensichtlich waren die Menschen bereit, sich mobilisieren zu lassen. »Ihr müßt wollen, tut doch, weshalb laßt ihr zu, daß ...« – solche Appelle durchziehen die Streitschriften und Briefe jener Zeit. Nicht zufällig hat die Geschichtswissenschaft »Anfänge der politischen Propaganda im Zeitalter des Investiturstreits« entdeckt. Die Menschen zum Wollen zu bringen, das Ja des individuellen menschlichen Willens zu dem, was Gott will, zu erlangen, wurde in jenen Jahrzehnten ein zentrales Moment der Lebenspraxis. Es richtete sich gleichermaßen auf eine neue gesellschaftliche Situation wie auf eine neuartige innere Disposition der Menschen. Der Charakter der Predigt und vor allem ihre Bedeutung im Leben der Gesellschaft wurden dadurch grundlegend verändert. Nicht mehr einfach die lehrhafte Auslegung der Offenbarung vor der Gemeinde war ihre Aufgabe, sondern die Menschen zum Wollen und über das Wollen zum Handeln zu bringen, wurde das erklärte Ziel. Und die Predigt bekam im 11. Jahrhundert diese Wirkung. An seinem Ausgang war das aktivierende Wort, vor Tausenden gesprochen, eine Macht, die das abendländische Mittelalter vorher nicht gekannt hatte.

»Gott will es!« rief Papst Urban II. 1095 während der Synode von Clermont zur versammelten Menge – der Ruf ging in Windeseile durch die lateinische Christenheit, und Zehntausende setzten sich in Bewegung, um das Heilige Grab zu befreien und Juden und Muslime zu töten: zum ersten Kreuzzug in den Orient. Daß auch Abenteuerlust, Hoffnung auf Gewinn, Flucht aus der heimatlichen Enge und Chancenlosigkeit zum Auszug motivierten, haben schon Zeitgenossen geschrieben. Aber gleichzeitig wirkten in Nordfrankreich Wanderprediger, die zum »apostolischen Leben«, zum »Leben nach dem Beispiel der Evangelien« aufriefen; und auch ihnen folgten Zehntausende in die Heimatlosigkeit, die Besitzlosigkeit, in die Selbstaufgabe aus Solidarität mit den Armen, um existentiell und nicht nur symbolisch »nackt dem nackten Christus« zu folgen. Für Menschen, die nicht vorher schon vom Betteln leben mußten, gab es hier nichts zu gewinnen. Am »Scheideweg des evangelischen Lebens« wählten dennoch viele eine Lebensform, welche die Amtskirche unter dem Reformpapst Paschalis II. nur mit Einschränkungen und Auflagen tolerierte – aus persönlicher, freiwilliger Entscheidung, bewegt von Gottes Anruf, den sie vernahmen, und von Gottes Willen, den ihnen die Prediger übermittelten.

Was sich am Verhalten vieler Menschen beobachten läßt, spiegelt sich auch im Denken der Intellektuellen. Der menschliche Wille, die innere, individuelle Entscheidung wurden seit dem Ausgang des 11. Jahrhunderts zu einem zentralen Problem der theologischen und philosophischen Debatten. Für Karl den Großen (768–814) hatten sich die Zusammenhänge noch einfach dargestellt: Zwar sei Tun besser als nur Wissen, aber um richtig zu handeln, müsse man zuerst wissen, heißt es in seinem Programm für die Bildungsreform von 785. Wußte man das Richtige, so konnte man danach handeln und die, die sich anders verhielten, zum rechten Tun zwingen. In der Ethik des späten 11. und des 12. Jahrhunderts sah man zwischen Wissen und Tun den individuellen Willen als entscheidende Instanz. Peter Abaelard (1079–1142) meinte sogar, den Wortgebrauch in den Zehn Geboten und die Aussage im Matthäus-Evangelium zum Ehebruch-Verbot (5,28) in diesem Sinne korrigieren zu müssen: Die Sünde liege nicht im Begehren, sondern in der Zustimmung zur Begierde, und deshalb hätte – genau betrachtet – nicht das Begehren, das wir nicht vermeiden könnten, verboten werden sollen, sondern das Zustimmen. Denn die angeborene Neigung zum Bösen, das Laster, sei zu unterscheiden von der Sünde, in der der Wille dieser Neigung nachgegeben hat. Und ganz entsprechend lehrt er, daß Gott die Sünde in dem Augenblick vergebe, in dem der Mensch sie als solche erkenne und die zerknirschte Seele aus Schmerz über die Verfehlung aufschreie. Das war nicht die offizielle Theologie, aber diese erfuhr unter solchen Denkvorstößen seit der Zeit um 1100 eine so ungeheuere Erweiterung, daß man vom Beginn einer neuen Epoche in Theologie und Philosophie sprechen darf. Und auch die Gegner Abaelards, allen voran Abt Bernhard von Clairvaux (1090–1153), verliehen einer bis dahin nicht artikulierten Innerlichkeit Ausdruck, wenn sie von der Begegnung der Seele mit Christus sprechen, und einem Bewußtsein menschlicher Individualität, wo sie an Vernunft und Willensentscheidung des einzelnen als Grundlage ethischen Handelns appellieren.

Vielleicht zeigt nichts so sehr die Veränderung im Denken und Wahrnehmen, in Einstellungen der Menschen zu sich selbst und zum eigenen Verhalten als die Wiederkehr der philosophischen Maxime »Erkenne dich selbst!«. Nach dem Untergang der antiken Welt wurde sie nur von einem einzigen Gelehrten im 9. Jahrhundert zitiert – seit dem frühen 12. Jahrhundert ist sie unter Gebildeten sozusagen in aller Munde. Abaelard und andere haben ganze Traktate darüber geschrieben. Ohne die »Wissenschaft der Selbsterkenntnis« finde der Mensch weder Nutzen noch Heil, sie aber lehre ihn alles Notwendige: Gott zu fürchten, die Sünde zu meiden, den Nächsten zu lieben, das Irdische zu verachten, nach dem Himmlischen zu streben, heißt es in einer der Schriften. Erkenne, was du als Mensch im Rahmen der Schöpfung bist, handle dementsprechend, richte dein Leben auf Gott aus, so könnte man den Tenor der damaligen Interpretationen zusammenfassen: Die Vernunft weckt das Wollen und lenkt es zum rechten Handeln. Ratio, die Vernunft, und die auf rationale Einsicht gegründete Entscheidung sollten den Menschen durch das irdische Leben führen, ihm die Orientierung an den geprüften, wahren Autoritäten vermitteln – das wurde für Jahrhunderte zum großen Thema des philosophischen Denkens.

In der Philosophie des 12. Jahrhunderts wird eine Veränderung reflektiert, die offensichtlich das historische Geschehen schon seit der zweiten Hälfte des 11. Jahrhunderts mitbestimmt hat: die persönliche, engagierte Anteilnahme von Menschen an Fragen, die oft nicht ihren engsten Lebenskreis betreffen, sondern die Gesamtordnung, die aber eben deshalb in das Leben jedes einzelnen hineingreifen. So kann die Mobilisierung der Menschen seit der Mitte des 11. Jahrhunderts auch politische Bedeutung gewinnen. In Mailand und seinen Nachbarstädten führten die Frage, ob Priester verheiratet sein dürfen – was dort bis dahin erlaubt war, wie heute noch in der Ostkirche, von der sich die lateinisch-katholische Kirche 1054 endgültig getrennt hatte –, und die Tatsache, daß bei der Ordination feste Gebühren entrichtet wurden, seit 1056 zu Auseinandersetzungen, die im späten 20. Jahrhundert an die »68er Jahre« erinnern: Es kam zu *Go-ins*, liturgischem Streik, zur Störung von Gottesdiensten und Prozessionen. Beschuldigte Priester wurden am Messelesen, der sie in Schutz nehmende Erzbischof wurde am Predigen gehindert; im Theater sollte er den von ihm Exkommunizierten vor der Volksversammlung Rede und Antwort stehen. Fanatische Wortführer verschütteten das von angeblich Unwürdigen geweihte Salböl; die Sprache der Kritiker war provozierend: Kirchen der angegriffenen Geistlichkeit seien »Viehställe«, die Priester selbst »Hurer«, von ihnen gespendete Hostien »Hundedreck«. Es handelte sich nicht um punktuelle Aufwallungen. Zwanzig Jahre lang wurden blutige Kämpfe geführt, und bis ins 12. Jahrhundert hinein gingen die Auseinandersetzungen und Parteiungen weiter. Nach 1072 hatte jede Partei ihren eigenen Erzbischof. An der Investitur eines neuen Mailänder Erzbischofs durch Heinrich IV. entzündete sich 1075 der offene Streit mit Gregor VII. Infolge dieser Vorgänge ließ Gregor das allgemeine Verbot der Investitur eines Bischofs durch den König verkünden, das ihn und seine Nachfolger in einen jahrzehntelangen Konflikt nicht nur mit Heinrich IV. und Heinrich V., sondern auch mit den Königen von Frankreich und von England stürzte. Was Mailand bewegte, war mit Grundproblemen des Zeitalters verflochten.

Vielfältig schienen die Mißstände in der Kirche, die man im 11. Jahrhundert überall zu sehen glaubte. Kritik an Bischöfen und Äbten, an Klerikern, Mönchen, Nonnen und ihren Klöstern, auch am König als der von Gott gesetzten Gewalt hat es freilich in der Kirche immer gegeben; und die Forderung, es besser, richtiger zu machen, wirklich geistlich zu leben, hatte vielfach zu Reformen und Neuanfängen geführt. Doch im 11. Jahrhundert schienen vielen Menschen die Mißstände nicht mehr auf einzelne Bereiche, auf versagende Personen beschränkt zu sein. Kaum etwas war, wie es sein sollte, ja man tat mit ruhigem Gewissen, was nicht sein durfte – es müsse sich grundsätzlich etwas ändern, meinten die, die mit Gottes Gebot und Christi Evangelium ernst machen wollten, und trafen damit auf ein Bewußtsein, das auch im Volk verbreitet war. Es ging um das Ganze der Kirche, verstanden sowohl als die Gemeinschaft der katholischen Christenheit unter Einschluß der weltlichen Ordnungen wie auch als die hierarchisch geordnete Institution, der alle im geistlichen Stand Lebenden angehören. Wenn die Kirche Gottes das sein wollte, wozu sie von Christus den Auftrag erhalten hatte, dann gab es für die »Reformer« nur eine Konsequenz: Sie mußte dem Einfluß der Laien, den Bindungen an alles Weltliche entzogen und allein der disziplinierenden Gewalt ihres Hauptes unterstellt werden. »Freiheit für die Kirche« war eine der Losungen, unter denen die Kämpfe seit dem letzten Viertel des 11. Jahrhunderts geführt wurden, und diese Parole ist für Jahrhunderte nicht mehr verstummt.

Die »Kirchenreform des 11. Jahrhunderts« hatte sich zunächst auf Probleme gerichtet, für deren Bereinigung kirchliche Organisation und weltliche Herrschaft, Papsttum und Kaisertum durchaus zusammenwirken konnten. Doch nach dem Tod Kaiser Heinrichs III. war es – auch aus politischen Gründen – zu Spannungen zwischen Reformpapsttum und Reichsregierung gekommen, unter denen neue, grundsätzliche Fragen aufbrachen: die Frage nach der Stellung des Papsttums und die Frage nach dem Laieneinfluß – jetzt auch: dem Einfluß des Königtums – in der Kirche. Die Bischöfe von Rom, seit der Jahrhundertmitte meist keine Römer mehr, sondern Deutsche oder Franzosen, von einem sich aus weiten Teilen der Christenheit rekrutierenden Kardinalskollegium, ihrem »Senat«, beraten, traten heraus aus der bischöflichen Kollegialität. Sie sahen sich als hierarchische Spitze der Kirche und der Christenheit, der Gehorsam geschuldet wird, wo immer Fragen des Glaubens und der kirchlichen Ordnung berührt sind, und das betraf aus ihrer Sicht fast alle Lebensordnungen. »Die Diener des Altars sind Diener des Hofes geworden« – so formulierte Gregor VII. eine verbreitete Überzeugung schon vor dem Kampf mit Heinrich IV. Und als der Kampf ausgebrochen war, mußte er dies auch in einem sehr handgreiflichen Sinn erfahren, weil viele Bischöfe zu dem von ihm gebannten König, seit 1080 auch zu dem von diesem lançierten Gegenpapst Clemens III. hielten. Jetzt erschien die Tatsache, daß die Könige – nicht nur im »römischen« Reich, sondern auch in Frankreich und England – aus alter Gewohnheit Einfluß auf die Bischofswahl nahmen und als »Stellvertreter Christi« dem Gewählten durch die Investitur mit Ring und Stab das Bistum verliehen, als die Wurzel allen Übels in der Kirche: Der Kampf um ihre Freiheit wurde zum Kampf gegen die königliche Investitur. In den Augen der »Gregorianer« hatte diese »pestbringende Gewohnheit« – das »Investitur*recht*«, wie die Herrscher meinten – Schuld an der Verweltlichung der Kirche von oben bis unten. Sie erlaube Widerstand gegen den, der als Nachfolger Petri von Christus die Verantwortung für die ganze christliche Gemeinde erhalten hatte, und nähre die »Häresie des Ungehorsams« gegenüber der römischen Kirche.

Solange es einen Gegenpapst gab und die Nachfolger Gregors VII. nur von einem Teil der Christenheit anerkannt wurden, solange der Kaiser im römischen Imperium bei vielen nicht als rechtmäßiger Herrscher galt, ließ sich der Streit um die Investitur der Bischöfe nicht aus dem auf vielen Feldern geführten Kampf herauslösen, und dieser war stets beides: ein Streit um Normen und Ordnungsprinzipien wie ein Ringen um Macht, um den Sieg über den Gegner. Doch gegen Ende des Jahrhunderts verschoben sich die Gewichte definitiv zugunsten des Reformpapsttums, das heißt der gregorianischen Partei. Während Heinrich IV. nach dem Abfall seines Sohnes Konrad zu den Gegnern von 1093 bis 1096 im Gebiet von Padua und Verona praktisch vom übrigen Reich und vom Kontakt mit seinen Anhängern in Deutschland abgeschnitten war, gelang es Urban II., seine Position in Rom zu festigen. Er konnte nicht nur eine gesicherte Stellung in der Stadt gewinnen, sondern vor allem die römische Kurie – der Name kam damals auf – deutlicher zum administrativen Zentrum der lateinischen Kirche machen. Die Anfänge des Konsistoriums fallen in diese Zeit; die Aussendung von Legaten oder die Dispenspraxis wurden intensiviert; die Reorganisation des kurialen Verwaltungsgangs und der Kanzleipraxis wurde eingeleitet. Nach dem großen Erfolg der Synoden in Piacenza und Clermont – mit den Kreuzzugsaufrufen, aber auch mit der Bekräftigung zentraler Positionen der von Gregor VII. verfochtenen Ekklesiologie – war der Kampf auf wichtigen Feldern praktisch entschieden. Die hierarchische Überordnung des Papstes über den Episkopat und deren theologisch-kirchenrechtliche Begründung waren kaum noch zurückzudrängen; hinter die klare Scheidung von Geistlichkeit und Laien, von kirchlichen und weltlichen Kompetenzen konnte man nicht mehr zurückgehen. Der Zölibat der Priester war in der lateinischen Kirche zur Rechtsnorm geworden, obwohl im späten 11. Jahrhundert in Süddeutschland noch Tausende von einfachen Pfarrern auf Versammlungen gegen die Verurteilung der Priesterehe protestiert hatten. Doch über die künftige Gesamtgestalt der Kirche war damit noch nicht in allem entschieden.

Die westeuropäischen Könige, die römisch-deutschen Kaiser konnten auf diese Gestaltung kaum noch einwirken. Sie mußten zusehen, von ihren Machtpositionen, ihren Rechten, ihrer theokratischen Legitimation möglichst viel festzuhalten – und dies ist ihnen in erstaunlichem Umfang gelungen, weil sie die Kirche als Institution mit ihren inneren Fragen weitgehend dem Papsttum überließen. Wie weit das Spektrum denkbarer Regelungen immer noch war, zeigen die Versuche, den Investiturstreit beizulegen, nachdem Heinrich IV. im Spätjahr 1105 abgesetzt worden war und sein Sohn Heinrich V. am 6. Januar 1106 in Mainz mit breiter Zustimmung die Herrschaft übernommen hatte. Der König von Frankreich verzichtete 1104, der König von England 1107 auf die Investitur der Bischöfe. Paschalis II. gab ihnen Garantien, daß sie dadurch ihren Anspruch auf Unterstützung durch die Bischöfe nicht verloren. Es gab also Muster für eine Vereinbarung. Doch angesichts der größeren Bedeutung, die der Königsdienst der Bischöfe im Imperium der Salier besaß, glaubte Heinrich V. diesen Weg nicht beschreiten zu können, obwohl ihn viele Fürsten dazu drängten. In Geheimverhandlungen vor seinem Romzug einigte er sich statt dessen mit dem Papst auf eine radikale Lösung: Die Bischöfe sollten dem König alle Regalien zurückgeben, die ihre Kirchen seit Karl dem Großen von den Königen erhalten hatten; im Gegenzug wollte Heinrich auf die Investitur der Bischöfe verzichten. Aus den Dienern des Hofes sollten wieder Diener des Altars werden – so lautete jedenfalls die päpstliche Begründung. Doch als die Vertragsurkunde 1111 vor der Kaiserkrönung im Petersdom verlesen wurde, da fegte ein Sturm der Entrüstung von seiten der nicht eingeweihten Bischöfe und der Laien, die um ihre Kirchenlehen fürchteten, das vereinbarte Konkordat hinweg. Nach weiteren zähen Verhandlungen schloß der Kaiser 1122 – von den Fürsten gedrängt und fast widerwillig – mit den Beauftragten Calixts II. (1119–1124) in Worms ein anderes Konkordat, das nun die Bischöfe endgültig zu Reichsfürsten machte. Zwar verzichtete Heinrich auf die Investitur mit Ring und Stab. Doch er behielt nicht nur einen Einfluß auf die Bischofswahl, obwohl mit der »Freiheit der Kirche« sich gerade damals das alleinige Wahlrecht der Domkapitel etablierte, sondern es wurde zugleich ein neuer, ekklesiologisch nicht anstößiger Investiturakt eingeführt: Durch Überreichung seines Zepters belehnte der Herrscher die Bischöfe mit den Regalien, die ihm dafür den Lehnseid leisteten. Neben der geistlichen Würde erhielten sie, rechtlich klar definiert, weltliche Herrschaftsmacht. Was sich de facto im 11. Jahrhundert schon angebahnt hatte, konnte sich damit institutionalisieren: der Bischof als Fürst und Landesherr.

War das die Lösung in einer Zeit, in der Zehntausende die freiwillige Armut suchten, in der Grafen und Markgrafen, manchmal ganze Adelsfamilien mit allen Mitgliedern in Klöster eintraten, um niedrige Dienste für die wirklich Frommen zu tun? Waren die Diener des Hofes an den Altar zurückgekehrt, oder wurden sie so noch enger an die Welt gekettet, noch mehr in die Machtkämpfe verstrickt? Kritik in diese Richtung wurde von Zeitgenossen artikuliert, und die Zweifel lenkten noch mehr auf das Evangelium als Richtschnur – die Armutsbewegung bleibt ein Kontrapunkt zur Entfaltung der römischen Amtskirche. Gerhoch von Reichersberg kritisierte die Feudalisierung der Reichskirche im Wormser Konkordat schon unmittelbar nach dessen Abschluß in diesem Sinne, weil sie dem Eindringen des Geldwesens in die Kirche Vorschub leiste. Dem neuen und letzten Weltalter, das für ihn mit dem Investiturstreit begonnen hatte, ordnete er ein vorherrschendes Laster zu: die Habgier – sie würde das Hauptlaster der Menschen bleiben bis zu Christi Wiederkunft.

Die rechte Ordnung in der Welt hatte man herbeiführen wollen, vorbildhafte Zustände und Zeiten erneuern, zurückkehren zur Urkirche, zu den Ursprüngen des Mönchtums, die Liebes- und Friedensgemeinschaft der Jünger Christi neu und dauerhaft begründen, dem Recht zu allgemeiner Geltung verhelfen – und ganz anderes ist daraus zumeist entstanden. Nie Dagewesenes wurde geschaffen oder wenigstens so weit ausgeformt, daß es über Jahrhunderte weiterwirken konnte. In vielen Schattierungen wies fast alles die für menschliche Gestaltung schicksalhafte Mischung aus Gewolltem und Unvorhergesehenem auf, in der auch das Gewollte oft nur halb verwirklicht erschien, oder anders gesagt: in der es zwar Wirklichkeit geworden ist, aber mit Nebenwirkungen und Folgen, die den bewegenden Intentionen sogar zuwiderliefen. Die Antworten auf die Fragen des 11. Jahrhunderts, die man nach 1100 fand, lösten die Widersprüche und Spannungen keineswegs, die in der Krise aufgebrochen waren. Aber sie brachten ganz Neues in die abendländische Geschichte ein.

Ein Beispiel dafür bietet eine der grundlegenden Institutionen und gesellschaftlichen Kräfte im Mittelalter, nämlich das Mönchtum. Seine Ideale, Grundregeln und Traditionen scheinen dem

Wandel der Zeit fast entzogen zu sein. Und doch ereignet sich auch in ihm um 1100 ein Umbruch: Es werden Orden – Zisterzienser, Prämonstratenser, Kartäuser – gegründet, wie es sie in der Geschichte des Mönchtums bis dahin nie gegeben hatte, und diese erhalten eine neuartige, rationale Verfassung, die es bei den Zisterziensern den zum Gehorsam verpflichteten Mönchen sogar erlaubte, den Vater Abt zu kritisieren, ja ihn im Extremfall in geregelten Formen abzusetzen. 1098 hatten sich Männer, die das Leben in den üblichen Klöstern nicht als Erfüllung ihres Mönchgelübdes betrachteten, zu einer monastischen Gemeinschaft zusammengetan und ihrer Niederlassung bei Cîteaux den Namen »das neue Kloster« (Novum Monasterium) gegeben. Hier sollte verwirklicht werden, was ihnen anderswo fehlte: strengste Askese, ein Leben von der eigenen Hände Arbeit und nicht von Einkünften aus klösterlichen Grundherrschaften, Freiheit von allen weltlichen Bindungen für das Gebet zu Gott. Der Zulauf zwang zwischen 1113 und 1115 zu den ersten vier Tochtergründungen, um 1120 kam das erste Frauenkloster hinzu. 1119 approbierte Papst Calixt II. die erste Ordensregel der Zisterzienser, die gewissermaßen auch die Verfassung des Verbandes schriftlich fixierte, darunter die völlig neuartige Einrichtung des Generalkapitels. 1150 gehörten dem Orden schon etwa 350 Klöster in der ganzen lateinischen Christenheit an. Die Zisterzienser stellten mit Eugen III. (1145–1153) den Papst und mit Bernhard, dem Abt von Clairvaux, den Prediger des zweiten großen, im Desaster endenden Kreuzzugs ins Heilige Land (1147–1149) und des Wendenkreuzzugs von 1147, mit dem Heinrich der Löwe und andere deutsche Fürsten begannen, sich die Gebiete der Slawen nordöstlich der Elbe zu unterwerfen. Für den großen Grundbesitz der Klöster entwickelte der Orden damals sehr effiziente Wirtschaftsformen mit genauer Abrechnung der Erträge und einer zunehmenden Orientierung auf den städtischen Markt; Laienbrüder, mehr und mehr durch Lohnarbeiter unterstützt, betrieben die Wirtschaftshöfe und handwerklichen Produktionsstätten. Die ständischen Unterschiede drangen in die Klostergemeinschaften ein: Adlige mußten Vollmönche werden, brachten wohl auch die für den Chordienst nötige Vorbildung mit; Nichtadlige wurden nur als Laienbrüder aufgenommen und waren vom liturgischen Gebet ausgeschlossen. In Verfassung und Organisation war alles sehr rationell, entsprach sozusagen ganz dem neuen Geist des 12. Jahrhunderts – aber war es das, was diejenigen gewollt hatten, die 1098 »das neue Kloster« gründeten, war das die genaue Befolgung der Regel Benedikts, war das das Leben nach dem Evangelium, wofür sich die ersten Zisterzienser engagiert hatten? Die Frage nach der richtigen Lebensform, der wahren Nachfolge Christi blieb offen – schon Zeitgenossen wiesen auf Widersprüche zwischen den propagierten Zielen und der Wirklichkeit des zisterziensischen Alltags hin.

In fast allen Lebensbereichen hat in den Jahrzehnten um 1100 Langlebiges begonnen, wurde Großes und Prägendes geschaffen. Mit dem im Einzelfall wenig Spektakulären, in der Summe der Wirkungen aber Grundlegenden in Wirtschaft und Technik, Handel und Handwerk, Land- und Raumerschließung müßte man die Aufzählung eröffnen, müßte sie weiterführen zu Organisationsformen in der Kirche und im Staatsaufbau, seien sie herrschaftlich-hierarchisch oder genossenschaftlich-kommunitär, sowie zu den Wandlungen in Rechtspraxis und Rechtsdenken, auch zur Wiederentdeckung des römischen und zur Ordnung des kanonischen Rechts. Dabei wäre auf die gesteigerte Bedeutung zu verweisen, die der Schriftgebrauch damals in vielen Lebensbereichen gewann. Man müßte auf die Blütezeit romanischer Baukunst und auf die erste Ankündigung der Gotik im Bau und in den Schriften des Abtes Suger von St. Denis (1081–1151) eingehen und auf die Schulen in Nordfrankreich. Neue Denkformen kamen zum Durchbruch und eröffneten der theologisch-philosophischen Reflexion neue Dimensionen. Selbst die Existenz Gottes wollten scharfsinnige Denker seit der Zeit um 1100 mit Vernunftgründen beweisen. Damit gaben sie der Theologie des 12. und 13. Jahrhunderts eines ihrer zentralen Themen vor – obwohl andere von Anfang an dagegenhielten: Ist das der von Gott und Christus geforderte Glaube, wenn man sich dem Beweisbaren, dem der Vernunft Faßbaren anvertraut? Eine neue Selbsterfahrung gewannen die Menschen nicht nur im Denken oder unter dem Zwang, in einer Welt voller Widersprüche zu handeln. Um die Wende vom 11. zum 12. Jahrhundert wurde die Begegnung mit Christus für Menschen ebenfalls zum inneren, mystischen Erlebnis, was in Schriften Anselms von Canterbury (1033–1109), Ruperts von Deutz (1075/80–1130) und Bernhards von Clairvaux (1090–1153) starken Ausdruck fand. All das kam zur Ausformung während der geschilderten Orientierungs- und Richtungskämpfe, in den blutigen Zeiten, in denen die Beschwörung christlicher Liebe und fanatische Aggression oft so nah beieinanderlagen.

Die Menschen, die all dies erlebten, haben ihre Gegenwart eher als dunkle Zeit und gewiß als eine Zeit unerträglicher Wirren empfunden: mit großen Aufschwüngen, aber auch voll entsetzlicher Taten. Unter den vielen Blutbädern der Zeit gab es solche von epochaler Nachwirkung. Der Erste Kreuzzug endete nicht nur mit einem gräßlichen Niedermetzeln der Bevölkerung bei der Eroberung Jerusalems am 15. Juli 1099, er hatte 1096 schon mit der Ermordung der Juden und der Vernichtung der blühenden Judengemeinden in den deutschen Städten am Rhein, auch in Rouen, Regensburg und Prag begonnen. In Worms, wo Heinrich IV. die Juden zusammen mit den übrigen Bürgern zum Dank für ihre Hilfe privilegiert hatte, wurden von den bewaffneten Haufen, die vor den Ritterheeren ins Heilige Land aufbrachen, 140 Familien ausgelöscht, 800 Menschen, die sich nicht taufen lassen wollten; in Mainz waren es über 1000, von denen viele im Verteidigungskampf fielen und die übrigen, um nicht zur Leugnung ihres Glaubens gezwungen zu werden, sich und ihre Familien »zur Heiligung Seines Namens« selbst töteten. In Köln, Neuß und Xanten, in Trier, Metz und Speyer gab es Pogrome, und fast nirgends waren die Bischöfe in der Lage, in ihren Städten die Juden zu schützen, auch wenn sie es zunächst versuchten. Heinrich IV. billigte 1098 die Rückkehr zwangsgetaufter Juden zum angestammten Glauben und ordnete in Mainz eine Untersuchung über den Verbleib des Vermögens von Getöteten an. Papst Urban II., der zum Kreuzzug aufgerufen hatte, schwieg.

Tief hat sich die Katastrophe und die Erinnerung an ihre Opfer in die jüdische Religiosität eingegraben, zumal der nächste Kreuzzug ähnlich begann und es sich zeigte, daß mit den Ereignissen die Einstellung der Christen zu den Juden sich grundsätzlich verändert hatte. Zwar wohnten bis zu den großen Vertreibungen des 15. Jahrhunderts weiterhin Juden in den Städten Europas; die Zahl der Gemeinden nahm bis zum 13. Jahrhundert noch deutlich zu. Doch die Judenfeindschaft blieb. 1144 löste die dann fast unausrottbare Ritualmordbeschuldigung in England erstmals ein Pogrom aus. Wo man den Juden Rechte einräumte, waren es Rechte auf Abruf, die eine Sonderrolle unterstrichen; bedroht von neuen Verfolgungen, blieben sie von den Gemeinschaftsbildungen in der Gesellschaft des Hochmittelalters ausgeschlossen. Auch wenn in Speyer, wo es durch den Einsatz des Bischofs 1096 nur wenige Opfer gab, nahe beim 1106 vollendeten Dom noch heute ein jüdisches Frauenbad aus derselben Zeit zu besichtigen ist – als Symbol einer Integration der jüdischen Gemeinde in die städtische Gemeinschaft kann diese räumliche Konstellation seit 1100 kaum noch gelten. Die gewalttätige Feindschaft von Christen gegen unter ihnen lebende Mitmenschen jüdischen Glaubens gehört zu den langen Schatten, die jene Zeit auf die nachfolgenden Jahrhunderte warf.

1200

Kaspar Elm

Innozenz III.: das Papsttum auf der Höhe seiner Macht

I

Walther von der Vogelweide läßt in seinen um die Wende vom 12. zum 13. Jahrhundert entstandenen Spruchdichtungen einen Klausner Gott sein Leid über das in der Welt herrschende Unrecht klagen. Was den Dichter in die Klage des Eremiten einstimmen läßt, ist nicht die im Mittelalter auf vielfältige Weise zum Ausdruck gebrachte Erschütterung über die »miseria mundi«, auch nicht die Ungesichertheit seiner eigenen Existenz als fahrender Sänger, die ihm 1198 deutlich geworden sein mußte, als nach dem Tode des Herzogs Friedrich I. von Österreich am Wiener Hof, wo er die Gastfreundschaft der Babenberger genossen hatte, kein Platz mehr für ihn war. Er hoffte auch nicht in erster Linie auf die »milte« Philipps von Schwaben, seines neuen Herrn, wenn er sich in seinen Sprüchen auf die Seite des 1198 zum deutschen König gewählten Staufers stellte und die »pfaffen«, an ihrer Spitze Papst Innozenz III., für alles Ungemach verantwortlich machte, das über das Reich, die Staufer und ihre Anhänger gekommen war. Die Auseinandersetzung zwischen Philipp von Schwaben und Otto IV., die letzte Phase des Kampfes zwischen Staufern und Welfen, war für ihn nicht nur ein dynastischer Streit. Der Konflikt zwischen den beiden Kronprätendenten war die »nôt vor aller nôt«, die nicht nur ihn und den Klausner darüber klagen ließ, daß »lîp unde sêle lac dâ tôt«, sondern auch die Engel im Himmel zu lautem Wehgeschrei über das Leid veranlaßte, das über die ganze Welt gekommen war. Philipp hatte sich im März 1198 zum König wählen und im September in Mainz vom Erzbischof von Tarentaise krönen lassen. Im voraufgehenden Juli war Otto von Braunschweig, ein Sohn Heinrichs des Löwen und Mathildes, der Schwester König Richard Löwenherz' von England, in Aachen – am rechten Ort und auf hergebrachte Weise – vom Erzbischof von Köln gekrönt worden. Damit war der von Friedrich Barbarossa zu seinen Gunsten geschlichtete Streit zwischen Staufern und Welfen erneut ausgebrochen, was all die schlimmen Folgen befürchten ließ, die eine Generation zuvor vermieden worden waren. Philipp, dem sich neben dem süddeutschen Stauferanhang die ostdeutschen Fürsten anschlossen, ging ein Bündnis mit Philipp II. August, dem Kapetinger auf dem französischen Königsthron, ein, während der am englischen Hof aufgewachsene Otto, der als Graf von Poitou und Herzog von Aquitanien Lehnsmann der englischen Krone war, Unterstützung bei seinem Onkel und dem traditionell englandfreundlichen Kölner Erzbischof fand. Wenn der Plan Heinrichs VI., die Fürsten durch das Zugeständnis der Erblichkeit ihrer Reichslehen zum Verzicht auf ihr Wahlrecht zu bewegen und damit aus dem Reich wie aus England und Frankreich eine Erbmonarchie zu machen, je eine Aussicht auf Verwirklichung gehabt hat, ist sie durch die 1198 eingetretene Konstellation gänzlich zunichte gemacht worden.

Auch wenn es so schien, daß Otto IV., für den Innozenz III. um die Jahreswende 1200 mit dem Argument plädierte, er sei anders als Philipp von den dazu berechtigten geistlichen und weltlichen Reichsfürsten gewählt worden und könne deswegen als legitimer Herrscher gelten, nichts mehr zu befürchten habe, verstand es der Staufer, neben vielen weltlichen Fürsten auch zahlreiche Bischöfe, unter ihnen den bis dahin an der Spitze der welfischen Partei stehenden Erzbischof Adolf von Köln, für sich zu gewinnen, so daß er 1205 noch einmal – diesmal in Aachen und von dem allein zuständigen »coronator«, dem Kölner Metropoliten – gekrönt werden konnte. Gegen Zugeständnisse, die vor allem die zwischen Kaiser und Papst umstrittenen Reichsrechte in Italien betrafen, erklärte sich der Papst bereit, ihn in Rom zum Kaiser zu krönen und damit als rechtmäßigen Nachfolger seines Bruders Heinrich VI. anzuerkennen. Die damit genährte Hoffnung auf inneren Frieden und Stabilisierung der Reichsgewalt wurde jedoch bereits vor der geplanten Krönung zunichte gemacht.

Am 21. Juni 1208 wurde Philipp von Schwaben in der Bamberger Bischofspfalz, der »Alten Hofhaltung«, ermordet. Der Pfalzgraf Otto von Wittelsbach fühlte sich – so wird die Bluttat im allgemeinen erklärt – durch die Absicht des Königs, seine Tochter zur Besiegelung der mit Innozenz III. getroffenen Vereinbarung mit dessen Neffen zu verheiraten, obwohl er sie ihm versprochen hatte, so sehr in seiner Ehre gekränkt, daß er den König erschlug. Dem Erschrekken über diese Tat, vor allem aber der Sorge um das Reich und den Frieden verdankte es Otto, daß er am 11. November 1208 noch einmal, nunmehr auch mit Zustimmung der staufisch gesinnten Fürsten, zum König gewählt und am 14. Oktober 1209 nach Zugeständnissen, die so gut wie allen Erwartungen des Papstes entsprachen, in Rom zum Kaiser gekrönt werden konnte.

Walther von der Vogelweide, der noch ein Jahrzehnt zuvor von Philipp von Schwaben die Behebung der Not des Reiches und der Christenheit erwartet hatte, brachte das zum Ausdruck, was viele dachten, als er Otto 1212 bei seiner Rückkehr aus Italien willkommen hieß und ihn aufforderte, nicht nur für den Frieden im Reich zu sorgen, sondern sich auch für die Rückgewinnung des in die Hände der Heiden gefallenen Heiligen Landes einzusetzen – obwohl er doch wußte, auf welch tönernen Füßen Herrschaft und Kaisertum des Welfen standen. Otto, dem ein zeitgenössischer Chronist, der Prämonstratenser Burchard von Ursperg, zwar eine stattliche Statur und große Körperkraft bescheinigte, ihm aber den Vorwurf glaubte nicht ersparen zu können, er sei nicht nur hochmütig, sondern dazu auch noch dumm, faßte unmittelbar nach seiner Kaiserkrönung einen Entschluß, mit dem er den Verlust seiner Herrschaft und den der eben erst erworbenen Kaiserwürde provozierte. Er brach nämlich nach Sizilien auf, um Friedrich, den zum König von Sizilien erhobenen Sohn Heinrichs VI. und seiner normannischen Gattin Konstanze, zu verdrängen und im offenen Widerspruch zur Maxime der Päpste, wonach Sizilien, das sie als Lehen des Heiligen Stuhles ansahen, um jeden Preis vom Reich getrennt zu halten sei, die expansive Italien- und Mittelmeerpolitik der Staufer wieder aufzunehmen. Der Papst, den es nach seinen eigenen Worten reute, dem Welfen das Schwert geschmiedet zu haben, mit dem dieser ihm nun schwere Wunden schlug, zögerte nicht, über Otto den Kirchenbann zu verhängen. Ja, er ging, da sich ihm keine andere Alternative bot, so weit, ihn gänzlich fallenzulassen und seine Zustimmung zu der im September des Jahres 1211 in Nürnberg von staufertreuen Fürsten vorgenommenen Wahl des jungen Friedrich zu geben.

Friedrich II., dem sich bei seiner Ankunft im Reich zahlreiche staufisch gesinnte Fürsten und Ministerialen angeschlossen hatten, ging bereits einen Monat später mit Philipp II. August von Frankreich ein Bündnis gegen England und den welfischen Gegenkönig ein. Otto hingegen schloß sich mit seinem gleichfalls gebannten Oheim Johannes ohne Land zusammen, was 1214 zu einer militärischen Aktion des von den Franzosen bedrohten und von seinen Baronen und Prälaten im Stich gelassenen englischen Königs und des allein auf die Unterstützung der Herzöge beziehungsweise Grafen von Flandern, Hennegau und Holland angewiesenen Welfen führte, die mit einer Katastrophe, der vernichtenden Niederlage in der am 27. Juli in der Nähe von Lille geschlagenen Schlacht von Bouvines, endete. Sie markiert nicht nur den Abschluß des 1198 begonnenen deutschen Thronstreits, sondern leitete zugleich eine Entwicklung ein, die das europäische Machtverhältnis länger als nur ein Jahrhundert bestimmen sollte. Die französische Monarchie konnte aufgrund ihres gestärkten Prestiges die mächtigen Kronvasallen in ihre

Schranken verweisen, den Einfluß des englischen Königs auf das europäische Festland zurückdrängen und damit seine eigene Machtbasis erweitern. Das von Frankreich geschlagene und den Päpsten lehnspflichtige englische Königtum mußte den Ständen in der *Magna Charta* von 1215 Rechte und Freiheiten gewähren, auf die diese sich – wie man weiß – länger als nur ein Jahrhundert berufen sollten.

Dem staufischen König, dessen Widerpart am 19. Mai 1218 kinderlos auf der Harzburg starb, nachdem er zuvor die Kroninsignien ausgeliefert hatte, schickte der Sieger von Bouvines und Nutznießer des deutschen Thronstreites, König Philipp II. August, die von ihm erbeutete kaiserliche Standarte mit einem goldenen Adler, dessen Schwingen gebrochen waren. Das veranlaßte einen zeitgenössischen Chronisten zu der Feststellung, daß seitdem der Name der Deutschen von den Welschen verachtet werde. Die »kleindeutsch« orientierte Mediävistik des 19. Jahrhunderts und die in ihrer Nachfolge stehende Mittelalterforschung haben die Konsequenzen von Bouvines ähnlich wie der Chronist beurteilt, wenn auch weniger bildhaft als er ausgedrückt. Der Tod Heinrichs VI. und die ihm folgende Doppelwahl von 1198, die Deutschland »von der Höhe der Kaisermacht plötzlich in die zwanzigjährigen Wirren des staufisch-welfischen Thronstreites stürzte, statt zum Erbreich endgültig zu einem Wahlreich machte, die Reichsfürsten als ihre Nutznießer zu nahezu selbständigen Landesherren werden ließ«, dem »Einfluß des Papstes auf die Entwicklung der staatlichen Ordnung im deutschen Reichsgebiet Tür und Tor öffnete und dadurch die politische Vormachtstellung in Europa von dem geschwächten Kaisertum auf die straffer organisierten westlichen Monarchien verlagerte« (H. Grundmann), bedeutete für sie nicht nur den Anfang vom Ende des staufischen Hauses, sondern auch einen tiefen Einschnitt in die Geschichte Deutschlands, ja ganz Europas.

II

Papst Innozenz III., den Walther von der Vogelweide für den Ausbruch und die Zuspitzung des deutschen Thronstreits verantwortlich machte, dem er vorwarf, das Reich verwirrt und verwüstet zu haben, und am Ende sogar unterstellt, um des »tiutschen silbers« willen Unheil über die ganze Christenheit gebracht zu haben, war am 8. Januar 1198 gewählt worden und hatte, nach der Weihe zum Priester und Bischof, am 22. Februar den Stuhl Petri bestiegen. Wenn Walther den zur Stimme der »Frommen im Lande« gemachten Klausner klagen läßt: »Owê der bâbest ist ze junc: hilf, hêrre, dîner kristenheit«, hat er insofern recht, als Lothar von Segni im Alter von nur 37 Jahren zum Papst gewählt wurde und damit zu den jüngsten in der langen Reihe der Nachfolger Petri gehört. Wenn er jedoch damit sagen wollte, Innozenz sei unerfahren gewesen und habe es an den charakterlichen und geistigen Fähigkeiten fehlen lassen, die in einer Übergangszeit wie derjenigen vom Ende des 12. zum Beginn des 13. Jahrhunderts für die Übernahme des höchsten Amtes in der Christenheit erforderlich waren, hat er unrecht. Daß ihn die zumeist aus Rom und Latium stammenden Kardinäle bereits im ersten Wahlgang mit Stimmenmehrheit wählten, hatte sicher mit seiner Herkunft zu tun. Seine Mutter Claricia Scotti gehörte einer vornehmen stadtrömischen Familie an. Sein Vater Trasimund, dessen Kastell Gavignano bei Segni unweit von Rom lag, wird in den Quellen als »comes«, »dux« und »iudex« bezeichnet. Auch wenn dies nur Amtsbezeichnungen sind, lassen sie dennoch erkennen, daß er einer Familie angehörte, die in der römischen Campagna politisch aktiv war. Alles, was wir über seinen zum Papst gewordenen Sohn Lothar wissen, spricht dafür, daß es keineswegs nur die Herkunft und die enge Verflechtung mit den großen Familien Roms und Latiums waren, die ihm, dem jüngsten Mitglied des Kardinalskollegiums, als Nachfolger des im hohen Alter von 87 Jahren gewählten und daher von seinem Amt überforderten Papst Coelestin III. auf den Stuhl Petri verhalfen.

Seine Karriere und sein Bildungsgang machen deutlich, daß für seine Wahl auch nicht seine Jugend und damit der Wille zu einer Veränderung um jeden Preis ausschlaggebend waren. Es waren vielmehr der hohe Grad seiner Bildung, seine Geistesschärfe und politische Weitsicht, vor allem aber seine außergewöhnliche Charakterstärke und die erstaunliche Konsequenz, die schon bald sein Handeln bestimmten, die die Kardinäle zu seiner Wahl veranlaßten. Diese Vorzüge ließen ihn zu einem Pontifex maximus werden, der nicht nur sein Amt vorbildlich ausübte, sondern auch imstande war, den Anspruch des Papsttums auf die führende Rolle in der Christenheit gegenüber Kaiser, Königen und Fürsten entsprechend den Erfordernissen der Zeit zu definieren und wirkungsvoll zur Geltung zu bringen.

Den zunächst im monastischen Milieu, in der auf Gregor den Großen zurückgehenden Abtei St. Andreas auf dem Monte Celio mit den Anfangsgründen des Wissens vertraut Gemachten zog es schon bald nicht etwa wie Walther von Hof zu Hof und wie viele seiner Zeitgenossen von Pfründe zu Pfründe, sondern dorthin, »ubi maxime viget studium«, wo das geistige Leben am regsten war. Er ging nach Paris, wo aus dem Zusammenschluß von Lehrern und Schülern, der »universitas magistrorum et scolarium«, die erste und für lange Zeit bedeutendste Universität des mittelalterlichen Europas hervorging und eine Theologie entstand, die die »vormoderne« monastische Theologie ebenso wie die altehrwürdige »Reichstheologie« zu übertreffen, wenn nicht gar gänzlich zurückzudrängen begann. Es war nur konsequent, wenn Lothar nach seinem Studium in Paris, wo er in Pierre de Corbeil, Stefan Langton, Robert de Courçon und Petrus Cantor theologische Lehrer mit »starker praktischer Ausrichtung« und »deutlich sozialem Einschlag« gefunden hatte, dorthin ging, wo in der Mitte des 12. Jahrhunderts mit dem *Decretum Gratiani* die Kodifizierung des kanonischen Rechtes begonnen hatte, nämlich nach Bologna, der neben Paris und Oxford ältesten und prestigereichsten Universität des Mittelalters. Auch wenn nicht ausdrücklich belegt ist, daß er dort zu den Schülern Huguccios gehörte, darf man annehmen, daß der größte Rechtsgelehrte seiner Zeit starken Einfluß auf ihn ausübte und ihm zu jener Kompetenz verhalf, die später bedeutende Juristen veranlaßte, die öffentlichen Gerichtsverhandlungen des Papstes zu besuchen, weil sie hier mehr glaubten lernen zu können als in den Schulen.

Der Kleriker, der als Kanoniker von St. Peter nach Paris gegangen war und schon bald nach seiner Rückkehr aus Bologna, nämlich im Herbst 1189, von dem ihm besonders gewogenen Papst Clemens zum Kardinaldiakon erhoben worden war, verstand es, neben seiner administrativen Tätigkeit als »Kurienkardinal« eine Reihe von Traktaten, Kommentaren und Predigten zu verfassen, die ihn, wenn auch nicht als einen originellen Denker von Graden, so doch als einen kenntnisreichen Theologen, scharfsinnigen Kanonisten und überzeugenden Prediger ausweisen, von dem der in der Mitte des 13. Jahrhunderts schreibende, der hohen Geistlichkeit eher skeptisch gegenüberstehende Franziskanerchronist Fra Salimbene von Parma sagte, er sei »potens in opere et sermone«, mächtig in Wort und Tat, gewesen.

Der in Zentren des geistigen Lebens geformte Papst war sich zweifellos der Würde des Amtes und der Schwere der Aufgabe, die er übernommen hatte, bewußt. Man kann auch davon ausgehen, daß er die Nachfolge des Apostelfürsten keineswegs mit jugendlicher Unbekümmertheit oder gar überschäumendem Selbstbewußtsein angetreten hat. Vor seiner Wahl hatte er sich in seiner Schrift *De miseria conditionis humanae* über die Schwäche der menschlichen Natur und die Vergeblichkeit allen irdischen Tuns auf eine Weise Rechenschaft abgelegt, die an Pessimismus kaum zu überbieten ist. Die darin zum Ausdruck kommende Einsicht auch in seine eigene Beschränktheit hinderte ihn jedoch nicht daran, in seinen ersten Verlautbarungen die Würde seines Amtes so nachdrücklich zu betonen und den mit ihm verbundenen Herrschaftsanspruch so deutlich zu formulieren, wie das nur wenige Päpste vor ihm getan hatten.

Er verstand sich nicht mehr als Vicarius Petri, sondern als Vicarius Christi und sah sich wie dieser in die Ordnung des Melchisedech gestellt, von dem es in der Heiligen Schrift heißt, er sei König der Gerechtigkeit (Hebr. 7,2) und Priester auf ewig (Ps. 110,4; Hebr. 5,6). Die Stellvertretung Christi, so sah es Innozenz, ist nicht nur mit einer ungeheuren Verantwortung verbunden, sie verleiht ihm nicht nur die Beständigkeit im Glauben, die Jesus Petrus zugesichert hat (Lk. 22,32), sondern sie setzt ihn als Inhaber des höchsten Amtes in der Christenheit »über alle Völker und Reiche« (Jer. 1,10) und läßt ihn zu einem Richter werden, der selbst von niemandem außer von Gott zur Rechenschaft gezogen werden kann. Der Kenner, ja Mitschöpfer des Kirchenrechts, der er war, sah seine Gewalt über Kirche und Christenheit auf dem Jurisdiktionsprimat seines Amtes gegründet, der ihm eine monarchische Stellung verlieh. Sie hob ihn über Kardinäle, Patriarchen, Erzbischöfe und Bischöfe hinaus, denen ungeachtet der Tatsache, daß auch sie als Nachfolger der Apostel galten, lediglich die Rolle als Gehilfen bei der Erfüllung der universalen Hirtenpflicht des Stellvertreters Christi zugewiesen wurde. Da deren Jurisdiktionsgewalt lediglich aus der Fülle der päpstlichen Vollmacht gespeist war, war es ihm, dem Papst, gestattet, in so gut wie alle Rechtsangelegenheiten, die Klerus und Gläubige betrafen, einzugreifen – nötigenfalls ohne Rücksicht auf die zuständigen Instanzen –, ja als oberster Gesetzgeber das bestehende Recht zu umgehen oder von ihm zu dispensieren.

Innozenz hat in Dekreten, Dekretalien, *Deliberationes*, Privilegien und Gerichtsentscheidungen die von ihm in der Tradition etwa Gregors VII. beanspruchte Souveränität, die 1198 zum ersten Mal im Sprachgebrauch der Kurie als »Plenitudo potestatis«, als Vollgewalt also, bezeichnet wurde, definiert, begründet und geltend gemacht. Das tat er als Pontifex maximus bei dem Versuch, eine »plena et libera administratio«, eine allumfassende und von äußerer Beeinflussung freie Verwaltungsordnung, für die Kirche zu schaffen, und als Haupt der die ganze Christenheit umfassenden »res publica Christiana« in Sachen des Glaubens und nicht minder nachdrücklich bei der Schaffung von Frieden und Eintracht unter den Mächtigen dieser Welt.

Unmittelbar nach seiner Inthronisation am 22. Februar 1198, dem Fest Petri Stuhlfeier, in Alt-St.-Peter am Grab des Apostelfürsten und auf dessen angeblichen Bischofsstuhl, der »Cathedra Sancti Petri«, setzten die Bemühungen ein, aus der Kurie ein Verwaltungszentrum zu machen, das geeignet war, die sich sowohl aus seinem universalen Zuständigkeitsanspruch als auch aus der seit der Mitte des 12. Jahrhunderts zunehmenden Verrechtlichung und Verschriftlichung des öffentlichen Lebens ergebende Fülle von Aufgaben wahrzunehmen. Sie führte zur Errichtung neuer »Amtsgebäude« in unmittelbarer Nähe von St. Peter, zur Reorganisation der Verwaltung durch Straffung des Geschäftsganges, Vermehrung und verstärkte Inanspruchnahme des Personals, Aufstellung von verbindlichen Richtlinien, regelmäßige Registerführung, sorgfältige Erfassung aller zins- und abgabenpflichtigen Institutionen sowie zu der für die Weiterentwicklung des Kirchenrechtes bedeutsamen Kompilation der als Dekretalen bezeichneten rechtsrelevanten päpstlichen Verlautbarungen. In diesen Prozeß der Rationalisierung und Modernisierung wurden nicht nur die kurialen Ämter, die päpstliche Kanzlei, die Apostolische Kammer und die zu Beginn des 13. Jahrhunderts errichtete Pönitentiarie, sondern auch das nunmehr verstärkt als Beratungsgremium des Papstes dienende Kardinalskollegium einbezogen. Die Kardinäle, für deren Karriere neben Herkunft, Beziehungsnetz und Patronage die »akademische« Bildung zunehmend als Empfehlung galt, wurden häufiger als zuvor an der Gerichtsbarkeit beteiligt, auf Legationen mit der Kontrolle von Klerus und Gläubigen sowie der Wahrnehmung der kirchlichen Interessen gegenüber der weltlichen Gewalt betraut.

In der Überzeugung, daß für eine effiziente und ohne äußere Einwirkung arbeitende Verwaltung die Konsolidierung des »Patrimonium Petri« die Voraussetzung sei, bemühte sich Innozenz mit steigender Intensität darum, die nach damaliger Auffassung von Kaiser Konstantin Papst Silvester geschenkten Besitzungen nicht nur zurückzugewinnen oder zu erweitern, sondern aus ihnen nach dem Vorbild der sich seit der Mitte des 12. Jahrhunderts in den Monarchien des Westens herausgebildeten »modernen« Staatlichkeit das zu machen, was sie bisher nicht gewesen waren, nämlich einen Staat: den Kirchenstaat. Auch wenn seine Bemühungen im Exarchat von Ravenna und der Mark Ancona ohne den erhofften Erfolg blieben, gelang es ihm in der nördlich von Rom gelegenen »Tuscia« mit den wirtschaftlich florierenden Städten Orvieto und Viterbo, die päpstliche Herrschaft zu festigen und sie durch als Rektoren bestellte Geistliche ausüben zu lassen – eine Regelung, die von Dauer war, während der Versuch, nach dem Vorbild der im staatlichen Bereich bestehenden Ständeversammlungen ein allgemeines Parlament des Kirchenstaates einzurichten, scheiterte. Wie seine Vorgänger war sich Innozenz III. durchaus bewußt, daß alle diese Bemühungen dann zum Scheitern verurteilt waren, wenn es den Kaisern, seien sie Staufer oder Welfen, gelang, ungeachtet der aus der sogenannten Konstantinischen Schenkung abgeleiteten Ansprüche des Papstes Reichs- und Kaiserrechte in Rom und dem Patrimonium geltend zu machen oder sich gar mit den normannischen Herrschern des Königreiches Sizilien zu einem Bündnis gegen den zwischen Reichsitalien und ihrem Regnum gelegenen Hoheitsbereich des Papstes zusammenzuschließen.

Was seine Vorgänger nach Kräften zu verhindern gesucht hatten, wurde für Innozenz III. zu einer akuten Gefahr, als nach dem Tod König Wilhelms II. von Sizilien und dem seiner Erbtochter Konstanze bald darauf das Königtum an deren Gemahl Heinrich VI. und nach dessen Tod an den gemeinsamen Sohn Friedrich II. fiel. Die Gefahr wuchs noch, als der Welfe Otto IV. ohne eine vergleichbare

Legitimation und entgegen anderslautenden Versicherungen nach Sizilien ausgriff und die Insel wie schon Heinrich VI. zur Basis einer weitgespannten Mittelmeerpolitik zu machen versuchte. Wenn sich Innozenz III. mit allen ihm zur Verfügung stehenden Machtmitteln in den Thronstreit »einmischte«, geschah das nicht in erster Linie mit dem Ziel, Einfluß auf die Reichspolitik zu gewinnen oder gar eine papale Theokratie zu errichten, sondern zur Abwendung einer Gefahr, die er als existenzbedrohend für die Kirche ansah.

Walther von der Vogelweide war und blieb nicht der einzige, der in allem, was der Papst zur Stärkung seiner eigenen Stellung und der der Kirche unternahm, den Grund für die »nôt« der Christenheit sah, der ihm und den »pfaffen« vorwarf, mit List und Tücke, ja selbst mit Hilfe des Teufels die Laien ihrer Herrschaft unterwerfen zu wollen, daß sie sich anmaßten, Kaiser und Könige ein- und abzusetzen, die ihr Amt doch allein Gott, der zum Herrscher macht, »swen er wil«, verdankten. Der diesen Anklagen zugrunde liegende Vorwurf, Innozenz habe den Anspruch des Papsttums auf die »Plenitudo potestatis« nicht auf den kirchlichen Bereich beschränkt, sondern auf den weltlichen ausgedehnt und damit die bis dahin als die Grundlage weltlicher Herrschaft geltende, nicht von Papst und Kirche, sondern von Gott selbst abgeleitete Sakralität von Königtum und Reich in Frage gestellt, konnte als wohlbegründet erscheinen. Der Papst berief sich nämlich auf das Priesterkönigtum des Melchisedech, die von Christus dem Apostel Petrus verliehene Schlüsselgewalt und die von seinen Vorgängern veranlaßte »Translatio imperii« als Legitimation für seinen Herrschaftsanspruch über die ganze Welt und die Lehnsoberhoheit über England und Sizilien, Ungarn, Polen, Bulgarien und die Königreiche auf der Iberischen Halbinsel. Inzwischen weiß man, daß der Papst mit seinen »brillanten und bei aller Klarheit doch geschmeidigen und differenzierenden Formulierungen« bei aller Betonung des Übergewichts der geistlichen über die weltliche Gewalt an der »dualistischen Theorie« festhielt, »die nicht die eine Sphäre«, die des Königtums, »in der anderen«, der des Priestertums, »aufgehen lassen wollte, sondern beide nebeneinander in göttlicher Anordnung begründet sieht« (J. Miethke).

Das hinderte ihn freilich nicht daran, auf rechtlich genau definierte Weise erheblichen Einfluß auf Wahl und Politik der deutschen Kaiser und Könige sowie die noch zu Barbarossas Zeiten lediglich als Kleinkönige, als »reguli«, angesehenen europäischen Herrscher auszuüben. Für die Krönung der Kaiser und die ihr voraufgehende Königswahl und -krönung beanspruchte er in seiner Schrift über die Angelegenheit des Reiches, die *Deliberatio super facto imperii*, als »consecrator« und »coronator« das Recht auf Prüfung des Wahlverfahrens und der Kandidaten sowie der Bestätigung des Elekten, was ihm in der Tat eine weitgehende Einflußnahme auf die Geschichte sowohl von »regnum« als auch »imperium« erlaubte. Darüber hinaus konnte er sich auch eines rechtlichen Instrumentariums bedienen, das ihm »ratione peccati« und »certis causis inspectis«, also bei sündhaftem Verhalten und unter besonderen Umständen, als der obersten geistlichen Autorität mit erheblichen politischen Konsequenzen verbundene Eingriffe in die »weltliche Sphäre« erlaubte. So geschah es in Böhmen und Dänemark, wo es ihm wegen der Scheidung und Annullierung von Ehen, also »ratione peccati«, ermöglicht wurde, oder in England wegen unrechtmäßiger Bischofsernennungen, also »certis causis inspectis«. Wenn angesichts der zwar in der Theorie, aber kaum in der Praxis eindeutig vorzunehmenden Scheidung von geistlicher und weltlicher, priesterlicher und königlicher Sphäre von einer Überschreitung der Kompetenzen überhaupt die Rede sein kann, hat sie der Papst unter Berufung auf seine sich auf die ganze Christenheit erstreckende Autorität in Fällen begangen, die an weltgeschichtlicher Bedeutung keineswegs hinter dem deutschen Thronstreit und den Spannungen zwischen Monarchen, Prälaten und Baronen, wie sie für die sich ausbildenden Monarchien des Westens charakteristisch waren, zurückstanden. Die mit Hilfe alter und neuer Orden in Gang gesetzte

Christianisierung des baltischen Raumes, die Konsolidierung der »Neuen Christenheit« in Ostmitteleuropa, die Unterstützung der spanischen Könige bei der »Reconquista«, vor allem aber die unmittelbar nach seiner Inthronisierung einsetzenden und bis zu seinem Tode nicht endenden Bemühungen um die Rückgewinnung des Heiligen Landes und die Verstärkung der Präsenz der Lateiner im östlichen Mittelmeerraum, genauer im Bereich der Orthodoxie, liefern dafür den besten Beweis.

Die Christenheit hatte zum Zeitpunkt, als Innozenz zum Papst erhoben wurde, den Schock, den die vernichtende Niederlage bei Hattin, die Einnahme Jerusalems durch Saladin und der fast gänzliche Zusammenbruch der Kreuzfahrerstaaten in Outremer ausgelöst hatten, noch nicht überwunden. Der Schmerz über den Verlust der Heiligen Stätten, die man unter großen Opfern in Besitz genommen hatte, wurde dadurch noch verstärkt, daß die von Friedrich Barbarossa und Heinrich VI. unternommenen Versuche der Rückeroberung kläglich gescheitert waren. Da keiner der weltlichen Herrscher sich zu einem neuen Kreuzzug bereitfand, ergriff Innozenz bereits im August 1198 selbst die Initiative, indem er einen Plan aufstellte, der weder den Papst noch den Kaiser, sondern die Gesamtheit der Christen zum Träger des Unternehmens machte, und dessen Vorbereitung, Finanzierung und Organisation mit einer Systematik in die Wege leitete, die an die Art und Weise erinnert, mit der er zur gleichen Zeit die anderen unerledigt gebliebenen Aufgaben des 12. Jahrhunderts in Angriff nahm. Der sorgfältig geplante, von bedeutenden Persönlichkeiten gepredigte Kreuzzug, zu dem sich unter der Führung französischer, flämischer und italienischer Adliger 1202 zahlreiche Kreuzfahrer in Venedig zusammenfanden, verfehlte entgegen dem Willen des Papstes und der Absicht der Teilnehmer sein Ziel. Statt Jerusalem aus den Händen der Muslime zu befreien, eroberten und zerstörten die Kreuzfahrer 1204 Konstantinopel. Es soll dahingestellt bleiben, ob es Gottvertrauen oder lediglich »Realpolitik« war, die den Papst – der es als eine seiner vornehmsten Aufgaben angesehen hatte, Jerusalem und das Heilige Land zu befreien, doch die Venezianer nicht daran hindern konnte, Kreuzzug und Kreuzzugsidee aus politischem und ökonomischem Interesse zu pervertieren – die Eroberung Konstantinopels und die ihr folgende Errichtung des Lateinischen Kaiserreiches als Werk der göttlichen Vorsehung preisen ließ. Wie immer man das Verhalten des Papstes auch beurteilen mag, er konnte in der Tat der Meinung sein, daß die 1198/99 mit den Armeniern und Serben begonnenen, 1204 mit den Bulgaren fortgesetzten Unionsverhandlungen mit der Errichtung eines lateinischen Patriarchats von Konstantinopel einen Zustand herbeigeführt hatten, der das Ende des 1054 eingetretenen Schismas in greifbare Nähe rückte und es ihm erlaubte, seine »Plenitudo potestatis« nicht allein gegenüber der lateinischen, sondern auch der griechisch-orthodoxen Christenheit zur Geltung zu bringen.

Ein Papst, der in Paris und Bologna Schüler der bedeutendsten Theologen und Kanonisten seiner Zeit gewesen war, der ehemaligen Lehrern und Kommilitonen hohe kirchliche Ämter übertrug und über so zahlreiche zuverlässige Informationen verfügte wie kein anderer seiner Zeitgenossen, mußte nicht nur wissen, wie sehr sich die »europäische Staatenwelt« und die ihr zugrunde liegende Herrschaftsauffassung geändert hatten. Er war sich mit Sicherheit auch darüber im klaren, daß Theologie und Glaube, das Verständnis von der Rolle des Klerus und der Laien sowie die hergebrachten Institutionen selbst durch tiefgreifende Veränderungen in Frage gestellt wurden, was zahlreiche Historiker dazu veranlaßte, die »geistige Lage« der Christenheit an der Wende vom 12. zum 13. Jahrhundert als krisenhaft zu bezeichnen.

Die Häresie, die bewußte Abweichung von den als verbindlich angesehenen Glaubenswahrheiten und Verweigerung des den kirchlichen Autoritäten geschuldeten Gehorsams, war in der mittelalterlichen Christenheit bis ins 12. Jahrhundert eine Ausnahme geblieben und hatte nur dann zu Konsequenzen geführt, wenn sie in exponierten Kreisen auftrat oder besondere Aufmerksamkeit erregte. Spätestens seit der Mitte des 12. Jahrhunderts war sie vor allem in den bevölkerungsreichen und ökonomisch am weitesten fortgeschrittenen Regionen Europas zu einem so weitverbreiteten Phänomen geworden, daß Reisende Mailand als Hochburg der Ketzerei mieden und in provençalischen Kirchen nicht mehr nur rechtgläubige Kleriker, sondern auch häretische Priester und Bischöfe predigten und ihren Kult ausübten. Wie immer sich diese Ketzer auch nannten oder genannt wurden, in wesentlichen Punkten stimmten sie überein: im Willen zu einem Leben der Enthaltsamkeit, der Armut und des Gebetes als wahrer Verwirklichung des Evangeliums und in einer vor Gewalttätigkeit nicht zurückschreckenden Kirchenkritik mit der Forderung, die Bischöfe sollten ihre weltlichen Funktionen aufgeben, die Klöster und Kirchen auf ihren Besitz verzichten und die Kleriker sich von ihren Konkubinen trennen. Mit diesem sich auch in der Kirche selbst regenden Verlangen nach einem Leben aus dem Geist des Evangeliums verband sich die Forderung, die Grenze zwischen Hierarchie und Laien niederzureißen, allen – Priestern und Laien, Armen und Reichen, Gebildeten und Ungebildeten, Männern und Frauen – die Predigt und die Spendung der Sakramente zu gestatten, wenn sie durch Lebenswandel und Frömmigkeit dafür würdig waren. Diese Forderungen blieben trotz ihres für die damalige Zeit revolutionären Charakters im Rahmen des Christentums. Sie waren so stark an der Norm des Evangeliums orientiert, daß man etwa den Kaufmann Waldes aus Lyon nicht erst im 16. Jahrhundert als »testis veritatis«, als Zeugen des wahren Evangeliums, bezeichnen konnte.

Gefährlicher für Glaube, Kirche und Gesellschaft waren die Prämissen, von denen die militantesten Ketzer der damaligen Zeit, die Katharer, ausgingen. In der Tradition eines vorchristlichen Dualismus, geprägt durch lange Verfolgungen in den Grenzräumen zwischen Bulgarien, Rußland und Byzanz, vertraten die seit der Mitte des 12. Jahrhunderts in immer größerer Zahl vom Balkan nach Mittel-, Süd- und Westeuropa vordringenden Häretiker eine Lehre, die dem christlichen Denken gänzlich widersprach und die auf ihm beruhende Ordnung grundsätzlich in Frage stellte. Sie glaubten nämlich – vereinfacht gesagt – nicht an Gott, an den einzigen und wahren, den »Deus unus et verus« des Nicaenischen Glaubensbekenntnisses, sondern waren davon überzeugt, daß sich alles Sein auf zwei Prinzipien zurückführen läßt, auf das Gute und das Böse, Gott und Satan, wobei sie davon ausgingen, daß das Prinzip des Bösen, der Satan, diese Welt geschaffen habe, die Materie und ihre Erscheinungsform daher böse und verderbt seien. Was es für die Kirche und für die mittelalterliche Gesellschaft bedeuten mußte, daß eine Lehre, die die Welt so grundsätzlich abwertete, nicht nur von einigen wandernden Agitatoren propagiert wurde, sondern in den Städten Italiens, Frankreichs und Spaniens, ja auch des Reiches in aller Öffentlichkeit verkündet werden konnte, braucht nicht weiter ausgeführt zu werden. So stark waren nicht einmal die Gegensätze zwischen altem und neuem Glauben zu Beginn der Neuzeit oder die am Ende des 18. Jahrhunderts, im Zeitalter der Französischen Revolution, bestehenden Spannungen zwischen Ancien régime und jakobinischem Republikanismus. Gefahren für die Kirche gingen freilich nicht nur von den am Evangelium orientierten Ketzern, für die die Waldenser als Prototyp gelten können, und der dualistischen Gegenkirche der Katharer aus. Sie machten sich auch nicht nur auf dem Lande und in den Städten, bei der bäuerlichen Bevölkerung, im Adel und in der Bürgerschaft bemerkbar, sondern waren auch in den Zentren des geistigen Lebens, in der geistigen Elite der Kirche, unter Theologen und Klerikern zu spüren.

Im 12. Jahrhundert verloren die an den Kloster- und Domschulen üblichen theologischen Lehr- und Lernmethoden an Bedeutung. Die Heilige Schrift wurde nicht mehr nur in ihrem Schriftsinn gedeutet, ihre Botschaft nicht mehr allein meditativ erschlossen und für das eigene Seelenheil fruchtbar gemacht. Es traten vielmehr

Methoden und Denkweisen in den Vordergrund, die man mit aller gebotenen Vorsicht als Ausdruck eines frühen Rationalismus bezeichnen kann. Es wurde nicht mehr nur gedeutet und allegorisiert; auch die Widersprüche im Alten und Neuen Testament sowie in den Schriften der Kirchenväter wurden offengelegt. Mit dieser Entwicklung hatte es nicht sein Bewenden. Die durch die Vermittlung arabischer Kommentatoren ermöglichte Beschäftigung mit den bisher unbekannten Schriften des Aristoteles führte zur Konfrontation mit einer Auffassung, die strikt zwischen Glauben und Erkennen, Theologie und Philosophie unterschied und anders als die traditionelle Wissenschaft von der Endlichkeit der Schöpfung und der Sterblichkeit der Seele ausging. Es ist deshalb von der aristotelischen Konfrontation als einer geistigen Herausforderung gesprochen worden, wie sie das Mittelalter bis dahin noch nicht erlebt hatte.

Ungefähr zur gleichen Zeit, als die Frühscholastik das Wagnis einer Begegnung mit frühem Rationalismus und antiker Philosophie einging, hatten in Outremer, in Palästina und Syrien, die dort heimisch gewordenen Kreuzfahrer eine nicht minder schockierende Begegnung. Von der Einheit der Kirche ausgehend und dem Einheitsbewußtsein der lateinischen Christenheit geprägt, standen sie im Heiligen Land nicht nur einer Fülle von Denominationen – wie den Melkiten, den Jakobiten und Äthiopiern –, sondern auch einer Universalreligion, nämlich der des Islam, gegenüber, die in Theorie und Praxis durchaus mit dem Christentum vergleichbar war, ja sich nach dem Fall Jerusalems im Jahre 1187 und dem Scheitern der ihm folgenden Kreuzzüge ihrer Überlegenheit rühmte.

Die Lage, in der sich die »Ecclesia Romana« befand, konnte für die Zeitgenossen kaum ermutigend sein. Der Kampf zwischen »regnum« und »sacerdotium« hatte dazu geführt, daß nicht wenige Gläubige mehr aus politischen als aus religiösen Gründen durch Interdikt und Exkommunikation der Kirche entfremdet waren. Wo das Wort Gottes gepredigt werden sollte, in Kathedralen und Pfarrkirchen, war das Interesse an Pfründen und Zehnten oft stärker als der Wille zur Erfüllung des geistlichen Auftrags. Das hatte zur Folge, daß nicht nur auf dem Lande, sondern auch in den immer mehr an Zahl und Bedeutung zunehmenden Städten Generationen heranwuchsen, die zwar Gott und die Heiligen anriefen und das religiöse Brauchtum pflegten, jedoch nur selten in Predigt oder Unterricht mit den Glaubenswahrheiten vertrautgemacht wurden, geschweige denn eine Geistes- und Gewissensbildung erfuhren, die sie gegenüber den Gefahren, die dem rechten Glauben drohten, immun gemacht hätte. Kirche und Reich, Hierarchie und Volk, alte und neue Theologie, Glaubenslehre und Laienfrömmigkeit waren, um es überspitzt auszudrücken, an der Wende vom 12. zum 13. Jahrhundert so weit voneinander entfernt, daß die Christenheit den Bedrohungen, die ihr nahezu allerorten vom Orient, vom Balkan und von der Iberischen Halbinsel her erwuchsen, keineswegs geschlossen und mit voller Überzeugungskraft, sondern mehr oder weniger unvorbereitet gegenüberstand.

Papst und Kirche reagierten auf diese Herausforderung keineswegs nur negativ, suchten vielmehr entsprechend dem Gebot der durch Jahrhunderte erprobten Scheidung der Geister, der »discretio«, das Übel abzuwenden und das Gute zu fördern oder – um es mit Innozenz noch bildhafter auszudrücken – die Wunden mit Essig zu reinigen und danach mit Öl zu heilen. Was die Universitäten und die sich in ihnen etablierende neue Wissenschaft angeht, unterstützte Innozenz – beraten von dem Kardinallegaten Robert de Courçon, der sein Lehrer in Paris gewesen war – die Bemühungen der Professoren und Studenten, sich als Korporation zu konstituieren, die Bindungen an die örtlichen kirchlichen und weltlichen Autoritäten zu lösen und die in der Tradition der Dom- und Stiftsschulen stehenden Institutionen und Methoden durch neue zu ersetzen. Letztere waren so erfolgreich, daß sie von den späteren Neugründungen übernommen wurden und trotz aller Veränderungen auch heute noch das Gesicht traditionsbewußter Universitäten prägen. Entsprechend der mit dieser Förderung verbundenen Absicht, das intellektuelle und moralische Niveau vor allem der höheren Geistlichkeit zu heben und damit die Glaubenssicherheit von niederem Klerus und Volk zu stärken, scheute er nicht vor Maßnahmen zurück, die die »Universitas«, die Magister und Schüler, daran hindern sollten, die Grenzen der ihnen gewährten Freiheiten zu überschreiten. 1215 untersagte Innozenz, die Schriften der schon früher der Irrlehre beschuldigten Pariser Magister Amalrich von Bene und David von Dinant sowie die an die Fundamente des Glaubens rührenden metaphysischen und naturphilosophischen Schriften des Aristoteles zu studieren. Das hinderte die Theologen und Philosophen jedoch keineswegs daran, die aristotelische Philosophie zu vereinnahmen und damit die Grundlagen für die scholastische Theologie und Philosophie des hohen Mittelalters zu schaffen.

Die kaum mehr zu überschauende Vielfalt der am Rande der hergebrachten kirchlichen Institutionen oder gar in offenem Widerspruch zur Kirche ausgebildeten »alternativen« Auffassungen und Lebensformen machte es weitaus schwieriger, die Mitte zwischen repressivem Beharren auf der Tradition und Akzeptanz, ja Förderung des Neuen zu finden.

Mit Intoleranz, restriktiven Maßnahmen, Diskriminierung und Verfolgung hatte man bereits im Frühmittelalter nicht nur auf Heiden und Ungläubige, sondern auch auf gesellschaftliche Minderheiten und Randgruppen, Einzelgänger und Neuerer reagiert. Seit der zweiten Hälfte des 12. Jahrhunderts vollzog sich als Folge der starken Zunahme von Abweichungen, die sich ihrerseits aus der Verfestigung der kirchlichen und gesellschaftlichen Norm ergaben, eine bemerkenswerte Veränderung in der Art der Repression. An die Stelle gelegentlicher, meist ungeplanter Gewaltausbrüche trat – durch eine entsprechende Gesetzgebung legitimiert – die systematische Verfolgung, bei deren Durchführung Kirche und weltlicher Arm, wie sich schon bald zeigte, erfolgreich zusammenarbeiteten.

Es war nicht zuletzt Innozenz, der auch hier auf Normierung, Regulierung und Zentralisierung drängte, regelmäßige Visitationen durchführen ließ und die Institutionalisierung der entsprechend dem römischrechtlichen Inquisitionsverfahren vorgenommenen Aufspürung, Überführung und Verurteilung von Ketzern vorantrieb. Gegenüber den südfranzösischen Katharern, den Albigensern, ging er auf eine Weise vor, die bis heute seine Bemühungen um die Bewahrung der Grundlagen des christlichen Glaubens und die Reinheit der kirchlichen Lehre diskreditiert. Der Verlauf des als Kreuzzug proklamierten Albingenserkrieges (1209–29), der schon bald weitaus stärker zu einer Angelegenheit der französischen Krone als des päpstlichen Stuhles wurde, wird zumindest in der französischen Forschung insofern als positiv gewertet, als die »Union du Languedoc à la France« wesentlich zur Ausbildung der »Grande Nation« beitrug. Doch steht fest, daß es der Papst war, der sich nach dem Versagen aller anderen Mittel – sein Legat Pierre de Castelnau war ermordet worden – 1208 zur Anwendung militärischer Gewalt entschloß und damit die Legitimation für Grausamkeiten lieferte. Er trägt, so sagt man, die Verantwortung für die Unterdrückung der okzidentalen Kultur, auch wenn er selbst und die Zeitgenossen dies alles als bedauerliche, durch die Eskalation der Ereignisse verursachte Abirrung von einem grundsätzlich richtigen Weg ansahen.

Die Albingenserkriege, die Systematisierung und Intensivierung der Ketzerverfolgung haben lange so weitgehend die Aufmerksamkeit der Historiker auf sich gelenkt, daß die gleichzeitige, auf Integration gerichtete Kirchenpolitik des Papstes weitgehend in Vergessenheit geriet. Erst die in diesem Jahrhundert intensivierte Beschäftigung mit der Geschichte religiöser Orden und Bewegungen hat deutlich werden lassen, in welchem Ausmaß Innozenz III. nicht nur die Reform bereits bestehender Orden und Klöster betrieb, sondern auch bereit war, Formen des religiösen Lebens, die besser als die alten Orden den geistigen und gesellschaftlichen Erfordernissen der Zeit entsprachen, anzuerkennen und zu fördern. Die Privilegierung von Ritterorden wie dem Deutschen Orden und dem mit ihm verwandten Schwertbrüderorden, die Konstituierung neuer Hospitalorden wie des Ordens vom Heiligen Geist und die Approbation von Gefangenenbefreiungsorden wie dem der Trinitarier können als eine Selbstverständlichkeit erscheinen, entsprachen sie doch den dringenden Notwendigkeiten der »Kreuzzugszeit«. Das gilt jedoch nicht für die lombardischen Humiliaten und die »Katholischen Armen«, bei denen es sich um mit den Waldensern vergleichbare Gruppen handelt, denen Innozenz nach ihrer »Versöhnung« mit der Kirche gestattete, weiterhin gemäß dem Evangelium zu leben und an ihrer am Vorbild der Urkirche orientierten Gemeinschaftsform – dem Zusammenleben von Männern und Frauen, Laien und Klerikern – festzuhalten.

Wie bewußt der Papst die Politik der Versöhnung, Integration und Anpassung betrieb, erwies sich bei seiner Begegnung mit zwei bis dahin so gut wie unbekannten Männern: dem Kaufmannssohn Francesco di Pietro Bernardone aus dem umbrischen Assisi und Domingo de Guzmán aus Caleruega, dem Subprior des Kathedralkapitels von Osma. Beide, so sahen das schon die Zeitgenossen, wurden bald zu Rädern am Streitwagen der Kirche und fingen wie Atlanten das zusammenbrechende Gemäuer der Kirche mit ihren Schultern auf. Dominikus gehörte dem kastilischen Adel an, der an der Grenze zwischen Islam und Christentum lebte und sich als Verteidiger der Reinheit des Glaubens verstand, die man nur in Rom und im Gehorsam gegenüber dem Papsttum gesichert sah. Als er später gemeinsam mit Bischof Diego von Osma nach Wegen für eine erfolgreiche Auseinandersetzung mit den südfranzösischen Ketzern suchte, bedeutete dies keinen Bruch mit der Tradition seiner Familie, sondern die Fortsetzung eines seit Generationen geführten Kampfes auf einem anderen Schauplatz mit neuen Waffen. Der andere Schauplatz lag in Südfrankreich, die neue Waffe war die Predigt einer bettelarmen Priestergemeinschaft, die die Reinheit der Lehre durch die Vorbildhaftigkeit ihres Lebens und den evangelischen Charakter auch der römischen Kirche durch Armut und Heimatlosigkeit zu beglaubigen suchte. Diese Predigt war keine absolute Neuigkeit, schon im 12. Jahrhundert hatten sie die Apostolischen Wanderprediger ausgeübt. Wenn sie nunmehr am richtigen Ort und zur richtigen Zeit in den Dienst der Ketzerbekämpfung und der Festigung des Glaubens gestellt wurde, war das nicht allein das Verdienst des Kanonikers aus Osma, sondern auch das seines Bischofs. Vor allen aber war es Innozenz III., der in ihm den Mann erkannte, der die intellektuellen und charakterlichen Voraussetzungen mitbrachte, um aus einer kleinen Priestergemeinschaft einen Orden zu machen, der die Ketzer nicht nur bekämpfte, sondern auch bekehrte, der Wissenschaft und geistliches Leben miteinander verband und im Geiste des römischen Universalismus nicht nur das Midi und Spanien, sondern die ganze Ökumene zu seinem Wirkungsfeld machte.

In gleicher Weise schicksalhaft verlief die Begegnung zwischen Innozenz und Franz von Assisi, die wenig später, nämlich 1209, in Rom zustande kam. Franz, der ostentativ mit seinem Vater, einem wohlhabenden Tuchhändler, gebrochen hatte, um als Laie in der Nachfolge Christi und der Apostel ein Leben in Armut und Heimatlosigkeit zu führen, hatte mit Hilfe Bischof Guidos von Assisi und des Kardinalbischofs von Sabina, Johannes Colonna, den Zugang zum Papst gefunden, um sich von ihm seine neue Lebensweise bestätigen zu lassen. Wir sind nicht genau über die Einzelheiten dieser Begegnung unterrichtet; ihr Ausgang ist jedoch bekannt. Während der Papst zunächst den Eindruck gehabt haben mochte, in Franz einen Vertreter der antikirchlichen Frömmigkeitsbewegung vor sich zu haben, der nichts anderes im Sinn hatte, als unter Berufung auf das Evangelium eine Veränderung der bisherigen Ordnung herbeizuführen, änderte er in den Tagen danach seine Meinung. Vielleicht war es die charismatische Persönlichkeit des Mannes aus Assisi, die ihn umstimmte, mit Sicherheit waren es aber auch die Argumente, die Kardinal Johannes zu seinen Gunsten vortrug. Soll er doch den Papst und das Kardinalskollegium gefragt haben: »Begehen wir nicht eine Gotteslästerung an Christus, dem Urheber des Evangeliums, wenn wir es für neu, unvernünftig, ja unmöglich hinstellen, evangelische Vollkommenheit zu befolgen und zu geloben?« Seine eigene Frage soll er mit folgender Feststellung beantwortet haben: »Ich glaube, daß Gott durch ihn auf der ganzen Welt den Glauben der Heiligen Kirche reformieren will.« Von wo auch immer der Anstoß zu dem Sinneswandel gekommen sein mag, diese von der franziskanischen Geschichtsschreibung überlieferten Sätze lassen erkennen, daß Papst, Kardinäle und Kurie das Ideal eines dem Evangelium gemäßen Lebens nicht mehr den Ketzern überlassen wollten oder gar als häretisch verdammten, sondern sich in Erinnerung riefen, daß es als Richtschnur für die ganze Christenheit zu gelten habe. So wurde denn Franz und seinen Mitbrüdern am 16. April 1209 trotz aller Bedenken, die man weiterhin hegte, mündlich oder schriftlich – wir wissen es nicht genau – gestattet, »secundum regulam Evangelii« zu leben. Kirche und religiöse Bewegung hatten sich – metaphorisch ausgedrückt – in Franz von Assisi und Papst Innozenz III. getroffen, waren ein Bündnis eingegangen, das zu einer der Voraussetzungen für die Überwindung der Glaubenskrise wurde.

Was der Papst als seine Aufgabe ansah, als er an der Wende vom 12. zum 13. Jahrhundert inthronisiert wurde, war mehr als ein Regierungsprogramm, das sich in einem Pontifikat »abarbeiten« ließ. Was ihm bereits damals vor Augen stand, könnte man eher mit Maximilian de Béthùne, den Herzog von Sully und Minister Heinrichs IV. von Frankreich, als ein »Grand design« bezeichnen, zu dessen Verwirklichung es mehr als einer Amtszeit, wenn nicht gar eines Jahrhunderts bedurft hätte. Innozenz hat seinen großen Plan – anders als zunächst beabsichtigt – auch nicht am Anfang seines Pontifikats, sondern an dessen Ende, auf dem als »generale concilium« bezeichneten IV. Laterankonzil vorgestellt, diskutieren und beschließen lassen. Auf die schon am 19. April 1213 nicht nur an den Episkopat, die religiösen Orden und die Kapitel der Kathedral- und Stiftskirchen, sondern auch an die »reges civilesque«, also an Könige und städtische Obrigkeiten, gerichtete Einladung hin haben sich zu der ersten, am 11. November 1215 in der Lateranbasilika stattfindenden Sitzung neben über 400 Kardinälen, Patriarchen, Erzbischöfen und Bischöfen sowie doppelt so vielen Ordensprälaten auch zahlreiche Gesandte von Königen, Fürsten und Städten eingefunden, so daß man von diesem Konzil mit Recht als dem bis dahin größten in Europa veranstalteten Kongreß gesprochen hat. Tatsächlich war nie zuvor eine Kirchenversammlung so groß und so sorgsam vorbereitet worden wie dieses Konzil.

Der Papst hatte schon in seinen Einladungsschreiben den Themenkatalog aufgestellt und gleichzeitig »kluge Personen« wie seinen Vertrauten, den Kardinal Robert de Courçon, damit beauftragt, in allen Kirchenprovinzen eine Befragung durchzuführen, mit deren Hilfe festgestellt werden sollte, welche Mißbräuche bestanden und welche Maßnahmen zu ihrer Behebung ergriffen worden waren. Die Themen, die auf den drei im November stattfindenden Plenarversammlungen behandelt wurden, waren von verschiedener Natur und von unterschiedlicher Bedeutung. Sie betrafen aktuelle politische Probleme wie den deutschen Thronstreit, die Auseinandersetzung zwischen dem englischen König und seinen Baronen, den Konflikt zwischen französischen Thronvasallen, die Primatialrechte des Erzbischofs von Toledo und die Besetzung des vakanten Patriarchenstuhls von Konstantinopel, die als häretisch angesehenen Thesen des Amalrich von Bene und Joachims von Fiore und schließlich die Ausrufung und Vorbereitung eines neuen Kreuzzuges. Was das IV. Laterankonzil so überaus bedeutsam machte, waren nicht die Diskussionen über diese Themen, sondern die seinen Teilnehmern zur Bestätigung vorgelegten Dekrete des Papstes. In ihnen geht es vor allem darum, die Voraussetzungen für die Schaffung einer die ganze Christenheit umfassenden Heils- und Friedensordnung zu schaffen. Da sie nicht als eine unerreichbare Utopie, sondern als das Ergebnis der Durchsetzung von Recht und Gesetz verstanden wurde, enthalten die vom Papst vorgelegten und von den Konzilsteilnehmern gebilligten Dekrete alle die Vorschriften, die man dafür als erforderlich ansah. Die Ausrottung der Laster, die Förderung der Tugenden, die Abstellung der Mißbräuche und die Reform der Sitten, die Unterdrückung von Häresien und die Stärkung des Glaubens, die Beendigung von Streit und die Festigung des Friedens. Wie nicht anders von Innozenz zu erwarten, handelte es sich dabei nicht um allgemein gehaltene Forderungen, sondern um präzise Bestimmungen, die nicht nur die Kirchenstruktur, den Klerus, seine Ausbildung, Lebensführung, Seelsorgetätigkeit und Sakramentenverwaltung, die kirchliche und weltliche Gerichtsbarkeit, die Universitäten und Orden sowie die Eheschließung und die religiöse Praxis der Laien, sondern auch das Verhältnis zu den orthodoxen Christen und den Juden sowie das Problem der mit der Zinsnahme verbundenen Wirtschaftsethik betreffen. Es bleibt dem Leser auch nicht verborgen, daß es sich nicht um abstrakte Vorschriften ohne Gegenwartsbezug handelt. Der Papst und die von ihm zusammengerufenen Konzilsväter waren ganz offenbar nicht nur mit der geistigen und politischen Lage der Christenheit vertraut. Aus dem, was sie beschlossen, wird deutlich, daß ihnen auch die Veränderungen, die sich in anderen Lebensbereichen vollzogen, durchaus bekannt waren: so das enorme Anwachsen der Bevölkerung, das mit der zunehmenden Bedeutung der Städte, der Ausweitung von Handel und Verkehr Hand in Hand ging und zur Ausbildung neuer »bürgerlicher« Anschauungs- und Verhaltensweisen führte. Eine bisher unbekannte Mobilität veranlaßte nicht nur Händler, Pilger und Krieger, sondern große Bevölkerungsgruppen, nach Ost-, Nord- und Südeuropa, ja selbst in den Mittelmeerraum zu ziehen und sich dort nicht nur vorübergehend, sondern auf Dauer niederzulassen. Das bedeutete, daß sie erheblichen Einfluß auf ihre Gastländer ausübten. Dazu kommt das Erstarken des Eigenbewußtseins und der schöpferischen Kraft der Laien, die mit Nachdruck ihren Platz neben Adel und Klerus beanspruchten und in allen Bereichen von Zivilisation und Kultur den Beweis für ihre Eigenständigkeit und Reife lieferten.

III

Innozenz III. starb am 16. Juni 1216 in Perugia im Alter von 55 Jahren mitten in einer »gesetzgeberischen Arbeit, wie sie in diesem Ausmaß nie zuvor geleistet worden war« (A. Vauchez). Er hatte keine Zeit mehr, das Konzil ordnungsgemäß zu beenden und die Ausführung seiner Beschlüsse zu überwachen. Auch andere Unternehmungen, die er in Angriff genommen, und Hoffnungen, die er mit dem Beginn des neuen Jahrhunderts verbunden hatte, scheiterten oder blieben unerfüllt. Der Kreuzzug, den er auf dem Laterankonzil propagiert hatte und der von den Konzilsvätern beschlossen wurde, kam nicht zustande. Jerusalem und die Heiligen Stätten, zu denen Kaiser Friedrich II. 1229 als Gebannter aufgrund von Verhandlungen mit dem Sultan al-Kamil für eine begrenzte Zeit den freien Zugang ermöglicht hatte, gingen den Lateinern 1291 mit dem Fall Akkons, ihrem letzten Bollwerk in Outremer, verloren. Im nordöstlichen und südöstlichen Mitteleuropa wurde der Prozeß der Konsolidierung der »Neuen Christenheit« von Heiden und Mongolen behindert. Die Eroberung von Konstantinopel, die Errichtung eines lateinischen Kaiserreiches und einer lateinischen Hierarchie führten nicht zu einer Annäherung zwischen lateinischer und griechischer Christenheit, Rom und Byzanz. Sie verstärkten vielmehr das gegenseitige Mißtrauen und die seit dem Schisma von 1054 bestehenden Spannungen. Die Bemühungen, den Kirchenstaat vor einer Umklammerung zu bewahren, scheiterten an Friedrich II., der schon bald nach dem Tode des Papstes die von diesem befürchtete Verbindung zwischen dem Reich und Sizilien – die »unio ad imperium« – herstellte und in seinem Herrschaftsanspruch so weit über das hinausging, was die Päpste von seinen staufischen Vorfahren zu gewärtigen gehabt hatten, daß sie glaubten, in ihm den Vorläufer des Antichrist, ja den Antichrist selbst sehen zu müssen, und den Fürsten der Finsternis, wie sie ihn nannten, mit allen ihnen zur Verfügung stehenden Mitteln bekämpften.

Die Siege, die später Papst Innozenz IV. und das von ihm 1245 nach Lyon einberufene Konzil über den gebannten Kaiser und die ihm nachfolgenden Päpste über die »Stauferbrut« glaubten errungen zu haben, erwiesen sich als Pyrrhussiege. Das Papsttum geriet nach seinen Triumphen über das staufische Kaiserhaus immer stärker unter den Einfluß der »regna«, der nationalen Königreiche, die nicht nur in der Praxis, sondern auch in der Theorie ihre Autonomie gegenüber dem päpstlichen Anspruch auf universale Leitungsgewalt geltend machten. Rund ein Jahrhundert nach der Inthronisation Innozenz III. konnte Philipp der Schöne von Frankreich den Papst Bonifaz VIII., der 1302 in der Bulle *Unam sanctam* herausfordernder noch als Innozenz III. und Innozenz IV. den Anspruch auf das Heilsmonopol der Kirche und die Weltherrschaft der Päpste erhoben hatte, als Ketzer verdächtigen und seine Nachfolger zwingen, Rom zu verlassen und in seinen Einflußbereich, nach Avignon, ins »Exil« zu gehen. Folgt man dem Urteil eines der besten Kenner Innozenz' III. und seiner Zeit, des gelehrten Jesuiten Friedrich Kempf, dann muß dieser weitgehend negativen Bilanz noch ein weiterer schwerwiegender Vorwurf hinzugefügt werden. Die Nachwelt habe diesem Papst den Beinamen »der Große« versagt, »weil sein Denken und Tun wesentlich bestimmt war durch die zeitbedingte, auf der damaligen Verflechtung von Kirche und Welt beruhenden Machtposition des hochmittelalterlichen Papsttums, die den eigentlichen Sinn des Petrusamtes eher verdunkelte denn erhellte und in der Folgezeit jeweils fragwürdiger werden sollte«. Leopold von Ranke hingegen zögerte nicht, ihn im 1877 erschienenen siebten Band seiner Weltgeschichte in die »vorderste Reihe der welthistorischen Päpste« zu stellen und ihm zu bescheinigen, »daß an ihm nicht eigentlich Kleines zu entdecken ist«, ja daß er, »in dem sich der Wandel der Zeiten vollzog, der Aufgabe, die er sich gestellt, durchweg gewachsen gewesen ist«.

Ranke und alle diejenigen, die in Innozenz III. eine der Persönlichkeiten sehen, die das Gesicht ihres Jahrhunderts schon in dessen ersten Jahrzehnten prägten, führen dafür neben anderen Argumenten dasjenige an, er habe durch die Bereitschaft zur Integration der neuen Formen männlicher und weiblicher Ordensfrömmigkeit Kräfte mobilisiert, die das Geistesleben Europas nicht nur im 13. Jahrhundert bestimmt hätten. In der Tat haben vor allem Franziskaner und Dominikaner überall dort, wo sie auftraten, den Gläubigen die Gewißheit vermittelt, daß auch in der römischen Kirche die Verwirklichung des Evangeliums möglich sei. Sie leisteten in Predigt und Seelsorge Dienste, die der Weltklerus bisher nur auf unbefriedigende Weise erbracht hatte. Ihnen verdanken die Städte nicht nur Italiens, sondern ganz Europas neben der Prägung ihrer äußeren Gestalt auch wesentliche Elemente ihrer Kultur. Sie begleiteten diejenigen, die sich an der »innereuropäischen« Wanderung von West nach Ost, beteiligten, und machten sich schon zu Lebzeiten ihrer Gründer auf den Weg bis nach Indien und Ostasien, um Menschen aus einem gänzlich anderen Kulturkreis in Wort und Vorbild für den christlichen Glauben zu gewinnen.

Vieles von dem, was Innozenz III. unternahm, blieb Stückwerk oder scheiterte gänzlich. Doch die Kühnheit, mit der er den Versuch unternahm, in einer Zeit zunehmender Vielfalt und sich verschärfender Gegensätze die Welt- und Werteordnung, der er sich verpflichtet fühlte, zur Geltung zu bringen, ja neu zu konzipieren, rechtfertigt es, weder Kaiser noch Könige, Künstler oder Gelehrte, sondern den Papst als die Persönlichkeit zu bezeichnen, die das Gesicht des beginnenden 13. Jahrhunderts wie keine andere prägte.

1300

Jürgen Miethke

Das »Jubeljahr« Bonifaz' VIII.: päpstlicher Anspruch auf Weltgeltung

Am 22. Februar des Jahres 1300 verkündete Papst Bonifaz VIII. in der Lateranbasilika Roms nach Beratung im Konsistorium und in ausdrücklicher Wahrnehmung seiner päpstlichen Kompetenzfülle für das »1300. Jahr nach der Geburt unseres Herrn« einen »nicht nur vollen, sondern einen vollkommenen« Ablaß aller Sünden für jene Rompilger, die in der Stadt die Basiliken der Apostelfürsten Petrus und Paulus in wahrhaftiger Buße und verbunden mit einer gehörigen Beichte für eine bestimmte Anzahl von Tagen aufsuchen wollten. Dieser Ablaß sollte künftig alle hundert Jahre wiederholt werden.

Das damit vom Papst ausgerufene »annus jubileus«, das »Jubeljahr«, war neu und folgenreich. Es begründete nicht allein eine immer dichtere Folge solcher Ablaßjahre – ein sogenanntes Heiliges Jahr wurde bereits 1350 erneut ausgerufen und dann zunächst nach dem legendarischen Lebensalter Jesu alle 33 Jahre feierlich in Rom begangen; derzeit alle 25 Jahre –, Bonifaz VIII. setzte damit vielmehr die Feier von runden »Jubiläen« erst eigentlich in Gang, die seither in öffentlichen wie in privaten Begängnissen festlich erinnert werden. Dabei folgte er nur von ferne einem alttestamentarischen Vorbild: dem des »Jobeljahres«. »Jobel« heißt Widderhorn, und mit Widderhörnern sollte laut 3. Mose 25,8–12 nach jeweils siebenmal sieben Jahren, im fünfzigsten Jahr, ein großes »Erlaßjahr« ausgerufen werden, in dem in Israel Schulden aufgelöst, Pfänder zurückgegeben, Sklaven freigelassen werden sollten.

Bonifaz VIII. hatte gewiß außer diesem ehrwürdigen Vorbild auch vielfältige andere Motive für seinen Entschluß. Die Mobilität der Menschen nahm im Hoch- und Spätmittelalter ohnedies ungemein zu: Eine Pilgerreise nach Rom, zu der er einlud, wurde ohne Zweifel von vielen bereitwillig unternommen. Gewiß wollte der Papst auch eschatologisch-chiliastische Erwartungen, wie sie sich spätestens seit dem Jahr 1000 immer wieder im Abendland gezeigt hatten, demonstrativ für seine Selbstdarstellung nutzen. Der Papst beweist aber mit Inhalt und Wortlaut seiner Verfügung zugleich, wie weit die juristisch denkende Elite der Kirche von den eschatologischen Ängsten und Erwartungen – und den damit sich immer wieder verbindenden Spekulationen der apokalyptisch erregten Kreise in den Orden der Christenheit, in den Sekten jenseits der Ränder der Großkirche und in religiös erregten Gruppen – innerlich entfernt war. Auch künftig sollte, so verfügte der Papst, alle hundert Jahre ein gleicher Jubelablaß gewährt werden. Ein Ende der Zeiten jedenfalls wurde hier vom Papst nicht angesagt oder auch nur in Rechnung gestellt. Noch viele weitere Male konnte und sollte die päpstliche Verfügung sich wiederholen.

Doch war dies sicherlich nicht der einzige Zweck, der die »Erfinder« des Jubiläums zu ihrer Aktion bewogen hat. Die Stadt Rom konnte wirtschaftlich aus der neu begründeten Attraktion für Pilger Nutzen ziehen. Wahrscheinlich hatte der Papst daneben auch unmittelbar politische Absichten. In seinem Streit um die Besteuerung der Geistlichen mit König Philipp dem Schönen von Frankreich (1285–1314) hatte er zunächst klein beigeben müssen, indem er sein scharfes Verbot jeglicher Unterstützung weltlicher Machthaber aus Kirchenmitteln durch Prälaten ohne päpstliche Erlaubnis für Frankreich außer Kraft setzte und gleichsam zur Krönung seiner Verständigung mit dem französischen Königshof im selben Jahre 1297 auch die Heiligsprechung von Philipps des Schönen Großvater, König Ludwig IX. (1226–1270), zum positiven Abschluß brachte. Jetzt sollte wohl demonstrativ die Wirkung päpstlicher Verfügungen auch auf die Franzosen nachdrücklich unter Beweis gestellt werden. Und in der Tat haben die Untertanen des französischen Königs den Papst nicht enttäuscht: Unter den alsbald nach Rom strömenden Pilgermassen sind auch zahlreiche Untertanen des französischen Königs zu finden, die sich die besondere Chance des Jubelablasses nicht entgehen lassen wollten.

Die abenteuerliche Pilgerreise nahmen Pilger aus ganz Europa auf sich. Beweglichkeit, Mobilität über weite Entfernungen ist das Kennzeichen des späteren Mittelalters. Hatten aber im 12. und noch im 13. Jahrhundert vor allem große Migrationsbewegungen die europäische Szene beherrscht – Menschenströme, die Siedler über große Distanzen in die gar nicht oder nur dünn genutzten Zonen vor allem im östlichen Mitteleuropa und auf den iberischen Hochebenen führten –, so verkürzte sich jetzt der Radius solcher Umsiedlungen. Es entstand aber ein zuvor nicht erreichter Grad an vorübergehender Reisemobilität. Selbst die Kreuzzüge, die doch zunächst immer auch den Nachschubbedarf an Siedlern für das Heilige Land gedeckt hatten, kannten bereits im 13. Jahrhundert den Typus des »Saisonkreuzfahrers«, der seine bewaffnete Pilgerreise im Frühjahr aufnahm, um spätestens im Herbst des Jahres seinen Rückweg in die Heimat anzutreten. Seit dem Fall von Akkon 1291, als den Christen die letzte Bastion auf dem Boden Palästinas für immer genommen wurde, hörten Projektemacher nicht auf, immer neue Pläne für eine Rückeroberung des Heiligen Landes zu schmieden und zur Absicherung des Erfolges utopische Forderungen an die abendländische Welt zu formulieren – von einer autoritativen Verkündung eines großen Friedens unter den europäischen Nationen als Voraussetzung einer erfolgreichen Großexpedition in den Nahen Osten bis zu einer radikalen Reform des Unterrichtswesens und des Rechtslebens in Europa und im zu erobernden Palästina.

An der päpstlichen Kurie sind mehrfach Pläne einer Zusammenführung der verschiedenen Ritterorden zu einer schlagkräftigen Großorganisation ventiliert worden, welche den Daseinszweck der

Ritterorden nach dem Verlust des Königreichs Jerusalem bewahren und so eine Wiedergewinnung des Heiligen Landes in Angriff nehmen könnte. Viele solcher Vorschläge wurden damals lebhaft erörtert – die moderne Utopie als Mittel politischer Imagination kündigt sich unverkennbar an. In der trüben Wirklichkeit wurde freilich aus all dem nichts, vielmehr suchten sich die Ritterorden neue Aufgaben in Europa – am erfolgreichsten der Deutsche Orden, der seine in Masowien und im angrenzenden Pruzzenlande seit dem Beginn des 13. Jahrhunderts eingenommenen Gebiete allmählich zu einem eigenen Staatswesen auszubauen verstand: Seit 1309 residierte der Hochmeister des Ordens offiziell in der Marienburg südlich von Danzig. Ganz allgemein verwandelten sich die »passagia« ins Heilige Land mehr und mehr zu unbewaffneten Pilgerreisen zu den Heiligen Stätten, die – wie sich durch die aufblühende Literatur der Pilgerführer und Reiseberichte belegen läßt – geradezu touristischen Charakter annahmen. Das Instrument des eigentlichen Kreuzzuges entwickelte sich in anderer Form weiter. Wie schon seit dem 12. Jahrhundert hier und da geschehen, gab er kleineren und größeren weltlichen und geistlichen Landesherren die Chance, mit Hilfe der Amtskirche kriegerische Unternehmungen gegen Ketzer oder zu solchen erklärte Gegner der Nachbarschaft dadurch zu verbilligen, daß man für die militärische Unterstützung finanziell die Hilfskräfte selbst aufkommen lassen konnte. Die Ausrufung oder Selbstverpflichtung zu einem Kreuzzug degenerierte überhaupt immer stärker zu einem bloßen Finanzierungsinstrument für verschiedene Bedürfnisse der werdenden Nationalstaaten, deren Herrscher sich damit die Erlaubnis sicherten, ihre Landeskirchen zur Vorbereitung des großen Vorhabens mit Steuerforderungen zu belegen, ohne daß der große militärische Aufbruch in den Nahen Osten dann jemals wirklich zustande kam, zunehmend wohl auch von vornherein kaum ernsthaft geplant worden ist.

Europa suchte in dieser Zeit nicht äußere Expansion, sondern zunächst festere Formen im Inneren. Die alte, universal gedachte

Großform der Christenheit – sei ihre Leitung nun eher in imperialen Traditionen dem Kaiser zugeschrieben oder dem »summus pontifex« der Amtskirche und Stellvertreter Christi und Gottes auf Erden, dem Papst, zugedacht – hatte zuletzt im 13. Jahrhundert den Kampf zwischen Imperium und Sacerdotium erlebt. Ein eindeutiges Ergebnis aber war nicht erreicht worden. Eine autoritative Herrschaft des Papsttums, das nach der Absetzung Kaiser Friedrichs II. auf dem I. Konzil von Lyon durch Papst Innozenz IV. (1245) und nach dem Tod des Staufers 1250 scheinbar allein auf der Bühne blieb, wollte sich nicht einstellen, da die Könige der werdenden Nationalstaaten keineswegs nur auf die Entscheidungen der päpstlichen Kompetenzfülle warteten, um sie in willigem Gehorsam auszuführen. Es sollte sich im Gegenteil sehr bald herausstellen, daß sich die Könige der europäischen Reiche wie zuvor die Träger der Kaiserkrone durchaus ihrer eigenen Interessen bewußt waren und diese päpstlichen Wünschen und Winken gegenüber keineswegs vernachlässigen wollten.

Bonifaz VIII., der das Jubeljahr mit dem Anbruch des neuen Jahrhunderts erstmals verkündet hat, personifiziert ohnedies den Anspruch des spätmittelalterlichen Papsttums auf Weltgeltung. Kein anderer Papst hat so absolut, so volltönend und hallend von der Kompetenz des Stellvertreters Gottes auf Erden gesprochen wie dieser Kirchenmann an der Wende zum 14. Jahrhundert, der in seiner Bulle *Unam sanctam* – datiert auf den 18. November 1302, publiziert wahrscheinlich erst im Jahr 1303 – schließlich die unüberbietbare Formulierung gefunden hat, daß »dem Römischen Papst heilsnotwendig jede menschliche Kreatur unterworfen ist«. Solch vollmundige Deklaration, die einen hierarchisch begründeten Anspruch auf Lenkung und Leitung der ganzen Menschheit in allen Fragen für den höchsten Bischof der Kirche erhebt, konnte freilich nicht verhindern, daß nur wenige Wochen später der Papst im Attentat von Anagni – im September 1303 – das völlige Desaster seiner hochgestimmt vorgetragenen Ansprüche erleben mußte. Bonifaz VIII. ist mit seinen Auffassungen vom päpstlichen Amt an der politischen Wirklichkeit gescheitert. Nur wenige Wochen, nachdem ihn die Bürger Anagnis aus der Gewalt seiner Gegner befreit hatten, ist er in Rom gestorben, ohne daß er irgendwie hätte klarmachen können, wie er die Katastrophe seiner Politik nun weiter zu handhaben gedachte. Die Aufräumarbeiten in den Trümmern papaler Hoheitsansprüche sollten seine Nachfolger noch mehr als ein Jahrzehnt lang in Atem halten und auch dazu veranlassen, aus den Stürmen Mittelitaliens in den Windschatten des französischen Königtums auszuweichen. Mit seinem zweiten Nachfolger Clemens V. etablierte sich die Kurie im heutigen Südfrankreich (seit 1309 ließ sich dieser Papst dauerhaft in Avignon nieder) und begab sich für etwa ein Jahrhundert in eine – wie die deutsche und italienischen Tradition zu erkennen meint – »babylonische Gefangenschaft«, während die französische Sicht, ebenfalls nicht ohne gute Gründe, in der päpstlichen Kurie dieser Zeit den Höhepunkt der mittelalterlichen Macht- und Prachtentfaltung des Papsttums überhaupt erkennen will. Die Fiskalisierung der amtskirchlichen Beziehungen jedenfalls sollte durch das Exil in Avignon einen zuvor ungeahnten Anschub erfahren. Hatte vorher die Kurie vor allem aus den Ressourcen der römischen Kirche gelebt, so mußte in Avignon die Weltkirche in viel größerem Umfang an den Ausgaben beteiligt werden. Die Pfründenzuteilung durch päpstliche Gunst- und Gnadenerweise wurde die Grundlage eines ausgeklügelten Finanzierungssystems, durch das große Finanzströme bewegt wurden. Kurialer Geldverkehr und kuriale Vermögensverwaltung bekamen damals mehr als zuvor für die weltlichen Verwaltungen vorbildhafte Bedeutung.

Am Ende des 13. Jahrhunderts war das Papsttum in eine deutliche Krise geraten. Bereits der Vorgänger Bonifaz' VIII., Papst Coelestin V., war trotz aller hochgestimmten Erwartungen, die die Zeitgenossen mit der Wahl dieses schlichten Einsiedlers aus den Abruzzen und Gründers einer monastischen Kongregation strenger Lebensführung verbanden, nach kurzer Zeit resigniert. An ihm konnten sich anläßlich seiner Wahl und später religiös getönte Sehnsüchte und Vorstellungen von einem »papa angelicus« – einem Engelpapst – entzünden, der für die letzte Zeit vor dem Jüngsten Gericht die Kirche reinigen und aus Verweltlichung und Niedergang wieder zu ihren eigentlichen Aufgaben zurückführen könne, der die Christenheit dem kommenden letzten Tag und dem Richterspruch ihres Herrn reformiert entgegenführen werde. Doch wurde der Versuch, solchen Erwartungen zu entsprechen, von Coelestin V. selbst bereits nach sechs Monaten einer chaotischen Amtsführung abgebrochen. Aus Einsicht in seine persönlichen Unzulänglichkeiten und in der Hoffnung, sich künftig wieder ganz seinen asketischen Neigungen widmen zu können, hat Coelestin V. am 13. Dezember 1294 im Konsistorium vor den Kardinälen sein hohes Amt niedergelegt und der »Bürde und Würde« seiner päpstlichen Stellung entsagt – es ist bis heute das einzige Mal geblieben, daß ein Papst aus freien Stücken auf sein Amt Verzicht geleistet hat.

Hatte Coelestin Hoffnungen geweckt, er könne und werde die Kirche des Spätmittelalters aus äußerem Pomp und weltlicher Verstrickung auf ihre religiösen Wurzeln zurückführen, so hat sein Nachfolger Bonifaz VIII. geradezu entgegengesetzte Ziele verfolgt. Er versuchte, die Weltgeltung der Amtskirche gegen jeden Widerstand durchzusetzen. Dabei verstand dieser Papst alle jene Ansprüche wortwörtlich, die eine rastlose Kirchenrechtswissenschaft und Theologie an den aufblühenden Universitäten Europas seit dem 12. und 13. Jahrhundert eifrig entwickelt und ausformuliert hatten. Bonifaz, der als Kardinal in den diplomatischen und administrativen Geschäften der Kirchenpolitik damals wohl unter allen seinen Kollegen die reichsten Erfahrungen gewonnen hatte, wollte als Papst nun alle Hoheitstitel, die zeitgenössische Gelehrte für den Papst als Haupt der Amtskirche in Anspruch genommen und ersonnen hatten, nun auch bis zum letzten Jota Wirklichkeit werden lassen. Kaum einem Konflikt ist er in diesen Fragen ausgewichen, wenn ihm auch sonst durchaus diplomatische Geschmeidigkeit und vermittelnde Kraft nicht fremd waren. Stets hat Bonifaz, kurialem Brauch folgend, diesen aber durch einen für seinen Pontifikat typischen Stil überhöhend, alle seine einzelnen Schritte seiner Mitwelt in langen Schriftsätzen von gewaltig dröhnendem Pathos erläutert. Er, auf dem Stuhle Petri sitzend, fühlte sich als Stellvertreter Christi, als Stellvertreter Gottes auf Erden und erwartete von seinen Gegnern schlichtweg Unterwerfung.

Von Beginn seines Pontifikats an hat er in diesem Punkt keinen Konflikt gescheut und war bereit, auch hartem Widerstand zu trotzen. Und in der Tat fügte sich die Welt dem päpstlichen Willen nirgends ohne Widerstand. Schon die Neuordnung Unteritaliens nach der sogenannten Sizilianischen Vesper, bei der 1282 die Einwohner der Insel den französischen Herrschaftsapparat des Anjou-Königs Karl I. hinweggefegt hatten, um sich schließlich gegen den Willen des päpstlichen Oberlehnsherrn einen aragonesischen Prinzen als Herrscher zu holen, konnte Bonifaz all seinen zum Teil kostspieligen Bemühungen zum Trotz nicht mehr revidieren. Der Papst mußte nach langen, fruchtlosen Versuchen einer militärischen Durchsetzung seiner Absichten schließlich den Frieden von Caltabellotta (1302) akzeptieren, in dem die Insel Sizilien aus dem »Königreich Sizilien« – wie das Königreich Neapel zur Gesichtswahrung in dem Vertrag auch weiterhin benannt wurde – ausgegliedert wurde und den Vorstellungen des päpstlichen Oberlehnsherrn zum Trotz Friedrich II., dem Sohn des Königs von Aragon, zuerkannt wurde, wenn auch zunächst nur für dessen Lebenszeit. Auch diesmal freilich sollte die als Provisorium ins Auge gefaßte Lösung erstaunlich lange währen: Bis weit in die Neuzeit hinein sollten Sizilien und später dann auch Neapel mit Spanien verbunden bleiben.

Selbst in der formativen Phase der südeuropäischen Königreiche, als seit dem 13. Jahrhundert ständig neue Pläne geschmiedet wurden, wie Kronen neu verteilt oder auch ganz neu gewonnen werden könnten, vermochte Bonifaz VIII. seinen erklärten Willen für Unteritalien und Sizilien nicht durchzusetzen. Der Papst sollte erfahren, daß auch seine Kardinäle nicht in jedem Fall willenlose Werkzeuge der päpstlichen Entschlüsse sein wollten. Das Kollegium der Kardinäle war aus ursprünglich liturgischen Funktionen in den Gottesdiensten stadtrömischer Kirchen durch die immer stärkere Konzentration auf die Kompetenz zur Papstwahl in den letztvergangenen beiden Jahrhunderten zu einem Leitungsgremium der Kirchenzentrale herangewachsen, das neben der Regelung der Sukzession im höchsten Kirchenamt auch als »Senat« der Kirche im wöchentlich tagenden »Konsistorium« zusammen mit dem Papst Entscheidungen beriet, traf und verantwortete. Seine Mitglieder wurden Leiter der päpstlichen Ämter und Gerichte und hatten als Legaten dem Willen der römischen Zentrale in den Ländern Europas Geltung zu verschaffen. Die Kardinäle hatten ihren Einfluß im 13. Jahrhundert stetig gesteigert. Mit ihren teilweise zahlreichen Bediensteten, die sie in eigenen »Familien« und »Kurien« organisierten, machten sie die päpstliche Kurie erst zu jener Großorganisation, die schon in dieser relativ frühen Zeit moderne Behörden vorbildete. Damit aber hatten die Kardinäle auch einen eigenen Finanzbedarf, dem auf verschiedene Weise entsprochen wurde. Gerade im Pontifikat Bonifaz' VIII. finden sich die ersten sicheren Belege für eine selbständige Finanzverwaltung des Kollegiums, dem ein eigener Anteil an den Einnahmen der Kirchenzentrale zugewiesen wurde: Die »Camera collegii cardinalium« trat damals neben die »Camera apostolica« des Papstes.

Gewiß war und blieb die Ernennung eines Kardinals ein wichtiges Vorrecht des Papstes, der sich allen Bestrebungen des Kollegs in Hinsicht auf eine irgendwie geartete Mitbestimmung in diesem wichtigen Punkt bis heute zu entziehen verstand. Gleichwohl erwies sich die Zusammensetzung und Rekrutierung des Kollegiums der Kardinäle keineswegs als regellos oder rein willkürlich; es zeigten sich sehr bald deutliche Muster, die gleichbleibende Qualifikationen zumindest temporär begünstigten. Im 13. Jahrhundert waren so etwa die großen römischen Adelsfamilien regelmäßig im Kolleg vertreten. Die Colonna, Orsini, Savelli, Conti und auch kleinere Familien wie die Caëtani, denen Bonifaz VIII. entstammte, nahmen immer wieder im Kollegium einen Sitz ein. Damit setzten sich dort aber auch die Spannungen und Interessengegensätze des römischen Adels fort.

Der Konflikt, in den sich Bonifaz VIII. mit zwei Kardinälen aus der altadligen Familie der Colonna stürzte, ist von diesen Voraussetzungen bestimmt. Ein Streit um bestimmte Herrschaftskomplexe im südlichen Latium in der Nähe von Sermoneta und Anagni bildete den Anlaß. Die steigende strukturelle Bedeutung quasiständischer Mitwirkungsansprüche der Kardinäle mochte die Colonna-Kardinäle in ihrer Oppositionshaltung bestärkt haben. Die rüde Entschlossenheit, mit der der Papst seinem Willen autoritär Geltung verschaffen wollte, ließ den Streit im Kolleg schließlich zu einem kriegerischen Abenteuer werden, in dessen Verlauf Bonifaz VIII. sich am Ende nicht scheute, zum »Kreuzzug« gegen seine eigenen Kardinäle und deren Anhänger aufzurufen. Gleichwohl konnte der Papst sich nicht restlos durchsetzen, auch wenn die Kardinäle bei der Eroberung der Colonnafestung Palestrina in seine Gefangenschaft geraten waren. Da ihnen die Flucht nach Frankreich gelang, konnte sich personell und sachlich ihr Streit mit der letzten und größten Auseinandersetzung des Papstes verknüpfen, die dessen letzte Lebensjahre ausfüllte: Das sogenannte »Attentat von Anagni« (1303) sollten Wilhelm von Nogaret als Beauftragter des französischen Königs und Sciarra Colonna, ein Neffe der Kardinäle, in undurchsichtigem Zusammenspiel zu verantworten haben.

Der Kampf Bonifaz' VIII. mit dem französischen König Philipp dem Schönen war ohne Zweifel der bedeutsamste aller Konflikte, die der Papst aufnahm und sich zu eigen machte. Langwierig, erbittert und dramatisch, erfüllte dieser Streit fast das gesamte Jahrzehnt des Pontifikats des Caëtani-Papstes und sollte noch lange Nachwirkungen zeitigen. In diesem Streit trat dem Papst ein Zukunftstyp europäischer politischer Organisation in einer frühen Form gegenüber: der neuzeitliche Nationalstaat, wie er in Frankreich im 13. Jahrhundert grundgelegt worden war. Gewiß waren es nicht die nach Frankreich geflohenen Colonna-Kardinäle, die für Ausbruch und Fortgang des Streites zwischen Papst und König sorgten. Die Colonna haben allenfalls eine leise Begleitmusik zu einem viel grundsätzlicheren Dissens geliefert, in dem es um das angemessene Verhältnis von geistlichem Führungsanspruch des Papstes und politischer Leitungsgewalt des Königs ging – um das Verhältnis von Kirche und Staat, wie man später sagen wird. Es standen sich eine im Papsttum zentralisierte Kirche, schroff und herausfordernd verkörpert durch Bonifaz' VIII., und die gerade auf dem Weg zu ihrer Verwissenschaftlichung, Intensivierung und herrschaftlichen Integration begriffene Staatlichkeit eines schon mit nationalen Tönen operierenden Königreichs gegenüber. Die Bedeutung des Streits wird über den reinen Konfliktablauf hinaus – der hier nicht darzustellen ist – dadurch gesteigert, daß auf beiden Seiten der Kampflinie die Parteien versucht haben, die »Öffentlichkeit« ihrer Zeit jeweils in ihrem Sinne zu informieren und auf ihre Seite zu ziehen. Das geschah vor allem dadurch, daß mit den Mitteln zeitgenössischer Gelehrsamkeit die strittigen Probleme in einem theoretischen Horizont durchdacht und dann in Flugschriften, Memoranden und Erklärungen, aber auch in mündlichen Reden auf Versammlungen, die bereits eine erste Vorform späterer Ständeversammlungen annehmen konnten, verbreitet wurden. Beide Seiten haben das je für sich versucht, und beide Seiten hatten bei diesem Bemühen auch einen bis heute wahrnehmbaren Erfolg. Die Texte, die damals formuliert worden sind, sollten eine lange Wirkungsgeschichte vor sich haben.

Der Papst selbst zögerte nicht, an seiner Kurie gelehrte Männer zu fördern, die ihm Argumente für seine freilich auch ohnedies bereits feststehenden Überzeugungen liefern konnten. Auch hat er denjenigen seine durchaus materiell einträgliche Gunst zugewendet, die seinen Absichten zu folgen bereit waren. Die Karriere des Kanonisten Heinrich von Cremona, der als Bischof von Reggio in der Emilia starb, verdeutlicht das ebenso exemplarisch wie der Lebensweg des Augustinereremiten und Theologen Aegidius Romanus, den Bonifaz zum Erzbischof von Bourges erhob. Schon kritische Zeitgenossen haben auf diesen Zusammenhang hingewiesen, und es findet sich noch eine Fülle von ähnlich gelagerten Karrieren.

Eine publizistisch-propagandistische Begleitmusik, die auch in früheren Auseinandersetzungen auf seiten der Kurie kaum jemals fehlte, blieb diesmal aber, und das war das Neue, nicht allein und isoliert. Jetzt machte sich auch der Gegner, der französische Königshof, diese Waffe zunutze und gelangte, was die Wirkungen in Gegenwart und Zukunft betrifft, zu einer ähnlichen Durchschlagskraft wie der kuriale Apparat des Papstes. Auch dem französischen König standen nämlich an seinem Hof und in seiner Hauptstadt an der Universität Paris Gelehrte zur Verfügung, die die Interessen des weltlichen Herrschers zu vertreten bereit und in der Lage waren. Am Königshof waren es vor allem die römisch-rechtlich geschulten Juristen aus dem Süden Frankreichs, die sich selbstbewußt der kurialen Publizistik entgegenstemmten. An der Pariser Universität, der damals noch führenden Hochschule der Christenheit, haben vorwiegend Artisten und Theologen sich in den Dienst des Königshofes gestellt, mit dem sie ohnedies seit längerem liiert waren. Es waren keineswegs unbedeutende Winkelgelehrte, die sich hier – teilweise in anonym publizierten gemeinsamen Schriftsätzen – zu Wort meldeten, vielmehr die führenden Männer ihrer Fakultäten, wie der Dominikanertheologe Johannes Quidort (gestorben 1306), dessen damals entstandener Traktat *De potestate regia et papali* (Über die königliche und päpstliche Amtsgewalt) schon im 14. Jahrhundert und dann auch im 15. Jahrhundert auf den Reformkonzilien eine weitreichende Wirkung entfalten sollte. Die handschriftliche Verbreitung seiner Schrift legt davon heute noch Zeugnis ab.

Die Polemik, die damals in einer langen Reihe von Streitschriften entbrannte, dauerte lange und hatte bedeutsame Folgen. Der kurialen Forderung nach Weltgeltung der päpstlichen Entscheidungen setzten die Wortführer des französischen Königshofes den Anspruch des Königs auf eigenständige und unmittelbar von Gott selbst herrührende Kompetenz in weltlichen Fragen entgegen. Die Amtsgewalt des Papstes wird seit der Wende zum 14. Jahrhundert für die politischen Theoretiker für zwei Jahrhunderte ein eigenes Thema. Ein eigener Typus der theoretisch-politischen Reflexion entsteht damit, ohne daß die Kontroverse im Mittelalter an ein allgemein anerkanntes Ende zu bringen war. Mit der neuen Fragestellung verließ jedoch die politische Theorie das herkömmliche Bestreben, politischer Herrschaft durch die Abfassung von »Fürstenspiegeln«, also vorwiegend durch eine ethische Selbstbindung des Herrschers Zügel anzulegen, in Richtung auf eine institutionelle Reflexion, die nach Kompetenz und Legitimation politischen Handelns fragt, zuerst nach der Kompetenz des obersten Bischofs, dann aber auch nach deren Grenzen und dem Recht auf Gehorsamsverweigerung.

Diese Frage, die gewiß nicht absolut neu war, die aber zu methodisch neuen Überlegungen Anlaß bot, ist auf beiden Seiten der Frontlinie zu beobachten. Den mehr oder minder gefeilten papalistischen Traktaten eines Aegidius Romanus (1302), Jakob von Viterbo (1302), Augustinus von Ancona (1328) oder Alvarus Pelagius (1330/1345), die bis in die frühe Neuzeit hinein in Handschriften und in Drucken verbreitet worden sind, haben ebenso ausführlich und vielleicht noch einflußreicher für die Zukunft die Verteidiger königlicher Unabhängigkeit und Selbständigkeit geantwortet: Die großen Entwürfe des 14. Jahrhunderts, die heute als Sturmvögel der Moderne in der politischen Theorie angesprochen werden – die *Monarchia* Dantes (vor 1321), der *Defensor pacis* des Marsilius von Padua (1324) oder der *Dialogus* Wilhelms von Ockham (1334/1348) – teilen allesamt diesen Ausgangspunkt, von dem her sie dann freilich mit durchaus unterschiedlichen Mitteln im einzelnen recht verschiedene Antworten geben.

Der Einschnitt zeigte sich freilich nicht ausschließlich in der Theorie. Auch in Politik und Verfassung verschiedener europäischer Reiche sehen wir an der Wende vom 13. zum 14. Jahrhundert – wenn wir diese Datierung nicht allzu rigide und eng handhaben wollen – häufig, häufiger jedenfalls als gewohnt Phasen des Übergangs: neue Bildungen entstehen, Stufen der Entwicklung werden verlassen oder erreicht. Europa findet sich damals auch hinsichtlich seiner politischen Verfassung in einer formativen Phase. In Frankreich bildet die lange Regierungszeit Philipps (IV.) des Schönen (1285–1314) einen letzten Gipfel der Jahrhunderte währenden Herrschaft der kapetingischen Königsfamilie, die dann 1326 endgültig von ihrer Seitenlinie, den Valois, beerbt wird, nicht ohne daß der explizite Ausschluß einer weiblichen Thronfolge – »Le royaume de France ne peut tomber en fille« – für den Ausbruch des sogenannten Hundertjährigen Krieges mit England (1339–1453) sorgt, weil der englische König Edward III. eine Tochter Philipps des Schönen zur Mutter hat. Die Intensivierung der königlichen Herrschaft brachte neue Möglichkeiten der Politik, und die erreichte »nationale« Orientierung ermöglichte es Frankreich, die düstere Zeit des Hundertjährigen Krieges dann doch wider alles Erwarten erfolgreich durchzustehen.

In England stabilisierte sich nach dem Bürgerkrieg in der Mitte des 13. Jahrhunderts (Barons' War) und nach einer gewaltigen Krise des Königtums, die in der Absetzung König Edwards II. (1327) gipfelte, mit der langen Regierungszeit Edwards III. (1327–1377) das politische System allmählich, ohne freilich später die Erschütterungen des Bauernaufstandes (Peasants' War) und einer erneuten Königsabsetzung Richards II. am Ende des 14. Jahrhunderts aufhalten zu können. Der Ausbau der königlichen Finanz- und Steuerverwaltung, die durchgreifende Organisation des Gerichtswesens im Königreich, die Stabilisierung des Parlaments, das immer stärkeres

Selbstbewußtsein gewann – all das gab England einen Vorsprung vor seinen europäischen Nachbarn, der fast das gesamte 14. Jahrhundert anhalten sollte.

In Deutschland löst nach dem sogenannten Interregnum (1250–1273), das ja eher durch eine Überzahl an römischen Königen als durch deren Fehlen gekennzeichnet war, mit der Wahl und Durchsetzung Rudolfs von Habsburg (1273–1291) ein neues Königtum die unklar gewordenen Verhältnisse ab, ein Königtum, das sich stärker als zuvor nicht ausschließlich auf seine herrscherliche Stellung berufen konnte, sondern das in neuer Weise auf Kooperation und Verhandlung mit den Großen des Reichs angewiesen blieb. Wenn auch ein König sich weiterhin starken Widerständen gegenübersah, so bot das Amt doch den Familien, denen es gelang, einen der Ihren zum König erheben zu lassen, zuvor nicht vorhandene Chancen zu einer Stabilisierung und Festigung ihrer Position im gesamten Reich und innerhalb des Hochadels.

Die Ausgangslage ist in Deutschland von 1271 bis 1345 relativ konstant: Durch Fürstenwahl wird ein König zur Herrschaft berufen. Das Wahlrecht jedoch schränkt sich im Laufe des 13. Jahrhunderts immer weiter auf die schließlich sieben Kurfürsten ein. Während diesen noch im Sachsenspiegel (1220/35) »nur« ein »Vorstimmrecht« bei der Königswahl zuerkannt worden war, wählten sie seit 1257 als »Exklusivwähler« und konnten damit alle anderen zuvor Beteiligten erfolgreich verdrängen oder ins Vorfeld abschieben. Das Ergebnis dieser Entwicklung ist zunächst, daß in dem Jahrhundert zwischen dem Tod Friedrichs II. 1250 und dem Ludwigs des Bayern 1347 kein Sohn seinem Vater unmittelbar folgen konnte, ja daß kein Mitglied aus der Familie des Vorgängers den deutschen Thron erreichte. Die Wähler achteten vielmehr eifersüchtig darauf, daß sie einen König von beschränkten eigenen Mitteln bestimmten, der sich, zur Herrschaft gelangt, dazu gedrängt sah, alle Möglichkeiten, die die königliche Herrschaft ihm und seinem Haus bot, auch energisch zu nutzen, um durch Festigung und Erweiterung der

Machtbasis seiner Familie im Wettstreit mit den großen Familien im Reich mithalten zu können. Alle Herrscher sind dieser Richtschnur gefolgt, alle – mit Ausnahme Adolfs von Nassau, der seiner Familie keinen Platz im vorderen Feld der deutschen Hocharistokratie zu sichern vermochte – hatten darin auch Erfolg, daß sie ihrem Hause neuen, mehr oder minder dauerhaften Zuerwerb gewannen. Die Habsburger konnten sich bereits unter Rudolf I. Österreich und die Steiermark aneignen, die Luxemburger unter Heinrich VII. das Königreich Böhmen, die Wittelsbacher unter Ludwig dem Bayern die Mark Brandenburg und Tirol, um nur die offenkundigen und wichtigsten Gebietsgewinne der königlichen Häuser zu nennen. Wenngleich auch damals nicht alle in Angriff genommenen Pläne zu ihrem Ziel gelangten, der Erfolg war doch weithin sichtbar und wirkte vom Vorgänger her auf die Nachfolger vorbildhaft, gewissermaßen ansteckend.

Es schien durchaus lohnend, die Chance königlicher Herrschaft im Reich zu ergreifen und zu nutzen. Gewiß aber war und blieb es schwierig, die auseinanderstrebenden Kräfte der eigenen Familie dauerhaft zu bündeln. Der Sohn Rudolfs von Habsburg, Albrecht I. (1298–1308), der seinen Vorgänger Adolf von Nassau (1292–1298) zuerst abgesetzt und dann in der Schlacht von Göllheim (1298) besiegt und getötet hatte, mußte fast unmittelbar danach eine gefährliche Opposition seiner Wähler überwinden, die sich von der Hausmachtpolitik des Habsburgers, das heißt von seiner energischen, auf Arrondierung der königlichen Herrschaftsbasis gerichteten Politik bedroht sahen. Während Albrecht durch militärische Erfolge zunächst seine eigene Position behaupten und stärken konnte, war die nächste größere Auseinandersetzung mit den Fürsten für ihn noch nicht entschieden, als er wegen eines Familienzwists 1308 von seinem Neffen aus Rache für eine entgangene Entschädigung meuchlings erschlagen wurde. Erbteilungen und Konflikte zwischen den Familienzweigen ließen sich auch später durch Hausverträge und feierlich beschworene Abmachungen nicht immer kalmieren, wie die Luxemburger noch nach dem Ende des 14. Jahrhunderts erfahren mußten, als sich 1410 drei Prätendenten aus ihrem Hause gleichzeitig um ihre Anerkennung als römischer König und deutscher Herrscher bemühten. Die Konflikte im Hause Wittelsbach zwischen den Pfälzern und den Bayern vor 1329, die Probleme der Habsburger nach dem plötzlichen Tod Rudolfs IV. 1365 sind nur die auffälligsten, nicht aber die einzigen Beispiele für solche Gefahren.

Das Verfahren der deutschen Königswahl durch die Kurfürsten konnte erst spät auf Dauer gesichert werden – erst als es Karl IV. gelang, durch die *Goldene Bulle* von 1356 die weltlichen Kurwürden eindeutig zu bestimmen, sie für unteilbar zu erklären und die Führung der Kurstimme an einen streng festgelegten Erbgang der *Primogenitur* zu binden. Erst im 15. Jahrhundert freilich wurde dann durch die glückliche Heiratspolitik der Habsburger – die dadurch ihre Hauptkonkurrenten, die Luxemburger, beerben konnten – das nominell fortbestehende Wahlsystem im Römischen Reich zur bloßen Form, weil die Habsburger hinfort nicht mehr umgangen werden konnten. Doch ersichtlich bedurfte es bis zur Erreichung dieses Ziels noch einer langen Wegstrecke und vieler, auch kritischer Zwischenstationen. Die Krise königlicher Herrschaft im europäischen Spätmittelalter ist in Deutschland wohl deshalb nur in weitgehend abgeschwächter Form sichtbar geworden, weil es den römischen Königen und Kaisern nicht gelang, in ihrer Konkurrenz mit den Landesfürsten um Intensivierung und Verwissenschaftlichung der Herrschaftsbeziehungen, das heißt um eine Verstaatlichung der Herrschaftsordnung auf die Dauer die Oberhand zu behalten. Freilich war das Endergebnis dieses Wettlaufs am Beginn des 14. Jahrhunderts noch keineswegs absehbar. So kreuzen sich im politischen Ringen der Zeit immer wieder die unterschiedlichsten Traditionen, Ziele, Wirkungen und Absichten, die sich heute nicht ohne Rest auf eine einzige Formel bringen lassen.

Entscheidungen wurden auch damals immer wieder in einem militärischen Kräftemessen gesucht. An wichtigen Schlachten mangelt es in dieser Zeit so wenig wie in anderen Epochen. Bei Benevent verlor der letzte staufische Herrscher im Königreich Sizilien, Manfred – ein Sohn Kaiser Friedrichs II. aus einer nichtehelichen Verbindung –, im Kampf mit dem vom Papst zum König Siziliens erhobenen Karl von Anjou 1266 sein Leben. Nach der Niederlage von Tagliacozzo (1268) ist Konradin, Sohn Konrads IV. und Enkel Kaiser Friedrichs II., auf dem Marktplatz von Neapel nach kurzem Prozeß als »Majestätsverbrecher« mit einigen seiner Gefährten hingerichtet worden. Bei Dürnkrut auf dem Marchfeld in Niederösterreich konnte 1278 das Reichsheer Rudolfs von Habsburg in Verbindung mit ungarischen Truppen, die der Nachbar nicht uneigennützig stellte, über König Ottokar von Böhmen die Oberhand behalten, der in der Schlacht sein Leben verlor. Albrecht von Österreich brachte 1298 König Adolf von Nassau bei Göllheim in der Nähe von Worms eine entscheidende Niederlage bei, die den deutschen Thronstreit wiederum beendete, weil Adolf in der Schlacht erschlagen wurde. Bei Mühldorf am Inn gelang es Ludwig dem Bayern 1322, seinen Gegenspieler, den Habsburger Friedrich von Österreich, gefangenzunehmen und damit die durch die Doppelwahl von 1314 eingetretene Unsicherheit dauerhaft zu seinen Gunsten zu entscheiden.

Allen diesen Schlachten, so unterschiedlich sie in Ausgangslage, angewandter Taktik und Zahl der beteiligten Kombattanten auch waren, ist gemeinsam, daß ihre konfliktentscheidende Wirkung vor allem auf der physischen Eliminierung des Gegners beruhte. So sehr sie die Gewaltbereitschaft und die Praxis militärischer Gewaltanwendung der Zeit verdeutlichen, so wenig belegen sie eine erfolgreiche Militärstrategie. Ob sie erst nach jahrelangem, die jeweils eigenen Kräfte betont schonenden Finassieren beider Seiten zustande kamen (wie das Treffen von Mühldorf), oder ob sie das glückliche oder unglückliche Ende einer Invasionsexpedition brachten (wie Benevent, Tagliacozzo oder Dürnkrut), zu »Entscheidungsschlachten« wurden sie erst durch das mit ihnen verbundene Geschick von einem der Anführer. Schlachten, auch weithin bekannte, schon die Zeitgenossen erschütternde Großereignisse, in denen Hunderte von Menschen sterben mußten, entschieden häufig weniger über die Zukunft des Konflikts, in dessen Rahmen sie geschlagen wurden, als daß in ihnen die Wandlungen der Kriegstechnik und -taktik sich frühzeitig abzeichneten, die die Zukunft bestimmen sollten. Die berühmte »Schlacht der Goldenen Sporen« bei Kortrijk/Courtrai in Flandern (1302), bei der ein glanzvolles französisches Ritterheer dem Aufgebot von Zünften flandrischer Städte, also einem Heer von Fußsoldaten unterlag – der Name erklärt sich aus den nach dem Sieg eingesammelten, teilweise luxuriös vergoldeten Reitersporen der nicht weniger als 1200 erschlagenen französischen Adligen –, mag dafür als ein Beispiel gelten: Die Schlacht ist zwar von großer Wichtigkeit deswegen, weil sie schon früh die wachsende Bedeutung des Fußvolkes gegenüber den »klassischen« mittelalterlichen Panzerreitern bezeugt – die sich dann bei Crecy 1346 zugunsten der englischen Bogenschützen gegen die französischen Ritter bestätigen sollte und die dann vor allem im 15. und 16. Jahrhundert mit den »Schweizern« und den deutschen Landsknechten überall sichtbar wird –, im Konflikt zwischen dem Grafen von Flandern und der französischen Krone hatte das Treffen von Kortrijk jedoch keine unmittelbaren Folgen. Frankreich konnte seine Oberhoheit über die Grafschaft Flandern auch für die Zukunft behaupten.

Anders waren dann freilich die Wirkungen der Schlacht am Morgarten 1315, in der die Talschaften der drei Waldstädte Uri, Schwyz und Unterwalden ein Ritterheer des Habsburger Landesherrn Leopold vernichteten, um daraufhin ihre 1291 geschlossene Eidgenossenschaft mit deutlicher Spitze gegen Habsburg zu erneuern. Die Eidgenossen bestimmten damals ein Jahresgedächtnis des Schlachttages zur steten Erinnerung an ihren Sieg und seine Folgen. Aber es bedurfte noch mancher, auch militärischer Anstrengungen und Erfolge – etwa in Sempach 1386 – sowie günstiger Konjunkturen, bis aus diesen Wurzeln eine selbständige, vom Reich unabhängige Schweiz hervorgehen konnte. Auf eine völkerrechtliche Anerkennung mußten die Eidgenossen freilich bis 1648 warten.

Gewalt, blutige Gewalt bestimmte auch sonst bei der Durchsetzung erhabener Ziele den Gang der Ereignisse. Die christliche Großkirche hat seit dem 11. Jahrhundert Ketzergruppen verfolgt und Glaubensabweichungen mit Gewalt und Vernichtungsdrohung zu unterdrücken versucht. Im 13. Jahrhundert war die ungeordnete Form von Lynchjustiz und Ketzerkriegen in die regelhafte, intensive Verfolgungsmaschinerie einer zentral gelenkten Ketzerinquisition überführt worden – mit großem Erfolg. Die Ketzergruppen, die noch im 12. Jahrhundert in den städtischen Agglomerationen für erhebliche Unruhe sorgten, waren allmählich gezwungen worden, sich in unzugängliche Gebirgstäler abseits der großen Siedlungen zurückzuziehen. Auch hier hat eine päpstlich angeregte bischöfliche Inquisition sie aufgespürt und ausgerottet. Die Prozesse, die der spätere Papst Benedikt XII. als Bischof von Mirpoix zwischen 1318 und 1325 im Gebiet der nördlichen Pyrenäen unter anderen im Dorf Montaillou durchführte, sind wegen ihrer farbigen Protokolle besonders bekannt geworden. Sie blieben aber bei weitem nicht die einzigen. Bis zum Ende des Mittelalters sollte dieses Instrument mit wechselnder Intensität und bitteren Folgen für die Beteiligten in Gebrauch bleiben.

Schon damals aber reichte dieses oft erfolgreiche Instrument der Großkirche keineswegs überall aus, besonders dort nicht, wo sozialrevolutionäre Töne und Untertöne für eine fühlbare Beunruhigung sorgten. Wie man dann im 15. Jahrhundert gegen die Hussiten mehrfach auf das ältere Verfahren der militärischen Lösung der Frage durch Ketzerkrieg und Ketzerkreuzzug zurückgreifen wird, so scheute sich auch Papst Clemens V. auf intensives Drängen oberitalienischer Bischöfe schließlich nicht, eine nach einigen Tausend zählende Ketzergruppe im Alpenvorland und der Poebene mit Feuer und Schwert niederzukämpfen und auszurotten. Apostoliker nannten sich diese Leute, die – in prophetisch-apokalyptischer Naherwartung lebend – apostelgleich das Weltende erwarten wollten und wohl auch meinten, man könne und solle sich schon jetzt aktiv darauf vorbereiten und den Frieden selbst durchsetzen. Der Gründer und erste uns bekannte Anführer, Segarelli, war von der Inquisition inhaftiert worden und, nachdem er abgeschworen hatte, wieder freigekommen. Vier andere Mitglieder der Sekte waren in Parma 1296 als Ketzer verbrannt worden. Fra Dolcino, so hieß ihr neuer Anführer, ein Priestersohn aus Novara, der seine führende Stellung in der Gruppe wohl vor allem seiner glühenden Beredsamkeit und aktivistischen Gesinnung verdankte, verfaßte seit 1300 drei flammende Sendschreiben an die gesamte Christenheit, in denen er den Anbruch der Kirche des Geistes verkündete und das Ende der verdorbenen »fleischlichen« Kirche der Kleriker beschwor, in die er auch sämtliche Mönche und alle Bettelorden einbezogen sah, die sich durch ihren reichen Besitz der Verpflichtung zu Armut und Demut entzogen hätten. In einem seiner Briefe erwartete er das künftige Heil von einem heiligen Papst und einem kommenden Kaiser – wohl nicht, ohne dabei auch an sich selbst zu denken. Mit Waffengewalt hatten er und einige Tausend seiner Anhänger sich lange gegen die Verfolgung durch die Inquisition verteidigt – vergeblich. Nach erbittertem Widerstand, von Winterkälte und Hunger in unwirtlichem Gebirge am Monte Rubello bei Biella zermürbt und dezimiert, wurde den Ketzern von Kreuzfahrern am Gründonnerstag ein grausames Ende bereitet. Dolcino wurde, in Gefangenschaft geraten, nach kurzem Prozeß zusammen mit seiner Lebensgefährtin Margarete, die er seine »geistliche Schwester« nannte, zusammen auch mit etwa 140 überlebenden Anhängern qualvoll hingerichtet. Die Gruppe als solche hatte gewiß nicht die Dimension, die sie zu einer europäischen Bedrohung gemacht hätte, das unerbittliche Vorgehen gegen sie jedoch zeigt, daß die Kirche alle Waffen in ihrem Arsenal aufrechtzuerhalten wußte. Die Albigenserkriege gegen die Katharer am Beginn des 13. Jahrhunderts fanden auch im 14. und 15. Jahrhundert noch Nachfolger.

Die Siedlungsbewegung, die infolge stetigen Bevölkerungswachstums dem Hoch- und frühen Spätmittelalter jene Dynamik gab, welche im Landesausbau und in den Städtegründungen des 13. Jahrhunderts einen Höhepunkt erreichte, kam jetzt zu einem gewissen Stillstand. Die Zahl der Siedlungen, die sich bis dahin in ganz Europa kontinuierlich gesteigert hatte, stagnierte, ja ging durch Zusammenlegen kleinerer Siedlungskerne und Aufgabe unrentierlicher Böden sogar zurück, ohne daß zunächst das Bevölkerungswachstum aufhörte. Wüstungen, das heißt aufgegebene Siedlungen, finden sich seit dieser Zeit überall in Europa zahlreich an den Rändern des Altsiedellandes. Im zweiten Jahrzehnt des 14. Jahrhunderts überraschte eine mehrjährige, überlokale Hungersnot katastrophalen Ausmaßes am Nieder- und Mittelrhein, in Westfalen, an der Ostseeküste von Lübeck bis Estland, in der Mark Brandenburg, im Elsaß, in Bayern und Böhmen die Menschen und brachte einen tiefen demographischen Einbruch. Erdbebenkatastrophen forderten Opfer in beträchtlicher Zahl, so 1222 in und bei Brescia, 1356 in Basel, vor allem aber 1348 um Villach in Kärnten. Tausende von Menschen sind damals gestorben. Freilich sind diese Katastrophenerfahrungen weit übertroffen worden von den Seuchenzügen des Schwarzen Todes um die Mitte des Jahrhunderts. Diese ansteckende, hochgefährliche Seuche, die in Europa zuvor zum letztenmal in der Spätantike im östlichen Mittelmeergebiet aufgetreten war und die somit die mittelalterlichen Menschen als praktisch unbekannte Infektionskrankheit überfiel, raffte innerhalb von etwa zwei Jahren rund ein Drittel der Bevölkerung Europas dahin; in einigen Gegenden sollen ihr bis zu zwei Drittel zum Opfer gefallen sein. Bis zum 18. Jahrhundert blieb die Beulenpest in Europa endemisch und flakkerte auf verschlungenen, damals wie heute schwer durchschaubaren Wegen in unregelmäßigen Abständen immer wieder auf, oft mehrmals in einem Menschenalter und mit Folgen, die desaströs genug waren, auch wenn sie nicht die schauerlichen Ausmaße des ersten Auftretens erreichten. Daß sich in ganz Europa und besonders heftig in Deutschland Volkszorn und brutale Gewalt immer wieder gegen die Judengemeinden wendeten, die in regelrechten Pogromen erschlagen, vernichtet und vertrieben wurden, unterscheidet das 14. Jahrhundert nicht von dem vorhergehenden oder den nachfolgenden, nur war der Flächenbrand hier besonders ausgedehnt, die Folgen besonders tiefgreifend, die Wirkungen besonders nachhaltig. Auch fehlte den Verfolgten mehr als zu anderen Zeiten der herrscherliche Schutz, den die deutschen Könige ihren »Kammerknechten« zunehmend verweigerten, da sie Juden als vorwiegend fiskalisch nutzbare Vermögenswerte ansahen.

Die Fachleute haben sich noch nicht darüber einigen können, ob die akute, langfristige Agrarkrise des Spätmittelalters von der Katastrophe des Schwarzen Todes eigentlich hervorgerufen oder »nur« verstärkt wurde. Allgemein scheint jedenfalls mit dem Ende des 13. Jahrhunderts ein gewisser Sättigungsgrad erreicht. Immer mehr Böden, auch solche zweifelhafter Qualität, waren kultiviert worden, immer höher in die Gebirgstäler war der Pflug der Siedler auf der Suche nach Ackerland hinaufgezogen, immer weiteres Ödland war bebaut, und immer mehr Waldflächen waren gerodet worden. Jetzt zeigte sich, daß solche Grenznutzung nicht in jedem Fall auf die Dauer möglich war. Und wenn auch die Pestkatastrophe – und die sie teilweise noch verschärfende Kriegsfurie, etwa des Hundertjährigen Krieges in Frankreich – am Beginn des 14. Jahrhunderts von niemandem vorhersehbar war und erst recht die vielfältigen wirtschaftlichen, sozialen und mentalen Folgen nicht bereits im Blick der Zeitgenossen sein konnten, die Katastrophen trafen nicht eine Gesellschaft im stürmischen Aufschwung, sondern – wie sich vielfältig zeigte – eine an ihre Grenzen stoßende, bisweilen sogar fast schon zum Stillstand gekommene Bewegung. Stagnation in der Bevölkerungsentwicklung, in der Wirtschaftskonjunktur, im Bewußtsein der Zeitgenossen läßt sich bereits um die Wende zum 14. Jahrhundert großflächig in Europa und auch in Deutschland beobachten. Stagnation nicht als allgegenwärtige und überall unübersehbar vorherrschende Erscheinung, aber doch verschiedentlich bemerkbar.

Am deutlichsten läßt sich das vielleicht am Phänomen der Verstädterung ablesen, an der Zahl der Stadtrechtsverleihungen und Stadtgründungen seit dem 14. Jahrhundert. Die Stadt, die gegenüber der griechischen Polis und dem römischen »municipium« oder der »civitas« als eigenständige Hervorbringung des Mittelalters gelten darf, hatte – vereinfachend gesagt – vor allem vier Hauptmerkmale, an denen die Blütezeit der städtischen Expansion vom 11. zum 13. Jahrhundert immer festgehalten hat: Eine Stadt beruhte auf einer Bürgergemeinde aus Freien, die Hörige ausschloß; sie übte ihre wirtschaftlichen Funktionen für das Umland als Marktort mit täglichem Marktbetrieb aus; sie bildete einen eigenen Gerichts- und Rechtsbezirk; und schließlich war sie hinsichtlich der öffentlichen Lasten insofern privilegiert, als sie dem Stadtherrn wohl Abgaben, nicht aber wie die Landbewohner unmittelbare Dienste schuldete. All diese wichtigen Merkmale ihres Rechtsstatus konnten einer Stadt bei ihrer Gründung durch herrschaftliches Privileg verliehen werden, die Städte konnten sie sich aber auch allmählich erkämpfen und dann durch Privilegien sichern. Auch im 14. Jahrhundert begegnen wir zwar weiterhin Stadtrechtsverleihungen und insofern Städtegründungen, der große Boom des 13. Jahrhunderts freilich war vorbei – und das europaweit. Die Entwicklungsmöglichkeiten der jetzt noch ins Leben gerufenen städtischen Siedlungen waren bisweilen von vornherein beschränkt. In ihrer weit überwiegenden Mehrheit waren es Minderstädte, die entweder vom Herrschaftsträger absichtlich nicht die volle Ausstattung als Stadt im Sinne der genannten Kriterien erhalten hatten und in vielfachen Zwischenformen – als Märkte, Flecken oder ähnliches – wohl eine überörtliche Funktion übernehmen konnten und sollten, die aber im Mittelalter nicht mehr und bisweilen bis heute nicht zu Städten herangewachsen sind. Andererseits blieb auch den zahlreichen Kleinst- und Zwergstädten des Spätmittelalters, die kaum 500 Einwohner – und das waren hier in aller Regel Ackerbürger – und kaum mehr als acht Hektar Siedlungsareal erreichten, für eine lange Zukunft das Schicksal von Minderformen des Städtewesens vorbehalten, aus dem sie erst Industrialisierung und moderne Verkehrswirtschaft herausholten.

Stagnation zeigte sich auch bei den großen Bauvorhaben, die Generationen von Stadtbürgern an den Bau ihrer zentralen Kirche fesselten. Da wurden Bauten begonnen – wie der Kölner Dom, das Ulmer Münster oder die Kathedrale von Narbonne –, die im Mittelalter nicht fertiggestellt werden konnten. Da zeigt der Großbau bis heute die Nähte der allmählichen Veränderung des Bauplans wie im Straßburger Münster, da erlebten die Bauleute in Beauvais, daß das leichtsinnig überdimensionierte Schiff krachend zusammenbrach (1288). Der großen und reichen Kirchenbauten sind wahrlich noch genug geblieben. Der Bauboom an den Großbaustellen muß Städte in ihrem Erscheinungsbild einander angeglichen haben. Kaum fand man damals wohl eine Stadt ohne einen Großbau, und kaum fand man einen Großbau, an dem es nichts weiter zu tun gab.

Der politische Gegensatz zwischen den alten Eliten, den Fürsten und Herren, auf der einen Seite und den aufstrebenden Städten auf der anderen Seite führte auch in Deutschland zu neuen Mustern von Selbstorganisation und Durchsetzungswillen: Die Städte übertrugen das Grundprinzip ihres eigenen Rechtsstatus, die freie Einung, auf eine höhere Ebene der politischen Entscheidungsfindung in den Königreichen Europas und versuchten zugleich, ihre eigenen Interessen damit besser zur Geltung zu bringen. Städtebünde, in Oberitalien seit dem 12. Jahrhundert vor allem zur Abwehr der ständigen deutschen Invasionen geschlossen, in Deutschland um die Mitte des 13. Jahrhunderts im sogenannten Interregnum mit dem Rheinischen Städtebund zum erstenmal auf breiterer Grundlage versucht, sollten künftig die innere Struktur des Reiches mitbestimmen, zumal sie für die Landfriedenswahrung unentbehrlich wurden. Das Königtum verabschiedete sich von dieser Pflicht auch jetzt nicht völlig, fand aber in Landfriedenseinungen unter städtischer Beteiligung ein willkommenes Instrument der Durchsetzung eigener Ziele. Mit mehr oder minder großem Geschick wird dieses Instrument von den Herrschern künftig gehandhabt. Während Ludwig der Bayer sich auf seine Städte fast immer verlassen konnte, während Karl IV. mit Energie und Geschmeidigkeit sich die städtischen Mittel zunutze zu machen verstand, sollten sie seinem Sohn Wenzel gewissermaßen über den Kopf wachsen. Neben die reinen Städtebünde treten Vereinigungen, in denen – freilich befristet auf einige Jahre – die Städte zusammen mit Fürsten und Herren Funktionen der Friedenswahrung und Friedenssicherung übernehmen, bis am Ende des 14. Jahrhunderts in Deutschland die Fürsten die Städte auszuhebeln verstehen. Der Siegeszug des frühneuzeitlichen Fürstenstaates in Deutschland war damit eingeleitet.

Noch freilich war man von diesen Ergebnissen an der Wende zum 14. Jahrhundert weit entfernt. Fern in der Zukunft lag auch noch die gewichtige Rolle, die die spätmittelalterliche Städtehanse als ordnende Kraft im Ostseeraum gewinnen sollte, auch wenn am Ende des 13. Jahrhunderts die Zeit der bloßen Kaufmannshansen allmählich zu Ende ging. Um 1280 bildete sich eine Gesamthanse aus den verschiedenen Einzelgruppen, die auch sogleich bei einer Handelssperre gegen Brügge (1280/88) und bei einer Blockade gegen Norwegen erfolgreich eingesetzt werden konnte. 1293 fand Lübeck als gerichtlicher Oberhof und Appellationsinstanz für den Novgoroder Hof offizielle Anerkennung, was die Rolle der Heimatstädte gegenüber den Vorposten und ihren Genossenschaften beträchtlich stärkte, die immer stärker die hansische Politik bestimmten. Es wird freilich noch Jahrzehnte dauern, bis unter der Führung Lübecks in den sechziger Jahren des 14. Jahrhunderts allmählich die Grundstrukturen der »Städtehanse« gefunden sein werden, die es erlauben, Kriege mit Königreichen wie Dänemark und Schweden zu führen, Frieden zu schließen und zu halten oder erfolgreich Polizeiaktionen gegen Seeräuber der Ostsee durchzuführen.

Das alles ist, wie gesagt, eine spätere Entwicklung, deren Umrisse am Beginn des 14. Jahrhunderts aber sichtbar zu werden beginnen. Die Stagnation der Bevölkerungsentwicklung bedeutete jedenfalls keinen Stillstand in der Nutzung neuer Möglichkeiten zur Lösung aktueller Konflikte. Und nicht immer wollte man mit den althergebrachten Methoden auskommen. Die Intensivierung und Versachlichung der Herrschaftspraxis, der Aufstieg der Juristen, die das neue gelehrte Recht nun als Herrschaftsmittel und zur Konfliktregelung praktisch anwendeten – das alles erfolgte europaweit und fast allgegenwärtig, wenn auch gewiß mit einem deutlichen West-Ost- und Süd-Nord-Gefälle. Aber kein Gebiet Europas konnte sich diesen Entwicklungen völlig entziehen.

In Deutschland konnte nicht ausschließlich das Königtum seinen Vorteil aus diesen neuen Möglichkeiten ziehen, die großen Landesherrschaften begaben sich auf denselben Weg, und sie sollten auf die Dauer rascher darauf vorankommen als die Römischen Könige. Diese freilich haben durchaus versucht, ihre eigenen Lande, die ihnen von ihrer Familie her und nicht unmittelbar durch das königliche Amt zustanden, die Hausmachtgebiete, auch durch Ausnutzung königlicher, ja kaiserlicher Prärogativen besser in den Griff zu bekommen. Sichtbar wird das etwa bei Rechtsetzung durch Gesetzgebung, die erst in dieser Zeit in Europa allgemein wieder nach antikem Vorbild aufgegriffen und als willkommenes neues Instrument zur herrschaftlichen Durchdringung größerer Territorien genutzt wird.

Was Kaiser Friedrich II. für sein Königreich Sizilien in den stolz *Liber Augustalis* benannten Konstitutionen von Melfi (1231) ins Werk gesetzt und ansatzweise auch im Mainzer Landfrieden von 1235 für sein deutsches Reich in Gang zu bringen versucht hatte, was die französischen und englischen Könige im späten 13. Jahrhundert durch Enqueten und Neufestlegung der Gerichtsorganisation erreicht hatten, das sollte im 14. Jahrhundert auch Ludwig der Bayer – ausdrücklich als »Kaiser« – für sein Stammland im *Oberbaierischen Landrecht* von 1335/46 vollziehen und Karl IV. unmittelbar nach seiner Kaiserkrönung mit der später sogenannten *Maiestas Carolina* für sein Königreich Böhmen (1355) vergeblich gegen den erbitterten Widerstand des Adels durchzusetzen versuchen. Die sporadischen Anläufe beider Herrscher, durch Einzelgesetze für das gesamte Reich die Gesetzgebungskompetenz des römischen Kaisers, des »princeps« des Römischen Rechts, aktiv zu ihren Gunsten einzusetzen, haben demgegenüber für Zeitgenossen und Nachwelt geringeres Gewicht gehabt, mit Ausnahme der berühmten *Goldenen Bulle* Karls IV. – erlassen 1356 auf zwei großen Reichs- und Hoftagen in Nürnberg und Metz –, die bis zum Ende des Alten Reiches 1806 die Form der deutschen Königswahl und Herrschaftssukzession regelte, nachdem bereits zuvor die deutschen Kurfürsten die Rechtsauffassung Ludwigs des Bayern durch einen Fürstenspruch in Rhense 1338 in ähnlichem Sinne bestätigt hatten.

Modernere Mittel der Herrschaftsausübung stießen weniger in Deutschland als vielmehr in den westeuropäischen Königreichen auch schon an Grenzen und auf erhebliche Kritik. Die Versuche der französischen Könige, durch häufigere Anwendung der Münzverrufung bei Verschlechterung des Edelmetallwertes neuer Prägungen und die Regulierung des Münzumlaufes einen größeren Anteil an dem einem Münzherren zustehenden Gewinn aus der Münzemission zu erzielen, um dem wachsenden Geldbedarf der Krone aufzuhelfen, führten sehr rasch zu einer erheblichen Inflation der Preise und zu deutlicher Geldentwertung. Der Ruf nach »dem guten Geld Ludwigs des Heiligen« wurde zur Dauerforderung in den Verhandlungen der Stände mit den Beratern des Königs, ohne daß die ständig erneuerten Versprechungen der Krone wirklich dauerhaft positive Ergebnisse gezeitigt hätten. In Deutschland dagegen führte die Zersplitterung der Münzrechte, die sich nicht mehr in königlicher Hand konzentrieren ließen, zu der Tendenz, durch

»Münzvereine« der wachsenden Verwirrung zu steuern und Zonen stabileren Geldes zu etablieren. Bestimmte Pfennige wie der Heller setzten sich allgemein durch. Auch wurde das Silbersystem für die großen Summen wieder um ein System von Goldmünzen ergänzt, die bald mehr und mehr in Europa geschlagen wurden. Seit 1252 machte der Florentiner Gulden seinen Siegeszug durch Europa, der in der Abkürzung fl. für den niederländischen Gulden noch heute fortlebt. Der französische Ecu d'Or wirkte seit 1266 vorbildhaft und fand seine Nachahmer. Der venezianische Dukaten (seit 1284) sollte eine der am längsten gültigen Währungen bleiben.

Immerhin wird nach den trüben Erfahrungen von Geldentwertung und Preisinflation noch das 14. Jahrhundert die erste eigentliche Geldtheorie entwickeln: Um 1356 wird der aus der Normandie stammende, in der Universität von Paris am Collège de Navarre zum Doktor der Theologie promovierte Nicole Oresme (gestorben 1382) seinen Traktat *De moneta* beenden, der dieser wichtigen Frage des Wirtschaftslebens eine erste scholastische Theorie gewidmet hat, eine Theorie, die die Entscheidungen der Münzherren an das Gemeinwohl (bonum commune) als eine gleichsam objektive Instanz zu binden versucht und ihnen untersagt, allein an ihren eigenen Vorteil zu denken.

Dem ständigen Geldbedarf der Herrschaftsträger mußten sich aber nicht nur die herkömmlichen Praktiken der Münzhoheit in bedenklicher Weise anpassen. Das Reservoir an Einfällen zur Geldbeschaffung ist vielerorts erstaunlich groß gewesen, am größten wohl in Frankreich, wo vom Königshof initiierte Großmaßnahmen wie der sogenannte Templerprozeß und die mit Vermögenskonfiskationen verbundene Vertreibung jüdischer und italienischer Geldhändler und Bankiers gerade zur Regierungszeit Philipps des Schönen im ersten Jahrzehnt des 14. Jahrhunderts einen traurigen Höhepunkt derartiger Bemühungen markieren. Der reich gewordene und in Finanzfragen, insbesondere im Geldtransfer über weite Entfernungen erfahrene Templerorden, der bis dahin auch von der

Krone herangezogen worden war, wurde jetzt, nachdem sein eigentlicher Daseinszweck, Pilgerreisen ins Heilige Land militärisch zu sichern und zu geleiten, spätestens mit dem Verlust Akkons 1291 weggefallen war, mit erbarmungsloser Härte vernichtet. Zu Dutzenden wurden Tempelritter von der französischen Krone auf den Scheiterhaufen geschickt oder in Haft genommen. Der Orden wurde schließlich unter französischem Druck von Papst Clemens V. auf dem Konzil von Vienne 1311 aufgelöst. Sein Vermögen freilich wurde nicht dem königlichen Fiskus, sondern den Johannitern zugewiesen, so daß die königliche Kasse weniger als erhofft davon profitierte.

Die Praxis des alltäglichen Geldverleihs gegen teilweise erschrekkend hohe Zinsen von nahezu fünfzig Prozent und mehr, wie sie durch jüdische und zunehmend auch christliche Geldkaufleute gehandhabt wurde, war von der Kirche (noch) nicht anerkannt, die an der alten, aus der agrarischen Welt genommenen Maxime festhalten wollte, nach der Geld als ein Stück Edelmetall, also gewissermaßen als Wertgegenstand zu gelten habe und sich deswegen nicht vermehren könne; Darlehen müßten also ohne Zinsberechnung gewährt werden. Das Problem des Wuchers (usura) sollte die Moraltheologen und Wirtschaftstheoretiker noch lange beschäftigen. Welche Form von Entgelt für die Ausgabe eines Darlehens war statthaft? Welche Praxis war Sünde und führte zur Erstattungspflicht? Welchen Gewinn durfte ein Kaufmann für seine Mühen erwarten? Wie war mit Kaufverträgen über eine künftige Lieferung und/oder Zahlung zu verfahren? Wie waren versteckte Gewinnmargen zu beurteilen? All diese Fragen waren für den Beichtstuhl und für das Kontor wichtig. Sie wurden zunächst vornehmlich von Bettelordenstheologen – Franziskanern und Dominikanern – vor allem in Italien seit dem 13. Jahrhundert immer wieder reflektiert. Dabei wurden erste Einsichten in (national-)ökonomische Zusammenhänge gewonnen – Einsichten, die bis tief ins 18. Jahrhundert hinein Moraltheorie und Ökonomie fachlich eng verbunden hielten.

Das zunächst starr festgehaltene Wucherverbot – das ja keineswegs etwa exzessive Zinsforderungen betraf, sondern grundsätzlich jegliche Verzinsung einer Darlehenssumme ablehnte – eröffnete jedoch auch die Möglichkeit, gestützt auf die generelle Erkenntnis des Zinsverbotes alle auf diese Weise gewonnenen Vermögenswerte einzuziehen und die Übeltäter des Landes zu verweisen. Mit den Juden hat das der französische Königshof unter Philipp dem Schönen 1306 so gehalten: Alle Juden wurden rigoros unter Einziehung ihrer Habe aus Frankreich ausgewiesen, nachdem 1290 bereits der englische König Edward I. seinerseits vorangegangen war, indem er die Juden von der Insel vertrieben hatte. Der materielle Gewinn für die französische Krone war erheblich, ein Historiker hat die Gesamtsumme auf mehr als drei Millionen Pfund geschätzt, die in die königlichen Kassen flossen. Gleichwohl war damit der Hunger des Fiskus noch nicht befriedigt: 1309 bis 1311 wiederholte man in Frankreich die Aktion, diesmal aber, da die Juden ja nicht mehr zur Verfügung standen, gegen die oberitalienischen Geldverleiher gerichtet, die nun mittels des Fremdenrechts aus Frankreich entfernt wurden. Den unersättlichen Geldbedarf des Staates konnte auch diese Maßnahme keineswegs befriedigen, viel weniger noch konnte sie den wachsenden Kreditbedarf der spätmittelalterlichen Wirtschaft ausschalten. Bereits die Söhne Philipps des Schönen, seine unmittelbaren Nachfolger, machten diese Maßnahmen stillschweigend rückgängig und erlaubten wieder Zinsnahme bei Kreditvergaben. Auch in Frankreich konnte man sich also im 14. Jahrhundert Geld gegen Zinsen besorgen. Judenvertreibungen freilich sind seit dieser Zeit in Europa und auch in Deutschland immer wieder vorgenommen worden, oft aus ähnlichen Motiven. Die Praxis der Zinsnahme wurde damit aber keinesfalls abgeschafft.

Die scholastische Theologie lernte es nicht sofort und rasch, aber auf die Dauer doch, durch entsprechende Differenzierungen und neue Theorien den Kaufleuten und ihren Seelsorgern ein gutes Gewissen bei ihren Geschäften zu vermitteln. Ein bargeldloser Zahlungsverkehr über weite Entfernungen und über zahlreiche Landesgrenzen hinweg, der auch der avignonesischen und dann wieder römischen Kurie des Papstes und ihrem Finanzbedarf früh zugute kam, ein immer flexibler ausgestattetes Kreditsystem etwa durch die Erfindung des Wechsels und damit des Papiergeldes, Termingeschäfte, die die Daten der großen Messen als Kalendarium nutzten – all das wurde Schritt für Schritt vom 13. bis zum 15. Jahrhundert entwickelt und ausgebaut. Am Beginn des 14. Jahrhunderts freilich finden wir dieses ganze Instrumentarium einer modernen Verkehrswirtschaft noch nicht voll ausgebildet, aber der Weg war eingeschlagen und wurde allenthalben rüstig beschritten.

Die scholastische Universität hinkte nicht immer in der Entwicklung ihrer Methoden so weit hinter den praktischen Bedürfnissen her wie in diesen wirtschaftlichen Fragen. Für die allgemeine Theoriegeschichte erwies sich die seit dem Beginn des 13. Jahrhunderts voll entwickelte neue Bildungsinstitution der abendländischen Universität als neues soziales Fundament, führte sie doch Intellektuelle aus allen Gegenden Europas – zunächst in freilich noch sehr wenigen Orten – zusammen, gab ihnen Lebensraum und eine gemeinsame Aufgabe, ließ sie im Wettstreit miteinander drängende Fragen formulieren und Antworten darauf zur Debatte stellen. Die neuen Hochschulen erwiesen sich bald als ungemein fruchtbar bei der Fortentwicklung theoretischer Arbeit, sie reagierten sehr flexibel auf unterschiedlichste Bedürfnisse, die zum Teil erst durch sie geweckt wurden. Die korporative Organisation der miteinander konkurrierenden Gelehrten, deren Privilegien eine autonome innere Rechtsgestaltung und Selbstverwaltung, eine Selbstergänzung durch Examina und eine eigene Festsetzung von Examens- und Unterrichtsstandards ermöglichten, erlebte seit dem ersten Auftreten von Universitäten im strikten Sinne um etwa 1200, die an verschiedenen Stellen Europas – etwa in Bologna, Paris, Oxford oder Salerno – in Erscheinung traten, einen zuvor nicht geahnten Aufschwung. Noch im Verlauf des 13. Jahrhunderts spannte sich ein zunächst freilich noch sehr weitmaschiges Netz von höheren Schulen über Europa. In Deutschland konnte man im Reichsgebiet nördlich der Alpen keine Universitäten aufsuchen. Deutsche Studenten mußten sich ins Ausland begeben, nicht nur nach Frankreich, sondern auch an die Rechtsuniversitäten Oberitaliens. Der aus Köln stammende Kleriker an der päpstlichen Kurie Alexander von Roes hat kurz vor der Jahrhundertwende die Franzosen mit dem Weltamt der Wissenschaft, dem »studium«, für die Christenheit begabt gesehen, während er Italien das »sacerdocium«, die priesterliche Amtskirche, und Deutschland das »imperium«, die kaiserliche Gewalt zugedacht hat. Diese symbolische Verteilung von Funktionen stemmte sich erbittert gegen abweichende Trends der Zeit, wollte den Franzosen das Papsttum und die Kurie ebenso verweigern, wie sie den Deutschen die kaiserliche Hoheit exklusiv und maßgeblich für alle Zeit und alle Länder Europas vorbehalten wollte. Man darf also nicht fragen, was die Rechtslehrer Bolognas oder Montpelliers, was die Artisten und Theologen in Oxford oder Cambridge zu dieser einseitigen Zuweisung von Verantwortlichkeiten durch den deutschen Kleriker Alexander von Roes wohl zu sagen gehabt hätten. Das von ihm gebrauchte Bild sollte im deutschen Interesse symbolhaft ein gesamteuropäisches Gleichgewicht aufrechterhalten, das der Verfasser durch die neueren Entwicklungen nicht nur im Bildungswesen als schwer bedroht ansah.

Ihrer eigenen Arbeit gingen die Universitäten in unüberschaubar zahlreichen kleinen Schritten nach. Die Entwicklung der Fächer läßt sich gewiß nicht auf eine klare Linie reduzieren. Der Übergang von der Hochscholastik zur Spätscholastik, der mit dem Beginn des 14. Jahrhunderts erreicht wurde, bezeichnet nicht eigentlich einen Qualitätswechsel, der in der theoretischen Arbeit der Gelehrten wahrnehmbar wäre, es handelt sich vielmehr nur um eine Unterscheidung, die die moderne Forschung nomenklatorisch trifft und heute meist rein chronologisch versteht, um verschiedene Zeiten voneinander abzusetzen. In der Theologie haben die großangelegten systematischen Summen des 13. Jahrhunderts, als deren bekannteste und bedeutendste diejenigen des Dominikaners Thomas von Aquin († 1274) gelten können, nicht beispielgebend auf das folgende Jahrhundert gewirkt. Die künftigen Generationen haben andere Formen der literarischen Produktion bevorzugt: Quaestionen, Traktate, Kommentare, die freilich auch zuvor schon nicht unbekannt gewesen waren, entstehen in bunter Folge und in wichtigen Stücken. Johannes Duns Scotus oder Wilhelm von Ockham brauchen sich, was den Scharfsinn und die Treffsicherheit ihrer Argumentation, was ihre Wirkung auf Zeitgenossen und Nachwelt angeht, vor den hochscholastischen Vorgängern ganz gewiß nicht zu verstecken.

Auch in den Rechtswissenschaften, bei den Juristen des Römischen und des Kanonischen Rechts, gewinnt die Methode der Beschäftigung mit den maßgeblichen Texten der Gesetzessammlungen eine größere Nähe zur zeitgenössischen Praxis. Untersuchungen konkreter Streitfälle des Alltagslebens treten jetzt neben die weiterhin geübte und im Universitätsunterricht unentbehrliche fortlaufende Kommentierung der Gesetzestexte. Im Kirchenrecht, dessen normative Grundlage im »Neuen Recht« der Päpste, das heißt in den immer wieder von der päpstlichen Kurie erreichbaren Rechtsentscheidungen der Päpste – den Dekretalen – sich ständig erneuern konnte, war auf solche Kommentierung ohnedies schlecht zu verzichten, mußten doch die neuen Entscheidungen mit den herkömmlichen Vorstellungen abgeglichen und umgekehrt ältere Kontroversen im Lichte der neuen Texte neu überdacht werden. Daß in der Tat Kommentare sehr dringend gebraucht wurden, beweisen allein die immer kürzer werdenden Abstände, in denen die jeweiligen Standardkommentare zu den offiziellen Sammlungen des Dekretalenrechts zur Verfügung gestellt wurden. Hatte Johannes Teutonicus seine *Glossa ordinaria* zu dem gegen 1140 abgeschlossenen Dekret Gratians erst um das Jahr 1215 – also gut zwei Menschenalter, nachdem der Text definitiv vorlag – abgeschlossen, so brauchte die Dekretalensammlung Papst Gregors IX. von 1234 nur bis in die siebziger Jahre des 13. Jahrhunderts zu warten, bis ihre *Glossa ordinaria* durch Bernhard von Parma fertig war. Der *Liber Sextus*, die Dekretalensammlung, die Papst Bonifaz VIII. 1298 durch Versendung an die Universitäten in Geltung setzte, wurde dann von Johannes Andreae sozusagen postwendend, nämlich 1301, mit einer *Glossa ordinaria* bestückt, und die *Clementinen*, 1317 vom Nachfolger Papst Clemens' V. publiziert, bekamen von demselben Gelehrten fast ebenso rasch, und zwar 1322, ihre in den Schulen als Standardglosse akzeptierte Kommentierung.

Bei den Legisten, den Juristen des Römischen Rechts, ist die Fortführung der Kommentare zum *Corpus Iuris Civilis* noch auffälliger, da sich hier der Umfang der Gesetzestexte so gut wie gar nicht mehr vermehrte. Um so dickleibiger gerieten im Spätmittelalter auch hier die Kommentare. Doch trat neben diese immer umfänglicher werdende exegetische Literatur der Kommentatoren nun auch eine kaum überschaubare Fülle von kleineren gelehrten Gutachten zu Einzelfragen, um die etwa ein Richter, öfter wohl eine der interessierten Parteien die gelehrten Kenner des Rechts gebeten hatte. Die Zahl der überlieferten längeren oder kürzeren derartigen Stellungnahmen von einzelnen Rechtslehrern – wie zum Beispiel von Bartolus von Sassoferrato (gestorben 1356), von dessen Schüler Baldus de Ubalais (gestorben 1400) oder von dem an der päpstlichen Kurie in Avignon lebenden Oldradus de Ponte (gestorben 1335) – gehen in die Hunderte, ja in die Tausende. Gesammelt schon zu Lebzeiten und auch nach dem Tod ihrer Verfasser, meist dann sogleich als Sammlungen handschriftlich verbreitet – und später, im 15. und 16. Jahrhundert, auch durch den Buchdruck bekanntgemacht –, geben sie ein breitgefächertes, buntes Bild von Rechtskenntnis und gelehrter (auch kreativer) Rechtshandhabung, die auf die Lebenswirklichkeit der mittelalterlichen Welt Rücksicht nimmt. Diese Texte, die »consilia« (Ratschläge), deren Zeit in Deutschland freilich erst später anbrechen wird, zeigen, wie Aneignung der antiken Jurisprudenz allmählich helfen konnte, alltägliche Streitigkeiten um Kauf und Vertrag, Nachlaß und Erbe, Amt und Auftrag zu klären. Die »consilia« der Konsiliatoren, wie manche Forscher nach dieser Textsorte die gelehrten Juristen dieser Zeit allgemein benennen wollen, haben die Rezeption des gelehrten Rechts überall in Europa und später auch in Deutschland ungeahnt beflügelt und vorangebracht.

Die Artes-Fakultät streift den alten, aus der Spätantike übernommenen Schematismus der sieben Artes liberales weitgehend ab, wenn auch Mathematik, Astronomie und Musik an den Artistenfakultäten weiterhin gepflegt werden. Jeder Student aber hatte seit dem 13. Jahrhundert vor allem die Schriften des Aristoteles zu studieren, die dem Westen seit dem 12. Jahrhundert in lateinischen Übersetzungen, zum Teil zusammen mit den Kommentaren arabischer Gelehrter bekannt wurden. Schließlich galt Aristoteles den westlichen Gelehrten als der »philosophus« schlechthin, während sein spanischer Ausleger Ibn Rushd (gestorben 1198) im Abendland allgemein als der »commentator« bekannt und so auch benannt wurde. Das alles bedeutet nicht, daß man sich nicht erbittert über spezielle Fragen der Auslegung streiten konnte. Auch machte der Scharfsinn der Gelehrten keineswegs bei den in den autoritativen Textcorpora selbst vorliegenden Lösungsangeboten Halt. In Logik, Naturphilosophie und Metaphysik entwickelte sich ein Diskussionszusammenhang, der erstaunlich dicht die gesamte europäische Gelehrtenwelt umspannte und lebhafte Diskussionen über Jahrzehnte hin ermöglichte.

Kaum einer der Autoren, der die lateinische Gelehrtensprache zu benutzen wußte, die zugleich die Sprache der Kirche war, kam noch ohne universitäre Bildung aus, und sei sie noch so rudimentär gewesen. Selbst berühmte Laien wie Dante oder Raimundus Lullus hatten oder hielten engen Kontakt zur Universität. Am weitesten entfernt von der gelehrten Welt waren vielleicht die Frauenklöster, wo Berichte über mystische Erfahrungen in der Volkssprache umliefen, nicht ohne daß gelehrte Seelenführer wie Meister Eckart (gestorben 1317) diese Welt mit der Welt der Universitäten zu verbinden wußten und vermittelten.

Insgesamt gesehen hatte Gelehrsamkeit freilich noch keine unmittelbar praktische Verwendung. Die im 14. Jahrhundert neugegründeten Universitäten sollten – wie im allgemeinen in ihren Gründungsurkunden steht – Wissen vermehren und den katholischen Glauben durch Kenntnisse fördern. Noch suchten die Herrschaftsapparate in Welt und Kirche nicht unmittelbar nach theoretisch an Universitäten ausgebildetem Personal. Das sollte sich, zumindest in Deutschland, erst im 15. Jahrhundert ändern. Aber von der Mitte des 14. Jahrhunderts an haben dann auch deutsche Herrscher, Fürsten oder Städte Universitäten ins Leben gerufen und somit an die europäische Kulturentwicklung Anschluß gesucht und gefunden, wenngleich die Landesuniversität des 14. Jahrhunderts sich in Absichten, Möglichkeiten und internationaler Verflechtung mit den Hochschulen des 13. Jahrhunderts kaum gleichsetzen läßt.

Ludwig der Bayer (1314–1347), der von Beginn seiner Herrschaft an sich in Probleme gestürzt sah, die ohne theoretische Argumente nicht gut zu behandeln waren, hat gewiß auch ganz handfeste Politik jenseits jeder Theoriedebatte gemacht. Das Defizit an gelehrter Beratung, das sein Hof gegenüber westeuropäischen Zeitgenossen ertragen mußte, hat er jedoch in besonderer Weise wettzumachen gewußt. Er nahm gelehrte Berater in seine Entourage auf, die ihm, wann immer er wollte, zur Verfügung standen. Berühmte Männer, wie der Pariser Artistenmagister, Mediziner und Theologe Marsilius von Padua und der Oxforder Franziskanertheologe Wilhelm von Ockham, standen unter seinem kaiserlichen Schutz. Das kam der Denkfabrik der Kurie gewiß nicht gleich und ersetzte auch bei weitem nicht eine Institutionalisierung wissenschaftlicher Expertise am Hofe, die dann sehr viel später erst – etwa ein Jahrhundert danach – wirklich in den Quellen greifbar wird. Es macht die deutsche Szene aber damals in besonderem Maße lebendig und verknüpft sie in besonderer Weise mit der europäischen Geistesgeschichte, auch ohne daß deutsche Universitäten diese Funktion für den deutschen Herrscher schon hätten übernehmen können.

So kleinräumig das mittelalterliche Leben auch generell war, so weitgespannt waren die internationalen Verknüpfungen der Gelehrten schon im 14. Jahrhundert. Was in Paris, in Oxford, in Bologna oder Padua aktuell war, konnte wenig später in einem Alpenkloster wie Admont, in Würzburg oder in München Widerhall finden. Auch die technischen Erfindungen verbreiteten sich rasch. Mechanische Uhren, in Chroniken als staunenerregende Neuerung verzeichnet, setzten sich von Italien her seit der ersten Hälfte des 14. Jahrhunderts in den Städten allmählich überall durch und traten einen raschen Siegeszug nach Norden an. Ebenfalls in Italien wird um die Wende zum 14. Jahrhundert die Brille erfunden, nachdem an der Universität Paris schon 1267 der Franziskaner Roger Bacon (gestorben nach 1296) von Kugelabschnitten als Sehhilfen geschwärmt hatte. Es mag nur eine Kleinigkeit sein, aber der Sehschwäche von bücherhungrigen Intellektuellen wurde damit auf ungeahnte Weise abgeholfen.

Von der zweiten Hälfte des 13. Jahrhunderts an wird durch Anwendung der Wasserkraft in der Mühlentechnik über das Walken von Stoffen hinaus auch Papier in Papiermühlen erzeugt. Eine ungeheure Verbesserung und Verbilligung der Beschreibstoffe konnte damit auf Dauer erreicht werden, auch wenn sich das neue Material nur sehr langsam in Kanzleien und Skriptorien durchsetzen konnte. Das teure und mühsam herzustellende Pergament blieb künftig den besonders feierlichen und kostbaren Texten vorbehalten, mehr und mehr konnte das Papier an seine Stelle treten. Der Siegeszug führt freilich durch das gesamte 14. Jahrhundert. Erst das 15. Jahrhundert wird den Gebrauch von Papier alltäglich machen. Auch die Textherstellung wurde nun, soweit das in Zeiten handschriftlicher Vervielfältigung möglich ist, durch mechanische Aufteilung von längeren

Texten in getrennt zu kopierende »Stücke«, »Abschnitte« oder »Fetzen« (pecia) besonders für die Grundtexte der Universitäten rationalisiert und verbilligt. Die Mechanisierung des Kopiervorganges selbst durch den Druck mit beweglichen Lettern freilich ließ noch bis zum 15. Jahrhundert auf sich warten.

Die Fortentwicklung der Produktionstechnik in Textilgewerbe und Metallverarbeitung, technische und soziale Entwicklungen in Bergbau und Güterproduktion, die allmählich stärkere Berücksichtigung von Massengütern wie Getreide oder Hering gegenüber den früher vorherrschenden Luxuswaren im Fernhandel – all das veränderte, ohne daß der einzelne den Einschnitt sogleich bemerken mußte, das Leben nicht nur winziger Eliten, sondern breiter Schichten. Die Intellektuellen begannen nach neuen Formen der Selbstverwirklichung zu suchen und fanden sie im Anschluß an antike Texte. 1336 stieg Francesco Petrarca auf den Mont Ventoux bei Avignon, um sich selbst besser zu erkennen.

Dante Alighieri hat sein großes Weltgedicht der *Divina Commedia* als Schilderung einer Jenseitswanderung gestaltet, die er fiktiv auf das Jahr 1300 datiert. Sieben Weltentage lang wandert der Dichter und läßt sich führen durch Hölle, Fegefeuer und Paradies. Vielleicht hat der Florentiner im Exil damit am symbolkräftigsten den Zeitpunkt des Jahrhundertwechsels mitten in den Fluß des Lebens gerückt, der sich dichterisch an dem Datum des neuen Jahrhunderts staut und doch in seiner Gänze vergegenwärtigt werden soll. Auch der Historiker, der nach dem Neuen, dem für die kommenden Zeiten Charakteristischen im Fluß der damaligen Gegenwart sucht, darf nicht übersehen, daß es eine Welt in ihrer Einheit und in ihren Widersprüchen ist, die sich ihm als Ganzes präsentieren möchte.

1400

PETER MORAW

Papstschisma und Krise der Monarchien

I

Bergsteigen war nicht die Leidenschaft der Leute um 1400. Aber selbst wenn sie einen Gipfel erklommen hätten, wie Petrarca einige Jahrzehnte zuvor, um sich in ihrer Gegenwart besser zu orientieren, wäre das Zurechtfinden schwergefallen. Nachdem sie dunkle Wolken durchstiegen hätten, wäre es nach oben hin zwar etwas heller geworden, aber ringsum verhinderte Dunst die Fernsicht. Plötzlicher Nebel war zu befürchten, und hoffentlich hatte man einen Bergstock mitgenommen – nicht nur als Stütze auf dem langen Weg, sondern notfalls auch zum Tasten. Denn rechts und links vom Pfad mochte ein Abgrund gähnen.

So ähnlich, in so problematischer Weise nahm man um 1400 sein Zeitalter wahr, und tatsächlich wird selten an einer Jahrhundertwende weniger Anlaß zum Feiern und Freuen bestanden haben als am Beginn des letzten Jahrhunderts des Mittelalters. So zu zählen ist allerdings erst heute üblich geworden, seinerzeit rechnete man ohne tieferen Einschnitt von Christi Geburt an und wußte natürlich von einer anbrechenden Neuzeit nichts. Bestimmt wird sich keiner unserer Gewährsleute vorausahnend zu dem verstiegen haben, was man sich am Ende des ganzen Jahrtausends, in unserer Gegenwart, ausdenken sollte: Bei einer Umfrage nach den wichtigsten Persönlichkeiten dieser tausend Jahre, abgehalten als Befragung der anscheinend Einflußreichsten in den Vereinigten Staaten, wurden die ersten drei Plätze der ganzen Liste mit Männern besetzt, die im 1401 beginnenden Säkulum – nicht etwa im 19. oder 20. Jahrhundert – geboren worden sind: mit Gutenberg, Kolumbus und Luther. Auch die in gleicher Weise als wichtigstes Ereignis des Jahrtausends ermittelte Innovation stand 1401, nicht etwa 1901 kurz bevor: die Erfindung des Buchdrucks mit beweglichen Lettern. Nicht so sehr sollte man sich darüber wundern, daß Nahsicht von damals und Fernsicht von heute so verschieden erscheinen – bestaunen sollte man vielmehr die enorme Vielfalt des Zeitalters, das so verschiedenartiges Urteilen möglich macht.

Am 25. Dezember 1401, als das neue Jahrhundert für die meisten Mitteleuropäer begann, mag der predigende Pfarrer in der Dorfkirche, gestützt auf das Weihnachtsevangelium nach Lukas, den Blick zurück gerichtet haben: über fast anderthalb Jahrtausende. Der Pfarrer war wie seine Zuhörer gewiß, daß Kindern und Kindeskindern in der Zukunft keine ebenso lange Zeitspanne mehr beschieden sein würde. Gerade die Nachdenkenden und Wißbegierigen dachten so. Das bloße Faktum der Wendemarke von 1400 dürfte schwerlich gewichtige und weitverbreitete Meinungen über einen besonderen Einschnitt in der Heils- und Weltgeschichte mit sich gebracht haben. Zum Jahr 1300 hatte der Papst erstmals ein Jubeljahr verkündet, doch fand dessen Wiederholung kaum großen Widerhall. Es kommt vielmehr auf etwas ganz anderes an: Alle oder die allermeisten Gläubigen erwarteten die Wiederkunft Jesu in nicht allzu ferner Zeit. Der gute Christ, der im Vaterunser darum betete, mußte das Gericht nicht fürchten. Was aber nach Meinung vieler kurz davor eintreten sollte, die Herrschaft des Antichrist, dem eine Zeitlang alle Macht auf Erden gegeben sein sollte, das war kaum zu ertragen. Erduldbar schien es nur im Gedenken daran, daß die harte Prüfung eine Ruhepause in sich bergen würde, ein Tausendjähriges Reich Christi mit seinen Heiligen.

In Texten und Bildern war im 14. und 15. Jahrhundert ausführlich vom Antichrist die Rede. Zunächst war er gewalttätig, später mochte er zur Täuschung der Gläubigen auch ein charmanter junger Mann sein, eher ein Betrüger als ein Tyrann, gleichsam ein Parodist Gottes und seines Heilswillens – und daher um so gefährlicher. Andere sahen jene Zeit der Prüfung eher politisch. Telephorus von Cosenza, oder wer sich hinter diesem Namen nicht lange vor 1400 in Italien verbarg und die Deutschen nicht mochte, fürchtete einen bösen Kaiser Friedrich und einen bösen deutschen Papst, die erst von einem guten französischen König und einem heiligen Papst besiegt werden müßten. Diese beiden Helden würden dann das Heilige Land zurückerobern und einem letzten Antichrist gegenübertreten: im Jahr 1433. Daß der Papst oder der Kaiser der Antichrist sei, hatte man auch anderswo im 14. Jahrhundert schreiben und predigen können, so in Prag und in Oxford. Die Deutschen, vor allem die Thüringer unweit des Kyffhäuser, träumten dagegen vom letzten Kaiser Friedrich, der das Reich zum alten Glanz zurückführen, Recht und Frieden wiederherstellen werde. In derselben Gegend trat dann ein Jahrhundert später Thomas Müntzer auf. Mit dem Ende des Reiches, wann es auch eintreten würde, war nach der Meinung vieler Zeitgenossen auch um 1400 das Ende der ganzen Welt ursächlich verknüpft. Nikolaus von Kues, der große Theologe und Philosoph (geboren 1401), erwartete beides im 18. Jahrhundert, ganz nahe bei der Französischen Revolution, wie wir inzwischen sagen können. Die damalige Chronistik durchzog ein Gefühl von Pessimismus oder von Schlimmerem, besonders die Chroniken der Städte. Die Volkskultur des 14. und 15. Jahrhunderts mit ihren zahlreichen magisch-heidnischen Elementen, mit Erzählungen von »Untoten«, beseelten Tieren, vom Wilden Heer und vielen anderen unheimlichen Vorgängen vor allem zur Nachtzeit bot dafür einen fruchtbaren Boden.

Weil die Zeitgenossen das Negative ihrer Situation so intensiv verspürten – anscheinend in ganz Europa –, konnten sie sich auch exzessiv verhalten, nicht nur so denken. Im Jahr 1396 sah der italienische Dominikaner Vinzenz Ferrer den baldigen Anbruch der Endzeit visionär vor sich und führte öffentlich büßende Geißlerzüge durch Spanien, Südfrankreich und Italien, nur mühsam von der Amtskirche gebändigt; 1399 fand ein weiterer großer Geißlerzug in Italien statt. Solche Unternehmen hatte es vor allem 1348 im Zusammenhang mit der Pest, dann aber auch in der Folgezeit immer wieder gegeben – als Ausdruck starker religiöser Erregung. Das waren aber, abgesehen von der lokal erzeugten Unruhe, eher unpolitische Ereignisse. Wo Krisen von Kirche und Obrigkeit zusammentrafen und begabten Charismatikern erregte Massen gegenübertraten, wie im hussitischen Böhmen seit 1420, konnte die bäuerlich-kleinbürgerliche Erregung militant werden. Davon werden wir noch hören. Es waren wohl Mittel der Angstbewältigung. So schwer man auch Zugang zu solchen Phänomenen gewinnt: Angst – kreatürliche Existenzangst und religiöse Zukunftsangst – scheint mancherorts oder vielfach ein Grundzug des Zeitalters gewesen zu sein.

Wie das reale Geschehen ringsum zu deuten sei, ob das Leid der Schwachen und Zukurzgekommenen etwa bedeute, daß der Widersacher Gottes schon längst sein böses Werk verrichtete, das konnte keiner so recht sagen. Furchtbare Zeichen hatte es freilich gegeben: den Schwarzen Tod in Deutschland und Europa – seit 1348 alle paar Jahre wiederkehrend – und die Verfolgung der Juden durch die Christen. Die Pest hat bei uns im Durchschnitt wohl mindestens ein Viertel der Bevölkerung dahingerafft, in den Städten mehr als auf dem Land, unterschiedlich von Region zu Region. Neue Pestwellen standen bevor. Aus 70 bis 75 Millionen Europäern im Jahr 1300 waren um 1450 45 bis 50 Millionen geworden. Erst von da an stieg die Bevölkerungszahl wieder. Die Papstkirche, von der man sich Trost und Hilfe erhoffen mochte, befand sich ihrerseits seit 1378, wenn nicht schon seit 1303 oder 1309 in einer schweren Krise. Seit 1378 gab es, wie wir noch hören werden, zum Entsetzen der Gläubigen zwei Päpste, die sich aufs schärfste bekämpften und gegenseitig verurteilten. So hatte es in der Tat für viele kaum mehr

Sinn, auf die Zukunft zu hoffen. Am besten schien es, schlicht zu erdulden oder sich unter dem wegzuducken, was die Mächtigen oder gar Gott selbst – als Strafe für die Sünden der Welt – verhängen würden.

Längst haben die Historiker dem ganzen Zeitalter das Stichwort »Krise« wie ein Kainsmal aufgeprägt: der Mitte Europas für die Zeit von etwa 1350 bis 1450, dem Westen des Kontinents für die von etwa 1300 bis nach 1400. In Böhmen sieht man die Krise kaum vor 1370, im Ordensland Preußen erst um 1400 beginnen. Im entwikkelten Europa war das 13. Jahrhundert oder zumindest sein größter Teil eine Zeit der Konjunktur gewesen, Abschluß und womöglich Krönung einer Ausbauphase wohl seit dem 10. und 11. Jahrhundert mit starker Zunahme der Bevölkerung und weitester Ausdehnung der Siedlungsflächen, mit dem Vordringen des Getreideanbaus, dem Aufstieg des Städtewesens und der Marktverflechtung. Die sehr unterschiedliche Verbreitung der Geldwirtschaft um 1300 in Deutschland – von Westen her praktisch nur bis an den Rhein reichend – zeigt aber an, wie ungleich noch Modernes und Altertümliches verteilt waren.

Man kann an der Abfolge der Krisen erkennen, daß es sich um eine der beiden großen Entwicklungsrichtungen des christlichen Europa handelte, von denen noch zu sprechen ist. Den Weg von Westen nach Osten schlugen vom Ende des Frühmittelalters bis tief in die Neuzeit hinein Krisen und Konjunkturen, soziale Prozesse und geistige Bewegungen aller Art ein, jedenfalls in ihrer Mehrheit. Nicht ging es dabei um die Wege der Individuen, wiewohl auch für sie gleichsam ein Wind in dieselbe Richtung blies, gegen den voranzuschreiten schwierig war. Die andere Bewegungsrichtung, der entlang zum Beispiel der Schwarze Tod gekommen war, die Alpenpässe und die Burgundische Pforte passierend, entsprang dem Mittelmeerraum und wies nach Norden. Aus jenem Raum, der führenden Kultur-, Verkehrs- und Wirtschaftslandschaft Europas, war einst auch die erste große Modernisierungswelle des nördlichen Europa, die Christianisierung, gekommen und mit ihr die Schriftlichkeit und viele andere Annehmlichkeiten vom Weinanbau bis zum Ziegelbau.

Was heißt nun Krise, und warum eine Krise? Seit zwei Generationen ringen die Historiker um das Verständnis des Phänomens. Die überlieferten Nachrichten und Zeugnisse lassen keine Gesamtbilanz zu. Aus einem riesengroßen Puzzle sind nur wenige Einzelteile erhalten und auch diese oft nur mit gleichsam abgeschliffenen Kanten. Man weiß daher nicht genau, wie man sie am besten aneinanderfügt. Auf jeden Fall aber griff die Krise tief in das konkrete Leben der Zeitgenossen ein: Es ging um das tägliche Brot, das Tuch zur Bekleidung und das Dach über dem Kopf.

Im Durchschnitt wohnten in Mitteleuropa vier von fünf Menschen auf dem Land. Daher ist es wichtig, wenn sich zeigt, daß die Krise zunächst und in erster Linie eine Agrardepression oder, noch genauer, ein Verfall der Preise beim Getreide, des Hauptnahrungsmittels der Bevölkerung, war. Durch das große Sterben war der Getreidebedarf vor allem in den Städten gesunken; die Städter hatten am meisten unter der Seuche gelitten. Die gewerblichen Preise und Löhne in der Stadt stiegen, so daß es den übriggebliebenen Stadtbewohnern im Durchschnitt besser ging. Eine »Preisschere« öffnete sich zwischen Stadt und Land. Die Einkünfte aus dem Getreideanbau ernährten nicht nur die Bauern und ihre Familien, sondern auch die Grundherren, vor allem den kleineren Adel und die Kirchen und Klöster. So wurden sie die nächsten Opfer der Depression, denn sie konnten nicht wie der König oder die großen Landesherren mit Einkünften aus verschiedenen, weitverstreuten Quellen rechnen und damit den Druck der Krise für sich mildern. Auch gefährdete die Ungleichheit der Lage von Region zu Region die Kleinen zuerst. Ein Ausgleich mit Hilfe des Geldverkehrs war wiederum für die Großen leichter möglich als für die Kleinen; der Naturalientransport über größere Entfernung war zu Lande schwierig.

Eine Reaktion auf solches Geschehen war immer wieder auch dadurch möglich, daß man auf Felder mit ungenügendem Ertrag ganz verzichtete, ja ganze Fluren oder auch Weiler und Dörfer in ungünstiger Lage preisgab. Die Bewohner verließen die Siedlungen. Solche »Wüstungen« sind schwer zu datieren, doch wenn sie sich in bestimmten hochgelegenen oder mit ärmlichen Böden ausgestatteten Gegenden häufen, wird man diesen Zustand nicht in erster Linie auf Kriegsereignisse, sondern auf die erwähnte Krise zurückführen können. Dabei kann man zwei Phänomene von grundsätzlicher Bedeutung beobachten. Erstens: Weil nur ein relativ geringer Ertragsüberschuß gegenüber dem Saatgut bestand, konnten verhältnismäßig kleine Veränderungen, besonders solche zum Negativen, große Wirkungen zeitigen und die Unterschiede von Ort zu Ort radikal verstärken. Zweitens: Was aus der Nähe und aus der Sicht der Beteiligten als bedauerliches Depressionssymptom zu bewerten ist, kann man aus größerem Abstand als wünschenswerten Rationalisierungsvorgang begreifen, der insgesamt die Erträge relativ erhöhte. Um Rationalisierung handelte es sich auch dann, wenn der Landesherr die Bevölkerung ganzer Dörfer mit vielleicht ungünstig geschnittener Flur in die nächste Stadt umsiedelte und auf dem Weg über neu geschaffenes Handwerk und Gewerbe für sich höhere Abgaben erwirtschaftete. So kommt es auf den Standpunkt an, ob man angesichts der »Krise« das schmerzhafte Ende älterer Strukturen beklagt oder die kühne Gestaltung neuer Handlungszusammenhänge begrüßt, die einen Wandlungsprozeß in die Zukunft einleitete. Solche Konzentration der Kräfte gleichsam bei sich daheim kann man schließlich auch – beim Blick auf den ganzen Kontinent – in Zusammenhang damit bringen, daß die Fortentwicklung Europas durch räumliche Expansion an den Rändern, auch durch die deutsche Ostsiedlung, im 14. Jahrhundert nach und nach ihr Ende gefunden hat. Die Auswirkungen solcher Rationalisierung mochten dann nach einiger Zeit – öfter erst in der zweiten Hälfte des 15. Jahrhunderts – den Weg zu neuer Konjunktur bahnen. Um 1400 aber bestand bestenfalls der Eindruck einer Gleichzeitigkeit gegensätzlicher Tendenzen.

Vergleicht man in europäischer Perspektive unterschiedliche Phänomene, die man um das Stichjahr 1400 herum beobachten kann – selbst so verschiedene wie Bauernaufstände und Ingenieurleistungen –, so fällt eines auf: Die Erstdaten dieser beiden und zahlreicher anderer Tatbestände oder Prozesse sind nicht beliebig über den Kontinent verstreut, sondern folgten offenbar einer gewissen Linie, die schon andeutend erwähnt wurde: Bewegungen von Westen nach Osten und von Süden nach Norden. Sie gelten für das hohe und das späte Mittelalter wie auch für die Neuzeit Europas bis etwa zum 18. Jahrhundert – unser Stichjahr steht also in der Mitte. Landbewohner erhoben sich mit der Konsequenz wirklich großer Erschütterungen des Sozialgefüges in Frankreich zuerst 1358, in England 1381, in Deutschland 1525. Aus dem technischen Zeitalter des sogenannten späten Mittelalters seien die Erstdaten der Einrichtung von Papiermühlen (Papier»fabriken«) genannt. Damit wurde die entscheidende Voraussetzung für den Weg zur explosiven Ausbreitung der modernen Schriftlichkeit geschaffen – als Ersatz für das extrem teure Pergament oder für die unpraktische Schiefertafel. Papier wurde in Italien und Spanien seit dem 13. Jahrhundert gewerblich hergestellt, in Frankreich seit 1338, in Deutschland seit 1390 – zunächst im »Industriezentrum« Nürnberg –, in Ost- und Nordeuropa erst in der Neuzeit.

Diese Daten verweisen letztlich auf den damaligen Stand der Zivilisation auf dem Kontinent und auf seine unterschiedlichen Entwicklungszustände. Diese wiederum wurzeln in komplexen Voraussetzungen und Rahmenbedingungen, von denen hier nicht im einzelnen die Rede sein kann. Gewiß haben Bevölkerungsdichte, nichtagrarische Produktionsweisen, Urbanität – das Bestehen wirklich großer Städte –, Arbeitsteilung sowie soziale und wirtschaftliche Differenzierung und Mobilität als Ursachen entscheidend damit zu tun.

Wie waren solche Innovationsregionen oder Modernisierungsfaktoren um 1400 über Europa verteilt, und wo war der Ort

Deutschlands auf dieser vielsagenden Landkarte? Es handelt sich um Tatbestände, die sich über lange Zeiträume nur wenig verändert haben. Man kann mit Hilfe eines Blicks zurück bis in die ferne römische Antike für das Mittelalter ein »Älteres Europa« und ein »Jüngeres Europa« unterscheiden. Dem »Älteren Europa« wurde im Süden und im Westen die Chance der direkten Beerbung des alten Römischen Reiches geschenkt, das »Jüngere Europa« im Osten und Norden vermochte nur auf die viel bescheidenere Hinterlassenschaft naturwüchsiger, wenig organisierter, oft peripher gelegener Stämme oder Völker zurückgreifen, mögen sie Germanen, Slawen, Balten oder anders heißen. Dem Karolingerreich des 8. und 9. Jahrhunderts mit seiner sehr bemerkenswerten fränkisch-gallisch-römischen Mischkultur kommt die entscheidende Rolle eines Katalysators zu. Es erweckte endgültig eine Europa querende Hauptachse von Oberitalien über das spätere deutsch-französische Grenzgebiet samt einem breiten Streifen links und rechts davon bis zur Rheinmündung, schließlich bis Südengland. Das scheint auch noch die Hauptachse des Europa von heute zu sein. In älterer Zeit, das heißt das ganze Mittelalter hindurch, war wie gesagt der Mittelmeerraum Ausgangspunkt und Wurzelgrund alles Modernen – mit Italien, genauer Oberitalien, als Zentrum. Das nordalpine Europa wird auch, je weiter man nach Osten kommt, immer verkehrsfeindlicher – nicht der einst lebensprühende Orient, sondern zuletzt das Eismeer ist sein Nachbar. Vom atlantischen Zeitalter, das einmal die mittelmeerische Periode ablösen und neue Verhältnisse schaffen wird, wußte man um 1400 noch nichts.

Der weitaus größere Teil Deutschlands gehörte vorerst dem »Jüngeren Europa« an, das sich anderswo gleichsam leicht ererbte oder neuerweckte wertvolle Eigenschaften durch Aufhol- und Ausgleichsprozesse, die manchmal beschleunigt gewesen sein mögen, mühsam hat erwerben müssen. Das hat lange gedauert und war um 1400 noch längst nicht beendet. Ja man kann sich fragen, ob heute ein völliger Ausgleich besteht, wenngleich wohl niemand mehr wie um 800 das Rheinland als Kulturgrenzzone ansehen wird. Es war immerhin ein großer Schritt innerhalb des von unserem Stichjahr beendeten Jahrhunderts, des vierzehnten, daß die Grenze der aktiven und mobilen Geldwirtschaft der großen Banken Italiens vom Rhein aus in gut erkennbaren Abstufungen nach Osten und Norden hinausgeschoben worden ist. Das Jahr 1396 brachte mit dem »Rheinischen Münzverein«, das heißt mit dem Übereinkommen der vier westlichen Kurfürsten über die fortan einheitliche Münze des rheinischen Goldguldens, monetäre Stabilität in die damals wichtigste deutsche Landschaft, soweit dies seinerzeit überhaupt möglich war. Im deutschen Süden konkurrierte damit der ungarische, von der Großdynastie Habsburg begünstigte Goldgulden. Ungarn war damals als selbständiges Königreich zivilisatorisch und ökonomisch mediterran orientiert und wurde um 1400 ein Teil des oberdeutschen Wirtschaftsgebiets. Noch heute zahlen die Niederländer mit Gulden, sie kürzen ihn wie einst die Deutschen mit fl. ab, das heißt »Florenus«. Der Florenus verweist auf Florenz, woher der Gulden stammt – als erste dauerhafte, moderne, durch ihren hohen Metallwert den großen Handel befördernde Goldmünze.

Das römische Reich der Antike hatte sich einst dorthin ausgedehnt, wo günstige natürliche Rahmenbedingungen bestanden, wohin es sich also auszugreifen lohnte. »Unrentables« wurde ausgelassen. Das mittelalterlich-frühneuzeitliche Erbe der Römer zugunsten des »Älteren Europa« erstreckte sich auch und gerade auf solche vorpolitischen Begünstigungen. Oder anders formuliert: Es war schwierig und oft nicht von Dauer, wenn man sich außerhalb dergestalt bevorzugter Räume rasch und nachdrücklich zu entfalten trachtete. Was man Geschichte der Verfassung und der Kultur, der Wirtschaft und des sozialen Lebens nennt und was daher Langfristiges betrifft – nicht so sehr die kurzatmige Ereignisgeschichte –, das scheint durch solche Vorgegebenheiten und Rahmenbedingungen stark beeinflußt worden zu sein, was den Führungspersonen von damals aber kaum anders als punktuell zu Bewußtsein gekommen sein wird.

Immerhin dürfte ein großer Handelnder und zugleich Intellektueller wie Kaiser Karl IV. aus dem linksrheinischen Haus Luxemburg (gestorben 1378), der Frankreich und Italien aus langen Aufenthalten gut kannte, eine intensivere Vorstellung davon gehabt haben. Vor allem begriff er die Vorzüge des Modernen, denn er schuf, nachdem man in jenen beiden Ländern um 1200 damit vorangegangen war, im Jahr 1348 die erste Universität im nordalpinen Reich: in seiner vom Vater 1310 erworbenen dynastischen Hauptstadt Prag. Diese »Carolina« wurde allerdings von oben eingepflanzt und war nicht wie die Universitäten von Bologna und Paris aus südlicher oder westlicher Urbanität gleichsam spontan entsprungen. Auch von den Schattenseiten des Modernen, zum Beispiel von der Kunst, elegant mit Gift zu morden, hat Karl Kenntnis genommen, ist er doch selbst nur durch einen Zufall oder, wie er es selbst sah, durch Gottes Gnade einem solchen Tod in Italien entgangen.

Das Jahr 1400 stellt sich in diesem Ablauf, ehe dann auf dem Weg in die Neuzeit tiefgreifende Veränderungen eintreten werden, wie eine Aussichtskanzel dar, von welcher aus man ein Stück weit nach vorn und nach rückwärts blicken kann. Es war eine Mitte, keine Wendemarke. Die nächstliegenden Wendemarken dürften der Beginn des Krisenzeitalters um und nach 1300 einerseits und der um 1450 oder – in Mitteleuropa – um 1470 eingeschlagene Weg zum politischen und sozial-wirtschaftlichen Neuaufbruch andererseits sein. Oder auch: Aus einem Europa der qualitativen und quantitativen Verschiedenheit entstand – und wieder liegt das Jahr 1400 mitten darin – nach und nach ein Europa nur noch der Phasenverschiebungen, das auf weiter zunehmenden Ausgleich hoffen durfte.

Auch die innerdeutsche Geschichte ist durch solche Entwicklungsunterschiede und Phasenverschiebungen gekennzeichnet. Noch heute liegen die großen Städte am Rhein auf dem linken Ufer

– außer den »Emporkömmlingen« Düsseldorf und Mannheim – und jene an der Donau auf der Südseite. Das Christentum hat sich im Moselland tausend Jahre früher zu Wort gemeldet als im Ordensland Preußen. Die Tatsache allerdings, daß die Krise des 14. Jahrhunderts deutlich langsamer durch Deutschland gewandert ist als dann die Wiedererholung im 15. Jahrhundert, mag – wieder von uns aus der Kanzel des Jahres 1400 betrachtet – für ein Zusammenwachsen des Landes sprechen.

II

Es war bisher von den Grundlagen die Rede, manchmal von weit entfernten Grundlagen, die zu begreifen helfen, wie die Welt um 1400 beschaffen war. Die Nahperspektive, gerichtet auf die Themen Kirche und Staat, tritt nun ergänzend hinzu.

Vermutlich zum letzten Mal – wenn dieses letzte Mal nicht schon um 1300 stattgefunden hat – ist an erster Stelle von der Kirche zu reden und damit auch von ihrer Krise. Die päpstliche Kirche des Mittelalters ist dabei unter drei Gesichtspunkten zu betrachten: als Pflegestätte des Glaubens von Volk und Eliten, als leistungsfähige Institution mit Lenkungsanspruch gegenüber der politischen Welt und als Kampffeld unterschiedlicher Lehrmeinungen.

Die wichtigste Antwort der Christenmenschen auf die Krise um 1400 war ihre intensive Frömmigkeit. Diese Frömmigkeit einte Papsttreue und Ketzer, auch die radikalsten, Leute jedes Standes und jeglichen Besitzes, unabhängig davon, welchen Alters oder Geschlechts sie waren und welche Sprache sie sprachen. Selbst wenn man sich genötigt sah, in Gegnerschaft zum gerade regierenden Papst zu treten – in seinem Glauben fühlte man sich dadurch nicht beeinträchtigt. Knaben nahmen am Schulunterricht primär zu dem Zweck teil, daß sie dienend bei der Messe dabeisein konnten, zur höheren Ehre Gottes, auch wenn sie von den lateinisch gesungenen oder gesprochenen Worten so gut wie nichts verstanden; erst sekundär ging es um Lesen und Schreiben. Das kirchliche Leben durchdrang den bäuerlichen, bürgerlichen und adeligen Lebensalltag, zwischen Geburt und Tod war man darin eingespannt und geborgen. Der Weihnachtsgeschichte im Evangelium, die eine agrarische Welt mit Hirten und Schafen beschreibt, fühlte man sich nahe – es war die Welt des eigenen Dorfes. Neben dem Wirtshaus für die Männer war die Dorfkirche der maßgebliche Begegnungs- und Versammlungsort für alle.

Daß diese Frömmigkeit die beiden Jahrhunderte, deren Mitte das Stichjahr 1400 bildet, in gleichartiger Weise umfaßte, ist eine Tatsache, die nur abgewandelt wird durch ihre weitere Zunahme zum Ende des Mittelalters hin und in das Zeitalter der Reformation hinein. Die Reformation kann als Fortsetzung und Gipfelpunkt mittelalterlicher Frömmigkeit gelten. Selbst wenn man zweifelte, tat man dies im Namen der heiligen Texte, die man dann anders, zumeist wörtlich und strenger verstand als die Autoritäten. Man füllte weiterhin den Himmel mit neuen Heiligen, gern mit hochgeborenen, die dann ein recht einseitiges Abbild der Sozialpyramide auf Erden, manchmal aber auch ein Abbild der irdischen Sorgen darstellten.

Die Merkmale dieser Frömmigkeit waren zum Teil eigenartig oder gar befremdlich. Besonders auffällig ist ihr quantitatives Moment: Es sollte möglichst viele Gebete, viele Opfer, eine vielfältige Nutzung der Sakramente und ausführliche religiöse Übungen geben. »Gezählte Frömmigkeit« hat man diese Form der Religionsausübung genannt. Zweifellos kommt hier jenes Moment der Ungewißheit, Desorientierung und Existenzangst zum Ausdruck, von dem schon die Rede war. Manche Formen der Volksfrömmigkeit entfernten sich ungeniert von der offiziellen, abstrakten und durchdachten Lehre der Amtskirche und ließen lokale Bräuche ungewisser Herkunft durchschimmern. Unverstandenes aus der lateinischen Kirchensprache machte magische Praktiken möglich. Die

Amtskirche mußte große Teile ihrer Autorität zur Eindämmung und Regulierung ausufernder Glaubensformen einsetzen – Aufrufe zum Kirchenbesuch oder Sakramentenempfang wären hingegen überflüssig gewesen. Wie hätte das auch nötig sein sollen, da kirchliches und weltliches Leben einander symbiotisch durchdrangen und manchmal kaum mehr unterscheidbar waren. So traten auch materialisierte Formen des Glaubens unvermittelt den Forderungen anderer nach mehr Innerlichkeit – etwa in Gestalt der niederländischen »Devotio moderna« Geert Grotes (gestorben 1384) – gegenüber. Tiefe Frömmigkeit konnte ohne weiteres mit Klerusfeindlichkeit einhergehen oder auch mit dem harten Durchsetzen städtisch-obrigkeitlicher Interessen gegenüber den lokalen Kirchen.

Auf dem Weg durch das 14. Jahrhundert erreichte die Institutionalisierung der Papstkirche ihren Höhepunkt in der gesamten Kirchengeschichte. Die Papstkirche war ein Staat im Sinne der Zeit, und zwar der umfassendste und am besten organisierte. Man denke nur an ihre riesige Ausdehnung – die größte, die irgendein mittelalterliches Gefüge je erreichte. Der Papst war wahrhaft ein Monarch, dem man in der Regel treuer und besser qualifiziert diente als irgendeinem weltlichen Würdenträger. Noch 1495 wird die erste einigermaßen wirksame Reichssteuer, der sogenannte Gemeine Pfennig, den jeder Deutsche über sechzehn Jahre entrichten sollte, nach Pfarreien und nicht nach irgendwelchen anderen Verwaltungseinheiten eingezogen werden. Dies geschah einfach deshalb, weil jeder Christ eindeutig zu einer Pfarrei gehörte und die Pfarrer als Amtsträger ungeachtet aller Klagen besser »funktionierten« als jede andere Gruppe öffentlich Bediensteter.

Das intellektuelle Leben spielte sich in Ländern mittleren Entwicklungsstandes – wie in Deutschland – um 1400 praktisch noch ausschließlich innerhalb der Kirche ab. In Italien und Frankreich verhielt es sich damals schon anders. Wer hierzulande mündlich oder schriftlich diskutierte und polemisierte, tat es wie sein Gegenüber als Glied der Kirche, also primär als Diener des Papstes, und wurde in der Regel auch vom kirchlichen Pfründenwesen finanziert. Sekundär mochte man dann noch Jurist, Schreiber, Lehrer oder Professor sein. Die Universitäten waren abgesehen von Italien in der Praxis geistliche Anstalten. Wer studierte, war normalerweise Kleriker, wenn auch zumeist nur Inhaber der niederen Weihen. Bei vielen blieb es lebenslang so. Man genoß dergestalt zwar die Privilegien des geistlichen Standes – Steuerfreiheit und weitgehende gerichtliche Immunität –, war aber von den Pflichten des Priestertums entbunden, auch von der Pflicht zur Ehelosigkeit.

Ein so großer »Apparat« kostete viel Geld. Das Geld wurde durch die päpstliche Besteuerung der Christen – unabhängig von den Steuern der Dorf- oder Stadtobrigkeit, des Landesfürsten und des Königs – von eigenen Amtsträgern eingezogen, verwaltet und wieder ausgegeben. Eine so große Schar von Klerikern, Hunderte in größeren und wohl Tausende in den allergrößten Städten, mußte auch nach innen und außen diszipliniert werden. Das heißt, neben das allgegenwärtige kirchliche Finanzwesen trat ein ebenso allgegenwärtiges kirchliches Gerichtswesen mit eigenen Amtsträgern und eigenen Interessen. Auch diese Justiz war teuer, doch funktionierte sie im allgemeinen besser als die weltliche Gerichtsbarkeit. Kein Wunder, daß Prozeßparteien auch in rein weltlichen Fragen gern das geistliche Gericht in Anspruch nahmen, was zu endlosen Kompetenzstreitigkeiten führte.

Dieses bürokratische Gesicht der Kirche war ein ganz anderes, als es die Welt der Frömmigkeit darbot: professionell und kühl. Mehr als die Hälfte der Räte am Hof Kaiser Karls IV. waren Geistliche, Fachleute als Träger seiner Regierung – und Karl war ein Meister der Politik. So nimmt es nicht Wunder, daß diese Seite kirchlicher Existenz vielen, auch vielen einflußreichen Kirchenmännern bedenklich oder gar bedrohlich erschien und ein sich stetig steigerndes Maß von Kritik auf sich zog, immer mehr auch Fundamentalkritik auf der Basis des Evangeliums. Der Ruf nach Reform, was auch immer damit konkret gemeint war, durchzog das christliche Europa. Zuerst in den höchstentwickelten Gebieten sich erhebend, erreichte dieser Ruf in der zweiten Hälfte des 14. Jahrhunderts auch Deutschland und wurde immer stärker und grundsätzlicher. Kritik zogen vor allem die kirchliche Verwaltung und Gerichtsbarkeit sowie deren Kosten auf sich.

Die Kritik an der Kirche fand konkrete Anlässe, die mit der Geschichte des Papsttums als politischer Macht zusammenhingen. Die Niederlage von Bonifaz VIII. gegen den König von Frankreich im Jahr 1303 hatte unter anderem zur Folge, daß das Papsttum – halb gedrängt und halb von eigener Überzeugung geleitet – 1309 Rom verließ und nach Avignon zog, nicht auf das Gebiet, aberwie jedermann wußte in den Einflußbereich des Königs von Frankreich. Jedoch war Rom als Hauptstadt der Christenheit so tief im Bewußtsein der Zeitgenossen verankert, daß dieses »babylonische Exil« der Kirche schon an und für sich ein Skandalon gewesen ist, wie unzählige Male auf das härteste formuliert wurde, ganz abgesehen von der politischen Verstrickung. Der endlich doch unternommene Versuch, sich daraus zu befreien, endete 1378 mit einer noch viel größeren Katastrophe: mit der Wahl zweier Päpste nacheinander und deshalb mit der Existenz zweier Päpste nebeneinander, nun in Rom und in Avignon. Diese Lage dauerte bis 1417 an. Seit 1409 gab es nach dem gescheiterten Reformversuch eines Konzils in Pisa acht Jahre hindurch sogar drei Päpste nebeneinander – eine Krise, wie sie schlimmer kaum vorstellbar schien. Zwei oder drei Päpste zur gleichen Zeit büßten schon infolge der gegenseitigen Verfluchungen jegliche moralische Autorität ein und waren obendrein politisch erpreßbar.

Es war die Stunde verantwortlicher Theologen und Kirchenjuristen zumeist von französischen und deutschen Universitäten, die nun aus christlichem Verantwortungsbewußtsein ihre Stimmen erhoben und Lösungen auch ungewohnter Art suchten, zur Not an den Päpsten vorbei. Man nahm kein Blatt vor den Mund: *Über den Schmutz an der römischen Kurie* war der Titel des Traktats eines Heidelberger Theologieprofessors nahe 1400. Beendet wurde das

Schisma auf dem ersten der großen Konzilien des 15. Jahrhunderts auf deutschem Boden: dem Konzil von Konstanz (1414–1418). Es war die größte Versammlung, die bis dahin im Mittelalter stattgefunden hatte. Von 1417 an gab es wieder nur einen Papst, der nach Rom zurückkehrte. Nicht bewältigt wurde die Reformfrage der Kirche. Wie hätten auch die in Konstanz und später in Basel zusammengeströmten Kleriker ihre eigenen Lebensinteressen mit Füßen treten sollen! Nichts in der mittelalterlich-neuzeitlichen Geschichte Europas scheint beharrlicher zu sein als eine Bürokratie und nichts schwerer besiegbar.

Nicht bewältigt wurde auch die dritte große Frage an das Konzil: die Frage nach dem angemessenen Umgang mit den Radikalen in der Kirche, die das Reformproblem durch den buchstäblichen Rückgriff auf den Text der Schrift zu lösen versuchten. Gewiß hatte die Amtskirche auch hier große Erfahrungen, war doch seit langem oder gar von Anfang an die Scheidewand zwischen Heiligen und Ketzern sehr dünn gewesen. In aufgeregter und verunsicherter Zeit fehlten jedoch Gelassenheit und Souveränität. Auch kann man nicht übersehen, daß abweichende Meinungen angesichts der generell zunehmenden Differenzierung oder auch Modernisierung öffentlicher Argumentation und mit dem Wachstum der Öffentlichkeit immer weniger leicht integrierbar waren. Johannes Hus, ein tschechischer Theologe mit mittlerem Universitätsrang, hatte in der Nachfolge des Oxforder Professors John Wyclif (gestorben 1384) sich immer mehr radikalisierende Reformforderungen erhoben. Auf der Plattform der großen Residenz- und Universitätsstadt Prag kamen sie um und nach 1400 gut zur Geltung. Schon fünfzig Jahre zuvor war am gleichen Ort harte Kirchenkritik geäußert worden, vor allem zugunsten der biblischen Armut der Kleriker und ihrer persönlichen Integrität sowie nach außen gewandt als Sozialkritik an der ständischen Gesellschaft. Im Jahr 1409 zerbrach darüber die Universität in Prag. Der Sohn Karls IV., König Wenzel (gestorben 1419), war der Lage nicht gewachsen. Auf dem Konzil von Konstanz, vor welches Hus geladen worden war, erwiesen sich Einigung und Integration als unmöglich. Zu viele Feinde hatte sich Hus daheim und ringsum geschaffen. In einer Stimmung der Ungewißheit und Aufgeregtheit wurde er verurteilt und hingerichtet. Durch Herrschaftskrise und Tod König Wenzels begünstigt, geriet Böhmen in eine schwere allgemeine, religiöse und politische Krise. Auch der Nachfolger Sigismund (gestorben 1437) vermochte der Lage lange Zeit nicht Herr zu werden. Die Reformer oder Revolutionäre, bald in verschiedene ständische und religiöse Gruppen zerfallen, ergriffen 1419/20 im Mit- und Gegeneinander in Innerböhmen die Macht.

Ein Blick auf die extremste Gruppe, die kurzlebigen Taboriten, genügt, um auszumessen, wie weit die Radikalisierung des Denkens und Handelns in generationenlanger, nun aber dramatisch zugespitzter Krisenlage äußerstenfalls fortschreiten konnte. Da Städte und Dörfer Böhmens von Gott zwischen dem 10. und 14. Februar 1420 vernichtet werden würden, müsse man nach alttestamentarischem Vorbild auf die Berge ziehen. Die Endzeit sei angebrochen. Es war der Rückzug aus jeglichen gewachsenen dörflichen, städtischen und adeligen Strukturen auf den kahlen Berggipfel, eben nach »Tabor«. Ein Gott wohlgefälliges neues Gemeinwesen sollte nach innen, eine Gottesstreiterschar gegen die verderbte Welt nach außen entstehen. Die Gruppe beschritt unter charismatischen Führern den Weg der Vernichtung, zunächst gerichtet gegen die Abweichler aus den eigenen Reihen, dann gegen die Feinde Christi, also gegen alle Nicht-Taboriten. In der Atmosphäre des Ausnahmezustandes, unter extremem Druck nach außen und innen wie auch von außen gelang immerhin die Stabilisierung eines so unerhörten Experiments für ein Dutzend Jahre, bis es seinerseits von der Übermacht der Gemäßigten militärisch vernichtet wurde. Was von Tabor blieb, erbat und erhielt von Kaiser Sigismund den Status einer königlichen Stadt mit dem kaiserlichen Adler im Wappen. Die »Reaktion« hatte vollständig gesiegt.

Bestand hatten indessen, zum ersten Mal im katholischen Mittelalter und mitten im Reich, ein gemäßigter Hussitismus und einige stille Sondergruppen in Innerböhmen. Die Papstkirche mußte sich damit abfinden, daß neben ihr eine inselhafte papstfreie Kirche fortexistierte. Es war dies eines von vielen Anzeichen dafür, daß die alte geistige und politische Führungsrolle nicht mehr im vollen Umfang oder sogar überhaupt nicht mehr bestand und nun von anderen Mächten übernommen wurde. Wir fassen sie unter dem Begriff »Staat« zusammen.

Der Staat ist kein zeitloses Phänomen, sondern nach und nach auf einem langen Weg entstanden: zwischen dem 13. und dem 18. Jahrhundert. Es gab immer mehr Staat und immer weniger Herrschaft – so wird man diesen Tatbestand formulieren dürfen. Für die Zeit um 1400 könnte man annähernd eine etwa gleichgewichtige Mischform aus der Herrschaft, der älteren monarchisch-aristokratisch-konkreten Lebensform des Gemeinwesens, und dem Staat als abstraktem Anstaltsstaat konstatieren – wenn nur das christliche Europa entwicklungsgeschichtlich eine Einheit gewesen wäre. Weil dem aber – wie wir schon wissen – nicht so gewesen ist, trifft man an einem bestimmten Stichjahr ganz verschiedene Herrschafts- oder Staatsformen an, gestaltet je nach den konkreten Rahmenbedingungen und ereignisgeschichtlichen Sondersituationen. Den modernsten Formen des Gemeinwesens begegnet man wiederum im Süden und im Westen des Kontinents, den altertümlichsten im Norden und Osten. Dazwischen die Mitte: Deutschland.

Die Machtentfaltung des Gemeinwesens in Defensive und Offensive konnte genausogut von der Existenzform der Herrschaft wie der des Staates den Ausgang nehmen und endlich auch von Formen, die nicht in europäische Rechtsbegriffe gefaßt werden können. Wir stehen damit vor der Frage, welchen Anteil außereuropäische, nicht dem christlichen Regelwerk verpflichtete Kräfte am politischen Spiel des Kontinents um 1400 besaßen. Es dürfte keine Jahrhundertwende in der europäischen Geschichte geben, an welcher dieses Thema sich nicht gestellt hat. Im Stichjahr 1400 konnte man das maurische Problem – die muslimischen Restpositionen auf der Iberischen Halbinsel – als im wesentlichen zugunsten der Christen geklärt ansehen; es wird vor dem nächsten Jahrhundertdatum vollends erledigt sein. Heinrich der Seefahrer, Prinz von Portugal, wird 1416 die erste jener Expeditionen aussenden, die an der Westküste Afrikas südwärts segelnd das »Zeitalter der Entdeckungen« einleiteten. Das Wissen von der Kugelgestalt der Erde war nie verlorengegangen. Im Jahr 1406 wurde die lateinische Übersetzung der *Geographie* des Griechen Ptolemäus beendet, die dem mittelalterlichen Wissen von der Erde das antike hinzufügte und zum maritimen Ausgreifen vom Mittelmeerraum aus lockte. Zum letzten Mal steht um 1400 der alte Kontinent sinnvoll in der Mitte der historischen Wißbegierde; demnächst wird es neben diesem die auf Europa bezogene, von diesem »entdeckte« ganze Welt sein, von der auch zu sprechen ist.

Kein Problem bot der Osten hinter Polen-Litauen, denn noch wandten die Kräfte des russischen Raumes der päpstlichen Christenheit gleichsam den Rücken zu. Alle Sorgen konnten sich auf die Südostflanke konzentrieren, in der Richtung nach Kleinasien, wo sich das kriegerische Volk der osmanischen Türken ausdehnte. Das Kaiserhaus der Luxemburger hatte 1387 den jüngeren Sohn Karls IV., Sigismund, der schon bei der Hussitenfrage erwähnt worden ist, zum König des benachbarten Ungarn gemacht. Sigismund aber hatte kein Waffenglück gegen die Osmanen, die schon die orthodoxen Serben in der Schlacht auf dem Amselfeld 1389 überrannt hatten. Sieben Jahre später, bei Nikopolis, ereilte den König von Ungarn das gleiche Schicksal. Noch hielt das beinahe schon eingekreiste Konstantinopel/Byzanz, das 1422 erstmals ernsthaft angegriffen werden sollte, stand. Es würde sich – dessen konnte man sicher sein – bis zum äußersten wehren, auch ohne viel westliche Unterstützung. Der Fall des »Zweiten Rom«, der dann den Weg für die Rolle Moskaus als des »Dritten Rom« freimachen sollte, wird 1453 stattfinden. Doch war die Lage Ungarns, der letzten christlichen Bastion vor der Reichsgrenze, nun schon beängstigend geworden. Über feierliche Worte hinaus war mit konkreter Solidarität der europäischen Monarchen nicht zu rechnen. Der König von Frankreich wird sich sogar, wenn die Habsburger im 15. Jahrhundert den Donauraum verteidigen werden, vor die Versuchung gestellt sehen, zu Lasten der konkurrierenden Großdynastie mit dem Sultan zu konspirieren. Er wird dieser Versuchung nachgeben.

Das papstchristliche Europa war um 1400, genauso wie um 1300 und um 1500, ein Kontinent der Monarchien. Auch die »Republik« Venedig verhielt sich nach außen hin wie eine solche. Es geschah innerhalb der Monarchien, daß sich Herrschaft nach und nach zum Staat wandelte. Sie bildeten vom 10. bis zum 19./20. Jahrhundert, ja beginnend schon in der Merowinger- und Karolingerzeit, einen Kontinuitätsfaktor, den man in seiner Bedeutung kaum überschätzen kann. Die Wandlungsfähigkeit dieser Staatsform darf man erstaunlich nennen. Dies ist um so wichtiger, als der moderne Staat, der aus der Monarchie hervorgegangen ist, das wohl wichtigste Vermächtnis unseres Kontinents an die außereuropäische Welt darstellt.

Die vornehmsten Adeligen Europas, die Monarchen, gingen miteinander – jedenfalls im Mittelalter – normalerweise so um, daß die Unterschiede ihrer Länder im Entwicklungsniveau nicht oder noch nicht machtpolitisch ausgenutzt wurden. Man bildete eher eine »Familie der Könige« und schien sich dessen bewußt zu sein, daß die christliche Lehre unverhüllten Machtansprüchen im Weg stand oder solche rechtmäßig gar nicht aufkommen ließ. Das Kernwort des Handelns von damals war Legitimität. Ein legitimer Anspruch mußte bestehen, wenn ein Konflikt regelhaft ausgetragen wurde. Legitim war vor allem Dynastisches in Gestalt von Erbansprüchen oder von Rechten, die aus dynastischen Ehen abgeleitet wurden. Legitimität war auch deshalb nötig, weil ein Konflikt dem Adel der Monarchie plausibel gemacht werden mußte, auf dessen militärische und finanzielle Ressourcen jeder König angewiesen war.

Man durchschaut das Miteinander, Gegeneinander und Nebeneinander der europäischen Monarchien um 1400 wohl am besten, wenn man das langfristig Bestehende ins Auge faßt. Dann erkennt man, daß sich in Europa eine bestimmte Zahl von überregionalen Konstellationen ausgebildet hat, die zunehmend mit der Begrifflichkeit moderner Außenpolitik beschrieben werden können. Allerdings darf man diese Konstellationen bei weitem noch nicht als gleichartig und gleichrangig begreifen – im Gegenteil: Die Unterschiede in der Struktur sind wesentlich.

Die weitaus wichtigste Konstellation bildete im Westen des Kontinents der Gegensatz zwischen dem König von Frankreich und dem König von England. Diesen Personen und Ländern ordneten sich freund-feindlich und manchmal satellitenhaft die Iberische Halbinsel, Schottland, die Bretagne, Flandern und ansehnliche Teile des westlichen Reichsgebiets zu. Es entwickelte sich beiderseits des Ärmelkanals eine langwährende Erzfeindschaft, die erst am Anfang des 20. Jahrhunderts – unter unfreiwilliger Mithilfe Deutschlands – aus der Welt geschafft worden ist. Ursachen waren Erbansprüche des englischen Königs nach dem Aussterben der Capetinger, der alten französischen Dynastie, und Konflikte um den Lehnsbesitz der englischen Krone, der mehrere französische Herzogtümer umfaßte. Kulturell handelte es sich um ein weithin einheitliches Gebiet – am englischen Hof sprach man Französisch, trank französischen Wein und folgte französischer Etikette und Mode.

Der im Jahre 1335 begonnene Hundertjährige Krieg zwischen beiden Dynastien befand sich um 1400 gerade in einer Ruhepause. Vernichtende Siege der Engländer über die Franzosen waren vorausgegangen und sollten bald wieder folgen. Eigentlich war es ein ungleicher Kampf, denn die Einwohnerzahl und die Ressourcen Frankreichs waren um ein Mehrfaches größer. Paris war die weitaus bedeutendste Stadt des nordalpinen Europas. Doch dauerte es mehrere Generationen, bis diese Überlegenheit militärisch nutzbar gemacht werden konnte; bis dahin hat Frankreich katastrophale Niederlagen hinnehmen müssen. Viel wichtiger jedoch als der Kriegsverlauf im einzelnen war das unerhört hohe Maß an Herausforderung, das in diesem Kampf um Leben und Tod auf beiden Ländern gelastet hat. Man hat mit Recht gesagt, daß Königreiche in diesen Krieg eingetreten und Nationen aus ihm herausgekommen seien. Fortan klar abgegrenzt und vor allem durch die Anstrengung aller Kräfte staatlich, finanziell und militärisch durchgeformt und aktiviert, mit einem soliden Nationalbewußtsein ausgestattet und in zeitgemäßer Form zentralisiert, stellte sich als Hauptergebnis des Krieges für beide Länder der Gewinn eines beträchtlichen strukturellen Vorsprungs vor den Nachbarn dar, wozu dann noch – in Richtung auf die Mitte Europas – der Vorteil entwicklungsgeschichtlicher Begünstigung trat. Die Geschichte der Neuzeit wird davon bestimmt sein.

Hundert Jahre zuvor hätte man unter solchen Aspekten nicht zuerst nach Frankreich und England, sondern auf den westlichen Mittelmeerraum geblickt. Man wäre auf eine kompakte, wenngleich heftigen Schwankungen unterworfene Konstellation gestoßen, die rund um die Monarchie des Papstes angeordnet gewesen ist. Man hätte auch keine modernere Region benennen können. In immer höherem Maß jedoch hat das Schicksal der Kleinteiligkeit und Kleinräumigkeit, das offenbar Zonen mit reicher und differenzierter Geschichte am ehesten trifft, und demgemäß auch das Schicksal zu geringer Machtakkumulation den Mittelmeerraum auf eine niedrigere Ebene politischen Handelns versetzt. Bald wird es sich nur noch um Figuren im Spiel auswärtiger Mächte handeln. Gewiß hat es in solchen kleineren und zugleich hochentwickelten Räumen interessante Spezialkonstellationen gegeben und erst recht das erregende Nebeneinander von kultureller Höchstblüte und schwindender Macht, doch vermag man im großen Maßstab nur noch den Tatbestand politischer Passivität und mangelnder Wettbewerbsfähigkeit zu registrieren.

Neben West- und Südeuropa bestanden zwei weitere großräumige Konstellationen von Monarchien, jedoch von weitaus geringerer Bedeutung. Zuerst zu nennen, schon weil sie auch an das Mittelmeer angrenzte, ist die ostmitteleuropäische Konstellation aus Österreich, Böhmen, Ungarn und Polen-Litauen. Diese Konstellation gehörte wie die anderen großen europäischen Systeme zum Teil dem Reich an, hier ziemlich genau zur Hälfte mit Österreich und Böhmen, zum anderen Teil kann man sie – zuerst ein wenig in Konkurrenz zum Papsttum und zum Haus Anjou – als hegemonial dem Reich zugeordnet denken. Kaum darf man hier schon von Außenpolitik reden, sondern am besten von dynastischen oder gar von Familienbeziehungen der Herrscher. So wird diese Konstellation künftig fast gänzlich dem Kaiserhaus der Habsburger anheimfallen. Die in der Hauptsache kontinentale Lage machte sie vergleichsweise am unbeweglichsten, und nicht minder die Bedrohung durch die Osmanen. Diese bestand bis ins 18. Jahrhundert. Altertümlicher, schon wegen der Zurückgebliebenheit Skandinaviens, war nur noch die Konstellation rings um die Ostsee. Vorerst waren die deutschen Herzogtümer der Südküste zusammen mit den Hansestädten am stärksten. Auch dieses System mochte schon wegen der monatelangen Schließung der Ostsee in der kalten Jahreszeit zeitweilig wie gelähmt wirken, jedenfalls handelte es sich um eine gleichsam lokale Angelegenheit an der Peripherie, an der bestenfalls eine Anzahl englischer Kaufleute von Westen her und ein päpstlicher Legat vom Süden aus Anteil nahmen. Rußland hatte in beiden Fällen, solange das Mittelalter währte, noch kein Interesse.

Die Stabilität dieser »außenpolitischen« Konstellationen ist um so mehr zu betonen, als die Monarchien um das Jahr 1400 beinahe überall in Europa eine Generation der Krise aufwiesen. Man kann dieses Phänomen im strengen Sinn nicht erklären. Es muß wohl genauso als zufällig angesehen werden wie das Auftreten einer Generation starker Herrscher unmittelbar davor. Aus dieser Gruppe ist Kaiser Karl IV. mehrfach hervorgehoben worden. Als er 1377/78 kurz vor dem Tod den französischen König, seinen jungen Verwandten, in Paris besuchte, haben sich die beiden mächtigsten Männer der christlichen Welt getroffen. Das wichtigste erkennbare Ergebnis bildete das Bestreben, das Schicksal der beiden damals gleichsam dynastisch verfügbaren Königreiche Ungarn und Polen abschließend zu entscheiden, als Aufteilung zwischen den Familien von Kaiser und König. Aber der dynastische Zufall und der heimische Adel entschieden anders. Polen erhielt zwar wirklich eine neue Dynastie, jedoch aus der litauischen Nachbarschaft und nicht aus dem Westen. Statt Polen wurde Ungarn luxemburgisch und anschließend durch Erbgang habsburgisch.

Die Könige der Generation nach Kaiser Karl waren, wohin man auch blickt, gleichsam Zerrbilder idealer Monarchen. König Wenzel (gestorben 1419) scheiterte im Reich, weil er in seinem Erbland Böhmen zuerst vor dem Widerstand des Adels und dann vor der Hussitenfrage zurückgewichen war. Die Kurfürsten setzten ihn im Jahre 1400 ab. Mit seinem Bruder Sigismund erlosch das Haus Luxemburg 1437 und vererbte seine Kronen und Kronansprüche an die glücklicheren Habsburger, die das kommende halbe Jahrtausend entschieden mitbestimmen werden. Der König von Frankreich, Karl VI. (gestorben 1422), wurde geisteskrank und überließ sein Land erbitterten Parteikämpfen zwischen den Herzögen. Einem Mordanschlag unter grauenvollen Begleitumständen entkam er nur mühsam. Frankreich geriet, zumal der Hundertjährige Krieg wieder aufflammte, unmittelbar an den Rand des Untergangs, wenn es nicht von der Jungfrau von Orléans oder – wie viele glaubten – von Gott selbst gerettet worden wäre. Der englische König Richard II. wurde abgesetzt und starb im folgenden Jahr 1400 unter sehr unklaren Umständen im Gefängnis. Der Hochmeister des Deutschen Ordens, der dem fürstlich-monarchischen Status immer näherrückte, fiel 1410 in der verlorenen Schlacht von Tannenberg gegen die Polen. Von da an datiert man den Niedergang des Ordenslandes Preußen. Schwache Könige registriert man auch in Spanien.

Wir werfen zum Schluß unter dem Aspekt von Kontinuität und Wandel noch einen Blick auf den Status des deutschen Reiches um 1400 mit seiner besonders komplexen Geschichte und vielgestaltigen Gegenwart in der Mitte Europas. Mit dem Wort »Monarchie« kann man die Verfassung Deutschlands nicht ausreichend beschreiben, obwohl es sich auch um eine Monarchie gehandelt hat. Daß die Legitimität des Reiches so fest gegründet war, daß darauf fundiertes historisches Denken beinahe wichtiger gewesen ist als konkretes politisches Handeln, verdanken die Deutschen dem Erwerb der Kaiserwürde durch Otto den Großen im Jahr 962. Dieser Akt verankerte das Kaiserreich unumstößlich in der Tradition des Römischen Reiches der Antike und in der Autorität Kaiser Karls des Großen. Kein anderer Monarch des päpstlichen Europas konnte je diesem Rang gleichkommen. Die Kaiserwürde strahlte auf das Reich aus und legte sich wie ein Mantel um Verfassungsstrukturen, die bis zum Ende des Mittelalters reichlich unfertig und im Vergleich zu West- und Südeuropa von bestenfalls mittlerer Qualität gewesen sind. Ja, dieser Mantel bewirkte noch mehr. Die Glieder der zahlreichen Stämme oder Völker, die in karolingischer Tradition übernommen oder vom Erfolg der Kaiser gesammelt und bis ins 14./15. Jahrhundert weiterhin gemehrt worden sind, konnten sich nach und nach als Deutsche verstehen, als ein Volk, das jenen älteren, kleineren Völkern übergeordnet ist. Das deutsche Gemeinwesen ist also älter als das deutsche Volk. Sehr verschiedene und tiefgreifende innenpolitische Wandlungen fanden im Schutz jenes Mantels statt, bis dann am Ende des Mittelalters in großer Eile ein einigermaßen tragfähiges Binnengerüst gezimmert worden ist – unter dem Druck einer Herausforderung ähnlich derjenigen, die im Hundertjährigen Krieg Frankreich und England zugestoßen war.

Zu den Wandlungen, die innerhalb jener umfassenden Kontinuität um 1400 am wichtigsten waren, zählt der Wettbewerb dreier großer Dynastien um die Krone: der Habsburger, der Luxemburger und der Wittelsbacher. Dieser Wettbewerb hatte um 1350 erstmals das ganze Reich von der Ostsee bis zum Alpensüdrand polarisiert. Vorerst setzten sich die Luxemburger durch (1346/47–1437), abgesehen von einem kurzen wittelsbachischen Zwischenspiel (1400–1410). Seit 1438 obsiegten die Habsburger. Weil das Deutsche Reich ein Wahlreich war, in welchem sich sieben Kurfürsten von

Herrscher zu Herrscher immer neu entscheiden mußten – so weit die Machtverhältnisse dies zuließen –, konnte sich wirkliche monarchische Stabilität nicht ausbilden, auch nicht eine allgemein anerkannte Zentrallandschaft oder eine Hauptstadt wie Paris und London. Die Erblande, also der »Privat«-Besitz des Kaisers, hätten wie in Frankreich und England zuletzt das ganze Reich oder große Teile davon umfassen müssen, um die dynastische Konkurrenz ausschalten zu können. Dazu kam es nicht, weil den einzelnen Herrscherfamilien nicht genug Zeit beschieden war. In der luxemburgischen und später der habsburgischen Ära, als es wieder lange Herrschaftsperioden gab, waren die territorialen Verhältnisse schon so befestigt, daß ihr Aufbrechen von oben her nicht mehr gelang. So ging der Wettlauf um den Staat für den Kaiser verloren. Gewinner waren die Territorialfürsten, ungefähr zwanzig an der Zahl, ungerechnet die noch zahlreicheren geistlichen Reichsfürsten. Innerhalb des vielzitierten weiten Mantels des Kaisertums konnte also nur eine Kompromißlösung, ein gleichsam zweistöckiges System von Staatlichkeit verwirklicht werden – die Vorläuferin des Föderalismus, wie wir ihn heute kennen.

Am Ende des 15. Jahrhunderts, von etwa 1470 an, wird unter dem Druck der Türken, Ungarn, Burgunder und Franzosen, unerbittlicher Feinde, jene Kompromißlösung zustande kommen – wohl gerade noch rechtzeitig –, die das Reich in das Mächteeuropa der Neuzeit hinüberführte. Die Lösung bestand in der Etablierung des Reichstages, als dessen Glieder die Kurfürsten, Fürsten, Prälaten, kleineren Herren und Städte ein institutionalisiertes Mitspracherecht gewannen – ungefähr parallel zu den finanziellen Leistungen, die sie fortan aufzubringen hatten. Dieses »Reichstagsdeutschland« trat dem »Erbländischen Deutschland«, den Hausländern des Kaisers, die dieser vom Reichstag fernzuhalten suchte, und einem »dritten« Deutschland gegenüber, das keinem der beiden anderen Gebilde angehören wollte oder konnte, so erging es vor allem der Schweiz und Livland. Damit waren die Bahnen der neuzeitlichen

Zukunft vorgezeichnet. Offenbar ist es ein Kennzeichen der Geschichte Europas, daß selbst ein punktueller Blick auf eine weit zurückliegende Station der Vergangenheit Zuständen und Tatsachen begegnet, die uns angehen, selbst wenn inzwischen sechshundert Jahre verstrichen sind.

1500

Heinz Schilling

Neue Welten und die Spaltung der Kirche – die »Zeit der Reformationen«

Am 24. Dezember 1499 nachmittags vor der Vesper feierte das ewige Rom – seit der Eroberung Konstantinopels durch die muslimischen Osmanen im Jahr 1453 nun alleinige »caput mundi« der Christenheit – den Auftakt der bevorstehenden Jahrhundertwende, die zugleich den Übergang vom dritten zum vierten Halbmillennium christlicher Geschichte bedeutete. Auf der »sedia gestatoria«, dem Tragsessel der Päpste, thronend und mit der Tiara, den drei Kronen seiner geistlichen und weltlichen Herrschaften, auf dem Haupt, ließ sich Papst Alexander VI. in feierlicher Prozession nach St. Peter tragen. In seiner linken Hand hielt er eine brennende vergoldete Kerze, mit der rechten segnete er das Volk von Rom und die Pilger, die zu diesem Anlaß in die Heilige Stadt geströmt waren. Begleitet wurde der Papst von einer großen Schar von Geistlichen und Prälaten, an ihrer Spitze sämtliche Kardinäle, die wie ihr Oberhaupt lange brennende Kerzen in Händen trugen.

Vor der Peterskirche hielt der Zug an, und Alexander VI. schritt, begleitet von den Antiphonen des päpstlichen Chores, zu der noch vermauerten Heiligen Pforte, die von der Vorhalle in die Kirche führte. Dort wurde ihm ein zeremonieller Prunkhammer gereicht – Sinnbild für die heilige Kraft Moses, aus totem Felsen lebenspendendes Wasser zu schlagen (2. Mose 17,1–7), und zugleich Anspielung auf die päpstliche Schlüsselgewalt, die Offenbarung 3,7 zufolge die Päpste öffnen läßt, wo niemand zuschließt, und zuschließen läßt, wo niemand öffnet. Und während der Chor die Verheißung des Psalmisten – »Aperite mihi portas iustitiae. Haec porta Domini, iusti intrabunt in eam. Introibo ad domum tuam.« (Öffnet mir die Tore der Gerechtigkeit. Durch dieses Tor des Herrn werden die Gerechten eintreten. Ich werde hineingehen in Dein Haus.) – anstimmte, schlug der Papst dreimal an die Vermauerung der Heiligen Pforte und löste so die ersten Steine für den geheiligten Zugang in das Haus Gottes, den dann die bereitstehenden Maurer ganz öffneten. Als erster überschritt Alexander selbst die Schwelle, gefolgt von den Kardinälen, Prälaten, Priestern und dem Rest der feierlichen Prozession. Für diesen Moment sah das Zeremoniell den Te-Deum-Gesang vor. Doch zum tiefen, nachträglichen Bedauern des päpstlichen Zeremonienmeisters Johannes Burckhardt, durch dessen Tagebuch wir so genau über diese römische Jahrhundertfeier unterrichtet sind, waren »das Gedränge und die Aufregung so groß, daß sowohl der Papst wie wir das Te Deum vergessen haben«. In der Basilika folgte dann der Vespergottesdienst, zelebriert vom Papst und assistiert von den höchsten Prälaten seines Hofes – feierlicher Abschluß des Eröffnungszeremoniells, mit dem Rom und der christliche Erdkreis sich für den Eintritt in ein neues Jahrhundert rüsteten.

Alexander VI. Borgia, der wie kein zweiter Glanz und Abgrund des Renaissancepapsttums verkörpert, hatte sich sorgfältig auf den Wechsel des Säkulums vorbereitet. Seine Sinnlichkeit, die ihn immer wieder zu unerhörten, die Christenheit tief erschütternden Ausschweifungen und Lastertaten verführte, gab ihm zugleich ein waches Gespür für die Würde seines Amtes als Pontifex maximus und für die damit verbundenen Möglichkeiten, der Christenheit und Europa – was damals noch als eins galt – den Weg zu weisen. Und entschiedene Führung tat not in einem Moment, in dem Seefahrer und Eroberer die Grenzen Europas sprengten, unbekannte Meere durchfuhren, neue Welten entdeckten und auch im Innern des Kontinents umstürzende Veränderungen im Gange waren. Nachdem vor allem portugiesische Seefahrer bereits seit Generationen die Grenzen der bekannten Welt immer weiter nach Süden und

Südwesten verschoben hatten, war es dem Genuesen Christoph Kolumbus 1492 gelungen, den Europa im Westen begrenzenden Ozean vollends zu durchqueren. Der Kontinent, auf den er dabei stieß, bedeutete für die Europäer eine gewaltige Herausforderung – nicht nur in dem Sinne, daß dort unbekannte Welten und schier unerschöpfliche Reichtümer lockten. Vor allem erschütterten die Entdeckungen der Spanier, zu denen Kolumbus ja nur das Tor aufgestoßen hatte, das Welt- und Menschenbild der Europäer.

War die Welt doch keine Scheibe, wie es seit der Antike gelehrt wurde? Was sollte man von den Lebewesen halten, auf die man dort traf? Konnten es Menschen sein, obgleich Gott ihnen die Gnadenbotschaft seiner Menschwerdung vorenthalten hatte? Und was bedeutete das alles für den Heilsplan des Allmächtigen, in dem die europäische Christenheit sich eingerichtet hatte wie in einem ihr allein zustehenden Besitz? Mit diesen Fragen waren Humanisten, Juristen und vor allem Theologen beschäftigt, ohne bereits sichere Antworten gefunden zu haben. Vordringlicher, jedenfalls rascher zu entscheiden war die Machtfrage, und ganz selbstverständlich wurde sie unter Vermittlung des Papstes als Oberhaupt der Christenheit gelöst: 1494 hatte der Vertrag von Tordesillas, der 1529 in Saragossa erweitert und präzisiert werden sollte, die neuentdeckten Länder und Meere zwischen Spanien und Portugal aufgeteilt, und zwar entlang einer nordsüdlich quer durch den Atlantik und über den südamerikanischen Kontinent verlaufenden Demarkationslinie. Das heutige Brasilien, die Küsten Afrikas und Asien, vor allem das 1498 durch Vasco da Gama erstmals auf dem Seeweg um das Kap der Guten Hoffnung erreichte Indien, fielen den Portugiesen zu, während sich das spanische Weltreich nach Westen entfaltete, in Amerika, später auch im Pazifik, vor allem auf den Philippinen.

Der Ausdehnung der bekannten Welt folgte auf dem Fuß eine Revolution des Verkehrs und des Handels. Es begann die Zeit, in der alljährlich Konvois von Handelsschiffen nach Amerika, Afrika und Indien zogen, um Europa mit »Kolonialwaren« zu versorgen –

Gewürzen, Tee, Kaffee und Zucker vor allem –, aber auch mit Edelsteinen, Gold und Silber. Letzteres kam vorwiegend aus den schier unerschöpflichen Minen im mexikanischen Zacatecas oder von Potosí im Hochland Perus. Daß die zur Ausbeutung dieser Reichtümer eingesetzten einheimischen Indios wie Fliegen dahingerafft wurden, kümmerte in Europa noch kaum jemanden. Die Kaufleute lösten das Problem, indem sie darangingen, die widerstandsfähigen Einwohner Schwarzafrikas einzufangen und in dichtgedrängten Schiffsladungen nach Mittel- und Südamerika zu verschiffen. Die meisten Theologen und Intellektuellen nahmen an all dem kaum Anstoß. Einzelne aber erhoben ihre Stimme, um anzuklagen und die europäischen Kolonialherren auf ihre humanen Pflichten gegenüber den Menschen in Amerika und Afrika festzulegen – so der Dominikaner und Indiomissionar Bartholomé de Las Casas (1474–1566), der mutig von Kaiser Karl V. selbst Umkehr in der Südamerikapolitik forderte, oder Francisco de Vitoria (1483/93–1546), Dominikaner auch er. Als Universitätsprofessor begründete De Vitoria die bald blühende Völkerrechtsschule in Salamanca und legte mit seinen Rechtstraktaten *De Indis* und *De iure belli* den Grundstein für die rechtstheoretische und rechtspraktische Integration der neuen Länder und ihrer Einwohner in das Natur- und Völkerrecht.

Um 1500 waren es allerdings weniger die von der eben erst einsetzenden europäischen Übersee-Expansion aufgeworfenen Probleme und Chancen, die Politiker und Kaufleute, aber auch Theologen und Rechtsdenker beschäftigten. Beunruhigt war man vor allem durch das Vordringen der muslimischen Osmanen, die von Kleinasien her ihr Weltreich nach Westen zunächst an den Rand des Mittelmeeres, bald auch in dessen östliche Inselwelt hinein verschoben. Das bedeutete nicht nur den Fall von Konstantinopel/Byzanz, der einst gewaltigen Hauptstadt der oströmisch-griechischen Christenheit. Die neue türkische Herrschaft blockierte auch die traditionellen Handelswege durch die Levante, über die seit Generationen Gewürze und andere Orientwaren vor allem nach Venedig kamen und von dort ins nordalpine Europa weitergeleitet wurden. Die intensive Suche nach Seewegen westwärts und in den Südatlantik hinab, die zur Entdeckung Amerikas führte, war durch diese Handelskrise in der Levante ausgelöst worden. Der alte, von Venedig beherrschte Orienthandel sollte dann im heraufziehenden Jahrhundert einen weiteren, seine Grundfesten erschütternden Stoß erhalten, als 1522 die Insel Rhodos an die Türken fiel.

So bahnte sich bereits ausgangs des 15. Jahrhunderts jener welthistorische Umschwung in den europäischen Wirtschaftsverhältnissen an, der innerhalb der nächsten Generationen eine Verlagerung der wichtigsten und vitalsten Wirtschaftszentren vom Mittelmeer und Norditalien an den nordöstlichen Atlantiksaum bringen sollte, wo zwischen den Niederlanden, Nordfrankreich und England eine Art Modernisierungsdreieck entstand. Es kam zu einer starken Zunahme des Schiffsverkehrs in Nord- und Ostsee, die heutige Wirtschaftshistoriker die erste Verkehrsrevolution der Neuzeit nennen.

Angestoßen wurde das keineswegs durch die Entdeckung Amerikas. Vielmehr waren zeitlich parallel zu den Schwierigkeiten im östlichen Mittelmeer im Norden Europas Verkehr und Handel rasch angewachsen, und es hatte sich ein regelmäßiger Warenaustausch zwischen Westeuropa und dem Baltikum etabliert. Er lag vor allem in der Hand niederländischer Frachtfahrer, die alljährlich schiffladungsweise Gewerbeprodukte des Westens, vor allem hochwertige Luxusgüter bis hin zu ganzen Hochaltären, durch den dänischen Öresund nach Osten transportierten, um von dort die im Westen dringend benötigten Naturgüter Skandinaviens und des Baltikums zurückzubringen – Honig und Bernstein, Holz und Pech für den rasch expandierenden Schiffsbau, dazu die Güter der extensiv aufblühenden Landwirtschaft, vor allem das Korn der weiten Weichsel-Niederungen.

Als dann im neuen Jahrhundert dieser »Mutterhandel«, wie die Niederländer die Ostseeschiffahrt nannten, durch den Handel nach Westen über Sevilla und den Atlantik in die neue Welt ergänzt wurde, war deutlich, daß die im Mittelalter vorherrschende Süd-Nord-Achse bei den europäischen Haupthandels- und Verkehrswegen durch die nord- und nordwesteuropäisch-atlantische West-Ost-Achse mit den wichtigsten Umschlagplätzen in den Niederlanden, Nordfrankreich und England abgelöst werden würde.

Die Menschen, die in den Jahrzehnten um 1500 lebten, konnten diese Veränderungen natürlich allenfalls erahnen, ohne ihre Folgen im entferntesten abschätzen zu können. Außerdem brachen die alten Handelszentren ja keineswegs von heute auf morgen zusammen. Venedig blieb bis ins 17. Jahrhundert hinein ein wichtiger Knotenpunkt. Nördlich der Alpen blühten der frühe Handelskapitalismus Oberdeutschlands und das aufs engste mit ihm verknüpfte Montangewerbe im Harz, im Erzgebirge und in den Alpen ausgangs des 15. Jahrhunderts überhaupt erst auf. Für die vier, fünf Jahrzehnte um die Jahrhundertwende läßt sich daher von einer süd- und mitteldeutschen Zeit der europäischen Wirtschaft sprechen, als die großen oberdeutschen Handelshäuser den Ton angaben.

Das größte und berühmteste unter ihnen, das Familienunternehmen der Fugger, tätigte unter seinem Oberhaupt Jakob dem Reichen im ersten Drittel des 16. Jahrhunderts seine Geschäfte europaweit und in enger Symbiose mit den Herrschern der Zeit – den Päpsten ebenso wie den Kaisern. Auf vier Pfeilern ruhten die Handelshäuser nach Art der Fugger: auf dem Verlag, also der Organisation gewerblicher Massenproduktion vor allem von Textilien, dem Fernhandel, dem Bergbau und Bankgeschäften. Von seinem Palais am Augsburger Weinmarkt aus dirigierte Jakob Fugger ein Weltunternehmen, das Erzgruben im Karpatenbogen, im Erzgebirge und in den Alpen ebenso umfaßte wie ein europäisches Alaun- und Quecksilbermonopol und ein Handelsnetz, das zeitweilig sogar bis in die Neue Welt reichte. Mehr und mehr wurden die Fugger zu Haus-, Hof- und Staatsbankiers deutscher und europäischer Fürsten, allen voran der Habsburger, denen sie in einem entscheidenden Augenblick das Kaisertum sicherten, als es nämlich 1519 darum ging, hinreichend Geld zur Verfügung zu stellen, um die deutschen Kurfürsten bei der Kaiserwahl von dem Kandidaten Franz I. von Frankreich abzubringen und ihre Stimmen dem spanischen König Karl zu sichern, dem habsburgischen Enkel des eben verstorbenen Kaisers Maximilian I.

Die politische und kulturelle Kraft des Reiches gründete nicht zuletzt auf dieser im ersten Drittel des 16. Jahrhunderts noch stabilen Wirtschaftsblüte. Besonders deutlich wird das im Falle der Reformation, deren Erfolg schwer vorstellbar wäre ohne den Reichtum und das politische Ansehen, die Luthers Landesherrn, Kurfürst Friedrich dem Weisen, aus den Erzvorkommen sowie dem Handels- und Gewerbeaufschwung seines Territoriums zugewachsen waren. Erst als im zweiten Jahrhundertdrittel die Schwierigkeiten des Italienhandels gravierend wurden und die ersten großen Staatsbankrotte, vorab in Spanien und Frankreich, die Finanzwelt erschütterten, ging die Zeit der frühkapitalistischen Familienunternehmen Oberdeutschlands zu Ende. Und weil nun das südamerikanische Silber in ganzen Schiffsladungen nach Europa kam, wurden auch die deutschen Silbergruben unrentabel, und der Montanboom brach ab – in Sachsen ebenso wie in Böhmen, im Harz oder in den Alpenländern.

Die Welt des Geistes, der Kultur und der Wissenschaften zeigte ähnliche Verwerfungen. Die Erfindung des Buchdrucks mit beweglichen, aus Metall gegossenen Lettern durch Johannes Gutenberg um 1450 in Mainz, die im Rückblick als die eigentlich umstürzende Tat erscheint, war vor 1500 noch nicht zum Massenereignis geworden. Die weltverändernde Erfindung lag gleichsam noch in den »Windeln« – es war die Zeit der Inkunabeln, der Wiegendrucke, kostbare Einblattdrucke und Buchunikate wie die berühmte 42zeiligen Gutenbergbibel von 1456. Mittelpunkt der Wissenschaften und Künste war um 1500 unbestritten Italien, wo die bereits Generationen zuvor einsetzende Erneuerung durch Humanismus und Renaissance durch die Verpflanzung byzantinischer Wissenschaften aus dem 1453 in türkische Hand gefallenen Konstantinopel neue Impulse erhalten hatte. Flüchtlinge wie Georgios Trapezundios, Theodoros Gazes oder Konstantinos Laskaris stellten die Antikerezeption auf eine ganz neue Basis – in Philologie, Rhetorik und Geschichtsschreibung, vor allem aber in Astronomie und Geographie. Denn erst das intensive Studium der Werke des großen alexandrinischen Gelehrten Ptolemäus ließ die lateinische Christenheit energisch die Diskussion um die Kugelgestalt der Erde aufnehmen.

Hervorgegangen waren Renaissance und Humanismus aus den freien Stadtkommunen, Glanz und Höhepunkt fanden sie aber an den Höfen – bei den Gonzaga in Mantua, den d'Este in Ferrara, wo Goethes *Torquato Tasso* spielt, in Neapel unter Alfonso V., der selbst einem Humanistenkreis unter Lorenzo Valla angehörte, bei den Medici in Florenz, obgleich es diesen formell noch an jeglichem Adelstitel mangelte, oder auch am Hof des ungarischen Königs Matthias Corvinus, einem östlichen Ableger der italienischen Renaissancckultur. Leitstern für diesen in vielem doch sehr weltlichen Aufbruch war gleichwohl Rom mit seinen zahlreichen Kardinalshöfen und einer Kurie, die nach dem Sieg des Papsttums über die ständisch-»parlamentarische« Opposition der Konzilien dabei war, den Vatikan zum Macht-, Kultur- und Geisteszentrum nicht nur des Kirchenstaates, sondern der seit kurzem weltweiten Christenheit auszubauen.

Nördlich der Alpen erfuhr dieser Aufbruch einen verzögerten, vielfach gebrochenen Widerhall. Allenthalben wurden die Bürgerhäuser, Ratsstuben und Kirchen noch im Stil der Gotik erbaut. Kaiser Maximilian I., den die Geschichtsbücher gerne den »letzten Ritter« nennen, obgleich sie ihn mit demselben Recht als ersten frühmodern-bürokratisch regierenden Herrscher Österreichs bezeichnen könnten, wurden zwar 1499 von den Sforza-Herzögen in Mailand – den Verwandten seiner zweiten Ehefrau Bianca Maria – lombardische Bildhauer geschickt, die zusammen mit den ebenfalls für den Kaiser arbeitenden italienischen Künstlern Jacopo de Barbari aus Venedig und Adriano Fiorentino aus Florenz dafür sorgten, daß die Samenkörner der Renaissancekunst auch den Boden Mitteleuropas erreichten. Zu reinen Renaissanceformen ist der Kaiserhof dennoch kaum fortgeschritten. Für ihn typisch war vielmehr ein »Amalgam aus mittelalterlich-deutscher Bilderwelt und römischer Kostümierung und Inszenierung« (Thomas DaCosta Kaufmann). Zudem blieben die meisten Vorhaben der maximilianischen Kunst – Standbilder nicht anders als Gebäude – Entwürfe auf Papier, da der chronische Geldmangel ihre Realisierung verhinderte.

Ganz anders bei den Fuggern. Sie hatten beides: Mut zur Formensprache der Renaissance und Geld, ihre Bauvorhaben durchzuführen. Anfang des 16. Jahrhunderts entstand im Westchor der Augsburger St.-Anna-Kirche eine triumphale Privatkapelle im Stil der florentinischen Renaissance mit Individualplastiken der beiden »Konzernherren« Ulrich und Jakob. Die Vorlagen dazu lieferte kein Geringerer als Albrecht Dürer, der in jenen Jahrzehnten als *die* große Malerpersönlichkeit nördlich der Alpen hervortrat. Eine ganze Serie von Selbstbildnissen, alle aus den Jahren um die Jahrhundertwende, zeugt davon. Am bedeutungsvollsten ist dasjenige aus dem Jahr 1500 selbst, in dem der Achtundzwanzigjährige sein Porträt an das der Zeit vertraute Bild Christi angleicht und dadurch einen kurz zuvor noch ganz unerhörten Kult der eigenen Person, ja eine »Selbsthieratisierung« (Rudolf Preimesberger) vornimmt. Damit war das Tor weit aufgestoßen für den Übergang vom zünftig gebundenen Handwerker-Maler des Mittelalters zum neuzeitlichen Künstler als freiem Schöpfer autonomer Kunstwerke.

Sehr ähnlich sah es auf dem Feld der Philosophie, Literatur und des Geistes allgemein aus. An den Universitäten herrschte noch die Via antiqua der Scholastik vor. Doch war bereits der Wegestreit der Theologen ausgebrochen. Die Via moderna hatte einzelne Bursen und Fakultäten erobert – so in Tübingen, Leipzig und Wittenberg. In Wien und Erfurt wurde sogar ausschließlich die neue Methode gelehrt. Die Studia humaniora, die unter der Losung »ad fontes« zu den Quellen zurückführten und damit jegliche nur angemaßte Autorität in Frage stellten, waren im Vormarsch. In Köln herrschten dagegen die Dominikaner, die die thomistische Scholastik hochhielten und als Männer der römischen Inquisition jede Abweichung von der christlichen Orthodoxie brandmarkten. Gegen sie bildete sich die Front der Humanisten innerhalb und außerhalb der Kirche: Mit beißendem Spott prangerten diese die klappernde Dialektik abgestandener Scholastik und die Blindheit der Kölner samt ihrer Anhänger gegenüber dem neuen, herrlichen Geist unvoreingenommener Quellenstudien an. Als dann anfangs des neuen Jahrhunderts der Humanist Reuchlin wegen seiner hebraistischen Studien und Quellenpublikationen von den Kölnern angegriffen wurde, sprang ihm Ulrich von Hutten mit seinen berühmten *Epistolae obscurorum virorum* zur Seite. Diese *Dunkelmännerbriefe*, die bis heute im Deutschen sprichwörtlich geblieben sind, ließen über Nacht im Reich eine kritische Öffentlichkeit entstehen, in der mit Rede und Gegenrede – sprich Pamphlet und Gegenpamphlet – über den »Reformstau« in Bildung, Kirche, Staat und Gesellschaft sowie über Mittel und Wege, ihn zu beseitigen, gestritten wurde.

Verschärft wurden die theologischen und wissenschaftstheoretischen Gegensätze durch frühnationale Töne, die für den europäischen Humanismus, so international er auch war, typisch waren, man denke nur an die Wiederentdeckung der *Germania* des Tacitus und die in eben jenen Jahrzehnten aufblühenden Ursprungsmythen der Gallier, Bataver oder Goten. Der Kampf gegen die Kölner und andere »Römlinge« oder Welsche wurde zugleich begriffen als Freiheitskampf der Deutschen gegen romanische Überfremdung und Ausbeutung durch die Kurie. Wie wir heute wissen, bestand in Wirklichkeit eine dermaßen enge Abhängigkeit nicht; vielmehr waren im 15. Jahrhundert die Beziehungen zwischen Kurie und Reich durch eine »unverkennbare Lockerheit« (Erich Meuthen) gekennzeichnet. Objektiv gesehen hatten die Deutschen fast als letzte in der Christenheit Grund zu der Klage, daß ihre Gelder nach Rom flössen. Die Zeitgenossen waren aber davon überzeugt, und so sollten sie eine Generation später Luther zujubeln und ihn als »Hercules Germanicus« feiern, der – wie auf dem berühmten Holzschnitt von Hans Holbein dem Jüngeren zu sehen – mit einer in den germanischen Wäldern geschnittenen Holzkeule dem Kölner Dominikaner und päpstlichen Inquisitor Jakob von Hochstraten, dem dunkelsten aller Dunkelmänner, den Garaus machte, um die deutsche Kirche mit einem Streich von den blutsaugenden Kurtisanen Roms zu befreien.

Besonders verbreitet waren Aktivismus und Optimismus unter den Humanisten. Ulrich von Huttens vielzitierter Jubelruf von 1518: »O saeculum, o literae! juvat vivere!« (O Jahrhundert, o Wissenschaft! Es ist eine Lust zu leben!) charakterisiert das Lebensgefühl der gesamten ersten Generation von Intellektuellen und Literaten. Sie waren als Gruppe und eben erst begründeter Stand Ausdruck des Aufbruchs in eine neue Zeit, noch sehr klein an Zahl, aber um so rühriger und als Meinungsführer und Propagandisten gar nicht zu überschätzen. Die Halbjahrtausendwende nahmen sie zum Anlaß einer säkularen Zukunftsvision, die ein neues, von allen bisherigen unterschiedenes Zeitalter verkündete. In Deutschland war es vor allem Konrad Celtis, der 1487 zum Poeta Laureatus gekrönte, von Kaiser Maximilian ebenso wie vom sächsischen Kurfürsten Friedrich dem Weisen begeistert geförderte Literat und Erzhumanist, der die Jahrhundertwende zu einem epochalen Datum stilisierte. Er verfaßte fünfhundert Epigramme und ließ sie in fünf Bände binden, nahm für das Jahr 1500 die prachtvolle Gesamtausgabe seiner Werke in Angriff und inspirierte einen Kreis von Dichtern und Künstlern mit dieser Zahlensymbolik, unter ihnen Albrecht Dürer, dessen berühmtes Selbstporträt von 1500 von diesen Ideen beeinflußt ist. Für das neue Säkulum wurde ein goldenes oder apollinisches Zeitalter verkündet, eine Zeit umfassender geistiger Erneuerung, in der alle Gegensätze zu einem Ausgleich und einer höheren Harmonie gelangten – Natur, Kultur und Staat ebenso wie Trieb und Geist, Erkenntnis und Weisheit, Mikrokosmos und Makrokosmos. Vor allem aber sollten Mensch und Gott versöhnt und dadurch eine neue Stufe der Würde des Menschen erreicht werden. Das waren keineswegs Visionen und kosmologische Spekulationen. Celtis und sein Kreis entwickelten vielmehr ganz reale Programme, um dieses goldene Zeitalter bereits in der *Aetas Maximiliani* zu verwirklichen. Kernstück war die Aufwertung des Heiligen Römischen Reiches und seines Kaisers, der als Friedens- und Endkaiser die neue Blüte des Erdkreises garantieren sollte. Das Reich und Deutschland als seine Trägernation sollten zum Ursprungsland der neuen Zeit werden, indem die *translatio imperii*, die Übertragung der Herrschaft von den Römern an die Deutschen, durch die *translatio studii*, den Aufschwung der humanistischen Wissenschaften und Künste, ergänzt wird. Das war ein für den Humanismus in Europa allenthalben typisches Programm, das noch problemlos frühnationale und universelle Zielsetzungen miteinander zu vereinen wußte. Speziell für Deutschland bedeutete das die unlösbare Verknüpfung der nationalen Zukunftsvisionen mit der Reichsidee der Antike und des Mittelalters – ein Erbe, das die Geschichte Deutschlands bekanntlich noch über Jahrhunderte begleiten und den Weg in den neuzeitlichen Partikular- und Nationalstaat, den die Nachbarn bereits eingeschlagen hatten, bis zum Endes des Alten Reiches verstellen sollte.

All diese Dispute und neuen Horizonte müssen Papst Alexander VI. und seinen Kurialen vor Augen gestanden haben, als sie sich auf die Jahrhundertwende und das von Bonifaz VIII. im Jahr 1300 eingeführte und seither üblicherweise damit verbundene Heilige Jahr vorbereiteten. Der Papst lieh jedenfalls seinem bereits erwähnten Zeremonienmeister Johannes Burckhardt (1456–1506) sogleich ein offenes Ohr, als dieser ihm den Plan vortrug, das übliche Zeremoniell der Eröffnung eines Heiligen Jahres durch einen neuen, spektakulären Auftritt aufzuwerten: In der Christenheit hielt sich seit

1. Der Drache und der falsche Prophet. Miniatur in einer vermutlich 1001/02 auf der Reichenau entstandenen »Apokalypse«. Bamberg, Staatsbibliothek

2. Liturgische Handlungen: Beichte, Krankenbesuch, letzte Ölung. Miniaturen in einer um 975 in Fulda entstandenen Handschrift des »Gregor/Gelasius-Sakramentars«. Göttingen, Niedersächsische Staats- und Universitätsbibliothek

3. Kaiser und Papst, vielleicht Otto III. und Silvester II., der hl. Petrus und ein Wächter. Elfenbeinschnitzereien auf einem Weihwassergefäß wohl aus Lotharingien, erstes Viertel des 11. Jahrhunderts. Aachen, Domschatz

4. Investitur des Kölner Erzbischofs: Übergabe des Zepters und der Fahnenlanze durch den Kaiser und des Palliums durch den Papst. Emailscheibe auf der Dachfläche des zwischen 1160 und 1170 in Köln entstandenen St.-Heribert-Schreins. Köln, St. Heribert

5a und b. Rodungsarbeiten, Aussaat, Getreideernte und Verladen der Garben unter Aufsicht des Grundherrn. Miniaturen in einem im späten 11. Jahrhundert, möglicherweise in der Schule von Winchester, entstandenen Kalender. London, British Library

6. Aufbruch zur Eroberung Siziliens im Jahr 1194: Kaiser Heinrich VI. bei der Übergabe des Schwertes an den Reichsministerialen Markward von Annweiler. Miniatur in der 1195/96 wohl in Palermo entstandenen Handschrift »Liber ad honorem Augusti« des Petrus de Ebulo. Bern, Burgerbibliothek

7. Papst Innozenz III. Wandmalerei in der Kirche S. Speco in Subiaco, 13. Jahrhundert

8. Papst Bonifaz VIII. bei der Verkündung des »Annus jubileus«. Fragment einer Wandmalerei aus dem Umkreis von Giotto in S. Giovanni in Laterano zu Rom, Anfang des 14. Jahrhunderts

9. Kardinal mit Nietbrille im Scriptorium. Wandmalerei von Tomaso da Modena im Kapitelsaal des Dominikanerklosters S. Niccolò in Treviso, 1352

10. »Und zu derselben Stunde ward ein großes Erdbeben ...« (Offenbarung 11,13). Aus einer Folge von Bildteppichen des Pariser Webers Nicolas Bataille zur »Apokalypse«, um 1379. Angers, Kathedrale

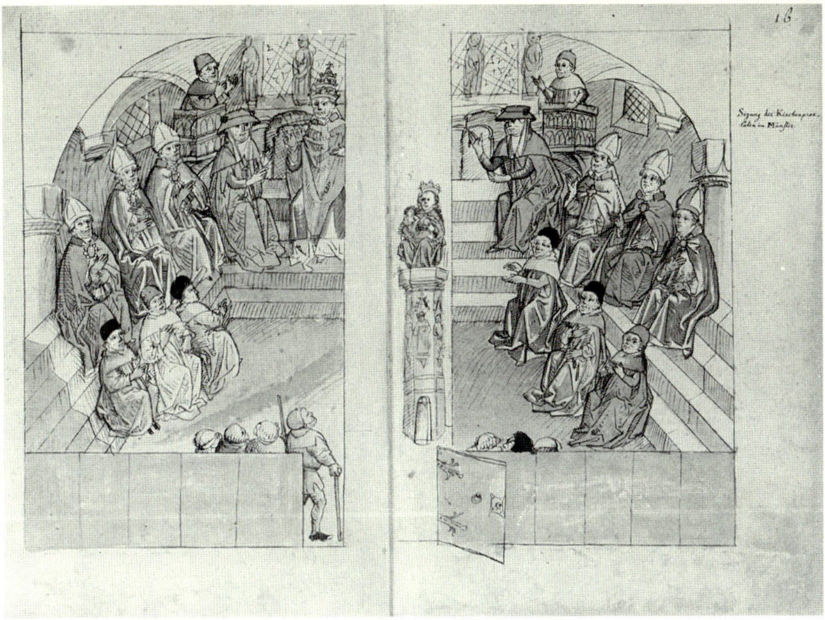

11. Das Konzil von Konstanz: Kirchenvertreter und Gelehrte während eines Disputs im Münster der Stadt. Lavierte Zeichnung in der in der zweiten Hälfte des 15. Jahrhunderts entstandenen Konstanzer Handschrift der Konzilschronik von Ulrich Richental. Konstanz, Rosgartenmuseum

12a. Papst Alexander VI. Borgia. Lünettenmalerei von Bernadino Pinturicchio im Borgia-Saal des Vatikanischen Palastes, um 1494. – b. Kurfürst Johann Friedrich der Großmütige von Sachsen mit Luther, Spalatin, Brück und Melanchthon. Gemälde von Lucas Cranach d. Ä., um 1530. Toledo, Museum of Art

13a. Der teuflische Ablaß. Satirisches Flugblatt, bald nach 1500. – b. Die platonischen Ideen und ihre Ausstrahlung auf den Renaissance-Gelehrten. Holzschnitt in dem 1493 in Rom erschienenen Werk »Computus cum commento« des Anianus. Beide: Berlin, Staatliche Museen Preußischer Kulturbesitz, Kupferstichkabinett

14. Das Symbol des Grauens: der Tod bei seinem Ritt über das Schlachtfeld. Lavierte Zeichnung von Stefano della Bella. Wien, Graphische Sammlung Albertina

Ein Grausame Unnd Erschreckliche Prophezeyung/ oder Weissagung vber Theuschlandt Brabandt vnd Franckreich.

Diese Prphezeyung ist Gefunden worden in Mastricht/ bey einem Gottförchtigen Mann/ Wilhelm de Frieß/ nach seinem todt. 1577.

1. Thessalon. v. capit.
Den Geist löschet nicht auß/ die Prophecey verachtet nicht/ Beweret es alles/ vnd behaltet das gute.

15a. »Zeichen am Himmel«. Titelblatt einer 1577 erschienenen Prognostik. Privatsammlung. – b. Innovatoren des modernen Weltbildes: die Kartographen Gerardus Mercator und Jodocus Hondius. Kupferstich in deren Atlas von 1612. Nürnberg, Germanisches Nationalmuseum

16. Die Rückführung der österreichischen Erblande zum christlichen Glauben durch Kaiser Leopold I. nach der Befreiung von der Türkenherrschaft. Bronzemedaille von Giovanni Vismara, 1686. Hamburg, Kunsthalle

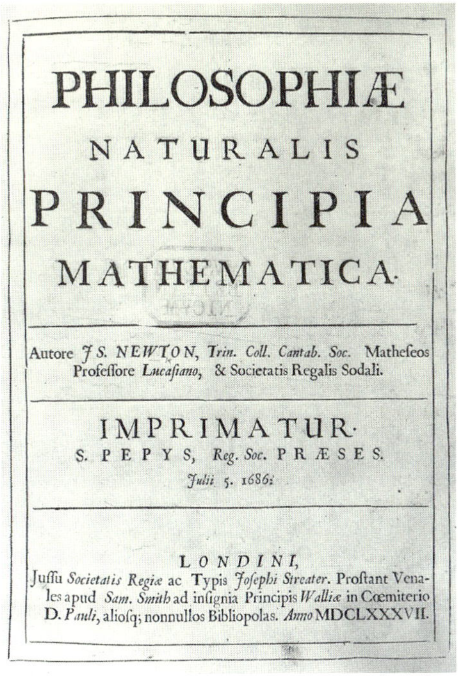

PHILOSOPHIÆ
NATURALIS
PRINCIPIA
MATHEMATICA.

Autore *J. S. NEWTON*, *Trin. Coll. Cantab. Soc.* Matheseos Professore *Lucasiano*, & Societatis Regalis Sodali.

IMPRIMATUR.
S. PEPYS, *Reg. Soc.* PRÆSES.
Julii 5. 1686.

LONDINI,
Jussu *Societatis Regiæ* ac Typis *Josephi Streater*. Prostant Venales apud *Sam. Smith* ad insignia Principis *Walliæ* in Cœmiterio D. *Pauli*, aliosq; nonnullos Bibliopolas. *Anno* MDCLXXXVII.

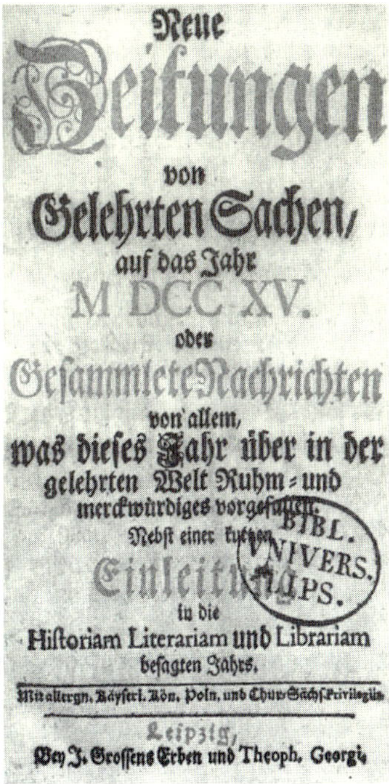

Neue
Zeitungen
von
Gelehrten Sachen,
auf das Jahr
M DCC XV.
oder
Gesammlete Nachrichten
von allem,
was dieses Jahr über in der
gelehrten Welt Ruhm- und
merckwürdiges vorgefallen.
Nebst einer kurtzen
Einleitung
in die
Historiam Literariam und Librariam
besagten Jahrs.
Mit allergn. Käyserl. Kön. Poln. und Chur-Sächs. Privilegiis.
Leipzig,
Bey J. Grossens Erben und Theoph. Georgi.

17a. Gottfried Wilhelm Leibniz. Gemälde eines Unbekannten. Hannover, Niedersächsische Landesbibliothek. – b. August Hermann Francke. Gemälde von Antoine Pesne, vor 1720. Privatsammlung. – c. Das bahnbrechende Werk von Isaac Newton. Titelblatt der 1687 in London erschienenen Erstausgabe. London, British Library. – d. Der deutsche Prototyp der gelehrten Zeitung. Titelblatt des 1715 in Leipzig edierten Journals. Leipzig, Universitätsbibliothek

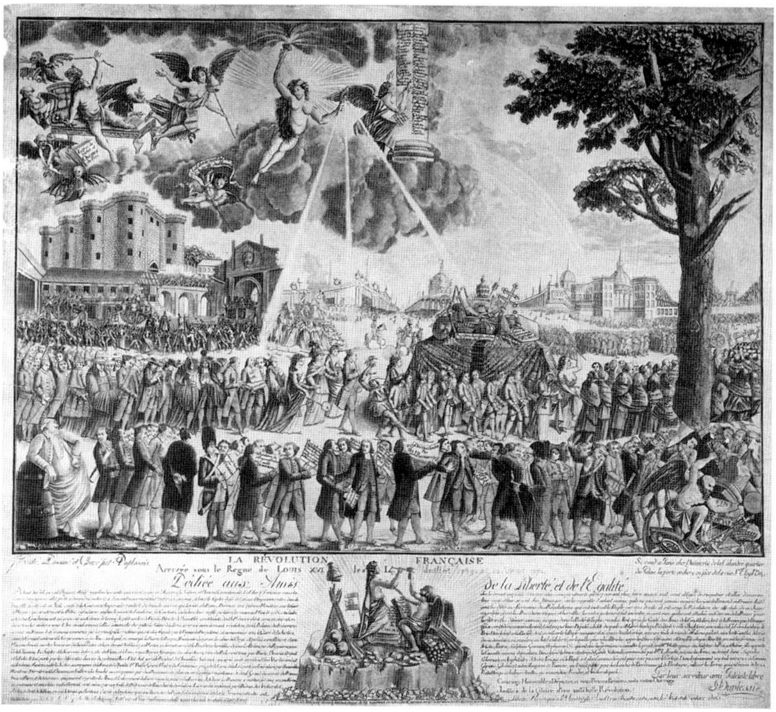

18a. Allegorisches Resümee der Französischen Revolution. Radierung von Jean Duplessi-Bertaux, 1793. Berlin, Deutsches Historisches Museum. – b. Spott über die Industrielle Revolution: Erzeugnisse des unaufhaltsamen Intellekts. Lithographie von Paul Bry, um 1829. Telford, Ironbridge Gorge Museum, Elton Collection

19. Satire auf den Auf- und Abstieg Napoleons. Kolorierte Radierung von Johann Michael Voltz, 1814. Berlin, Deutsches Historisches Museum

20. »Klassengegensätze.« Farblithographie auf der Dezember-Nummer 1894 der satirischen sozialdemokratischen Zeitschrift. Berlin, Geheimes Staatsarchiv Preußischer Kulturbesitz

21. Darstellung von Ingenieurarbeit. Einband des 1899 in Stuttgart und Leipzig erschienenen Buches von Max Eyth. Hamburg, Privatsammlung

SIMPLICISSIMUS

Jahrgang 1956, Nummer 20 — Herausgegeben von Olaf Iversen — München, den 19. Mai 1956

Das Veto der Bombe

Zeichnung: H. M. Brockmann

„Es wird hier dauernd vom Frieden gesprochen — meine Herren, der Friede bin ich!"

22. »Es wird hier dauernd vom Frieden gesprochen – meine Herren, der Friede bin ich.« Titelblatt der politisch-satirischen Wochenschrift vom 19. Mai 1956 nach dem Entwurf von Hans Meyer-Brockmann. Berlin, Staatliche Museen Preußischer Kulturbesitz, Kunstbibliothek

23a. Die deutsch-deutschen Beziehungen in satirischer Sicht: Honecker als Löwe hinter den politischen Streitern Genscher, Kohl und Strauß gegenüber Brandt und Bahr. Gemälde von José García y Más, 1985. – b. Am 3. Oktober 1990 vor der Neuen Wache: »Und alles wird wieder gut.« Gemälde von Matthias Koeppel, 1991. Beide: Berlin, Deutsches Historisches Museum

24a und b. Bleibende Problemfelder: Gentechnik und Rechnersysteme. Biologie- und Computer-Fenster für die Heiliggeistkirche zu Heidelberg in Entwürfen von Johannes Schreiter, 1983/84

Generationen die Legende, jede der vier Erzbasiliken Roms besitze einen besonderen Zugang – eine enge goldene oder »heilige« Pforte, die in normalen Zeiten vermauert sei, aus besonderen Anlässen aber geöffnet würde. Wer dann durch diese enge Pforte das Gotteshaus beträte, wäre besonderer Gnade teilhaftig und könne darauf rechnen, dereinst auch in das Ewige Haus des Herrn einziehen zu dürfen. Es war also ein Stück Volksglaube, auf das sich der Papst einließ und das er in das Zeremoniell der anstehenden Jahrhundertfeierlichkeiten einzubauen gedachte. Nähere architektonische Untersuchungen an den Stirnmauern der römischen Kirchen führten allerdings zu einer herben Enttäuschung. Nirgends ließ sich ein solcher Zugang finden, weder in St. Peter noch in einer der anderen großen Basiliken. Die Vorstellung von einer »heiligen Pforte« war aber zu verlockend, um jetzt noch darauf zu verzichten, harmonierte sie doch aufs schönste mit Bibelstellen, die vom »Tor der Gerechten« (Psalm 118,20), einer »engen Pforte« (Lukas 23,24–25), einer »offenen Tür« und »Pforte zum Himmel« (1. Mose 28,17; Offenbarung 3,8 und 4,1) sprechen oder gar im Blick auf Christus selbst verkünden: »Ich bin das Tor. Wer durch mich hineingeht, wird gerettet werden.« (Johannes 10,9). Der Sinn der Renaissance für zeremonielle Selbstdarstellung, Propaganda und Reputation konnte sich diese Chance nicht entgehen lassen, zumal jede dieser Prophezeiungen indirekt auf den Papst bezogen werden konnte. Und so ließen Alexander VI. und sein Zeremonienmeister in St. Peter und den drei anderen Erzbasiliken entsprechende Tore brechen, um sie am 24. Dezember in dem beschriebenen feierlichen Zeremoniell zu öffnen – in St. Peter vom Papst persönlich, in den drei anderen Kirchen jeweils durch einen Kardinallegaten in seinem Namen zur selben Zeit und mit demselben Zeremoniell.

Über dem Sinn für Selbstdarstellung und zeremonielle Symbolik, die Alexander VI. zum Vater eines bis heute gültigen und im Jahr 2000 erneut inszenierten Ritus der Öffnung einer Heiligen Pforte werden ließ, hatte der Borgia-Fürst jedoch sein Gespür für Geld und Geschichte nicht verloren. Gleich hinter der Heiligen Pforte ließ er eine große versiegelte Truhe aufstellen und hieß die päpstliche Garde dafür zu sorgen, daß jeder Eintretende, Römer oder Pilger, einen angemessenen Geldbetrag entrichtete. Und da bereits zuvor für das gesamte Jubeljahr alle in der Christenheit gültigen Ablässe zugunsten des einen, römischen suspendiert worden waren, mußte der Eindruck entstehen, der Ablaß und die übrigen Gnadenmittel, die jedem beim Durchschreiten der neu geöffneten Jubiläumspforten versprochen waren, seien käuflich, und die »enge Pforte« garantiere weniger den Eintritt zum Himmel als die Zwangsabgabe an den Papst und seine Kurtisanen. Der daraus resultierende Unwille erfaßte die Christenheit um so tiefer, als bald ruchbar wurde, daß der Löwenanteil des so eingetriebenen Geldes in den bodenlosen Privatschatullen des ebenso machtbesessenen wie skrupellosen Papstbastards Cesare Borgia verschwand und somit dessen ehrgeizigen Plänen zur Errichtung eines mittelitalienischen Borgia-Königreiches diente.

Bekanntlich waren es genau dieses Unbehagen an der römischen Ablaßpraxis und die Verachtung für das verweltlichte Renaissancepapsttum, die nur siebzehn Jahre später den Wittenberger Augustinermönch Martin Luther zu jener Fundamentalkritik an der mittelalterlichen Papstkirche trieben, die das 16. Jahrhundert zum Jahrhundert der Reformation machte. War somit die prunkvolle Inszenierung der Jahrhundertwende und des Heiligen Jahres 1500 in Rom durch den Borgia-Papst nichts anderes als der Tanz eines Derwischs über dem Abgrund? Oder war das alles gar als ein apokalyptisches Zeichen zu lesen, weil Rom von einer Kreatur der Finsternis beherrscht wurde, die zum Verderben der Christenheit aus dem Höllenschlund hervorgekrochen war und in lasterhafter Verhöhnung des priesterlichen Keuschheitsgelübdes eine Satansbrut gezeugt hatte – neben dem Tyrannen und skrupellosen Mörder Cesare die ebenso schöne und begehrenswerte wie sagenhaft verderbte Lucrezia? Spätere Generationen haben das so gesehen. Vor allem die protestantische Propaganda und Geschichtsschreibung des 16. und 17. Jahrhunderts wurde nicht müde, den Verfall und die Dekadenz des spätmittelalterlichen Papsttums in den düstersten Farben zu schildern und das Rom der Zeit um 1500 zur Hure Babylon zu erklären, wofür sich die diabolischen Seiten des Borgia-Papstes nur zu leicht ins Feld führen ließen. Im 19. Jahrhundert wurde diese Sicht von der modernen, nicht nur in Deutschland protestantisch geprägten Geschichtswissenschaft übernommen und zu einer universalgeschichtlichen Epocheninterpretation umgearbeitet. Vor allem Leopold von Ranke, der große und über Generationen einflußreiche Reformationshistoriker der Berliner Universität, machte Luthers Rebellion gegen Rom zu einer universalgeschichtlichen Wende, indem er sie zu einem Ereignis erklärte, das nicht nur für die deutsche, sondern auch für die europäische, ja die Weltgeschichte eine Epochenwende hin zur Neuzeit bedeutete.

Unter Historikern, mehr noch im Geschichtsbild einer größeren Öffentlichkeit, das ja stets nur verzögert die neuen Diskussionen der Wissenschaft aufnimmt, ist die vom protestantischen Selbstverständnis des 16. Jahrhunderts eingeleitete, von Ranke im 19. Jahrhundert wissenschaftlich legitimierte Deutung der deutschen Reformation als universal-geschichtlicher Umbruch auch heute noch beliebt: etwa als Rede von einer »apokalyptischen Wende« der »Ablösung einer bäuerlichen durch die bürgerliche Zeit« (Will-Erich Peuckert), als These von einer »frühbürgerlichen Revolution« – in den sechziger Jahren des 20. Jahrhunderts von marxistischen Historikern der DDR entwickelt, populär bald aber auch in der westlichen Geschichtswissenschaft –, als »Revolution von 1525« oder ganz banal als Mythos vom systemsprengenden Thesenanschlag vom 31. Oktober 1517, der alljährlich am Reformationstag in den Nachrichtensendungen der deutschen Fernsehanstalten eine Renaissance erlebt. All dies ist nach wie vor präsent, obgleich wissenschaftlich längst feststeht, daß der Thesenanschlag höchstwahrscheinlich gar nicht stattfand und Luther ganz undramatisch und unrevolutionär seine Thesenblätter brieflich an seine Vorgesetzten in der Kirche verschickte. Und als sich jüngst deutsche Historiker nach der Wende daran machten, die deutsche Nationalgeschichte wiederzuentdecken, war es erneut die Reformation, die ihnen als erster »Scheideweg« der neueren deutschen Geschichte einfiel.

Von der Fixierung der deutschen Diskussion auf Luther und seine Wittenberger Taten befreit und in europäischer Perspektive betrachtet, erscheinen die römischen Ereignisse um das Heilige Jahr 1500 allerdings ganz und gar nicht mehr in dem trüben Licht von Fäulnis oder Untergang, das nur eine revolutionäre Tat von den noch nicht verderbten Randzonen her in die Klarheit einer neuen Weltzeit zwingen konnte. Vor allem französische Historiker, denen der deutsche Reformationsmythos ebenso fremd ist wie der um den Weltgeist bemühte Historismus des deutschen 19. Jahrhunderts, sprechen seit langem von einer »temps des réformes« (Zeit der Reformationen) und meinen damit jenen lange währenden Prozeß vom 13. bis zum 16. Jahrhundert, in dessen Verlauf sich in Europa Inhalt und Form von Religion und Kirchlichkeit tiefgreifend veränderten. Diese Linie aufgreifend, stellen inzwischen auch deutsche Historiker den revolutionären Umbruchsmythos der Reformation in Frage. Sie tragen die vielen Veränderungen in Religion und Kirche zusammen, die auch in Deutschland seit dem 15. Jahrhundert das Leben der Menschen veränderten, und zwar keineswegs nur an der Oberfläche.

Vor allem in den Städten sorgten zahlreiche von Bürgern oder Stadträten gestiftete Predigerpfründen dafür, daß das Wort Gottes und seine Auslegung einen größeren Anteil am Gottesdienst erhielten. Das entsprach den veränderten Bedürfnissen eines Stadtbürgertums, das zunehmend durch Alphabetisierung und Bildung geprägt wurde. Auch außerhalb des Gottesdienstes breitete sich eine bürgerliche Frömmigkeit aus – genährt durch die regelmäßige Lektüre von Erbauungsbüchern und auch bereits der Bibel. »Met het boekje in het hoekje«, mit einem frommen Buch zurückgezogen in einem Winkel der Wohnstube eigenverantwortlich sich selbst und den Willen Gottes ergründen – das war die Losung der durch und durch bürgerlich geprägten Devotio moderna, die in jenen Jahrzehnten von den Niederlanden ausstrahlend weite Teile Europas erfaßte. Jeder Mensch, so stellte bereits 1499 ein anonymer Chronist mit Blick auf den Buchdruck fest, könne »nunmehr nach dem Weg der Seligkeit selbst lesen oder Vorlesern zuhören«.

Und so wundert es nicht, daß der alte Gegensatz zwischen Klerikern und Laien um 1500 längst nicht mehr der geistigen und sozialen Realität in Kirche und Welt entsprach. Der Weg war gebahnt: wo nicht zu Luthers »Priestertum aller Christen«, so doch zu einer allen Christen – Priestern wie Laien – gemeinsamen Frömmigkeit und Spiritualität. Selbst Luthers Gnadenlehre des »sola fide« (allein durch den Glauben) findet man im Denken des späten Mittelalters angelegt, so daß heutige Kirchenhistoriker in Zweifel ziehen, ob an diesem Punkt überhaupt noch ein inhaltlicher Bruch zwischen mittelalterlicher und protestantischer Theologie auszumachen ist. Ganz ähnlich verhält es sich mit den neuen Organisations- und Rechtsformen in der Kirche. Im 15. Jahrhundert waren allenthalben in Europa – in den westeuropäischen Nationalstaaten ebenso wie in den deutschen Territorien und Städten – die weltlichen Obrigkeiten im Begriff, das Regiment über ihre »National-«, Landes- oder Stadtkirche zu übernehmen und damit Verantwortung für die rechte religiöse Unterweisung und Versorgung ihrer Untertanen zu tragen.

In einer solchen Perspektive, die die deutsche Reformation von 1517 in einen längerfristigen europäischen Wandel nicht nur von Staat, Politik und Wirtschaft, sondern auch von Frömmigkeit und Kirche einordnet, erscheint auch die eingangs geschilderte Selbstdarstellung des römischen Papsttums in einem neuen Licht: Um 1500 standen die Christenheit oder Europa bereits mittendrin in säkularen Veränderungen, und die Kirche, die noch oder – besser gesagt – aufs neue befestigt ganz selbstverständlich die römische war, wirkte nicht als Hemmschuh, sondern häufig als Vorreiter dieser Entwicklung. Die Kurie und das Papsttum hatten soeben einen großen Triumph erlebt, den hundert Jahre zuvor kaum jemand für möglich gehalten hatte: Die im hohen Mittelalter aufgebrochene, zuletzt noch von Hus und den Hussiten gefährlich ins Zentrum Europas getragene Häresie war ausgelöscht! Vor allem in Deutschland waren »die Jahrzehnte vor der Reformation ... so ketzerleer ... und die Gläubigen so kirchentreu ... wie seit dem 12. Jahrhundert nicht mehr« (Hartmut Boockmann). Gefestigt waren auch die Herrschaft und das Regiment innerhalb der Universalkirche selbst. Überwunden war das bis in die Avignoner Gefangenschaft des 14. Jahrhunderts zurückreichende Schisma, das immer wieder zwei oder gar mehrere sich bekämpfende Päpste auf den Stuhl Petri gebracht hatte. Der nun wieder unbestritten in Rom residierende Papst hatte soeben auf dem Basler Konzil die ständisch-»parlamentarische« Opposition der Bischöfe und Kardinäle niedergerungen und damit die monarchische Verfassung der Kirche ebenso wie des Kirchenstaates sichergestellt. Früher als den meisten weltlichen Fürsten, die um einen solchen Sieg noch heftige Kämpfe zu bestehen hatten, war es damit dem Papst gelungen, in geistlichen wie in weltlichen Dingen der Kirche seine souveräne Herrschaft zu etablieren. Auch Regiment und Verwaltung der Kurie waren längst modernisiert worden und galten als vorbildlich für Fürsten und Könige. Das alles waren so umstürzende Neuerungen, daß ein Kenner der römischen Verhältnisse, der Historiker Volker Reinhardt, behaupten kann, die Wittenberger Reformation Luthers sei nicht der Durchbruch zur Modernität gewesen, sondern umgekehrt »die Reaktion auf eine Modernisierungskrise«, ausgelöst von dem Gestaltwandel der Kurie und des Papsttums seit der Mitte des 15. Jahrhunderts, der nicht nur nördlich der Alpen Verstörung und Entfremdung hervorgerufen habe. Das ist eine umstürzende Erkenntnis aus den Quellen, die die These der Soziologen in der Nachfolge Max Webers vom Kopf auf die Füße stellt, die These nämlich, daß nur der Protestantismus, genau gesagt, der Calvinismus zur Modernisierung fähig gewesen sei.

Selbst die Frömmigkeit und das innere religiöse Leben der Menschen hatten um 1500 eine Wende hin zur Kirche genommen dergestalt, daß heute auch protestantische Kirchenhistoriker ohne Wenn und Aber feststellen: »Die Kirche hatte Hochkonjunktur in diesen Jahren ... Die Intensität dieser Kirchenfrömmigkeit (war) ein spezifisch deutsches Phänomen.« (Bernd Moeller) Um 1500 bestand auch kein grundlegender Gegensatz oder gar offener Konflikt mehr zwischen der Kirche und den aufblühenden Wissenschaften und Künsten. Im Gegenteil – neben den weltlichen Fürsten Italiens waren es auch und gerade die Renaissancepäpste, die diese förderten. Antiker Geist und antike Rationalität, die den neuen Studia humaniora ebenso wie dem gewaltigen Aufbruch in Architektur, Malerei und Dichtung zugrunde lagen, wurden von den Päpsten und ihrem Hof weder bekämpft noch auch nur bigott vermieden. Rom setzte auf die Verschmelzung von Christentum und Antike, wie sie Raffael zwischen 1508 und 1511 im Auftrage Julius II. Rovere in seinen berühmten Fresken in der Stanza della Segnatura des Vatikans zum Ausdruck brachte: Im »Disputà«-Fresko triumphiert die Kirche im Geheimnis der Eucharistie, auf der gegenüberliegenden Wand aber erscheinen in der »Schule von Athen« die Geistesheroen der Antike, versammelt in der Vorhalle von Bramantes noch unvollendetem Petersdom und dargestellt mit den Gesichtszügen zeitgenössischer Künstler. Die christliche Kultur wurzelt in antikem Denken und antiker Humanität – das ist das offizielle Selbstverständnis des römischen Papsttums, das Raffael ins Bild setzte. Nicht Wissenschaftsfeindlichkeit, sondern Legitimation des päpstlichen Herrschaftsanspruches über die Christenheit durch Rückbezug auf das Denken der Antike war somit in den Jahrzehnten um 1500 das Programm der Kurie.

Rom und das Papsttum standen damals wie kaum je zuvor gefestigt da und konnten sich eins fühlen mit ihrem Zeitalter und seinem

Aufbruch in Religion und Politik, Wissenschaften und Künsten. Selbst die Ausschweifungen des Borgia-Hofes passen in dieses Bild. Sie waren Ausdruck jener hochfliegenden Subjektivität und ungebrochenen Selbstgewißheit, die mit der Entdeckung des Individuums allenthalben in Europa verbunden waren. Solche Exzesse der Sinnenlust sind auch bei anderen Renaissancefürsten anzutreffen: bei Heinrich VIII. von England etwa oder bei den sprichwörtlichen Sauf- und Betfürsten des deutschen und skandinavischen Protestantismus. Den Borgia-Fürsten sahen sie alle als Ausgeburt der Hölle an, wo er doch auch ihr Bruder war und, was die Phantasie und den Geschmack anbelangt, allemal ihr Vorbild hätte sein können. Ähnlich verhält es sich mit dem Ablaß und der darauf aufgebauten Finanzwirtschaft der Kurie. Rom stand damit auf der Höhe der Zeit und bediente sich der modernsten Praktiken der Geldschöpfung. Keine geringeren Bankhäuser als die Medici und die Fugger waren die Partner und Berater der Päpste, denen sie ein Europa überspannendes Bankennetz aufbauten, um die in den einzelnen Regionen der Christenheit gesammelten Gelder in für Rom einträglicher Weise zu transferieren, zu beleihen und zu verwalten. Es bedurfte erst der um 1500 noch unvorstellbaren Radikalität der Wittenberger Kritik, die – das wird häufig übersehen – in Geld- und Wirtschaftsdingen rückwärtsgewandt war, um in all dem nicht nur »ein besonders krasses Symptom der Kirchenkrise, eine Bündelung der Mißstände« zu sehen, sondern darüber hinaus der Kirche vorzuwerfen, sie habe damit den theologischen Kern der christlichen Botschaft verraten, weil »das Gottesverhältnis zu einer Geschäftsbeziehung, das christliche Heil zu einer Ware und einer Quantität geworden« (Bernd Moeller) sei.

Wie wenig das nachreformatorische Urteil über Papst und Kirche im allgemeinen und über Alexander VI. Borgia im besonderen der Stimmung um 1500 entsprach, belegt der große Erfolg des Heiligen Jahres. Denn ungeachtet aller kritischen Stimmen zum Ablaß und zur offenkundigen Geldgier der Kurie strömten von allen Enden Europas Tausende in die Heilige Stadt, um dort an den Altären der Märtyrer und Heiligen zu beten und der verkündeten besonderen Gnaden und Sündenerlasse teilhaftig zu werden. Argwohn gegenüber der Kurie und Kritik an ihren vor allem in Deutschland als Blutsaugerei verschrienen Finanzpraktiken waren in jenen Jahrzehnten durchaus noch vereinbar mit kirchenkonformer Frömmigkeit und prinzipieller Papsttreue. Wie erst jüngst von Wilhelm E. Winterhager nachgewiesen wurde, war der Ablaß aufgrund jener Kritik schon lange vor Luther im Abstieg begriffen, ohne daß damit aber eine grundsätzliche Kirchenkritik verbunden gewesen wäre.

Dem entspricht, daß es um 1500 zu keiner besonderen Zuspitzung der apokalyptisch-eschatologischen, das Weltende prophezeienden Grundstimmung kam, wie es bei den Jahrhundertwenden oder der ersten Millenniumswende in der Christenheit häufig zu beobachten ist. Zwar finden sich bei dem deutschen Humanisten Konrad Celtis gelehrte Millenniumsspekulationen, und die 1493 in Nürnberg erschienene *Schedelsche Weltchronik* befaßt sich ausführlich mit dem »letzten alter der werld«, dem »iungsten gericht« und dem beides ankündigenden Antichristen. Eine solche heilsgeschichtliche Sicht von Anfang und Ende der Welt findet sich auch noch anderwärts. Millennarismus, Eschatologie und Apokalyptik blieben aber formal und ohne tagespolitischen Bezug auf die Gegenwart. Im Vergleich zu den apokalyptischen Visionen, die wenig später im Umkreis der Reformation entstehen sollten, fällt auf, daß es um 1500 zu keiner antirömischen Zuspitzung kam – und das in einer Situation, in der auf dem Stuhl Petri ein Mann saß, von dem man nun in der Tat hätte argwöhnen können, er sei eines Fleisches mit der Hure Babylon. Hundert Jahre später sollten dann Päpste, die im Vergleich zu Alexander Borgia harmlos wie ein Lamm und fromm wie Heilige waren, in der antirömischen Propaganda zum Antichristen in Person gemacht werden.

Nicht daß den Menschen um 1500 das Weltende und die Ewigkeit gleichgültig gewesen wären. Im Gegenteil, es gibt kaum eine andere Generation, die sich so intensiv mit dem Tod, vor allem dem plötzlich über den Menschen hereinbrechenden, und dem persönlichen Heil nach dem Tode beschäftigte. Das kommt in Selbstzeugnissen und Stiftungsurkunden ebenso zum Ausdruck wie in Gemälden, Plastiken oder theologisch-philosophischen Traktaten. Diese in großer Zahl vorliegenden Quellen bekunden eindrucksvoll, daß es nicht der säkularisierte Zukunftsoptimismus der Humanisten ist, der die Stimmung der großen Mehrheit um 1500 repräsentiert, sondern eine tief verwurzelte Religiosität samt der daraus hervorbrechenden Ungewißheit über die Art und Weise der persönlichen Fortexistenz nach dem leiblichen Tod, die als solche für nahezu alle damals lebenden Menschen ganz außer Zweifel stand.

Wie sich ausgangs des 20. Jahrhunderts die Menschen unruhig und rastlos um die Entwicklungspotentiale der internationalen Devisenmärkte und Aktienbörsen sowie die Globalisierung von Wirtschaft und Politik sorgen, weil davon ihr innerweltliches »Heil« abhängt, so waren viele Menschen auf der Wende des 15. Jahrhunderts – Intellektuelle ebenso wie die »einfachen« Leute in Stadt und Land – mit den Fragen irdischer Vergänglichkeit und der Fortexistenz nach dem Tode befaßt.

In der bildenden Kunst ebenso wie in der Literatur fand das Todes- und Vanitasmotiv, das als Antwort auf den Schwarzen Tod von 1438 allenthalben in Europa verbreitet war, einen neuen, verinnerlichten Ausdruck. Neben die üblichen monumentalen Darstellungen des alle christlichen Stände einschließenden Totenreigens auf Mauern und Wänden von Kirchen, Klöstern oder Friedhöfen trat die subjektive, individualisierende Darstellung, die die Allgegenwart des Todes als Teil des ganz persönlichen Lebensgefühls zu erkennen gibt – noch heute besonders anrührend in der Variante »Der Tod und das Mädchen«, in der das Vergänglichkeitsbewußtsein mit der Lebens- und Sinnenfreude der Renaissance eine untrennbare Einheit eingeht.

Weit verbreitet waren insbesondere in Deutschland Darstellungen, die die Lebensstufen von blühender Jugend bis zu Greisenalter und Tod nebeneinanderstellten, wie auf Hans Baldung Griens Gemälde »Lebensalter der Frau und der Tod« oder Doppelporträts, die den schönen, unversehrten Leib mit seinem von Würmern zerfressenen Kadaver konfrontierten, wie etwa im doppelstöckigen Grabmal des Landgrafen Wilhelm II. von Hessen in der Marburger Elisabethkirche. Ins Groteske gesteigert finden sich die Ängste des Zeitalters in den surrealistisch anmutenden Gemälden des Niederländers Hieronymus Bosch. In Bildern wie der »Versuchung des heiligen Antonius«, heute im Museum für Alte Kunst in Lissabon, werden Unruhe und nervöse Religiosität des Zeitalters augenfällig, aber auch die tiefsten Ursprünge der Ängste. Hinter der Beschäftigung mit dem Tod stand nicht die Furcht vor der Kälte und Leere eines nihilistischen Jenseits, sondern die bohrende Ungewißheit über die Formen des Lebens nach dem Tod – Versöhnung mit Gott oder nie endenwollende Qualen im Schlund der Hölle, wie sie die realistisch-grotesken Phantasien eines Hieronymus Bosch, den bezeichnenderweise gerade die Frömmsten schätzten, so variationsreich schildern?

»Wie gewinne ich einen gnädigen Gott?« oder »Wie ist es um mein persönliches Seelenheil bestellt?« – so oder ähnlich lauteten die Fragen, die sich die Menschen stellten. Besonders ausgeprägt war diese Suche nach dem richtigen Weg zum Heil ganz offensichtlich nördlich der Alpen, und zwar vor allem in Deutschland. In Italien etwa war eine solche transzendentale Unruhe weit weniger ausgeprägt. Über Stabilität, Sicherheit und Ordnung machte man sich auch dort Gedanken, doch vorrangig suchte man nach säkularen Wegen, dies zu erreichen, am entschiedensten wohl der Florentiner Niccolò Machiavelli, der in eben jenen Jahren sein rein diesseitig orientiertes, von christlichem Sündenbewußtsein wie von allen anderen Moralüberlegungen freies Politikmodell entwickelte.

Nördlich der Alpen war es das ganze Arsenal kirchlicher Frömmigkeit und traditioneller Heilsvermittlung, das die Menschen gegen ihre Ungewißheit und ihre Ängste ins Feld führten. Vor allem bei der Mutter Gottes suchten sie Schutz, weil sie von ihr die wirkungsvollste Fürbitte vor dem richtenden Gott erhofften. Und so gehört die Schutzmantelmadonna neben dem Totentanz zu den beliebtesten Motiven der Zeit. Gleichzeitig mit dem Heiligenkult blühten Stiftungen und Bruderschaften auf. Beide waren so etwas wie eine Lebensversicherung, allerdings für das Leben nach dem Tod. Die Stiftungen stellten sicher, daß an bestimmten Tagen oder Altären Messen für das Seelenheil des verstorbenen Stifters gelesen wurden; die Bruderschaften waren eine kollektive Form der Fürbitte, die von den lebenden für die verstorbenen Genossen geleistet wurde. Auch war es eine Zeit der Wallfahrten, zu denen alljährlich Tausende von Gläubigen aufbrachen – zu Orten, die seit Jahrhunderten einen Teil des Gnadenschatzes der Kirche verwalteten und damit Ablaß von Sünden gewährten, aber auch zu solchen, die sich eben erst als Gnadenorte erwiesen hatten. Dazu gehörten die zahlreichen lokalen Hostienwunderstätten, etwa die Kleinstadt Blomberg in der westfälischen Grafschaft Lippe, oder die Wallfahrt zur »Schönen Maria« in Regensburg, einem Gnadenbild, das 1519 seine Wunderkraft erwiesen haben soll, als ein Regensburger Handwerker nach einem schweren Unfall wundersam genas.

Wie die Menschen der näheren und weiteren Umgebung auf das Regensburger Wunder reagierten, ist in einer von Carl Theodor Gemeiner Anfang des 19. Jahrhunderts herausgegebenen *Regensburgischen Chronik* festgehalten: »In den ersten drei Jahren seit Gründung der Kapelle wurden 25 374 Messen gelesen. Ganze Kirchenspiele hatten sich vereinigt, und kamen 10, 20 und mehrere Meilen weit her, um der schönen Mutter Gottes zu opfern, und sich ihrer Fürbitte zu empfehlen. Wenn ein solcher Wallfahrtszug nächtlicher Weile mit Sang und Klang durch die Dörfer zog, so sprangen die Weiber auf, und schlossen sich nicht selten im bloßen Nachtgewande demselben an. Wurden sie in ihren Tagesverrichtungen von solchen Pilgerzügen übereilt, so liefen sie mit, wie der Geist der

Andacht sie gefunden und ergriffen hatte, und ließen alles im Hause, Kinder und Gesinde und den Stall unversorgt liegen und stehen. In grotesken Gestalten, wie nackte Wilde, mit der Heugabel, mit dem Rechen oder mit einer Sense, die Weiber mit dem Melkfaß in der Hand, kamen viele nach Regensburg. Man hielt sie zum Theil für wahnsinnig oder bezaubert.« Aus anderen Quellen wissen wir, daß hinter den Regensburger Ereignissen auch Geschäftemacher in Stadtrat und Klerus standen, nicht anders als in vielen anderen Wallfahrtsorten auch. Der Erfolg war aber nur möglich, weil die Menschen aller Schichten nach solchen »Angeboten« zu ihrer Errettung suchten und sie in Massen aufgriffen. Die Todesfurcht und die Heilsunsicherheit des Zeitalters suchten sich einen Ausweg in einer Leistungs- und Werkfrömmigkeit, die nicht selten massenpsychotische und pathologische Züge trug.

Diese Schattenseiten treten in der Regensburger Wallfahrt besonders deutlich zutage. Sie hatte nämlich ihren Ursprung in einem Judenpogrom, und der scheinbar wundersam errettete Handwerker war während seiner Zerstörungsarbeit verunglückt. Ausgebrochen war das Pogrom gleich nach dem Tod Kaiser Maximilians I., als der besondere Rechtsschutz erloschen war, den die reichsstädtischen Juden als »Kammerknechte« des Kaisers genossen und für den sie besondere Steuern zu zahlen hatten. In dieser Situation wurden die Juden zu Sündenböcken der christlichen Ängste und Verunsicherungen – der materiellen, die in der wirtschaftlich stagnierenden Reichsstadt Regensburg besonders verbreitet waren, vor allem aber der geistig-religiösen. Auch anderwärts in Europa, etwa 1474/75 in Trient, wurden in den Jahrzehnten um 1500 Juden zu Opfern der eschatologischen Heilssuche ihrer christlichen Nachbarn, die ihnen Hostienschändung oder gar Ritualmorde an christlichen Kindern vorwarfen, um sie dafür aufs grausamste zu bestrafen. Weiter gesteigert wurde das all dem zugrundeliegende eschatologische Bewußtsein durch das scheinbar unaufhaltsame Vordringen der Türken im Mittelmeer und auf dem Balkan. Denn der Abwehrkampf der christlichen Staaten war in den Augen der meisten Zeitgenossen nur vordergründig ein macht- und wirtschaftspolitisches Ringen. Dahinter stand der Endkampf zwischen Christ und Antichrist, zwischen den Mächten der Finsternis und den himmlischen Heerscharen.

Doch auch innerhalb der Kirche sorgte die Heilsungewißheit für Unruhe und Konflikte. Die Jahrzehnte um 1500 waren auch die Zeit eines heftigen Antiklerikalismus, verbreitet vor allem unter den Bürgern der aufstrebenden Städte, bei humanistischen Intellektuellen, Literaten und Künstlern. Sie alle konnten sich nicht genugtun mit Spott und Hohn über ungebildete Altaristen und ihr sinnloses magisches Treiben, über geldgierige Prälaten, lüsterne Mönche und gar zu willige Nönnchen. Und sie brachten diese Verachtung unters Volk durch Spotttraktate und durch Holzschnitte oder Gemälde, die ebenso detailversessen wie bissig waren. Besonders ausgeprägt war die Kritik an Rom und dem falschen Treiben der welschen Kurtisanen in Deutschland, und zwar auch und vor allem unter Politikern und bei den Reichsständen, die schon seit Jahren einen Beschwerdekatalog über mißliebige Praktiken der Kirche zusammengetragen hatten. Auf den Reichstagen wurde heftig über diese »Gravamina teutscher nation« debattiert, und vom Kaiser als weltlichem Oberhaupt der Christenheit erwartete man, daß er für Abhilfe sorgte. Das alles war aber kein moderner oder gar atheistischer Antiklerikalismus, der die Kirche als Heilsgestalt in Frage stellte. Im Gegenteil, hinter dem Spott an den erbärmlich ausgebildeten, moralisch verworfenen Klerikern stand das Idealbild eines integren, pflichtbewußten Priesters und Seelsorgers. Der Antiklerikalismus um 1500 war somit ein Teil der Sehnsucht nach einer besseren Kirche und nach einem sicheren, von »guten« Klerikern geebneten Weg zu ewigem Seelenheil.

Und schließlich ging die Leistungsfrömmigkeit, so hysterisch-emotional sie sich auch immer wieder aufführte, einher mit einem Aufschwung nüchternen Kalkulierens, und zwar auch und gerade in Sachen Frömmigkeit und Seelenheil: Jeder, der es sich leisten konnte, besorgte sich Reliquien von Heiligen oder gar von Christus selbst und rechnete sich aus, wieviel Monate oder Jahre an Fegefeuerstrafen und Höllenqualen ihm oder ihr durch diesen Besitz erspart blieben. Die besonders erlesene Reliquiensammlung, die Friedrich der Weise von Sachsen durch weit über Europa hin tätige Agenten hatte zusammentragen lassen, brachte es auf nicht weniger als 127 800 Jahre Nachlaß. Sie wurde in der Schloßkirche von Wittenberg wie in einem Banktresor aufbewahrt und minutiös durch ein gedrucktes Verzeichnis nach Art eines Archivinventars erschlossen. Mit derselben Berechnung kalkulierten die Käufer des zu dieser Zeit von Johannes Tetzel in Deutschland vertriebenen St.-Peter-Ablasses das Verhältnis zwischen ihren Sünden – den vergangenen, gelegentlich aber auch den für die Zukunft geplanten – und der beim Ablaßkauf zu investierenden Geldsumme.

Es war bekanntlich dieser geschäftsmäßige Umgang mit dem Heil und den Beziehungen zwischen Gott und den Menschen allgemein, der den Wittenberger Mönch, der davon im Beichtstuhl erfuhr, zum Widerspruch provozierte. Er fachte damit einen öffentlichen Sturm an, der binnen Monatsfrist das eben noch unerschütterliche Vertrauen der Menschen in die Leistungsfrömmigkeit hinwegfegte und die Christenheit in den Grundfesten erschütterte. Die zahlreichen Reformen, die das 15. Jahrhundert in Spiritualität und Frömmigkeit, aber auch in Organisation und Verfassung des kirchlichen Lebens gesehen hatte, flossen zusammen und verdichteten sich zu den Reformationen des 16. Jahrhunderts: der protestantischen in lutherischer und reformierter Ausprägung, letztere zunächst von Zwingli und Zürich, später von Calvin und Genf bestimmt, aber auch einer katholischen, für die Ignatius von Loyola als Reformator und Trient als Ort dogmatisch-kanonischer Beschlüsse stehen.

Mit dieser Wende in die Reformation, die Luther am 31. Oktober 1517 einleitete, als er seine 95 gegen den Ablaß gerichteten Thesen an seine kirchlichen Vorgesetzten, den Ortsbischof Hyronimus Schulz in Brandenburg und den Mainzer Erzbischof Albrecht, verschickte, war entschieden, daß das von Papst Alexander VI. Borgia mit einer für die Renaissance so typischen Mischung religiöser und säkularer Pracht- und Machtentfaltung begrüßte 16. Jahrhundert eine Epoche sein würde, die zutiefst von Fragen der Religion und der Kirchenpolitik bestimmt ist. Das bedeutete aber nicht, wie immer wieder mißverstehend behauptet, daß Europa für ein weiteres Jahrhundert zurückgefallen wäre in »mittelalterliche« Verhältnisse, das heißt in eine kirchlich-theologische Blokkade des menschlichen »Fortschritts«, die erst beseitigt wurde, als ein Jahrhundert später mit Descartes das Zeitalter der Ratio und Vernunft anbrach. Im Gegenteil, es waren die von Luther neu entfesselten Kräfte der Religion und Theologie, die im 16. Jahrhundert eine Art Kristallisationskern für alle übrigen Kräfte des Wandels in Politik, Gesellschaft, Kultur und selbst in der Wirtschaft bildeten. Erst in dieser Mischung aus religiösem Ethos und weltlichen Kräften der Formierung und Konzentration in Staat, Wirtschaft und Gesellschaft entfaltete sich jene Veränderungs- und – wagen wir diesen am Ende des neuzeitlichen Entwicklungsoptimismus ins Zwielicht geratenen Begriff – Modernisierungsdynamik, die Europa seit dem 16. Jahrhundert so tiefgreifend umgestalten sollte.

Mit den Reformationen des 16. Jahrhunderts kam dann auch wieder die für Europa charakteristische Säkularisation zur vollen Entfaltung, nachdem sie bereits im Investiturstreit des ausgehenden 11. Jahrhunderts zutage getreten war. Bis zur Aufklärung des späten 18. Jahrhunderts vollzog sich diese Säkularisation nicht im Widerspruch zur Religion oder gar als deren Verneinung, sondern in engster Verschränkung mit ihr. Das machte die innerste Kraft und Legitimation des säkularen Wandels des 16. und 17. Jahrhunderts aus, daß er mit der religiösen und konfessionellen Dynamik verschränkt war. Die religiösen Kräfte des Einzelmenschen wie der europäischen Gesellschaften wurden nicht gekappt, sondern mit in das weltliche Handeln hineingenommen. Es war diese religiöse Dimension der frühneuzeitlichen Säkularisation, die die umstürzenden Veränderungen und Neuerungen absicherte und legitimierte, die das weltliche Handeln im 16. Jahrhundert hervorbrachte – im Aufstieg der frühmodernen Staaten und ihrer sich formierenden Gesellschaften ebenso wie bei der sachlichen und räumlichen Ausweitung des europäischen Wirtschaftens zum »frühmodernen Weltsystem« (Immanuel Wallerstein) oder der Ausdifferenzierung autonomer Wissenschaften und Künste.

Die weltverändernden Kräfte der religiösen Idee zeigten sich bereits im Ursprung und bei den unmittelbaren Folgen des lutherischen Widerspruchs von 1517: Nicht Antiklerikalismus, humanistische Antikeverehrung oder gar rationale Religions- und Kirchenkritik waren der Wurzelboden für Luthers Protest und den ungeheuren Widerhall, den er allenthalben auch und gerade bei den Humanisten fand, sondern die quälende religiöse Frage des Zeitalters nach dem persönlichen Seelenheil. Wie kaum ein anderer hatte der Mönch Luther unter diesen Ängsten gelitten. Bereits sein Gang ins Kloster zeugt davon, ausgelöst von einer tiefen Erschütterung der Seele im Angesicht des Todes in einem Gewittersturm draußen auf freiem Feld. Im Kloster war er bestrebt, die Anforderungen der kirchlichen Leistungsfrömmigkeit aufs Genaueste zu erfüllen, um durch Fasten, Selbstgeißelung und minutiöses Befolgen aller Kirchengesetze seinen Seelenfrieden zu erzwingen. Und dennoch ängstigte ihn die große Christus-Judex-Plastik, die ihn anstarrte, wenn er den Wittenberger Stadtfriedhof betrat, weiterhin zu Tode: Nicht die Heilskraft des Leidens Christi sah der Mönch nach eigenem späteren Bekunden in dieser im späten Mittelalter weit verbreiteten Darstellung, sondern die apokalyptische Vision des mit einem scharfen, zweischneidigen Schwert die Sünder beim letzten Gericht gnadenlos aburteilenden und strafenden Weltherrschers. Den Ausweg wies ihm ein ganz neuer Begriff von Gottes Gnade, den er aus der Bibellektüre abseits der ausgetretenen Pfade scholastischen Verständnisses gewann. Zum Angelpunkt wurde Römer 1,17, wo Paulus nach Luthers Neuübersetzung sagt, daß dem Menschen im Evangelium offenbart wird, daß »die Gerechtigkeit, die für Gott gilt ... aus Glauben in Glauben« kommt. Mit dieser bald zum dreifachen Sola-Prinzip – sola fide, sola gratia, sola scriptura, das heißt, allein durch den Glauben, die Gnade und die Schrift wird der Mensch selig – fortentwickelten Erkenntnis war ein neuer Typus des Christentums geboren, der anders als der mittelalterliche und auch als der später neuzeitlich formierte katholisch-tridentinische Typus das ewige Heil des Menschen weder auf kirchliche Institutionen oder einen von diesen verwalteten Gnadenschatz noch auf gute Werke gegründet sieht, sondern in radikaler Zuspitzung einzig und allein auf dem persönlichen Gnadengeschehen zwischen dem einzelnen und seinem Gott.

Das war eine Botschaft, die zumindest in Deutschland den Menschen plausibel erschien und sie von einem Tag auf den anderen aus ihren Ängsten rief und ihnen Zuversicht gab, wie das etwa Albrecht Dürer bereits Anfang 1520 in einem Brief an den kursächsischen Hofprediger Spalatin, der ihm Luthers Schriften zugeschickt hatte, frei bekannte – er wolle den Reformator »in kupfer stechen zu einer langen gedechtnus des kristlichen mans«.

Bald stand Deutschland in Flammen. Die »Freiheit eines Christenmenschen«, von der Luther in der wohl populärsten seiner drei großen Reformschriften des Jahres 1520 spricht, war ein religiöses Programm, das zugleich politisch und sozial wirkte, ja wirken mußte. Denn mit den Grundlagen und der Organisation von Kirche und christlicher Gemeinde standen zugleich die Bauprinzipien von Staat und Gesellschaft zur Debatte. Sieht man einmal vom Kaiser und der Kirchenhierarchie ab, die als Amtsträger auf die Verteidigung der römischen Universalkirche festgelegt waren, gab es in Deutschland keinen Stand, der nicht von der reformatorischen Bewegung erfaßt wurde. Ritter, Städter und Bauern nicht anders als Fürsten und Mitglieder der frühmodernen Beamtenschaft wurden zu Anhängern und stürmischen Agenten eines evangelisch erneuerten Christentums. Vor allem aber traten Humanisten, Künstler und die überwältigende Mehrheit des Klerus selbst als Propagandisten und Organisatoren der Reformation auf.

Entscheidend erleichtert, ja eigentlich erst ermöglicht wurde ihr Erfolg durch den Buchdruck. Als Luther 1521 in Worms vor Kaiser und Reich stand, waren seine Bücher und Traktate bereits in Tausenden von Exemplaren verbreitet, vor allem in Deutschland, aber auch bereits verteilt über die Druck- und Messezentren im übrigen Europa. Anders als noch 1415, als sich in Konstanz die »Häresie« eines Jan Hus durch die Liquidation des Häretikers aus der Welt schaffen ließ, hatte der Buchdruck des 16. Jahrhunderts die Reformation in dem Sinne entpersonalisiert, daß sie auch unabhängig von ihrem Autor Bestand haben konnte. Und umgekehrt waren es die Reformation und die darüber geführten öffentlichen Debatten, die den Buchdruck aus seiner Wiegenzeit herausführten und zu jenem Modernisierungsinstrument werden ließen, das das private und öffentliche Leben der Menschen bis heute tief prägt.

Die Produktion von Büchern und Traktaten schnellte empor und damit die Zahl der Käufer und Leser. Wie die aufs genaueste untersuchte Buchproduktion der Reichsstadt Straßburg zeigt, waren die Themen mit einem Anteil von knapp fünfzig Prozent auf Religion und Theologie konzentriert (dreißig Prozent protestantische und acht Prozent katholische Texte; zehn Prozent Bibeln und Bibelkommentare). In der heutigen Sprache ausgedrückt, war es die Suche nach ideologischer Orientierung, die den Buchmarkt expandieren ließ. Seit Mitte des 16. Jahrhunderts wurden dann aber auch in nicht unbeträchtlicher Zahl volkssprachliche Texte mit nichttheologischen Inhalten gedruckt.

Vor allem aber wurden seit den zwanziger Jahren des 16. Jahrhunderts in Massen Flugblätter auf den Markt geworfen, die meist bebildert waren und die Lehren der sich bekämpfenden Glaubens- und Kirchenlager in Versen oder kurzen Sentenzen auf den Punkt brachten. Aus dem Schulstreit der Theologen, den bereits das Mittelalter kannte, wurde so der öffentlich ausgetragene Meinungsstreit, an dem das Volk sich aufs lebhafteste beteiligte. Wer selbst nicht lesen konnte, und das waren in den Städten immer weniger, ließ sich auf Märkten und in Wirtshäusern vorlesen oder bildete sich seine Meinung, indem er die für sich selbst sprechenden Abbildungen betrachtete. Und daß zu den Lesern und Betrachtern auch die Frauen gehörten, war selbstverständlich, ging es doch um das ganz persönliche Seelenheil. Die Privilegierung der männlichen Priesterkaste war aufgehoben. Die Freiheit der Christenmenschen meinte Mann und Frau. Wo sich der Protestantismus durchsetzte, sollten Frauen bald sogar am kirchlichen Amt mitwirken, nämlich als Pfarrfrauen, die in vielfacher Hinsicht den Kirchendienst mittrugen, oder – wie zeitweilig im Calvinismus – als Diakoninnen, die sogar eigenständig ein Kirchenamt verwalteten. Die neue religiöse Sensibilisierung sollte aber auch in den katholisch reformierten Ländern die Rolle der Frau neu definieren, bestimmt durch den aufblühenden Marienkult und durch das Modell der Heiligen Familie, das in gewisser Weise auf die protestantische Pfarrfamilie antwortete und durchaus ähnliche Kräfte zugunsten der Frauen freisetzen konnte.

Die ganz persönliche Frage nach dem Seelenheil, die die Menschen um 1500 so tief beschäftigte, hatte eine Lawine von Veränderungen ausgelöst. Auch die Gesellschaft insgesamt und die »große« Politik wurden davon erfaßt. In Deutschland waren die zwanziger und dreißiger Jahre des 16. Jahrhunderts Zeiten des Aufruhrs und der Revolte, in denen die Menschen gleichzeitig mit der kirchlichen die politische Gemeinde neu ordnen wollten: im Ritterkrieg unter Führung der Reichsritter Franz von Sickingen und Ulrich von Hutten; im großen Bauernkrieg 1525/26, als weite Teile des Reiches im Süden und in der Mitte in Flammen standen; in unzähligen Städten, großen wie kleinen, wo die Bürger Anteil am Stadt- und Kirchenregiment verlangten. Doch nicht nur Adel, Bürger und »gemeiner Mann« waren im Aufbruch, sondern auch die Fürsten und das Reich. Es war die Zeit der großen Reichstage, auf denen zusammen mit der »causa Lutheri« die dringend notwendige Reform des mittelalterlichen Reiches beraten wurde. Die Debatten über diese Reichsreform gingen zurück ins 15. Jahrhundert, als immer neue Reformschriften verfaßt wurden, die *Reformatio Sigismundi* etwa oder auch die berühmte *Concordantia Catholica* des gelehrten Kardinals Nikolaus von Kues. Auf dem Wormser Reichstag von 1495 waren dann erste tiefgreifende Gesetze zur Stärkung und Erneuerung des Reiches beschlossen worden, so vor allem der Ewige Reichslandfrieden, der dem Fehdewesen und seinen verheerenden Folgen ein Ende setzen sollte, und die Errichtung eines höchsten Reichsgerichts, das Rechtssicherheit und die Verrechtlichung der zahlreichen Konflikte und Spannungen der Zeit herbeiführen sollte. Auf dieser Basis konnten dann im 16. Jahrhundert die Reichstage, die häufig und regelmäßig zusammentraten, für zwei, drei Generationen ins Zentrum des Ringens um die politische, gesellschaftliche und kulturelle Gestaltung des Reiches rücken. Einen Moment lang sah es sogar so aus, als fiele Deutschland, dessen Reichstag noch lange als vornehmster unter den europäischen Ständevertretungen galt, im Konzert des alteuropäischen Ständeparlamentarismus eine leitende Stimme zu.

Was dann aber 1555 auf dem berühmten Augsburger Reichstag, der mit dem Religionsfrieden auch das endgültige Ende der Reichsreformdebatte brachte, tatsächlich als Reichsgrundgesetz herauskam, war weder die republikanisch-gemeindliche Ordnung, für die in Stadt und Land gestritten worden war, noch eine »nationale« Erneuerung im Zeichen eines deutschen Königsstaates nach Art der west- und nordeuropäischen Reiche. Durchgesetzt hatten sich die Territorial- und Fürstenstaaten, die ihre im hohen Mittelalter wurzelnden Herrschaftsrechte durch das Prinzip »cuius regio, eius religio« – das sogenannte ius reformandi – abrundeten zu einer vom römischen Kaiser und deutschen König weitgehend unabhängigen höchsten Staatsgewalt über ihre Länder – einschließlich des Regiments über die Landeskirchen, direkt ausgeübt im Falle der Protestanten, mehr indirekt bei den Katholiken. Das Reich war nun bikonfessionell, bestehend aus offiziell lutherischen und offiziell katholischen Territorien und Reichsstädten, während Calvinisten und jede Art von Sekten unberücksichtigt blieben. Das war eine verfassungsrechtlich verankerte Toleranz: nicht für den einzelnen Untertan gedacht, sondern kollektiv für das jeweilige Gemeinwesen, das dem Glauben seines Fürsten oder seines Stadtrates zu folgen hatte. Eine individuelle und subjektiv verstandene Glaubens- und Gewissensfreiheit, um die in Deutschland nicht anders als in Europa insgesamt noch generationenlang gerungen wurde, kündigte sich erst zaghaft in einer Nebenabsprache des Augsburger Gesetzeswerkes an, im »ius emigrandi« nämlich, das es einem jeden Lutheraner und Katholiken freistellte, sich fremdgläubiger Herrschaft durch den Umzug in ein Territorium des eigenen Glaubens zu entziehen.

Trotz dieser Begrenzung war in Deutschland nicht anders als in den meisten übrigen Ländern Europas, auf die der Geist der Reformationen wie ein Lauffeuer übergesprungen war, innerhalb einer Generation die Tür zu einer Entwicklung aufgestoßen, die sich an der Jahrhundertwende des Jahres 1500 selbst diejenigen nicht vorstellen konnten, die die schillernde Welt des Renaissancepapsttums verachteten und eine Reform des Christentums an Haupt und Gliedern herbeisehnten.

Die umstürzenden Veränderungen kamen zu ihrem ersten Höhepunkt, als im letzten Drittel des von Alexander VI. so freudig begrüßten Jahrhunderts jede der drei Konfessionskirchen und mit ihnen zugleich die europäischen Staaten und Gesellschaften von einem gesellschaftlichen Fundamentalprozeß erfaßt wurden, den die Historiker Konfessionalisierung nennen, weil die kirchlich-religiösen Kräfte mit den politisch-gesellschaftlichen Kräften des Wandels zusammenflossen. Abstrakt gesprochen ging es um die geistig-organisatorische Formierung und Integration im Innern und um eine aggressive Abgrenzung nach außen gegenüber den anderen, zunehmend als fremd und feindlich erlebten Kirchen- und Staatssystemen. Formiert und diszipliniert werden sollte auch das Denken, Fühlen und der Glaube eines jeden Menschen und vor allem natürlich sein Handeln, das sich nach den nun eindeutig definierten Normen konfessioneller Moral zu richten hatte und das regelmäßig durch Visitationen, Hausbesuche oder im Beichtstuhl überprüft und kontrolliert wurde. Auch wenn vieles darauf hindeutete, daß die Erfolge dieser Disziplinierung eher bescheiden waren und der unorthodoxe Volksglaube ebenso weiterlebte wie magische Praktiken und abweichendes Verhalten, so mußte der Apparat kirchlicher und staatlicher Überwachung und Sanktionen bis hin zum »Theater des Schreckens« öffentlicher Hinrichtungen durch seine bloße Existenz Leben und Lebensgefühl der Menschen verändern.

Über Generationen hin wurden die europäischen Gesellschaften von den konfessionellen Kulturen und Identitäten geprägt, die sich im 16. Jahrhundert herausgebildet hatten, und zwar auch und gerade im Alltag und bis in die einzelnen Familien hinein. Selbst die Zeitrechnung wurde konfessionell: Als Papst Gregor XIII. 1582 die längst überfällige Reform des noch auf Caesar zurückgehenden, inzwischen um zehn Tage von dem tatsächlichen Jahreslauf abweichenden Julianischen Kalender verfügte, lehnten viele protestantische Länder diese rein wissenschaftlich begründete Anpassung und damit den neuen Gregorianischen Kalender ab, nur weil er den Namen eines Papstes trug. Das hatte zur Folge, daß die nächste Jahrhundertwende in der katholischen und in der protestantischen Welt zu unterschiedlichen Terminen gefeiert wurde. Erst mit dem Jahr 1700 kehrte ganz Europa wieder zu einer gemeinsamen Zeitrechnung zurück, wobei die katholischen Länder vom Gregorianischen, die protestantischen aber vom Verbesserten Kalender sprachen.

Reformation und Konfessionalisierung hatten die *christianitas* endgültig zerrissen und in feindliche Lager gespalten. Auf Generationen hin wütete im Innern der europäischen Staaten ebenso wie zwischen ihnen der unerbittliche Glaubenskrieg der drei konkurrierenden Weltanschauungssysteme – des lutherischen, des calvinistischen und des tridentinisch erneuerten katholischen Konfessionalismus. In der Tiefe ging die Differenzierung sogar noch weiter. Denn neben den offiziellen Konfessionskirchen etablierten sich insgeheim und häufig im Untergrund Sekten und Denominationen, und die Zahl der »Christen ohne Kirche« (Leszek Kolakowski) oder gar von Menschen ganz ohne Glauben nahm ständig zu.

Gleichzeitig mit dieser neuzeitlichen Pluralität in Kirchlichkeit und Glauben, und aufs engste damit verquickt, festigte sich die politisch-staatliche, soziale und kulturelle Vielfalt des Kontinents. Das mittelalterliche Europa der Christenheit war zum neuzeitlichen Europa der Staaten geworden, und die Suche nach dem Heil war aus der Kirche herausgetreten und zu einem nicht mehr an das Religiöse oder die Transzendenz gebundenen Streben nach menschlicher Selbstfindung geworden – zum »pursuit of happiness«, wie es schließlich in der Aufklärungssprache der amerikanischen Verfassung heißen sollte.

1600

Paul Münch

Ordnungen im Umbruch – Angst und Vernunft

Verwirrung der Zeiten

Anno Domini MDC: Tagebücher und Chroniken schenken Beginn und Ende des Jahres 1600 nicht mehr Aufmerksamkeit als anderen Jahren auch. Am 31. Dezember 1599 gedachte der kaiserliche Botschafter in Madrid, Hans Khevenhüller, in traditioneller Weise des Jahresausgangs, verbunden mit der Bitte um ein gutes neues Jahr: »Damit ist abermalen das 99. jar durch die gnad des Allmechtigen geendet worden. Derselb wolle sie hinfür auch verleihen und nach seinem göttlichen willen und gefallen das hereingehend 1600 jar mit aller gnadenreicher wolfahrt zue seinem lob und ehren zuebringen lassen, Amen.« Die Neujahrsmesse besuchte König Philipp II. wie gewöhnlich bei den Jesuiten. Ähnlich beging man am spanischen Hof auch den folgenden Jahreswechsel. Dem Übergang ins neue Jahrhundert schenkte man keine Beachtung.

Das seit 1300 von der Römischen Kirche zu jedem vollen Säkulum – später alle 25 Jahre – in Rom gefeierte »Heilige Jahr« war ein eher lokales Ereignis ohne größere Ausstrahlung geblieben, von Bedeutung allein für jene Katholiken, die mit einer Pilgerreise nach Rom einen vollkommenen Ablaß zu erwerben gedachten. Die evangelischen Kirchen hatten im Gefolge der Reformation längst ihren eigenen Fest- und Feierkalender entwickelt und sollten bald auch mit der Ausformung einer typisch protestantischen Jubiläumskultur beginnen. Hierbei setzten die Symboljahre der evangelischen Gründerzeit die Erinnerungsmarken: 1617 stand das Zentenarjubiläum des Wittenberger Thesenanschlags an, 1630 folgten Gedächtnisfeiern zur Erinnerung an die Verkündung des Augsburgischen Bekenntnisses im Jahre 1530. Beim Wechsel vom 16. ins 17. Jahrhundert fehlte – anders als bei den späteren Säkularschwellen – noch das Bewußtsein dafür, mit dem Ablauf eines Jahrhunderts in eine neue Zeit zu treten. Erst hundert Jahre später, als die Linearität des modernen historischen Denkens die alten, eher zyklischen Geschichtsvorstellungen endgültig zurückdrängte, begründeten die Zeitgenossen jenen später allgemein üblichen Brauch, das abgelaufene Jahrhundert zu resümieren und Mutmaßungen über die kommenden hundert Jahre anzustellen. Seitdem stritt man stets auch heftig darüber, ob die runde Säkularzahl das Ende des alten oder bereits den Beginn des neuen Jahrhunderts bezeichne.

Hätte man den Zeitenwechsel um 1600 bereits gefeiert, er wäre in Deutschland schon nicht mehr gemeinschaftlich begangen worden. Im Gefolge der Reformation war nicht bloß die Einheit der Christenheit zerbrochen, auch der Ordo temporum, die Zeitrechnung, hatte dem Streit der Konfessionen nicht standgehalten. Als sich die Katholiken am 1. Januar 1600 Glück wünschten, rüsteten die Protestanten gerade zum Weihnachtsfest des Jahres 1599, und als die evangelischen Christen das alte Jahr ausklingen ließen, war bei den Katholiken der Dreikönigstag des neuen Jahres bereits Vergangenheit. Die unbeweglichen Hauptfeste des Kirchenjahres, die zwischen Katholiken und Protestanten nicht umstritten waren, wurden im konfessionell gespaltenen Europa doppelt begangen. Wer Zeit und Lust hatte, feierte zweimal, einmal an seinem Heimatort, dann beim Nachbarn von der anderen Konfession.

Wie war es zu dieser denkwürdigen Zeitverschiebung gekommen? Im Oktober 1582 verkündete Papst Gregor XIII. mit der Bulle *Inter gravissimas* eine tiefgreifende Reform des alten, noch von Julius Caesar herrührenden Kalenders. Gelehrte hatten in seinem

Auftrag errechnet, daß die Julianische Zeitrechnung den astronomischen Lauf des Sonnenjahres nur annäherungsweise abzubilden vermag. Der alte Kalender setzte die Dauer eines Jahres mit 365 Tagen und 6 Stunden geringfügig zu hoch an – ein Überhang, der sich im Laufe der Jahrhunderte auf volle zehn Tage summiert hatte und die Fixierung der Fest- und Feiertage, insbesondere des Ostertermins, gefährdete. Wie sollte man das Dilemma beheben? Die päpstlichen Astronomen setzten die Jahresdauer neu fest auf genau 365 Tage, 5 Stunden, 45 Minuten und 46 Sekunden. Sie schlugen vor, in den folgenden vierhundert Jahren drei Schalttage in jenen runden Jahrhundertjahren einzusparen, die nicht durch vierhundert teilbar sind – also in den Jahren 1700, 1800 und 1900. Die Jahre 1600 und 2000 sollten dagegen Schaltjahre bleiben, um künftig die astronomische Genauigkeit des Kalenders zu gewährleisten. Gleichzeitig wurde der Überhang von zehn Tagen, der sich seit der Antike angesammelt hatte, gestrichen. Man sprang in den katholischen Staaten kurzerhand von Donnerstag, dem 4., auf Freitag, den 15. Oktober. Das Jahr 1582 wurde so in den romtreuen Ländern – in Italien, Spanien, Portugal, Frankreich, Polen und in den katholischen Territorien des Reichs – zum kürzesten Jahr der neueren Zeitrechnung: Es dauerte nur 355 Tage.

Die sinnvolle Revision, der Tycho Brahe und Johannes Kepler, die angesehensten evangelischen Astronomen, zustimmten, vermochten viele orthodox-protestantische Glaubensgenossen kaum als »Reformation« einzustufen. Sie verweigerten sich der »Kalenderdeformation«, weil sie sich dem »römischen Antichrist«, der »babylonischen Hure«, dem »reißenden Werwolf«, wie sie den Papst nannten, keinesfalls unterwerfen wollten. Künftig folgten katholische und evangelische Christen unterschiedlichen Zeitrechnungen – mit einschneidenden Folgen für das alltägliche Zusammenleben. Im Kalender verschoben sich die Jahreszeiten, und die seit Jahrhunderten durch das Kirchenjahr geheiligte Ordnung der Monate, Wochen und Tage geriet aus den Fugen. Die Verwirrung der Zeiten betraf nicht allein den religiösen Bereich. Auch die eingespielten, an Heiligentage gebundenen Termine im Wirtschaftsleben – Saat- und Erntetermine, Markttage, Beginn und Ende von Dienst- und Arbeitsverhältnissen – fielen fortan auf unterschiedliche Tage. In einer Bauernklage war zu lesen:

O Pabst was hast du angericht
Mit deinem heillosen Gedicht,
Daß du verkehret hast die Zeit,
Dadurch irr gemacht uns arme Leut,
Daß wir nunmehr kein Wissen haben,
Wann man soll pflanzen, seyen, graben.

Nur dort, wo die Konfessionen auf engstem Raum zusammenlebten, war der Anpassungsdruck mitunter so stark, daß sich die schwächere Religionspartei aus ökonomischen Gründen pragmatisch am Kalender der stärkeren orientierte. Erst im Jahre 1700, als die beginnende Aufklärung die Wogen des Konfessionsstreites langsam beruhigte, übernahmen die protestantischen Länder im Reich den Gregorianischen Kalender. Damit endete eine über hundert Jahre währende Verwirrung der Zeiten.

Die alte Ordnung

Trotz des konfessionellen Dissenses schien die althergebrachte Sicht der Welt und des Kosmos um 1600 noch kaum gestört. Wer die Zeichen der Zeit nicht zu deuten wußte, der konnte beim Übergang in das neue Jahrhundert meinen, es sei alles so, wie es seit unvordenklichen Zeiten gewesen war und wie es in aller Zukunft bleiben würde. Vergangenheit, Gegenwart und Zukunft schienen ungeschieden ineinanderzufließen: »Nichts Neues unter der Sonne«. Das Leben floß dahin in einem Strom, dem die heilsgeschichtliche Deutung die

Richtung wies. Die Geschichte nahm den von Gott geoffenbarten Weg – sie würde sich zur festgesetzten Zeit vollenden.

Die Zeitgenossen fühlten sich Personen vergangener Epochen und fernsten Ereignissen eng verbunden. Die Figuren der Heilsgeschichte und die Helden der Antike, die in Kunst und Literatur in den Vordergrund drängten, agierten nicht in fremden Zeiten und Räumen, sie spielten auf einer historischen Bühne, die bis in die eigene Gegenwart hineinreichte. Man kleidete sie unbedenklich in die vertrauten heimischen Gewänder, und auf bildlichen Darstellungen beleben Gestalten der Bibel und der Antike die Plätze und Häuser des Nordens – so als ob nicht viele Jahrhunderte und Tausende von Meilen zwischen der eigenen Zeit und der Vergangenheit Griechenlands, Roms oder des heiligen Landes gelegen wären. Die Welt erschien als ein einziges großes Gebäude, ein Zeiten und Räume umschließendes Haus, in dessen Zimmern Vergangenheit, Gegenwart und Zukunft auf *einer* Ebene angeordnet waren. Noch im Jahre 1670 versammelte Johann Jakob Christoffel von Grimmelshausen in seinem »Ewig-währenden Kalender« Weltschöpfung, Christi Blindenheilung und den Bundschuhaufstand des Jahres 1502 unter dem Datum des 18. März, als wären diese Ereignisse nicht durch gewaltige Zeitabstände voneinander getrennt:

> Diß ist der erste Tag der Welt/an welchem Gott Himmel und Erden erschaffen hat; Nemblich vff einen Sontag. An diesem Tag hat der HErr Jesus zween Blinde erleuchtet. Matth. 20. Anno 1502. erhub sich der Bundschuch oder Bawren=Krieg umb Speyr und Bruchsall.

»Historia magistra vitae«: Geschichte vermochte unter solchen Voraussetzungen als hilfreiche »Lehrmeisterin des Lebens« zu fungieren, weil sich offenkundig alles Geschehen bis ans Ende der Zeiten ohne große Wandlungen wiederholte. Selbst größere Veränderungen dachte man sich als bloße Wiederbelebung ferner

Vergangenheiten, in denen alle Muster künftiger Entwicklungen gewissermaßen vorgeprägt schienen. Da in alter Zeit alles besser gewesen war, rührte die Unordnung der Gegenwart offensichtlich nur daher, daß man von den idealen Zuständen der Vergangenheit Stück für Stück abgerückt war. Es galt das verlorene »goldene Zeitalter« in die eigene Gegenwart zurückzuholen. »Reform«, »Reformation« und »Renaissance«, die Devisen der Zeit, meinten Rückkehr: Wiederkehr der alten Reichsherrlichkeit, Wiederherstellung der evangelischen, unverfälschten Form des Glaubens, Wiedergeburt der antiken Kultur. Selbst bei »Revolutionen« dachte man noch nicht an grundstürzende politische Veränderungen, sondern mit dem Astronomen Johannes Kepler an die periodisch wiederkehrende Kreisbewegung der Himmelskörper. Erst wenige Gelehrte – Thomas Morus, Kaspar Stiblin, Tommaso Campanella, wenig später auch Johann Valentin Andreae und Francis Bacon – vermochten sich neue, ideale Zustände auszumalen, jedoch nur in »Utopia«, im »Nirgendwo«.

Die Ordnung der Natur galt als vorgegeben und prinzipiell unveränderlich. Nach den Lehren des Claudius Ptolemäus bildet die Erde den festen, unbeweglichen Mittelpunkt des um sie zirkulierenden Universums. Sonne und Mond, denen die Sphären der Planeten und Sterne in vollendeter Anordnung vorgelagert sind, ziehen auf kreisförmigen Bahnen um das Erdenrund. Eine noch weiter draußen gelagerte Schalenmechanik ist für die zyklische Bewegung des ganzen Himmels verantwortlich. Diese Auffassung schien durch die visuelle Wahrnehmung der Bewegung der Himmelskörper bestätigt und sicherte die philosophisch und theologisch erwünschte zentrale Position des Menschen im Kosmos wissenschaftlich ab. Seit Aristoteles unterschied man eine Physik des Himmels, dessen Körper – die Planeten und Sterne – als vollkommen, unvergänglich und rein, und eine irdische Physik, deren vier Elemente Erde, Wasser, Luft und Feuer als vergänglich, unrein und unvollkommen galten. Alles Leben auf der Erde bis hin zu den zwischen Erde und Mond treibenden Winden und Wolken schien einem immerwährenden Wechsel unterworfen, folgte dem Gesetz des Werdens und Vergehens, wurde geboren und starb. Den Leib des Menschen glaubte man analog den vier irdischen Elementen von vier Säften durchströmt, von Blut (sanguis), Galle (cholé), schwarzer Galle (melan cholé) und Schleim (phlegma). Das Mischungsverhältnis dieser Säfte bestimmte die vier Temperamente. Bei Krankheit war der Säftefluß gestört; dann mußte durch Eingriffe von außen – durch Aderlaß, Schröpfen und Klistieren – ihr Gleichgewicht wiederhergestellt werden.

Der Geozentrik des Kosmos entsprach die Anthropozentrik und Androzentrik der Welt. Die Erde sowie die über- und unterirdischen Welten erschienen im Licht der christlichen Offenbarung, in die viele antik-heidnische Lehren eingeflossen waren, als Gottes wohlgeordnete Schöpfung. Man deutete sie als lange, zusammenhängende Kette des Daseins, die von der unbeseelten Schöpfung über die Pflanzen und Tiere bis hin zum vernunftbegabten Menschen reiche, oder als aufsteigende Treppe, deren Stufen getrennt und doch engstens verbunden seien.

Der Himmel galt als Wohnort der Seligen, die Gott von der Erde abberufen oder nach mehr oder weniger langer Läuterung aus dem Fegefeuer zu sich erhoben hatte. Dort lebten sie im Angesicht des dreifaltigen Gottes, zusammen mit den Heerscharen der Engel und Erzengel, der Cherubim und Seraphim. Die Erde hingegen schien seit der Vertreibung aus dem Paradies mit Dornen und Disteln übersät, ein unwirtlicher Ort allgegenwärtiger Sünde und Vergänglichkeit. Unterhalb der Erde vermutete man die Hölle, den Strafort der Sünder. Dort residierte Satan, der als notorischer Unruhestifter und Widersacher Gottes die Menschen zu verführen suchte. Mit dem Sündenfall war das erste Menschenpaar des Paradieses verwiesen worden. Die Erde galt als Jammertal, als Ort der Buße für die Sünde der Ureltern im Paradies. Sie war der menschlichen Herrschaft um den Preis lebenslanger mühseliger »Arbeit« überantwortet. Männer verdienten das Brot im Schweiße ihres Angesichts, Frauen gebaren ihre Kinder unter Schmerzen. Der Tod war Ende und Anfang zugleich: Schlußpunkt der zeitlichen Existenz, Pforte und Übergang in die Ewigkeit des Paradieses oder der Hölle.

Das Bild vom Menschen zeigte geschlechterspezifische Unterschiede. Nur der Mann galt nach antiker und christlicher Anschauung als Krone der Schöpfung, als Gottes wahres Ebenbild und vernunftbegabtes Wesen. Die Frau war ihm neben- und untergeordnet, ähnlich dem Mond, der um die Erde kreist und sein Licht von der Sonne erhält. Die menschliche Natur glaubte man eingespannt in einen immerwährenden Kampf zwischen der unsterblichen, göttlichen Seele und dem tierischen, den Leidenschaften ausgelieferten Körper.

Mehr oder weniger festgelegt erschienen auch die Charaktere der verschiedenen Völker, welche den Erdkreis bewohnen. Entsprechend der weithin gültigen Klimatheorie, die einen kalten Norden, eine gemäßigte Mitte und einen heißen Süden unterschied, erklärte man sich die angenommene Diversität der Erdbewohner. Die Nordländer hielt man für ausdauernd, tapfer, doch auch für schwerfällig, die Südländer für phantasievoll, geistig beweglich, aber auch für sinnlich. Nur diejenigen, die in der gemäßigten Zone wohnen, könnten die Vorzüge beider Extremzonen in sich vereinigen, wobei Spanier, Franzosen, Engländer und Deutsche die ideale Mitte jeweils für sich reklamierten.

Die hierarchisch gegliederte Ordnung des Universums galt als Vorbild für die Welt und die menschliche Gesellschaft, die trotz der Vergänglichkeit alles Irdischen die vollkommenen Quantitäten und Proportionen des Makrokosmos wie in einem Mikrokosmos spiegeln sollte. So wie die Gestirne am Himmel ein für allemal an ihrem Ort fixiert waren, so mußte auch auf Erden die ständische Gliederung der Gesellschaft für ewig festgeschrieben bleiben. In seiner Enzyklopädie aus dem Jahre 1630 beschwor der Herborner Philosoph Johann Heinrich Alsted Nutzen und Schönheit dieser Ordnung: »Nichts ist schöner, nichts ist fruchtbarer als die Ordnung. Die Ordnung verschafft auf dem riesigen Theater dieser Welt allen

Dingen Wert und Rang. Die Ordnung ist in der Kirche Gottes der Nerv des Corpus mysticum. Die Ordnung ist das stärkste Band im Staats- und Familienleben.« Das Prinzip hierarchischer Ordnung galt für die Rangfolge der Wissenschaften, durchwaltete die weltlichen Gemeinwesen, prägte den Aufbau der Kirchen, gliederte die Gesellschaft, regulierte das alltägliche Leben. Es führte im politischen Bereich vom Kaiser über die Kurfürsten, die Fürsten, Grafen, Herren und Ritter hinab zu den städtischen und dörflichen Obrigkeiten und begründete auf dem geistlichen Sektor vielfach verzweigte hierarchische Strukturen. In der katholischen Welt führte der Papst die geistliche Hierarchie an, gefolgt von den Kardinälen, Erzbischöfen, Bischöfen, Äbten und den einfachen Priestern. In den evangelisch-lutherischen Kirchen beanspruchten die Landesherren die geistliche Spitze, sekundiert von einer Ämterhierarchie, die von den Superintendenten bis zu den Pfarrern und Predigern reichte. Die calvinistisch-reformierten Gemeinden suchten ihre konfessionelle Hierarchie synodal von unten nach oben aufzubauen, doch unter den obrigkeitsstaatlichen Verhältnissen im Reich gelang dies nur teilweise.

Den politisch-sozialen Bereich dachte man sich als System aufeinander aufbauender Herrschaftskreise, als kunstvolles Gefüge sich ergänzender Stände mit klar definierten Funktionen, in dem die Position jedes einzelnen genau umrissen ist. Ihre Basis bildet der Ehestand, aus ihm erwächst der Elternstand, gefolgt vom Herrschaftsstand des Hausherrn und der Hausherrin über das Gesinde. Mehrere Hausstände bilden als Dorf oder Stadt eine Gemeinde. Aus ihnen setzt sich das Land zusammen, aus dem Zusammenschluß der Länder erwächst das »Heilige Römische Reich deutscher Nation«. Daneben unterschied man die großen, in sich wiederum vielfach gegliederten Stände der Adeligen, der Bürger, der Kleriker, Bauern und Bettler. Auf jeder Ebene gibt es privilegierte Menschen, die herrschen, und abhängige, die gehorchen müssen: Männer und Frauen, Eltern und Kinder, Herren und Knechte, Meister und

Lehrlinge, Lehrer und Schüler, Kleriker und Laien, Fürsten und Untertanen, Alte und Junge. Das Prinzip natürlicher oder von Gott gestifteter Ungleichheit war nicht bloß zwischen den Ständen, sondern auch innerhalb der Stände wirksam, ja es setzte sich fort in den imaginierten Hierarchien des Himmels und der Hölle. Die Ungleichheit auf der Erde galt als Garant stabiler Ordnung, die Umkehrung der Herrschaftsverhältnisse als Zeichen des Verfalls: »Wann der Bauer will Herr seyn, der Unterthan der Obrigkeit befehlen / das Weib die Hosen anziehen / den Mann regieren will / dann muß nothwendiger Weiß alles unordentlich gehen und Schaden erfolgen.«

Jede Gruppe hatte in diesem von alters her überlieferten System, das die gesellschaftliche Aufgabenteilung harmonisch auszutarieren versucht, eine ihr von der Natur oder Gott speziell zugewiesene Aufgabe: Der »Nährstand« sorgt für die leibliche, der »Lehrstand« für die geistige Nahrung, der »Wehrstand« ist dafür verantwortlich, daß die beiden anderen Stände ihren Aufgaben in Ruhe und Frieden nachgehen können. Nur wenn die gesellschaftlichen Gruppen entsprechend ihrer Bestimmung einvernehmlich zusammenwirken, ist das Leben der Menschen, wie schwer es auch immer sein mag, halbwegs zu ertragen. Der Lohn winkt nach dem Tod, im Jenseits, wo die irdischen Ungleichheiten ihr Ende finden. Im geistlichen Reich des Herrn würden, wie Paulus schreibt, mit den ethnischen auch die sozialen und geschlechterspezifischen Differenzen aufgehoben sein, würde nicht mehr zwischen Juden und Griechen, Knechten und Freien, Männern und Frauen unterschieden werden.

Das Ende der Welt?

Der harmonisch-hierarchische Bau des Kosmos und der Welt, den die Zeitgenossen in schönen Bildern und Gleichnissen beschworen, war um 1600 längst bedroht, die alte Ordnung galt bloß noch an der Oberfläche. Tiefe Störungen des religiösen, politischen und gesellschaftlichen Lebens wiesen nach Ansicht vieler Gelehrter darauf hin, daß es mit der Welt zu Ende gehe. Die Geschichte selbst schien sich, wie die verbreitete Rede von den »geschwinden Zeiten« andeutete, unaufhaltsam und immer rascher ihrem von Gott gesetzten Ziel zu nähern. Der beschleunigte Wandel allen Geschehens strafte die schönen Bilder von der festgefügten »Harmonie der Welt« Lügen, verunsicherte und ängstigte die Menschen. Untrügliche Anzeichen bedeuteten auch den Ungebildeten, daß die Welt offensichtlich in rasendem Lauf ihrem Untergang entgegenstürze. Waren die unerhörten »Neuen Zeitungen« von Naturkatastrophen, Wundergeburten, rätselhaften Himmelserscheinungen und Kometen nicht warnende Signale der anbrechenden Endzeit, die nach dem Bericht der Offenbarung das Unterste zuoberst kehren würde? Mußte man nicht annehmen, daß der Endkampf zwischen Christ und Antichrist unmittelbar bevorsteht oder vielleicht schon entbrannt war? Die Geschichte hatte nach christlicher Auffassung mit der Erschaffung der Welt ihren Anfang genommen. Sie würde, wie die Zeitgenossen mutmaßten, nach etwa 6000 Jahren ihr von Gott bestimmtes Ende finden. Bis zu Christi Geburt waren 4000 Jahre vergangen, seither weitere 1600 Jahre verstrichen. Auch wenn man noch mit verbleibenden 400 Jahren rechnen konnte, befand sich die Welt im Greisenstadium, vermutlich jedoch – wegen der Sünden der Menschen – kurz vor ihrem Untergang. Weissagungen und Prophezeiungen häuften sich wie nie zuvor.

Endzeiterwartungen hatten schon früher die Welt beunruhigt. An der Wende vom 15. zum 16. Jahrhundert waren sie aufs neue erwacht. Eine eigene Gattung, die »Prognostica«-Literatur, deren Inhalte in immer neuen Nachdrucken verbreitet wurden, widmete sich den dunklen Zukunftsahnungen. Die Namen ihrer Verfasser wurden zu Synonymen rätselhaft-düsterer Erwartungen: Lichtenberger, Virdung, Paracelsus und Grünspecht, schließlich Nostradamus, dessen wirre Voraussagen noch heute die Menschen bedrängen. Schon Martin Luther hatte aus der Konjunktion der Sterne das Nahen des Jüngsten Tages herauslesen wollen. Sein Zeitgenosse Carion faßte den drohenden Zusammenbruch der Welt in unglücksschwangere, bedeutungsschwere Sätze: »Die Welt ist ein groß alt Gebäu, das da reisse und fallen will und fällt jetzund da ein Wand, dann dort eine. Also schicket sich nun die Welt auch zum Fall und gewinnt jetzund da einen riß, dann dort einen, da fällt ein Künigreich dahin, dann aber eins; und soll niemand gedenken, daß solche Gebäu sanft nieder sitzen werde.« Die Verwirrung der Zeiten, die mit der Kalenderreform Papst Gregors XIII. bis in den Alltag hinein spürbar wurde, galt manchen als Anfang vom Ende, als Auftakt des erwarteten grundstürzenden Wandels aller Dinge. Zu Beginn des 17. Jahrhunderts verdichteten sich die Vorahnungen zu einem Gefühl allgemeiner Bedrohung, das die Bevölkerung in allen Ständen erfaßte. Der pfälzische Arzt Helisäus Röslin tat 1609 kund, daß auf der Welt nichts geschehe, ohne daß Gott »zuvor durch sonderbare Zeichen im Himmel und auf Erden, in der obern und untern Welt die Menschen« warne. Wer die unheilvollen Signa zu lesen verstand, mußte auf gewaltige Veränderungen gefaßt sein. Weltuntergangsprophetien wechselten in rascher Folge mit chiliastischen Erwartungen, die sich auf Personen der Zeitgeschichte richteten. Während des Dreißigjährigen Krieges erhofften evangelische Christen die Errichtung des tausendjährigen Reiches, die umfassende Wiederherstellung von Frieden und Recht, vom »Winterkönig« Friedrich V. von der Pfalz oder von König Gustav Adolf von Schweden, dem »Löwen aus Mitternacht«.

In den Angriffen der Türken, welche die gespaltene Christenheit bedrohten, sahen viele eine der apokalyptischen Schalen, die Gott vor dem Untergang der Welt auf die Menschheit ausgießen würde. Die anderen brachten Hunger, Pest und bald auch Krieg. Wunderzeichen merkwürdigster Art steigerten die allgemeine Verwirrung und Unruhe: Man fand neugeborene Kinder mit mehreren Köpfen, Händen oder Füßen, Frauen, die mißgestaltete Kinder, Ferkel, Esel oder Wölfe auf die Welt brachten, Tiere, die gräuliche Mischwesen gebaren, Fische mit Mönchskappen und Jesuitenhütlein. Allenthalben erschienen rätselhafte Zeichen und Bilder am Firmament: Schwerter, Pfeile, blutige Schlachtszenen und drohende Embleme, die auf kommendes Unheil deuteten. Mancherorts öffnete sich der Himmel und ließ schädliche Regen von unerhörter Art auf die Menschen niedergehen: Hagelkörner so groß wie Gänseeier, Blut, Feuer, Schwefel, Pech, Steine, mitunter sogar Mäuse und Ratten.

Den Meldungen naher Schrecken korrespondierten Nachrichten, die von merkwürdigen Wunderwesen in der Ferne berichteten. Wer sie ernst nahm, mußte an der biblischen Einheit des Menschengeschlechts zweifeln. Im Jahre 1602 entfaltete der *Elucidarius*, der die gesamte Schöpfung in Wort und Bild vorstellte, nochmals den Katalog jener schrecklichen »Monster«, welche die Menschen seit der Antike an den Rändern der alten Welt vermuteten. Man schauderte und griff doch mit gieriger Schaulust nach den Bildern jener deformierten Gestalten, die angeblich in den neu entdeckten Ländern zu finden waren: Mohren und Indianer ohne Köpfe, doch mit Augen und Mündern auf der Brust, Mischwesen, die menschliche und tierische Attribute in vielfältigen Variationen vereinen, bellende, hundsköpfige Inder, Menschen mit Riesenohren, mit Hörnern, vier Augen, langen Nasen oder Schnäbeln, Geiß- und Pferdefüßen, Hermaphroditen, welche die Ordnung der Geschlechter durcheinanderbringen.

Den größten Schrecken verbreiteten die Zeichen am Himmel. Die merkwürdigen Sternbilder und geschweiften Kometen, derer man in ganz Europa ansichtig wurde, galten seit alters als untrügliche Boten kommenden Unglücks, als Menetekel des Endkampfes zwischen Christ und Antichrist. Sollte die große »Mutation« aller Dinge etwa schon für das Jahr 1588 zu erwarten sein? Darauf schien unmißverständlich eine unheildrohende Sternenkonjunktion hinzudeuten, bei der im Zeichen des Widders und der Fische Feuer und Wasser zusammentreffen sollten. Georg Ursinus, ein Mathematiker aus Plauen, prophezeite: »Alles wird traurig sein; alle Elemente werden trauern, alle Menschen auf Erden, die Vögel in den Lüften. Item, Alles was in der Erde lebt, wird traurig sein für großem Unglück und zukünftigem Uebel. Niemand soll hieran zweifeln, denn gewiß ist's, daß eine große Veränderung über die ganze Welt ergehen werde.« Der von Galileo Galilei beschriebene »neue Stern«, eine Supernova, die man zwischen 1604 und 1605 am Himmel wahrnahm, deutete nach gelehrter Ansicht auf »einen schrecklichen Fürstenkrieg mit schädlichem Aufruhr, Morden und Brennen«, laut David Fabricius Frisius gar auf eine kommende, allumfassende politische Krise: »Die Untertanen des römischen Reichs werden von den umliegenden und benachbarten Völkern überfallen, ohne Scheu beraubt und geplündert.«

Von Jahr zu Jahr wuchs die Zahl der »erschröcklichen, jedoch wahrhaftigen Zeitungen«, Predigten und gelehrten Schriften, welche die Anzeichen des zu erwartenden göttlichen Strafgerichts in die Welt trugen. Die wichtigsten Medien der Zeit – Flugschriften und Flugblätter, Predigtsammlungen, dazu dickleibige Teufels-, Geister-, Zauber- und Wunderbücher – steigerten die Unruhe mit immer neuen Nachrichten und Sensationsmeldungen. Zum ersten Mal in der Geschichte gründeten die apokalyptischen Ängste einer ganzen Epoche nur noch am Rande auf direktem Erleben. Es waren die Hiobsbotschaften massenhaft gedruckter Prophezeiungen, Weissagungen und Bilder, die sich um 1600 zu einem Klima allgemeiner Angst verdichteten, wie man es zuvor nicht gekannt hatte.

Finstere Zeiten

»Finsternis und Unkultur« begannen sich um 1600 »über die schönen Lande Europas« auszubreiten, wie Justus Lipsius, einer der größten humanistischen Gelehrten seiner Zeit, in einem Brief pessimistisch konstatierte. Niemals zuvor oder danach waren die Menschen in Deutschland Lebensbedrohungen von derartiger Wucht und Dauer ausgesetzt. Die um das Jahr 1600 gelagerten Dekaden erscheinen als eine Zeit gehäufter Bedrängnisse, existentieller Nöte und angstbesetzter Krisen. Sie äußerten sich in einer säkularen Abkühlung des Klimas, in wirtschaftlicher Depression, in sozialer, rechtlicher, geistiger und moralischer Desorientierung, in konfessionellen Konflikten, im Versagen der politischen Ordnungsmächte – und schließlich in einem Krieg, der mit dreißig Jahren länger währte als jeder andere Krieg auf deutschem Boden. Es war kein Zufall, daß die Hexenverfolgungen in den deutschen Ländern auf dem Höhepunkt der Krise ihr schrecklichstes Ausmaß erreichten. Ausgangs der zwanziger Jahre, als Wetterkatastrophen, Pest, Hunger und Krieg in einer unheilvollen Allianz zusammentrafen, entluden sich im Hexenwahn die apokalyptischen Ängste einer ganzen Epoche.

Erschütterungen weltgeschichtlichen Ausmaßes, welche die historische Zeit und den geographischen Raum zu Horizonten von gewaltigen Ausmaßen dehnten, waren vorausgegangen. Durch die humanistische Wiederentdeckung der Antike war die historische Erinnerung bis weit in vorchristliche Zeiten hinein verlängert worden; seit den Fahrten des Kolumbus hatte sich die Erde, die auf Europa, Asien und die nördlichen Teile Afrikas begrenzt gewesen war, zum Globus gerundet. Neue Welten taten sich auf, von denen die Bibel und die antiken Autoritäten nichts zu vermelden wußten. Hinzu kam die bahnbrechende Erkenntnis des Kopernikus, daß die Erde keineswegs der unbewegliche Mittelpunkt des Universums ist, sondern um die Sonne kreist. Kaum geringer als die Irritationen, die sich aus den Entdeckungsfahrten und dem Umsturz des geozentrischen Weltbildes ergaben, waren die Ängste, welche die religiösen Umbrüche begleiteten. Mit Martin Luther war die Einheit der Christenheit zerbrochen. Drei getrennte Konfessionen – die lutherische, die reformierte und die römisch-katholische – traten an die Stelle der einen, ungeteilten christlichen Kirche. Konnte man überhaupt noch etwas sicher wissen? Was durfte man glauben, und wie sollte man künftig handeln?

Die große Krise, welche die Epochen trennen sollte, wurde eingeleitet von Veränderungen in der Natur, die rasch zu wirtschaftlichen Notlagen und gesellschaftlichen Konflikten führten. In der zweiten Hälfte des Reformationsjahrhunderts begann sich das Klima abzukühlen. Die »Kleine Eiszeit«, wie man den epochalen Klimawandel nennt, zeigte in den sechziger Jahren des 16. Jahrhunderts ihre ersten Auswirkungen. Die Winter wurden länger und kälter, Frühlinge und Sommer feuchter und kühler als zuvor. Die Weintrauben kamen vielfach nicht mehr zur Reife; im Osten und Norden kam der Weinbau völlig zum Erliegen. Die alpinen Gletscher wanderten, wie zeitgenössischen Bildern zu entnehmen ist, tief in die Täler und begruben Weiden, Scheunen, Ställe und Häuser unter sich. Eine katholische Sage aus dem Wallis deutet die vordringende »Kälte in der Natur« als Folge der evangelischen »Kälte im Glauben«. Bis zum Ende des 17. Jahrhunderts häuften sich bitterkalte, nicht enden wollende Winter. Flüsse, Seen und Meeresküsten vereisten weitaus öfter und länger, als man sich erinnern konnte. Eine »Gfrörne« des Bodensees, wie sie 1962/63 als singuläres Jahrhundertereignis registriert wurde, konnten die Anwohner im ausgehenden 16. und gesamten 17. Jahrhundert in jeder Generation mehrmals erleben, so 1572/73, 1586/87, 1602/03, 1607/08, 1654/55, 1659/60 und mehrfach am Ende des 17. Jahrhunderts.

Als Pieter Breughel im Februar 1565 sein Gemälde »Jäger im Schnee« malte, erhob der überwältigende Eindruck des strengen Winters erstmals eine Winterlandschaft zum eigentlichen Thema der Darstellung, ein Sujet, dessen Erfolg Dauer und Wirkung der »Kleinen Eiszeit« bestätigt. Sie spiegelt sich auch in den niederländischen Landschaftsbildern der Epoche, die seit der Mitte des 16. Jahrhunderts den Himmel kaum mehr sonnig und lichtüberflutet, sondern überwiegend grau und wolkenverhangen zeigen. Die säkulare Erkaltung des Klimas begleiteten außergewöhnliche Witterungskatastrophen, so die »Thüringische Sündflut«, ein Gewitter- und Hagelsturm, der am 8. Juni 1613 eine Bahn der Zerstörung von Württemberg nach Thüringen zog und allenthalben furchtbare Verheerungen anrichtete. Unvergessen geblieben sind die großen Spring- und Sturmfluten an den Nord- und Ostseeküsten, insbesondere jener apokalyptische Orkan, welcher am 21. Oktober 1634 das Meer in die Nordseeküste trieb, binnen weniger Stunden ganze Inseln zersprengte, Deiche zerschmetterte, den Viehbestand dezimierte, Tausenden von Menschen den Tod brachte und breite Landstriche für immer in der See versinken ließ.

Die Folgen der klimatischen Ungunst steigerten die existentiellen Risiken, denen die Menschen der frühneuzeitlichen Knappheitsgesellschaft ohnehin ausgesetzt waren. Ein vergleichsweise starkes Bevölkerungswachstum bedrohte am Ausgang des 16. Jahrhunderts die Ernährungsbasis, die Getreidepreise schnellten in die Höhe, und bis in die Mittelschichten hinein war die Versorgung der Bevölkerung mit lebensnotwendigen Gütern gefährdet. Während in Nordwestdeutschland Weidewirtschaft und Viehzucht weiterhin florierten, ging im Süden der Fleischkonsum dramatisch zurück, weil man Weidegründe für den Getreideanbau umbrach. Aus der Not entwickelte sich die bis heute florierende schwäbisch-bayerische Spätzle-, Maultaschen- und Knödelküche. Die »Kleine Eiszeit« verschärfte die Situation gerade in jenen Bereichen, die schon bei geringen Störungen versagten. Die geringe Produktivität des Getreideanbaus, die im Rahmen der Dreifelderwirtschaft kaum den fünffachen Ertrag abwarf, vermochte die Ernährung der wachsenden Bevölkerung bald nicht mehr zu sichern. Die Klimaungunst der Epoche bewirkte eine Unheilskette schlechter Ernten, hoher Preise, mangelnder Ernährung und erhöhter Infektionsanfälligkeit, deren Rückkoppelungseffekte schon bald das »normale« demographische Gefüge sprengten.

Unter den drei Geißeln des Menschen – Pest, Hunger und Krieg – war der Hunger die beständigste. Pest und Krieg trafen mitunter auch die Reichen, doch der Hunger lastete immer auf den Armen. Der Nahrungsmangel wurde zur Alltagserfahrung. Die Bitte des Vaterunsers um das tägliche Brot besaß für breite Bevölkerungsschichten eine beklemmende Aktualität. Wer den Hunger nicht als göttliche Strafe hinnahm, suchte nach Erklärungen in seiner nächsten Umgebung: Er verdächtigte den Müller, einen Teil des Korns unrechtmäßig zurückzuhalten, und den Bäcker, das Mehl mit minderwertigen Ersatzstoffen zu strecken. Wen wundert es, daß sich die populäre Phantasie während der Versorgungskrisen des 16. und 17. Jahrhunderts in kulinarische Freß- und Sauflandschaften gewaltigen Ausmaßes hinausträumte, die all das boten, woran es im irdischen Jammertal am meisten mangelte? Märchen erzählten vom »Tischleindeckdich« und vom Süßbrei kochenden Töpfchen, das Schlaraffenland versprach Essen und Trinken im Überfluß: unerschöpflich fließende Quantitäten schmackhaftester Gerichte, edelster Getränke und exotischer Süßigkeiten.

Weil die wirtschaftliche Entwicklung dem Bevölkerungswachstum nicht mehr folgen konnte, traten bald tiefgreifende Störungen des Zusammenlebens auf. Die sozialen Krisen der Zeit resultierten aus den Versorgungsengpässen, der offenen oder verdeckten Arbeitslosigkeit, dem Rückgang der Einkommen, dem schleichenden Münzverfall und einer großen Inflation, die während der »Kipper- und Wipper«-Zeit 1618 bis 1623 schwindelnde Höhen erreichte. Die wachsenden Steuerforderungen der Obrigkeiten taten ein übriges, um die Situation zu verschärfen. Die Kluft zwischen Armen und Reichen führte schließlich zu Unruhen in Stadt und Land, die nicht nur vom »Pöbel«, dem man Rebellionssucht attestierte, ausgingen, sondern breite Bevölkerungsschichten erfaßten. In den österreichischen und oberdeutschen Ländern kam es zwischen 1575 und 1630 zu einer Reihe von Bauernrevolten; in vielen Städten, insbesondere im Norden und Nordosten, stritten die Bürger mit dem Rat um die Macht oder wehrten sich gegen die frühabsolutistischen Bedrükkungen durch die Fürsten.

Eine Welle der Judenfeindlichkeit begleitete mancherorts die Krise. In Speyer, Worms und besonders in Frankfurt, dem bedeutendsten Judenghetto im Reich, lebten alte antijudaistische Verdächtigungen bis hin zum Vorwurf des Ritualmords wieder auf. Sie entluden sich in gewalttätigen Aktionen und Massenvertreibungen.

Der soziale Dissens reichte bis in die Gemeinden, Nachbarschaften, ja bis in die Familien hinein, wo die »Regimentssucht der bösen Weiber«, die Herrschaft des »Siemann«, die männliche Autorität des »Herrmann« zu untergraben drohte. Eine umfassende Autoritätskrise beunruhigte die Gesellschaft, der Umsturz aller menschlichen und natürlichen Ordnungen schien denkbar. Bilder und Verse von der »verkehrten Welt«, die in vielen Drucken verbreitet waren, stellten alle Verhältnisse auf den Kopf: Das Weib befiehlt dem Mann, der Herr bedient den Knecht, der Bauer trägt den Esel, das Korn drischt den Bauern, das Schwein schlachtet den Metzger.

Zu den wirtschaftlichen und sozialen Krisen kam die Pest, die sich entlang der großen Verkehrswege, der Handelsstraßen und Pilgerrouten ausbreitete. Neben anderen epidemischen Krankheiten, etwa der Ruhr, forderte sie seit den sechziger Jahren des 16. Jahrhunderts in Deutschland erneut ihre Opfer. Wo immer sich Menschenmassen versammelten, drohte die Gefahr der Ansteckung, in den Städten mehr als auf dem flachen Land. Noch bevor das Jahrhundert zu Ende ging, erlag der Seuche in Nürnberg fast die Hälfte der Einwohner – an die zwanzigtausend Menschen. Man kannte zwei Arten der Pest, die seltenere Lungenpest, die durch Tröpfcheninfektion übertragen wurde und fast immer zum Tod führte, und die stärker grassierende Beulenpest, die manche überlebten. Ihre Ursachen waren unbekannt, die Ausbreitung war unberechenbar. Bis ins frühe 18. Jahrhundert hinein kam und verschwand sie in einem undurchschaubaren Rhythmus, sie wütete an einem Ort und ging am anderen vorüber, sie tötete Alte und Junge und verschonte doch immer wieder den einen oder anderen.

Da die Zeitgenossen noch nicht wußten, daß der Pestbazillus über Rattenflöhe an den Menschen weitergegeben wird, rechneten sie die Seuche gleich den anderen Plagen zu jenen Heimsuchungen, mit denen Gott die Sünder straft. Mit Gebeten zu den Pestheiligen Rochus und Sebastian, mit Gottesdiensten, Prozessionen, Pestkreuzen, Pestglocken und anderen »geistlichen« Strategien suchte man der Ansteckung Herr zu werden. Rationale Erklärungsversuche lauteten, die »Pestilentz« werde durch »Miasmen« – verdorbene Luft und aus der Erde aufsteigende faulige Ausdünstungen – ausgelöst, andere glaubten, der Ausbruch der Pest hinge von unglücklichen Sternenkonjunktionen oder vom mangelnden individuellen Säftegleichgewicht ab, wieder andere mutmaßten, psychische Labilität könne das Einfallstor der Seuche sein. Gegen die Pest half nichts als die Flucht. Wer immer es sich leisten konnte, mied die Orte, an denen die Seuche grassierte, und kehrte erst wieder, wenn sie abgeklungen war. Mitunter sind ganze Universitäten vor der Pest geflohen. Mit weitreichenden Präventivmaßnahmen – von diätetischen Empfehlungen über die Isolierung der Kranken bis hin zu weiträumigen Quarantänemaßnahmen und Verkehrskontrollen – suchte die obrigkeitliche Gesundheitspolizei der Seuche Grenzen zu setzen, oft mit Erfolg.

Die wirtschaftliche und gesellschaftliche Krise beruhte auch auf einer wachsenden konfessionellen Verunsicherung, die am Ende des 16. Jahrhunderts Deutschland in zwei unversöhnliche Lager spaltete. Der Augsburger Reichstag des Jahres 1555 hatte zwar einen allgemeinen Landfrieden verkündet und die Glaubensfrage auf dem Weg des rechtlichen Ausgleichs geklärt, doch der Religionsfriede versprach mehr, als er hielt. Daß am Ende der Epoche mit dem Westfälischen Frieden wieder ein Friedensschluß steht, zeigt, daß die Augsburger Vereinbarung nicht von Dauer war. Er beendete in Deutschland wohl die Fortsetzung des konfessionellen Bürgerkriegs, wie er bald in den Niederlanden und in Frankreich in blutiger Schärfe entbrannte, doch im Untergrund bereiteten die vielen

Unklarheiten der Vereinbarung eine Konfliktsituation vor, die schließlich in den Dreißigjährigen Krieg führte. Katholiken und Lutheraner hatten sich auf einen Kompromißfrieden verständigt, der den weltlichen Obrigkeiten das Reformationsrecht für ihre Länder nach dem Prinzip »cuius regio, eius religio« einräumte. Den Anhängern der reformierten, an Zwingli und Calvin orientierten Glaubensrichtung blieb diese Anerkennung versagt.

Während der zweiten Hälfte des 16. Jahrhunderts verschärften sich die Lehrstreitigkeiten zwischen den Religionsparteien, die sich zu festen Konfessionen mit dogmatisch, institutionell und mental sehr unterschiedlicher Prägung formierten. Zum traditionellen Gegensatz zwischen den Anhängern der alten, im Konzil von Trient erneuerten Kirche und den evangelischen Christen traten bald heftige innerprotestantische Differenzen zwischen Lutheranern und Kalvinisten. »Lieber papistisch als calvinisch« lautete eine Devise der Lutheraner, die deutlich macht, daß der Kampf zwischen den verschwisterten evangelischen Konfessionen mitunter erbitterter geführt wurde als zwischen Katholiken und Protestanten.

Alle Konfessionen beharrten fundamentalistisch auf der exklusiven Gültigkeit ihrer Dogmen. Jede von ihnen trat mit dem umfassenden Anspruch auf, den einzig wahren, »katholischen« Glauben zu haben. Kontroverstheologen aus allen Lagern wurden nicht müde, den jeweiligen Glaubensgegner mit einer Flut polemischer Predigten und Schriften zu verteufeln. Dort, wo innerhalb kurzer Zeit mit den Obrigkeiten auch die Bekenntnisse wechselten, kam es zu einer tiefen Verunsicherung der Menschen über den richtigen Glauben. Wenn sich schon die Theologen nicht einigen konnten, wie sollten sich dann erst die Laien im Wirrwarr dogmatischer Spitzfindigkeiten zurechtfinden? Berichte aus der Kurpfalz, deren Kurfürsten binnen weniger Jahrzehnte ihren Untertanen den mehrfachen Wechsel zwischen Luthertum und Kalvinismus zumuteten, dokumentieren die nachhaltige Verwirrung der Bevölkerung. Friedrich Logau, einer der großen Aphoristiker des 17. Jahrhunderts, hat in einem Sinnspruch den Verlust des einen und wahren christlichen Glaubens in Worte gefaßt:

Luthrisch / Päpstisch und Calvinisch, diese Glauben alle drey,
Sind vorhanden; doch ist Zweiffel, wo das Christenthum denn sey.

Rasch kam es zu offenen Streitigkeiten über die Auslegung des Augsburgischen Religionsfriedens, da die katholische Seite den geistlichen Fürsten das »ius reformandi« verweigert hatte und die außerhalb des Friedens geschlossenen Vereinbarungen König Ferdinands mit den Protestanten ebenfalls nicht anerkennen wollte. Auch der Ausschluß der reformierten Länder aus dem Frieden sorgte für eine zunehmende Unduldsamkeit im Umgang miteinander. Hinzu kam, daß offensichtlich manche die Bestimmungen des Religionsfriedens, die nur den Ständen und Obrigkeiten des Reichs das Konfessionsrecht einräumten, als viel zu eingeschränkt ansahen und mit dem Ruf nach Freistellung (*autonomia*) individuelle Religionsfreiheit beinahe schon als ein Menschenrecht einforderten: Die Gewissensfreiheit in Glaubenssachen solle »nicht allein die Stände und Obrigkeiten des Reiches, sondern alle Menschen und Untertanen, sie seien wes Standes sie wollen, insgemein betreffen«. Einigkeit, Frieden und Verträglichkeit im Reich seien überhaupt nur zu erhoffen, wenn man jeden frei glauben lasse, was er wolle.

Wie angespannt das Verhältnis zwischen den Konfessionen nach 1555 blieb, zeigte sich in mehreren Konflikten, die sämtlich den Keim weiterer Eskalation in sich trugen. Als im Jahre 1582 der Kurfürst und Erzbischof von Köln mitsamt seinem Land zur Augsburgischen Konfession konvertieren wollte, konnten katholische Standesgenossen mit massiven militärischen Mitteln gerade noch einen Bekenntniswechsel des Erzstifts verhindern. Ähnliche Entwicklungen waren auch andernorts zu beobachten. Man stritt um drohende Säkularisierungen von geistlichen Fürstentümern, Stiften und Klöstern oder – wie in Donauwörth im Jahre 1608 – um das alltägliche

Zusammenleben der Konfessionen, das immer gespannter wurde. Am Beginn des neuen Jahrhunderts spitzten sich die Gegensätze zu, die Militanz unter den verfeindeten Glaubensrichtungen wuchs in gefährlichem Maße.

Bald kam es zu konfessionellen Bündnissen, welche die Blockbildung institutionell absicherten. Unter Führung der Kurpfalz schlossen sich evangelische Reichsstände 1608 zur »Union« zusammen – unterstützt von den evangelischen Staaten Europas. Herzog Maximilian von Bayern gelang ein Jahr später die Vereinigung wichtiger katholischer Länder in der »Liga«, die den Papst und seine geistliche Macht hinter sich wußte. Wenig später zeigte der Streit um das Jülich-Klevische Erbe, daß die konfessionellen Auseinandersetzungen im Reich längst das Interesse benachbarter Länder auf sich zogen, insbesondere Frankreichs und der Niederlande. Wäre König Heinrich IV. von Frankreich nicht ermordet worden, hätten sich vermutlich bereits im Jahre 1610 ausländische Mächte in die deutschen Religionsstreitigkeiten eingemischt und das Land zum Schauplatz internationaler Konflikte gemacht.

Am Vorabend des großen Krieges wuchs sich der Konfessionsstreit zu apokalyptischen Dimensionen aus. In einer Schrift des lutherischen Kontroverstheologen Hoe von Hoenegg mit dem Titel *Calvinoturcismus* werden die reformierten Christen, deren Lehre dogmatische Verwandtschaften mit dem Koran aufweise, als heimliche Verbündete »des Türken«, des Erzfeindes der Christenheit, verdächtigt. Der große Gegensatz zwischen den Konfessionen erschien schließlich wie der zu erwartende Endkampf zwischen Christ und Antichrist, eine Auseinandersetzung um die Universalherrschaft zwischen Katholiken und Protestanten. Auf der einen Seite standen die Mächte der »Gegenreformation«, allen voran die spanischen und deutschen Habsburger, beraten und aufgehetzt von den Jesuiten, auf der anderen die evangelischen Staaten, die Niederlande, England, Schweden, Dänemark und die deutschen Protestanten, sekundiert von einem Heer streitsüchtiger Prädikanten, die den

Jesuiten in der Verunglimpfung des Glaubensgegners in nichts nachstanden. Es bedurfte nur noch eines kleinen Anlasses, um das Pulverfaß zur Explosion zu bringen.

Beim Ausbruch des Dreißigjährigen Krieges spielte die Konfessionsfrage eine wichtige Rolle, doch sie war nur ein Kriegsgrund neben anderen. Die wechselnden politischen Fronten deckten sich nie ganz mit den konfessionellen Lagern. Mehrfach waren die staatlich-dynastischen Interessen stärker als die religiösen Vorbehalte, etwa wenn sich das traditionell kaiserfreundliche Kursachsen aus der evangelischen Union heraushielt, die Habsburger der Liga fernblieben oder das katholische Frankreich sich mit den protestantischen Schweden gegen den katholischen Kaiser verbündete. Eine dritte Partei, die sich – wie im Frankreich der konfessionellen Bürgerkriege – über dem Glaubensstreit hätte etablieren können, hatte in Deutschland nie eine Chance.

Der Versuch eines religiösen Ausgleichs, wie er im Westfälischen Frieden des Jahres 1648 nach jahrelangen Beratungen ausgehandelt wurde, hielt im Grundsatz am Augsburgischen Religionsfrieden fest, aber er versuchte jene Streitpunkte zu beseitigen, die immer wieder zu neuen Konflikten Anlaß gegeben hatten. Zwischen den anerkannten Religionsparteien, zu denen nun auch die Reformierten zählten, sollte eine wechselseitig respektierte Gleichheit herrschen: »aequalitas exacta mutuaque«. Streitigkeiten waren künftig auf dem Wege der »amicabilis compositio«, der gütlichen Einigung, des freundschaftlichen Ausgleichs, beizulegen. Das Reformationsrecht der Landesherren blieb formal in Kraft, doch es sollte künftig nicht mehr praktiziert werden. In allen Territorien, außer in den habsburgischen Erblanden, wo das uneingeschränkte »ius reformandi« weiterhin galt, wurde die Konfessionsverteilung auf dem Stand des 1. Januar 1624 festgeschrieben.

Das war ein Kompromiß, der zeitlich in der Mitte zwischen dem Ausbruch des Krieges und dem Restitutionsedikt, also den Ansprüchen der Protestanten beziehungsweise der Katholiken, angesiedelt war und deshalb von beiden Parteien akzeptiert werden konnte. Die zu diesem Stichjahr existierende Konfessionslandschaft des Reiches veränderte sich künftig nicht mehr automatisch, wenn ein Fürst zu einem anderen Bekenntnis konvertierte. Die Untertanen besaßen zwar auch jetzt noch nicht die völlige »Freistellung« – erst seit der Aufklärung vermochte man sich die verbriefte Gewissensfreiheit der Individuen vorzustellen –, doch sie mußten nun wenigstens nicht mehr unmündig jedem obrigkeitlichen Bekenntniswechsel folgen.

Das religiöse Leben zwischen dem Augsburgischen und dem Westfälischen Frieden war weit vielfältiger, als es die 1648 festgeschriebene Trikonfessionalität des Reiches ahnen läßt. Um 1600 hatte sich neben den anerkannten Konfessionen längst eine Fülle geistiger Bewegungen etabliert, Strömungen, die hermetische, kabbalistische und paracelsistische Traditionen pflegten, doch auch täuferischen, spiritualistischen und antitrinitarischen Ideen anhingen. Zu Beginn des 17. Jahrhunderts gesellte sich ihnen das auf Johann Valentin Andreae zurückgehende Rosenkreuzertum hinzu, ein schwer durchschaubares Amalgam alchemistischer und moderner Ideen, mit dessen Hilfe die gesamte Gesellschaft reformiert werden sollte. Die einflußreichsten Gruppierungen wandten sich gegen die orthodoxe und institutionelle Erstarrung der Konfessionen und strebten eine Erneuerung der Frömmigkeit an. Diese »pietistischen« Initiativen knüpften an die Mystik und die Devotio moderna des späten Mittelalters an, griffen aber auch Anregungen der frühen Reformation auf, die sich zunächst nicht hatten durchsetzen können. Im protestantischen Raum, wo es keine dem Römischen Stuhl vergleichbare letzte Entscheidungsinstanz in Glaubens- und Sittenfragen gab und wo sich deswegen religiöse Sonderströmungen leichter etablieren konnten, ertönte der Ruf, man müsse der Reformation Martin Luthers, welche die Lehre erneuert habe und sich nun in dogmatischen Streitereien aufzureiben drohe, eine »reformatio vitae«, eine Reformation des Lebens, folgen lassen.

Die Forderung nach einfacher, alltäglicher, am Lebens- und Leidensweg Christi orientierter Frömmigkeit entfaltete sich auch in der katholischen Kirche. Sie artikulierte sich in einer Fülle von Erbauungsbüchern, die bald den theologischen Buchmarkt dominierten. An der Spitze stand die *Imitatio Christi* des Thomas von Kempen, die vom ausgehenden 15. Jahrhundert an immer wieder aufgelegt worden war. Während des 17. Jahrhunderts avancierte sie mit 465 Editionen, auch fremdsprachigen, zum unbestrittenen Bestseller der Zeit, gekauft und gelesen von Christen aller Konfessionen in Europa, ja selbst in Übersee. Den Neuauflagen der *Nachfolge Christi* folgten Johann Arndts *Bücher vom wahren Christentum*, die 1605 zum ersten Mal erschienen und ebenfalls ein publizistischer Erfolg wurden. Sie waren eine eindringliche Anleitung zu jenem lebendigen, tätigen, gleichzeitig demütigen und bußfertigen Glauben, wie er den evangelischen Christen in der Nachfolge Jesu aufgetragen war. Diese »pietas«, welche der protestantischen Frömmigkeitsbewegung, die sich in der Folgezeit breit entfalten sollte, den Namen gab, besaß im Werk des französischen Theologen Franz von Sales ein katholisches Seitenstück, das dem wahren Christen in ähnlicher Weise ein frommes, durch tägliches Gebet und Meditation geheiligtes Leben abverlangte. Begleitet wurde das Aufblühen individueller Frömmigkeit von vielen Kirchenliedern evangelischer und katholischer Autoren – von Philipp Nicolai, Martin Rinckart, Paul Gerhardt bis zu Friedrich von Spee und Angelus Silesius. Sie zählen noch immer zum festen Bestand des kirchlichen Gemeindegesangs.

Die neuen Frömmigkeitsbewegungen mit ihrer Tendenz, den einzelnen Gläubigen zu christlicher Lebensführung anzutreiben, bedeuteten eine Abwertung des von den institutionalisierten Kirchen angebotenen Glaubens- und Heilsangebots, in letzter Konsequenz die Trennung von individueller und kirchlicher Frömmigkeit. Die Leser und Leserinnen der Erbauungsschriften, die sich jenseits der verhärteten dogmatischen Trennlinien um ein Leben in der Nachfolge Christi mühten, formierten gewissermaßen eine überregionale

Kirche der »Stillen im Lande«, die mit ihrer alltäglichen »praxis pietatis« die Unchristlichkeit der konfessionellen Frontbildungen indirekt an den Pranger stellten. Gegenüber den konfliktbereiten Fundamentalisten der etablierten Bekenntnisse, die im Vorfeld des Dreißigjährigen Kriegs zum Endkampf gegeneinander rüsteten, bildeten sie allerdings nur eine schwache, einflußlose Minderheit.

Der Dissens, der trotz des Augsburgischen Religionsfriedens zwischen den Konfessionen seit der zweiten Hälfte des 16. Jahrhunderts erwuchs, beeinflußte und lähmte in gravierender Weise bald auch die Politik. Das Heilige Römische Reich deutscher Nation war kein moderner Staat, sondern ein zusammengesetztes politisches Gebilde aus über dreihundert halbautonomen Ländern und Städten. Deutschland war keine autokratische Monarchie, die politische Verantwortung war in einem komplexen Zusammenspiel der Kräfte auf das Reichsoberhaupt und die Reichsstände verteilt. Während sich die Länder im Zusammenhang mit der Glaubensspaltung zu frühmodernen Staaten wandelten und die Fürsten ihre Macht gegenüber den traditionellen Herrschaftskonkurrenten – dem Adel, der Kirche und den Städten – ausdehnten, beeinträchtigte der konfessionelle Zwiespalt zunehmend den Geschäftsgang der übergeordneten politischen Institutionen. Die verfeindeten Reichsstände erstrebten, wo immer sich eine Gelegenheit dazu bot, politische Terraingewinne auf Kosten des Glaubensgegners – ungeachtet der vom Religionsfrieden auferlegten Einschränkungen. Die Arbeit des Reichstages, auf dem der Kaiser, die Kurfürsten, die Fürsten und die Städte ihre Interessen vertraten, wurde zunehmend behindert; bald war auch die Spruchtätigkeit des Reichskammergerichts blockiert. Seit 1608 kam kein Reichstagsabschied mehr zustande. An die Stelle des Reiches, das bis dahin Recht und Frieden einigermaßen hatte garantieren können, traten mit der Union und der Liga konfessionelle Machtblöcke, deren führende Köpfe sich unversöhnlich gegenüberstanden. Obwohl der Union ebenso wie der Liga wichtige Reichsstände fernblieben, vermochte das komplexe Reichssystem, das zuvor stets für einen Ausgleich gut gewesen war, den Weg in den Krieg nicht mehr aufzuhalten. Gleichwohl wäre es kurzschlüssig, den Dreißigjährigen Krieg allein aus politischen Motiven erklären zu wollen. Die Konflikte, welche man unter diesem Namen zusammenfaßt, haben so lange gedauert und wurden so erbittert geführt, weil sich mit ihnen eine Fülle unterschiedlichster Interessen verbanden. Sie verschoben und veränderten sich im Laufe der Auseinandersetzung, sie überkreuzten sich und entfernten sich mitunter weit von den kriegsauslösenden Anlässen.

Am Anfang standen Bevölkerungsdruck und einschneidende klimatische Veränderungen, wirtschaftliche und soziale Notlagen folgten, ungelöste Konfessions- und Verfassungsfragen verschärften die Situation. Als die Astronomen auch noch die Erde aus dem Zentrum des Kosmos rückten, war die eingespielte Normen- und Wertewelt einer ganzen Epoche zur Disposition gestellt. Die Zeitgenossen vermochten die jenseits aller Erfahrung liegende Häufung existentieller Bedrängnisse und rascher Veränderungen innerweltlich nicht mehr zu erklären. Das alles übersteigende Maß des Geschehens schien auf das Eingreifen transzendenter Mächte zu deuten, den Beginn der Apokalypse, das nahe bevorstehende Ende der Zeiten, das nicht mehr aufzuhalten war.

Ständische Herrschaftsansprüche leiteten in Böhmen die heiße Phase des Krieges ein, doch der Versuch, mit der Wahl des pfälzischen Kurfürsten Friedrichs V. von der Pfalz zum böhmischen König einen ständisch dominierten Staat zu errichten, scheiterte am Widerstand der beharrenden Kräfte: der Habsburger und der Liga. Die Niederwerfung des »Winterkönigs« verlagerte den Krieg in die westlichen Lande des Reiches. Die Protestanten unterlagen, die pfälzische Kurwürde ging 1621 an die bayerischen Wittelsbacher verloren. Auch die zweite Phase des Krieges, die vom dänischen König Christian IV., der als Herzog von Holstein Reichsstand und Kreisoberster des niedersächsischen Kreises war, eröffnet wurde, endete mit einer protestantischen Niederlage. War im böhmischpfälzischen Krieg Tilly der dominierende Feldherr gewesen, so führte nun Wallenstein, einer der Profiteure der böhmischen Niederlage, die habsburgische Sache zum Sieg. Als Kaiser Ferdinand II. im Norden des Reiches wieder freie Hand hatte, versuchte er 1629 mit dem Restitutionsedikt eine Rekatholisierung aller nach 1555 evangelisch gewordenen geistlichen Gebiete und Klöster. Doch die katholische Seite vermochte die radikale gegenreformatorische Flurbereinigung Deutschlands nicht durchzusetzen.

Mit dem Eingreifen Gustav Adolfs von Schweden, den die Protestanten als einen von Gott gesandten Retter ihrer Sache begrüßten, begann im Jahre 1630 der dritte Teil des großen Ringens. Bereits 1632 fand der schwedische König den Tod in der Schlacht. Der Prager Friede, den Kursachsen 1635 mit dem Kaiser schloß, zeigte Ferdinand II. auf dem Höhepunkt seiner Macht. Doch das offene Eingreifen Frankreichs, das zuvor bereits einen verdeckten Krieg gegen die befürchtete Einkreisung durch die Habsburger geführt hatte, verlängerte den Krieg noch einmal um über zehn Jahre. Erst die Westfälischen Friedensvereinbarungen, die nach langen Verhandlungen 1648 geschlossen wurden, gelangten zu Regelungen, die das politische Gesicht Deutschlands und Europas veränderten.

Aus der »res publica Christiana« des Mittelalters erwuchs auf europäischer Ebene ein völkerrechtlich geregeltes Nebeneinander souveräner Staaten. Die Sieger konnten erhebliche Territorialgewinne verbuchen. Frankreich gliederte Metz, Toul und Verdun, die Festen Breisach und Philippsburg sowie die habsburgischen Gebiete im Elsaß und im Sundgau in sein Staatsgebiet ein. Schweden erlangte mit Vorpommern, Bremen und Verden die Herrschaft über die wichtigsten norddeutschen Flußmündungen samt Zöllen, dazu Sitz und Stimme auf dem Reichstag. Innerhalb Deutschlands erhielten die Länder die Landeshoheit, wegen des eingeschränkten Bündnisrechtes jedoch nicht die volle Souveränität.

Der Westfälische Friede vermochte für die nächsten 150 Jahre Konflikte nicht auszuschließen, weil sich die Konditionen dynastischer Machtausübung nicht grundlegend gewandelt hatten, doch Völkerrecht und Diplomatie erlaubten künftig auch friedlichere Formen zwischenstaatlichen Umgangs. Im Innern blieb Deutschland ein Ständestaat. Der Reichstag, der seit 1663 dauernd in Regensburg tagte, diente weiterhin den Interessen privilegierter gesellschaftlicher Minoritäten, die nicht durch Wahl, sondern qua Geburtsrecht in ihre Funktionen einrückten. Die überwiegende Mehrzahl der Bevölkerung, die an unterschiedlichen territorialen und kommunalen Mitwirkungsrechten partizipierte, besaß auf Reichsebene auch fortan nur höchst eingeschränkte politische Rechte. Das mochte, wie eine Redensart aus dem Jahre 1637 hellsichtig konstatiert, die Akzeptanz der Gesetze durchaus behindern: »Ordnung vnd Gesetz sol man mit deren Willen machen / die damit verbunden werden / denn sie verstehen den Nutzen und Schaden / sonst werden sie nicht gehalten.«

Der große Krieg, der mit dreißig Jahren länger als jeder andere Krieg auf deutschem Boden, doch auch länger als jedes zweite menschliche Leben in jener Zeit gewährt hatte, wurde für Jahrhunderte zum dunklen Fluchtpunkt der deutschen Geschichte. Den Theologen galt er wie die anderen Plagen als Strafe für die Sünden der Menschen, als »Gottes Besen, damit er Land und Leute ausfegt«. Einem Chronisten aus dem Umfeld der Abtei Corvey erschien der Krieg als »Mutter alles bösen«, als »Pest«, deren Schrecknisse kaum zu beschreiben seien: »Woh will ich worte gnugsamb finden, deine scheußliche gestaldt denen nachkommen gnugsamb zu entwerffen?« Der Krieg forderte vieltausendfachen Tod, doch nicht überall in gleichem Maße. Manche Regionen – etwa Österreich, Nordwestdeutschland oder die Hansestadt Hamburg, die ihre Einwohnerzahl während des Krieges fast verdoppeln konnte – waren kaum oder nur indirekt betroffen. Die meisten Verluste bis hin zur Entvölkerung ganzer Dörfer waren auf jener sich zunehmend verbreiternden Zerstörungsdiagonale zu beklagen, die das Reich vom Nordosten nach Süden durchzog: von Pommern und

Mecklenburg über Thüringen, Hessen, die Pfalz, Württemberg, Franken, Schwaben und Bayern bis ins Elsaß. Hier wüteten die durchziehenden Heere und marodierenden Soldaten am schrecklichsten, hier hielt der Hungertod reiche Ernte, hier holte die Pest die meisten Opfer.

Bis zu den Weltkriegen des 20. Jahrhunderts stand der Dreißigjährige Krieg im Bewußtsein der Menschen für das Bild des Krieges schlechthin, nicht bloß, weil seine Greuel – vom »Schwedentrunk« und anderen bestialischen Grausamkeiten bis hin zu kannibalistischen Exzessen – als kaum zu übertreffende Exempel menschlicher Not und Niedertracht galten, sondern weil er im Verein mit den anderen Existenzrisiken der Zeit die Grenze des Erträglichen über alle bekannten Erfahrungswerte hinaus verschob. Dies macht bis heute seine beklemmende Faszination aus.

Der Dreißigjährige Krieg war ein totaler Krieg. Er zerstörte in periodischen Abständen die Lebensgrundlagen, und er war, was als noch schrecklicher empfunden wurde, verantwortlich für den Zusammenbruch der geistigen Orientierungen, die Verwilderung der Moral, den Siegeszug menschlicher Bosheit, in welcher die Zeitgenossen die um sich greifende Herrschaft des Bösen im Zeichen der Apokalypse erblickten. Viele, die nach der Jahrhundertwende auf die Welt kamen, erlebten zeitlebens nur Krieg. Friede blieb ihnen ein Fremdwort, eine Sage aus fernen, besseren Zeiten. Keiner hat die mit dem großen Krieg einhergehende materielle, geistige und moralische Traumatisierung Deutschlands in bewegendere Verse gefaßt als der schlesische Dichter Andreas Gryphius:

Tränen des Vaterlandes. Anno 1636.

Wir sind doch nunmehr ganz, ja mehr denn ganz verheeret!
Der frechen Völker Schar, die rasende Posaun,
Das vom Blut fette Schwert, die donnernde Kartaun
Hat aller Schweiß und Fleiß und Vorrat aufgezehret.

Die Türme stehen in Glut, die Kirch ist umgekehret,
Das Rathaus liegt im Graus, die Starken sind zerhaun,
Die Jungfraun sind geschänd't, und wo wir hin nur schaun
Ist Feuer, Pest und Tod, der Herz und Geist durchfähret.

Hier durch die Schanz und Stadt, rinnt allzeit frisches Blut.
Dreimal sind schon sechs Jahr, als unser Ströme Flut
Von soviel Leichen schwer, sich langsam fortgedrungen.

Doch schweig' ich noch von dem, was ärger als der Tod,
Was grimmer denn die Pest und Glut und Hungersnot,
Daß auch der Seelenschatz so vielen abgezwungen.

Die Gefährdung der Lebensgrundlagen steigerte während dieser Zeit die Hexenverfolgungen, deren Wellen seit den sechziger Jahren des 16. Jahrhunderts das Heilige Römische Reich erschütterten, zu einem Massenwahn. Kaum eine der großen ständischen Gruppen vermochte sich aus diesem unerbittlich ablaufenden Geschehen herauszuhalten. Theologen, die von der realen Existenz des Teufels überzeugt waren, lieferten mit der Hexenlehre die ideologische Grundlage; die politischen Obrigkeiten stellten mit Kriminalprozeß und Folter die notwendigen institutionellen Voraussetzungen bereit; die Bevölkerung in Stadt und Land beteiligte sich, indem sie Frauen, in geringerer Anzahl auch Männer den Verfolgungsinstanzen auslieferte – ein bedrückendes Zeugnis für die Zerstörung elementarer gesellschaftlicher Bindungen und Zusammenhänge. Die Hexenjagd erscheint wie die ratlos-verwirrte Antwort der Zeit auf den unerhörten Zusammenbruch aller Sicherheiten; dies macht es so schwierig, das Phänomen übergreifend zu erklären. Der Hexereiverdacht erwuchs aus demographischen, wirtschaftlichen und sozialen Notlagen ebenso wie aus konfessionellen, politischen, rechtlichen und geistigen Erschütterungen, nicht selten in vielfacher Überkreuzung und Vernetzung der Motive.

Auf dem Höhepunkt der Verfolgungen standen Zeitgenossen auf gegen den Wahn, an ihrer Spitze der Jesuit Friedrich von Spee, dessen 1631 anonym erschienene Schrift *Cautio criminalis* die unkontrolliert ausufernden Verfahren ad absurdum führte. Spee machte klar, daß die für die Verurteilung notwendigen Geständnisse zauberischer Umtriebe, teuflischer Tänze und höllischer Sabbate ausnahmslos durch die Folter erpreßt wurden. Konsequent forderte er die Abschaffung der Hexenprozesse, fest davon überzeugt, daß niemand – weder die politischen und theologischen Eliten noch er selbst – der wiederholten Tortur widerstehen könne. Im Süden gingen die großen Verfolgungen seit den dreißiger Jahren tatsächlich zurück, im Norden endeten sie erst später.

Die neue Ordnung

Die Westfälischen Friedensschlüsse erbrachten – aufs Ganze gesehen – eine Restauration des Reichssystems. Es gelang, die Funktionsfähigkeit des komplexen politischen Miteinanders von mehreren hundert Territorien, Herrschaften und Städten unter dem Dach des Reiches wiederherzustellen. Dies sicherte künftig die Bewältigung der übergreifenden politischen Aufgaben, vor die sich Kaiser und Reich gestellt sahen, obgleich sich die Machtverteilung zwischen Kaiser und Reichsständen eindeutig zugunsten der Länder verschoben hatte. Die größeren von ihnen entwickelten sich in der Folge zu modernen Staaten, welche den Wiederaufbau ihrer Territorien mit »absolutistischen« und »kameralistischen« Programmen zu regulieren suchten. Mit der Anerkennung des reformierten Bekenntnisses und der Festschreibung des Konfessionsstandes auf das Stichjahr 1624 erreichte man die rechtliche Klärung der Religionsstreitigkeiten; auch danach gab es Konfessionskonflikte, doch sie arteten kaum mehr zu blutigen Kriegen aus. Die soziale Struktur überlebte den Wandel der Zeit relativ unbeschadet; die gesellschaftliche Ordnung basierte weiterhin auf den festgeschriebenen hierarchischen Ungleichheiten der einzelnen Stände. Mit einer Flut gedruckter »Ordnungen« – von Benimmbüchern und Umgangstraktaten bis zu Polizei-, Kleider- und Luxusordnungen – führten die normsetzenden Mächte ihre schon vor dem Krieg begonnenen Versuche fort, die aus den Fugen geratene Welt von Grund auf neu zu fundamentieren. Die Ordnungsmaßnahmen sollten den konfessionellen Frieden sichern, den hierarchischen Aufbau der Ständegesellschaft sichern, das Wirtschaftsleben und den »anständigen« Konsum regulieren sowie den alltäglichen Umgang befrieden und verfeinern.

Die restaurativen Tendenzen des Friedens dürfen nicht verdekken, daß die tiefen Krisen und der lange Krieg mehr verändert hatten, als es dem oberflächlichen Blick erscheinen mag. Grundlegende Gewißheiten, Denkgewohnheiten, Werte und Normen waren im Strudel der Ereignisse zerbrochen. Der Titel eines Sonetts von Andreas Gryphius nennt als Leitthema der Zeit die »Eitelkeit« der Welt: »Vanitas, Vanitatum et omnia Vanitas«. Die Verse stehen für die Erkenntnis, daß nichts mehr sicher ist außer der Unbeständigkeit, Nichtigkeit und Vergänglichkeit alles Irdischen – fast schon eine Vorahnung der Verlorenheit und Heimatlosigkeit des modernen Menschen, dem die transzendenten Tröstungen gleichgültig zu werden beginnen:

> Ach! was ist alles diß / was wir vor köstlich achten /
> Als schlechte Nichtigkeit / als Schatten / Staub und Wind;
> Als eine Wisen-Blum / die man nicht wider find't.
> Noch wil was Ewig ist kein einig Mensch betrachten!

Aus der umfassenden Krise der Zeit erwuchsen gewandelte Orientierungssysteme, die an die Stelle alter, für ewig erachteter Wahrheiten und Traditionen traten. Sie trieben den epochalen Umbruch vom Mittelalter in die Neuzeit voran und machten ihn unumkehrbar. In der ersten Hälfte des 17. Jahrhunderts formierte sich das auf

»Vernunft« gegründete »Projekt der Moderne«, dessen Denkweisen und Handlungsmuster bis ins 20. Jahrhundert hinein wirksam bleiben sollten. Laut Karl Jaspers entschied sich nun der Durchbruch zur modernen Wissenschaft, die Europa seitdem von allen anderen Kulturen abhebt. Für Carl Schmitt war das »Dixseptième« das wissenschaftlich und metaphysisch größte Jahrhundert Europas, das eigentliche »Heroenzeitalter des okzidentalen Rationalismus«.

Die revolutionären wissenschaftlichen Umwälzungen hatten sich lange angekündigt. Epoche machten die Humanisten, die sich der Welt mit einer Neugier zuwandten, wie sie dem Mittelalter fremd gewesen war. Seefahrer machten sich auf, die Grenzen der bekannten Welt zu erkunden. Der Schweizer Konrad Gesner entdeckte um die Mitte des 16. Jahrhunderts die Schönheit der Bergwelt, die er in begeisterten Worten pries. Maler schufen in Landschaftsbildern und Porträts perspektivisch genaue Abbilder der Natur und des Menschen. Gelehrte beschrieben die Reiche der Pflanzen und Tiere. Anatomen sezierten Leichen, um den Bau des menschlichen Körpers zu erforschen. Astronomen berechneten den Lauf der Gestirne. Fürsten trugen in Wunder- und Raritätenkammern alles zusammen, was die Schöpfung an Seltenem und Wunderbarem bot – Abbilder der Welt, die man sich in verkleinertem Maßstab gefügig machte. Seit der zweiten Hälfte des 16. Jahrhunderts war einzelnen Gelehrten klar, daß es in der Natur vieles gab, von dem in der antiken Literatur und selbst in der Bibel nichts geschrieben steht.

Unter dem Motto »Plus ultra« (Noch weiter) strebten immer mehr Gelehrte über die alten, als unverrückbar geltenden intellektuellen Schranken hinaus. Zunächst trat das Neue noch vielfach im Gewand des Alten auf; Tradition und Innovation schlossen sich nicht grundsätzlich aus. Magie und Alchemie konnten, wie das Beispiel des Dr. Faustus zeigt, noch Pate stehen bei den Versuchen, mit denen man die Grenzen des Wissens tastend erweiterte. Der Hof Kaiser Rudolfs II., dessen Mäzenatentum zu Beginn des 17. Jahrhunderts Künstler und Gelehrte der unterschiedlichsten Ausrichtung nach Prag zog, ist ein eindrucksvolles Beispiel für die fruchtbare Verbindung von magischen Praktiken, frühmodernem wissenschaftlichen Denken und modernem Experimentieren. Astronomie und Astrologie waren noch kaum getrennte Wissenschaften. Johannes Kepler, der beide ausübte, betrieb seine Forschungen nicht als moderner Naturwissenschaftler, sondern als gläubiger Protestant, um der mathematisch vollkommenen Struktur des von Gott geschaffenen Universums auf die Spur zu kommen.

Revolutionäre Entdeckungen in Astronomie, Physik, Mathematik, Anatomie und Physiologie leiteten bald nach 1600 jenen Umsturz des Weltbildes ein, der in der Forschung als »wissenschaftliche Revolution des 17. Jahrhunderts« gilt. Mathematische Theorien, deren Gültigkeit auf dem Weg der empirischen Erfahrung und des wissenschaftlichen Experiments überprüft wurde, ersetzten oder ergänzten das alte, auf Aristoteles basierende scholastische System der philosophischen oder theologischen Spekulation.

Nachdem Nikolaus Kopernikus bereits 1543 in seiner Untersuchung über die Umläufe der Himmelskörper *De revolutionibus orbium coelestium* mit Hilfe metaphysischer Überlegungen und mathematischer Berechnungen dargelegt hatte, daß nicht die Sonne um die Erde, sondern die Erde um die Sonne kreist, gelang es Galileo Galilei, die Richtigkeit des neuen, heliozentrischen Weltbildes auf dem Weg der Beobachtung zu bestätigen. 1609 entdeckte er mit Hilfe eines Fernrohrs dunkle Flecken auf der Oberfläche der für makellos gehaltenen Sonne. Ihre Anzahl und Farbe variierte täglich, und sie wanderten über die Sonnenscheibe. Die Mondoberfläche zeigte Berge, Ebenen und Täler; auch im Umkreis der Planeten Jupiter, Venus und Saturn gab es Vorgänge, die zuvor unbekannt gewesen waren. Dies war eine bahnbrechende Erkenntnis: Die Himmelskörper folgen nicht, wie man seit Aristoteles angenommen hatte, einer eigenen Physik, sie sind weder reine noch unveränderliche noch vollkommene geometrische Körper. Solche Entdeckungen entzauberten den Himmel und holten ihn auf die Erde herab.

Mit dem Fernrohr erkannte man bald auch, daß das Universum offensichtlich viel größer als jede menschliche Vorstellung ist. Der Himmel dehnt sich, wie Giordano Bruno bereits 1584 spekulativ mutmaßte, möglicherweise in endlose Fernen. Weil das Nichts nicht zu denken ist, so meinte dieser italienische Philosoph, können dem Kosmos keine Grenzen gesetzt sein. Das unendliche All enthalte viele von empfindenden und vernünftigen Wesen belebte Welten. Diese Gedanken brachten Giordano Bruno in Gegensatz zur kirchlichen Lehre seiner Zeit, die er für ebenso reformbedürftig wie das ptolemäische Weltbild hielt. 1594 wurde Bruno von der Inquisition verhaftet, eingekerkert und im Jahre 1600 als notorischer Ketzer verbrannt.

Als Isaac Newton schließlich der definitive Nachweis gelang, daß der gesamte Kosmos durch dieselben physikalischen Gesetze zusammengehalten wird, brach das System der alten Kosmologie endgültig zusammen. Der Wandel vom geozentrischen zum heliozentrischen Weltbild beraubte die Erde und die Menschen ihrer zuvor unangefochtenen zentralen Position im Kosmos. Dies bedeutete nach Sigmund Freud die erste fundamentale Kränkung des Menschen, dessen Position in der Natur mit der Evolutionstheorie Darwins und der Psychoanalyse vollends entzaubert werden sollte.

Nicht weniger revolutionär als die Entdeckungen am Himmel waren die Vorstöße in umgekehrter Richtung. Während Teleskope unbekannte Fernen erschlossen und den Makrokosmos ins Grenzenlose dehnten, öffneten Mikroskope Nahwelten, die ebenfalls außerhalb der normalen Sinneswahrnehmung lagen. Die Natur offenbarte nicht nur im Großen ungeahnte Weiten und Gesetzmäßigkeiten, das Mikroskop enthüllte auch im Kleinen eine unendlich vielfältige Welt rätselhafter Strukturen und Lebewesen. Im Staunen über die Wunderwelt der Schöpfung fanden wissenschaftliche und christliche Weltdeutung, die immer weiter auseinanderdrifteten, noch einmal zusammen. Die großen Naturwissenschaftler der Zeit – von Kepler bis Newton – blieben gläubige Christen, die in der Zweckmäßigkeit, Schönheit und mathematischen Ordnung der Natur die Größe Gottes erblickten.

Die wissenschaftliche Erforschung der Welt – das Bestreben, möglichst alles meßbar zu machen und zu messen, wie bereits Galilei forderte – weckte den Gedanken, den Menschen zum »maître et possesseur de la nature« zu erheben. René Descartes, der diesen Anspruch formulierte, entwickelte eine Philosophie, die kaum weniger als Astronomie und Physik zur Durchsetzung der wissenschaftlichen Revolution beitrug. Als Antwort auf die Krisen der Zeit wandte er sich radikal von den traditionellen Methoden der Erkenntnis ab, denen man offensichtlich nicht mehr trauen konnte, und errichtete selbstbewußt ein neues, völlig auf der Ratio, der Vernunft, gründendes Denksystem von mathematischer Logik und Präzision: »Je pense, donc je suis; cogito, ergo sum.« Der Cartesianismus, der sich rasch in ganz Europa durchsetzte, sah im Rationalismus den Generalschlüssel zur Erklärung aller Phänomene und zur Lösung sämtlicher Probleme. Tradition, Erfahrung und Versuch rückten in den Hintergrund, Willensregungen, Affekte und Gefühle wurden dem Verstand untergeordnet. Das hieraus erwachsene Weltbild deutet das Universum als großen, uhrengleichen Mechanismus, die Lebewesen als feine, hochkomplexe Maschinen und Gott als über allem thronenden, rechnenden Ingenieur.

Einen anderen Weg, wenngleich mit ähnlichen Zielen, ging Francis Bacon, der mit dem von ihm entwickelten Empirismus Erfahrung und Versuch konsequent an die Stelle von Metaphysik und Spekulation setzte. Er glaubte, jede wahre Erkenntnis beruhe auf Beobachtungen und Experimenten, sei also zuverlässig nur auf dem schrittweise von den konkreten Phänomenen zu allgemeineren Gesetzmäßigkeiten aufsteigenden Weg der Induktion zu erlangen. In seinem utopischen Roman *Nova Atlantis* entwarf er mit der Beschreibung des »Hauses Salomons« eine kollektive Organisationsform der naturwissenschaftlichen Forschung, die der Erweiterung der staatlichen Macht dienen sollte. Bacon war davon überzeugt, daß seine Zeit die Antike weit übertreffen könne, wenn nur die Kräfte gebündelt würden. Mit seinem Aufruf, die Natur nicht nur zu erforschen, sondern immer besser zu beherrschen und für die Belange des Menschen nutzbar zu machen, formulierte er ein Ziel, das die Zukunft bestimmen sollte.

Der Beginn einer neuen Zeit zeigte sich am deutlichsten in der Wissenschaft; doch auch in bildender Kunst, Musik und Literatur artikulierten sich um 1600 ästhetische Gestaltungsprinzipien, die den epochalen Veränderungen Rechnung trugen. Sie waren wie die politischen, sozialen und konfessionellen Stabilisierungsversuche und der Entwurf mathematisch geordneter kosmologischer Systeme Teil jener großen Ordnungsanstrengung, mit der die Zeitgenossen auf den drohenden Umbruch aller Verhältnisse reagierten. Man faßt sie unter den Begriff des Barock (von portugiesisch »barocco« = schiefe Perle), um damit die dynamische Bewegung zu kennzeichnen, welche sich als neues Formprinzip gegenüber der Renaissanceästhetik durchsetzte. Die im neuen Stil errichteten Kirchen, Klöster und Residenzen lösten sich von der Herrschaft des als unnatürlich und unorganisch angesehenen rechten Winkels zugunsten einer ununterbrochen fließenden, wellenförmig schwingenden Bewegung aller Bauteile. Symmetrische und pflanzenhaft wuchernde Stukkaturen, raffinierte Lichteffekte und farbig fließende Malereien umspielten die auf vollkommenen geometrischen Formen basierenden Grundrisse der reich gegliederten Innenräume, die sich illusionär in die Unendlichkeit öffneten und gewissermaßen einen Abglanz ewiger Harmonie und Ordnung auf die Erde holten – exemplarisch verwirklicht von Francesco Borromini und Gian Lorenzo Bernini in Rom. Die ersten Barockbauten nördlich der Alpen entstanden in Salzburg, sodann – gefördert vom Kaiser, den Fürsten und manchen Ordensgemeinschaften – auch in anderen katholischen Ländern des Reichs, zunächst allenthalben in italienischer Regie. Dynamik und Bewegung prägten auch die barocken Skulpturen, Figurengruppen und Brunnenanlagen, die innerhalb von Bauwerken, in Gärten und auf öffentlichen Plätzen die Räume belebten. Weit entfernt von den eingefrorenen Posen früherer Standbilder verkörpern die barocken Statuen lebensnahe, affektbewegte »Geschichten in Stein«.

Noch entschiedener als in der bildenden Kunst kündigte sich um 1600 das Bewußtsein einer neuen Zeit in der Musik an. Die lange Tradition der Mehrstimmigkeit, die sich seit dem hohen Mittelalter ausgebildet und in der Renaissancemusik ihre artifiziellen Höhepunkte erreicht hatte, trat nun zurück zugunsten des neuen monodischen Ideals, das *eine* führende Stimme heraushob. War es ein Zufall, daß sich die Verdrängung polyphoner Traditionen parallel zur politischen Theorie des Absolutismus, die den Fürsten als »Princeps legibus solutus« definierte, vollzog? Im Jahre 1602 – doch auf das Jahr 1601 zurückdatiert, vielleicht um den Schritt in die musikalische Zukunft im Einklang mit dem Jahrhundertbeginn zu vollziehen – publizierte Giulio Caccini unter dem Titel *Le Nuove Musiche* eine Sammlung von Sololiedern der neuen Machart. Dies waren nicht die ersten derartigen Madrigale und Arien, doch sie machten die Grundsätze des akkordbegleiteten Sologesangs durch ein ausführliches Vorwort bekannt.

Der Generalbaßstil mit seiner ausnotierten, bezifferten Baßlinie, über welcher der begleitende Musiker ein harmonisches Gebäude von Dreiklängen errichtete, fügte sich gut in das universelle barocke Ordnungsdenken ein, das damit vielfältige theologische und mathematische Analogien zu verbinden wußte. Musik, die auf dem Fundament des Generalbasses ruhte, galt als Spiegel übergreifender Ordnungen und Harmonien, ja als Abbild himmlischer Sphärenklänge. Langsam trat das neue akkordische Denken an die Stelle der linearen Polyphonie. Gleichzeitig wichen die zuvor herrschenden Kirchentonarten dem modernen, nach Dur und Moll differenzierten harmonischen System, mit dem sich komplexe Affektenlehren verbanden, die jedem Ton, jeder Lage, jedem Intervall, jedem Akkord und jeder Tonart eine spezifische Ausdrucksqualität zuwiesen.

Dieses physikalisch begründete System der Tonalität war ebenfalls Teil der neuen, auf mathematischen Prinzipien beruhenden Ordnung der Welt. Oper, Oratorium und Kantate, die neuen musikalischen Großformen der Zeit, profitierten wesentlich vom Prinzip der Monodie, die bald beliebten Solokonzerte übertrugen es auf den instrumentalen Bereich. Die Oper, die spektakulärste Neuerung der Zeit, verdankt ihre Entstehung dem Bestreben, das antike Drama mit seinen kitharabegleiteten Liedern wiederzubeleben. Sie basiert auf dem Mißverständnis, die griechischen Dramen seien gesungen oder doch zumindest auf einer zwischen Sprache und Gesang liegenden Ebene vorgetragen worden. Die hierbei erforderliche Darstellung der Affekte schien, wie Vincenzo Galilei, der Vater Galileo Galileis, 1581 in seinem Traktat *Dialogo della musica antica e della moderna* ausführte, nur im begleiteten, einstimmigen Gesang möglich, der auch vor Dissonanzen, wenn sie der Text erforderte, nicht zurückschreckte.

Als erste bedeutende Opern, in denen die Seelenlage der Helden in dramatischer Musikalität nachgezeichnet wird, gelten Bearbeitungen des Euridice-Stoffes durch Jacopo Peri und Giulio Caccini, die im Jahre 1600 im Umkreis der Florentiner »Camerata« das Zeitalter des modernen Musiktheaters eröffneten. Das erste Meisterwerk der Gattung, das der neuen »Seconda Pratica« folgt, ist Claudio Monteverdis *Favola d'Orfeo*, die 1607 in Mantua aufgeführt wurde. In den vielen Werken der folgenden Zeit, die mythologische und historische Stoffe verarbeiten und die man in Venedig bald auch in öffentlichen Opernhäusern darbot, faszinierte der Wechsel von Instrumentalstücken, Rezitativen, Ariosi und Arien, in die später auch Chöre und Ballette eingestreut wurden.

Die dritte wichtige musikalische Neuerung neben der Dur-Moll-Harmonik und der Oper war das moderne metrische System, der Akzentstufentakt mit seinen regelmäßigen Hebungen und Senkungen, der den freien Fluß der melodischen Linien durch eine strengere Zeitordnung ersetzte. Das bewußt eingesetzte Gegeneinander von Metrum und Rhythmus ermöglichte vielfältige neue Ausdrucksnuancen und spannungsreiche Kontraste.

Im Vergleich zu den Reformen in der bildenden Kunst und der Musik standen der Neuordnung der deutschen Literatur erhebliche Schwierigkeiten im Wege. Das Deutsch, das um 1600 im Heiligen Römischen Reich gesprochen wurde, war auf viele Dialektlandschaften verteilt. Trotz der sprachvereinheitlichenden Verdienste der Lutherschen Bibelübersetzung, welche die evangelischen Regionen einander annäherte, trennten tiefe Verständnisbarrieren die deutschen Regionen. Im Vergleich zur italienischen, spanischen, englischen und französischen Literatur fehlte es der deutschen Literatur um 1600 an Geschmeidigkeit und Eleganz. Verschiedene Bemühungen zielten auf eine Besserung der Situation. 1624 verfaßte Martin Opitz sein Buch *Von der Deutschen Poeterey*, das die Literaturfähigkeit der deutschen Sprache hervorhebt und eine Anleitung zu metrischen und formalen Reformen gibt.

Ähnlichen Zielen verschrieben sich seit Beginn des 17. Jahrhunderts Sprachgesellschaften nach dem Vorbild der florentinischen Accademia della Crusca, am frühesten die Fruchtbringende Gesellschaft, welche Fürst Ludwig von Anhalt-Köthen 1617 ins Leben rief. Sie strebte mit patriotischem Ernst danach, »die vralte, edle, raine, teutsche Heldensprach« von französischen und »welschen« Worten zu säubern. So sonderbar und puristisch manches davon heute auch anmutet, manche neuen Begriffe, wichtige sprachtheoretische Überlegungen, grammatikalische Vorschriften und Satzzeichen verdankt die deutsche Literatursprache den Reformvorschlägen dieser und ähnlicher Sozietäten, denen die führenden Dichter der Zeit angehörten. Sie bilden mit ihren vereinheitlichenden Regelungen eine wichtige Zwischenstation auf dem Weg zu einer in ganz Deutschland verständlichen Literatursprache. Auch die Gattungen der barocken deutschen Literatur, insbesondere Sonett und Drama, suchen mit ihren strengen Formen die Welt einer neuen ästhetischen Ordnung zu unterwerfen.

Die Verzeitlichung der Geschichte

Als im Jahre 1601 ein neues Jahrhundert begann, geschah dies unbemerkt. Niemand sprach dem Säkularwechsel epochale Qualitäten zu. Ein Jahrhundert später hatte sich die Situation gewandelt. Im Jahre 1700 resümierte man mancherorts bereits den Ertrag des abgelaufenen Säkulums: die politischen Ereignisse, die Kriege, das Wachstum der Wissenschaften. In den Krisen des 17. Jahrhunderts war das Jahrhundert selbst zur epochalen Größe geworden, entsprechend dem Wort des Christoph Cellarius: »Ein neues Jahrhundert gibt allem ein neues Gesicht.« Im Rückblick wuchs nun auch dem Jahr 1600 eine epochenscheidende Qualität zu, es wandelte sich zum Eingangstor in das Zeitalter des immerwährenden Krieges. 1698 nannte Gregorius Andreas Schmidt das 17. Jahrhundert ein »Eißernes oder martialisches Saeculum«.

Wie ist es dazu gekommen? Unter dem Eindruck der tiefgreifenden Krisen und der großen Kriege des 17. Jahrhunderts war der Glaube an die Gleichförmigkeit des historischen Geschehens endgültig zerbrochen. Die Lehre, die man daraus zog, lautete: Geschichte wiederholt sich nicht, sie kann, wie die Erfahrung lehrt, jährlich, monatlich, täglich, ja stündlich neue und überraschende Wendungen nehmen. Vergangenheit und Gegenwart traten als klar voneinander geschiedene Zeitabschnitte an die Stelle der alten, statischen Sicht der Geschichte, die jede historische Veränderung als unbedeutende Wellenbewegung im Meer des Immergleichen interpretiert hatte. Erst die grundsätzliche Differenz der Zeiten ermöglichte den Gedanken des Fortschritts in der Geschichte. Ist, so fragten manche, die Gegenwart nicht trotz aller Probleme besser als die bewunderte Welt zur Zeit der Griechen und Römer? 1639 – mitten im Dreißigjährigen Krieg – rühmte der Marburger Student Johannes Buno in einer Rede die »Glückseligkeit« des 17. Jahrhunderts: Alles sei besser als früher; die Menschen würden älter, größer und stärker, die Religion sei reformiert, die Sprachkultur verbessert;

Künste und Wissenschaften blühten, die Kriegsmacht der Deutschen kenne keinen gleichwertigen Gegner. Frühere Zeiten seien objektiv schlechter gewesen. Das gegenwärtige Leid erscheine als das größte, weil es am nächsten sei, doch Kriege, Hungersnöte und Krankheiten hätten in Antike und Mittelalter weit mehr Opfer gefordert. Alles sei nur eine Frage der Perspektive.

Noch vor dem berühmten literarischen »Streit zwischen den Alten und Modernen« – »Querelle des anciens et des modernes« –, der das letzte Drittel des 17. Jahrhunderts erfüllte, verabschiedete Buno die Vorbildhaftigkeit der Antike. Die »geschwinden Zeiten« der Krise hatten die Geschichte selbst, das frühere Bollwerk gesicherter Unveränderlichkeit, erreicht. Die überlieferten End- und Gesamtzeitvorstellungen wichen einem dynamischen Modell fortwährender Veränderung. Aus der Verzeitlichung der Geschichte erwuchsen Gegenwart und Zukunft als Kategorien, die der Mensch autonom gestalten kann. Keiner hat den Aufbruch in die neue Epoche selbstbewußter angesprochen als Francis Bacon: »Man kann von unserer Zeit, wenn sie ihre Kräfte nur kennte und sie versuchen und anstrengen wollte, viel mehr als von jenen alten Zeiten erwarten; denn sie ist die ältere und um unzählige Versuche und Beobachtungen reicher.« Dies war der Beginn des »Projekts der Moderne«.

1700

Rudolf Vierhaus

Zwischen »Alteuropa« und »Moderner Welt«

I

Am 23. September 1699 beschlossen die evangelischen Stände des Immerwährenden Reichstags des Heiligen Römischen Reiches Deutscher Nation, den 1587 in den katholischen Ländern eingeführten Gregorianischen Kalender zu übernehmen. Daß die unter Ausschaltung der Tage vom 18. Februar bis zum 1. März 1700 erfolgende Umstellung praktisch und nützlich sei, ist in einer Zeit zunehmender Rechenhaftigkeit wohl kaum ernsthaft bestritten worden. Wohl hat es lokalen Widerstand gegen den »papistischen« Kalender gegeben, aber doch keinen Streit, keine Sezession, wohl aber eine gelehrte Auseinandersetzung darüber, ob das neue Jahrhundert nach dem Ende des Jahres 1699 oder nach dem Ende des ersten abgeschlossenen Jahres des Jahrhunderts beginne.

Der Wende vom 17. zum 18. Jahrhundert eine apokalyptische Bedeutung beizumessen oder sie als Anbruch eines neuen und besseren Zeitalters zu begrüßen, gab es für die allermeisten Menschen wenig Anlaß. Daß es ein Jahrhundert des Friedens sein möge, dafür mochte gebetet werden; jeder aufmerksame und informierte Europäer aber dürfte daran gezweifelt haben. In der Tat begann das neue Jahrhundert mit Krieg, wie es auch mit Krieg geendet hat. Daß es ein Jahrhundert der Wissenschaft, der Vernunft, der »Aufklärung« werden würde, war die Erwartung einer kleinen Zahl kritischer

Köpfe, die es wagten, tradierte Lehrmeinungen und Autoritäten in Frage zu stellen und nach ihrer Legitimität zu fragen. Wohin dies führen würde, konnte am Anfang des 17. Jahrhunderts gewiß nicht abgesehen werden. Der Meinungsstreit zwischen den Verteidigern der Tradition und ihren vernunftrechtlichen und pietistischen Kritikern aber war bereits im Gange und hat das ganze Jahrhundert durchzogen.

Während der Philosoph der deutschen Frühaufklärung Christian Thomasius (1655–1728) in seiner *Ausübung der Vernunft-Lehre* aufforderte, Irrtümer und daraus entspringende Vorurteile »zugleich zu attaquieren … traue künfftig nicht mehr so leichte, sondern fange an und Zweiffele!«, wetterte ein unbekannter Autor gegen Thomasius und Gottfried Arnold (1666–1714), den Verfasser der 1699 erschienenen *Unparteiischen Kirchen- und Ketzergeschichte von Anfang des neuen Testaments bis 1688*: »Dieses bedauren wir am meisten, daß dergleichen giftige Dinge nicht allein am allermeisten gekaufft und gelesen werden, sondern auch deßwegen viel eher Verleger finden, als was zu Gottes Ehre und Beförderung des Guten gemeinet ist; dadurch der Satan, der umb unserer sündlichen Unart willen immer mehr Gehör bey den Menschen findet, als der Geist Gottes sein Reich am füglichsten befördern, und viel 1000 Seelen unvermerckt in Fanatische und Atheistische Irrwege verleiten kann.«

Anders als in England, wo mit der »Glorious Revolution« 1688, der Sicherung der hannoverschen Thronfolge und dem Beginn der Welfen-Herrschaft 1714 ein Jahrhundert der politischen Umstürze zu Ende ging, in dem fast alle Themen und Formen neuzeitlicher politischer Ordnung diskutiert und praktiziert wurden und der monarchische Absolutismus unterlag, anders auch als in Frankreich, wo eben diese Herrschaftsform mit dem Sieg über die Fronde durch Ludwig XIV. und mit der Aufhebung des Edikts von Nantes 1685 ihren Höhepunkt erreichte – und bereits auch überschritt –, anders schließlich auch als in den Niederlanden, der kleinen, wirtschaftsstarken Großmacht, waren es in Deutschland ganz überwiegend religiöse, kirchliche und philosophische Themen, um die um die Jahrhundertwende gestritten wurde, während in jenen Ländern Politik, Gesellschaft und Wirtschaft ins Zentrum der öffentlichen Diskussion rückten. Noch immer – und noch lange – bestimmten im Reich konfessionelle Grenzen, die weitgehend mit staatlichen übereinstimmten, Kultur und Politik, Bildung und Mentalitäten. Noch dominierte territoriale Enge; das ältere Städtewesen – mit der Ausnahme einiger Hafen- und Messeplätze – hatte seine einstige Bedeutung weitgehend verloren, während die Residenz- und Regierungsstädte mit ihrem höfischen Leben und dem Ausbau der Verwaltung an Attraktivität gewannen. Die Universitäten im Reich waren konfessionell und späthumanistisch geprägte, im traditionellen Lehrbetrieb erstarrte Landesuniversitäten.

Allerdings war mit der 1694 gegründeten preußischen protestantischen Universität Halle eine moderne Hochschule ins Leben getreten, an der sich der Geist der frühen Aufklärung entfalten konnte. Und im Jahre 1700 wurde in Berlin, nach den Plänen und Vorschlägen des Philosophen Gottfried Wilhelm Leibniz (1646–1716), die erste Akademie der Wissenschaften in Deutschland mit der Aufgabe gegründet, Theorie und Praxis zu verbinden, durch Forschung zu neuen, vor allem nützlichen Erkenntnissen zu gelangen und diese zu praktischer Anwendung zu bringen. Um die gleiche Zeit begann August Hermann Francke (1667–1727) in Halle mit der Einrichtung einer Armenschule den Aufbau seiner »Stiftungen«, für die am 13. Juli 1698 der Grundstein gelegt wurde: ein pädagogisch erfolgreiches und folgenreiches Unternehmen im pietistischen Geist mit der Absicht sozialer Reform. Noch bevor er 1702 seinen *Kurzen und einfältigen Unterricht / wie die Kinder / Zur wahren Gottseligkeit und Christlichen Klugheit anzuführen sind / Zum Behuf Christlicher Informatorien entworffen* veröffentlichte, hatte Francke 1698 sich in seiner *Vorrede zu Fénelons Tractätlein von der Erziehung der Töchter* darüber geäußert, wie wichtig es sei, »die überall höchst verderbte Art der Kinderzucht« zu verbessern. Der deutsche pietistische Theologe empfahl die Schrift des französischen katholischen, dem Quietismus nahestehenden Bischofs mit den Worten: »Es ist für uns Deutsche allerdings eine große Schande, besonders für uns Evangelische, daß wir uns in dieser für uns so wichtigen Sache den Weg von einem Fremden müssen weisen lassen … Es ist ja gewiß mit der Erziehung der Jugend bei uns so elend bestellt, daß es schlimmer nicht sein könnte, daß wir vor anderen Nationen Ursache hätten, auf deren Verbesserung einmal ernstlich Sorge zu richten … Wenn in jetziger Zeit vornehme Leute ihren Kindern am besten raten wollen, so suchen sie eine französische Mademoiselle. Nun ist zwar nicht zu leugnen, daß diese Nation zu äußerlicher guter Erziehung der Jugend mehr Geschick hat als die Deutschen und daß, wenn man solche haben kann, die zugleich von Herzen Gott fürchten, keine geschickter sind zu guter Erziehung als sie.« Dann aber wird besorgt vor der Nationaleigenschaft der Franzosen, der Eitelkeit gewarnt; »Complaisance und Ambition, oder Menschengefälligkeit oder Ehrsucht sind bei ihnen Tugenden«; beim rechten Namen genannt, müsse man von Heuchelei und Hoffahrt sprechen. In Fénelons Traktat aber fand Francke davon nichts; von ihm könne in vielen Familien eine große Reform der Erziehung ausgehen; allerdings seien alle guten Regeln unnütz, wenn nicht zuerst Eltern oder Erzieher »gründlich zu Gott bekehrt« seien.

Beide Argumente: die Notwendigkeit der Reform der Erziehung aus dem Geiste eines bekehrten Christentums und der Vergleich deutscher und französischer Tugenden, werden Jahrhundertthemen sein. Verstand sich doch die Aufklärung – zumal in Deutschland und insbesondere im protestantischen Teil – als ein Lern- und Erziehungsprozeß, in dem der Selbstaufklärung, dem Selbstdenken der vorderste Rang zugeschrieben, aber auch der Schule bis hinab zur Volksschule zunehmende Bedeutung zugemessen wurde. Das 18. Jahrhundert sollte das Jahrhundert der staatlichen Schulordnungen, pädagogischen Theorien und Projekte werden, womit zugleich gesagt ist, daß bei selbstverständlichem Festhalten an der religiösen Erziehung und der kirchlichen Aufsicht das Werk der Reform in die Verantwortung des Staates gestellt wurde.

Der Nationenvergleich stand zunächst noch vorwiegend in der Tradition der humanistischen politisch-moralischen Tugendlehre, dann zunehmend unter dem Aspekt nationaler Fortschrittlichkeit oder Rückständigkeit in Gelehrsamkeit, Literatur, Weltkenntnis und politischer Kultur. Schnitt Deutschland dabei im Vergleich mit Frankreich, dann auch mit England eher schlecht ab, so setzte doch schon der Kosmopolit Leibniz dagegen, daß die von den Verfassungen der europäischen Monarchien und Republiken sich unterscheidende Verfassung des Reiches die Entwicklung eines selbstbewußten deutschen Nationalgeistes nicht ausschließe. Er war überzeugt, daß den Deutschen »nur der wille mangle, glückseelig zu sein, daß die Teutsche Freiheit annoch wahrhaftig lebe, und nicht nur in der einbildung bestehe, und daß also ein wahrer Patriot das beste zu hoffen, sein Vaterland zu lieben und zugleich dahin zu trachten habe, wie dessen glückseeligkeit nicht durch ohnmächtige Wünsche, oder blinden eifer, sondern wohl überlegte vorschläge und deren getreuliche vollstreckung befördert werde.« Wie in Leibniz' Akademieplänen auch hier die Betonung des Wollens, der innovativen Vorschläge und der verbessernden Praxis.

»Verbesserung« wird das Leitwort der deutschen Aufklärung sein, die Devise der vielen entstehenden gelehrten Sozietäten, der zahllosen Aufsätze in der wachsenden Zahl deutsch geschriebener Zeitschriften – darunter Thomasius' *Monats Gespräche, Schertz- und Ernsthaffte, Vernünftige und Einfältige Gedanken über allerlei lustige und Nützliche Bücher und Fragen*, die 1688 erschienen, die um 1720 auftretenden Moralischen Wochenschriften nach englischem Vorbild und viele, auch in kleineren Städten gedruckte unterhaltende, belehrende, gemeinnützige, politische und Fachzeitschriften.

In der Tat: Um die Jahrhundertwende regten sich auch im Reich an vielen Stellen und in vielen Bereichen geistige und praktische Aktivitäten, denen die Absicht der »Verbesserung« gemeinsam war, deren Art und Wirkung sich jedoch unter den regional und lokal gegebenen Bedingungen zum Teil beträchtlich unterschieden – nicht nur infolge von Größe, sozialer und wirtschaftlicher Struktur der Staaten, Territorien und Städte, sondern auch und mehr noch durch die das private und öffentliche Leben umgreifende konfessionelle Prägung, die sich nach dem Ende des Großen Krieges noch stabilisiert hatte. Die »Konfessionalisierung der Politik und Politisierung der Religion« (Hermann Heimpel) war aus dem Stadium kriegerischer Auseinandersetzung herausgetreten; neben Katholiken und Lutheranern waren die Reformierten als dritte Konfession im Westfälischen Frieden reichsrechtlich anerkannt worden; der Konfessionsstand von 1624 war festgeschrieben, zugleich aber auch das Prinzip des »cuius regio, eius religio« soweit außer Kraft gesetzt, daß keine Zwangsbekehrung mehr stattfinden, kein Folgezwang bei Konfessionswechsel der Landesherrschaft mehr gelten sollte: ein Religionsfriede, der freilich konfessionelle Streitigkeiten, Unterdrückungen und Abschottungen nicht wirklich ausschloß.

Tatsächliche konfessionelle Gleichberechtigung gab es allenfalls in der Gestalt streng geregelter Parität wie in der Reichsstadt Augsburg oder der alternativen Landesherrschaft im Bistum Osnabrück. Die Auswanderung aus religiösen Gründen nahm zu – so von Reformierten aus der Pfalz –, aber auch die Aufnahme von Glaubensflüchtigen, so von französischen Kalvinisten nach der Aufhebung des Edikts von Nantes 1685 in das lutherische Brandenburg, dessen Landesherren allerdings seit 1613 reformiert waren. Dabei spielten auch wirtschaftliche Interessen eine Rolle: die Vermehrung der Bevölkerung und die Gewinnung qualifizierter Kräfte für die Förderung des Gewerbes.

Ohne daß die soziale und kulturelle Abgrenzung zwischen den Konfessionen wesentlich schwächer geworden wäre, das Verhältnis zwischen katholischen und protestantischen Reichsständen sich merklich entspannt hätte, war um 1700 die konfessionelle Koexistenz im Reich ein Sachverhalt, der weder durch fürstliche Konversionen noch durch Reunionspläne, wie sie auch Leibniz vorschlug, in Frage gestellt wurde. Sie war zu einem Grundelement des gesellschaftlichen und politischen Lebens in Deutschland geworden, das auch weiterhin zu Vorurteilen, Verdächtigungen, Mißtrauen, Konversionsbestrebungen und Zensurmaßnahmen Anlaß gab und durch Abschließung von Verkehrs- und Heiratskreisen gekennzeichnet war, dessen trennende Wirkung jedoch im Laufe des 18. Jahrhunderts infolge von Gewöhnung und zunehmender Kommunikation nachgelassen hat.

II

Das 17. Jahrhundert, ein Jahrhundert der europäischen Krisen und Kriege, endete mit Friedensschlüssen; das neue, das 18. Jahrhundert begann mit einer Phase von Kriegen, die über Europa hinausgriffen und das im Frieden von Osnabrück und Münster 1648 und im Pyrenäenfrieden von 1659 festgestellte Verhältnis der großen europäischen Mächte zueinander zwar nicht zerstört, aber doch grundlegend verändert haben. Die Verträge von Nymwegen und Saint Germain en Laye 1678/79, von Ryswijk 1697, von Karlowitz 1699 und von Konstantinopel 1700 bedeuteten nur eine Atempause. Auf der machtpolitischen Tagesordnung stand bereits die Frage der spanischen Erbfolge, und während im Südosten die türkische Balkanherrschaft entscheidend zurückgeschlagen war, brach im Nordosten der Nordische Krieg, der Kampf um das Dominium Maris Baltici aus: zwei Kriege, in die fast alle europäischen Mächte irgendwie verwickelt wurden, ohne daß daraus ein gesamteuropäischer Konflikt entstand; zwei Kriege, an deren Ende mit den Friedensschlüssen von Utrecht 1713 und Stockholm 1720 das politische Gesicht Europas folgenreich verändert war. Frankreich blieb die stärkste europäische Militärmacht und die kulturell dominierende Nation, aber sein Aufstieg zur europäischen Hegemonialmacht war gescheitert. Die österreichischen Habsburger hatten zwar auf das Gesamterbe der spanischen Linie ihres Hauses verzichten müssen, jedoch durch den Gewinn bedeutender, Frankreich einengende Teilgebiete die Großmachtstellung der »Länder des Hauses Österreich« gefestigt. Diplomatischer Sieger des Spanischen Erbfolgekriegs aber war Großbritannien, das als Seemacht mit seiner Politik der Allianzen zum ausschlaggebenden Faktor europäischer Gleichgewichtspolitik wurde. Im Nordischen Krieg ging die Vormachtstellung Schwedens an der Ostsee unter; Zar Peter I. wandte das Gesicht Rußlands zum Westen und führte es in den Kreis der europäischen großen Mächte.

Auch im Reich vollzogen sich um 1700 folgenreiche politische Veränderungen: 1694 die Erwerbung der polnischen Krone durch Kurfürst Friedrich August I. von Sachsen und die Thronfolge der hannoverschen Kurfürsten in Großbritannien 1715; die Erhebung des Herzogtums Preußen zum Königreich durch Kurfürst Friedrich III. von Brandenburg 1701 und der sich damit ankündigende Aufstieg Brandenburg-Preußens zur norddeutsch-protestantischen Vormacht im Reich neben der süddeutsch-katholischen Österreichs. Es zeichnete sich die bis weit ins 19. Jahrhundert hinein wirkende, die europäische Politik konditionierende Struktur der fünf großen Mächte ab: das Ergebnis nicht allein von Kriegen, sondern auch einer Diplomatie, die im Schließen und Brechen von Verträgen und Bündnissen, im Knüpfen von dynastischen Verbindungen und Anwartschaften, im Aushandeln von Subsidien und Pensionen eine gewisse Rationalisierung der Beziehungen zwischen den Staaten bewirkte, für die die Begriffe der Staatsräson und des Gleichgewichts bezeichnend waren.

Dem entsprachen die Bemühungen um die Rationalisierung des Krieges durch Disziplinierung und Ausbildung der Truppen, die Planung der militärischen Operationen, die Anlage von Magazinen und Festungen. Vor allem die Unterhaltung »stehender Heere« war kostspielig. Die Kriege des ausgehenden 17. und beginnenden 18.

Jahrhunderts hatten durchweg begrenzte Ziele. Selbstverständlich zogen auch sie Land und Menschen in den Operationsgebieten in Mitleidenschaft, so die Pfalz beim Rückzug der Franzosen 1689, aber sie hatten nicht mehr den zerstörenden Charakter der Konfessionskriege der ersten Hälfte des Jahrhunderts. Krieg, Kriegsnot und Tod waren um 1700 auch nicht mehr zentrales Thema der religiösen und weltlichen Dichtung. Ruhiges Gottvertrauen, Liebe und Empfindung, Natur und Jahreszeiten hießen die neuen Themen. Die Aufforderung, die Zeit zu nutzen, verdrängte die Klage über Vergänglichkeit. Christian Friedrich Hunold schrieb: »Wer sich der Zeit bedient, kann reich an Armut sein. Beizeiten kann die Zeit in Glück und Ehren setzen. Drum, edle Menschen, braucht anitzt die edle Zeit.«

Mit der Formierung einer europäischen Außenpolitik, die die Verhinderung der Hegemonie einer einzelnen Macht, die Schaffung und Erhaltung eines Gleichgewichts der Kräfte zum Ziel hatte und den »Kabinettskrieg« zum Mittel einer Politik der Verträge und Allianzen funktionalisierte, ging eine Innenpolitik ausgreifender Staatstätigkeit einher. Als »Absolutismus« ist diese Politik unzulänglich und mißverständlich charakterisiert. Konfessionelle und Ständekämpfe hatten dem Souveränitätsprinzip und dem Bestreben der monarchischen Regierungen Auftrieb gegeben, politische Rechte der Landstände einzuschränken, deren Mit- oder Nebenregierung auszuschalten, dagegen die landesherrlichen Rechte zu zentralisieren und in ihrer Hofhaltung zu repräsentieren. Die Gewinnung der dazu nötigen Mittel, die in größeren Staaten durch die Unterhaltung stehender Truppen in zunehmendem Maße erforderlich wurden, war eines der stärksten Motive für »absolutistische« Politik, nicht nur für die Einführung von neuen Steuern, sondern auch für die Förderung der Landwirtschaft, des Handels und der gewerblichen Produktion, für den Ausbau der Verwaltung und die Regulierung der Justiz. Der Erfolg »absolutistischer« Politik blieb jedoch in oft engen Grenzen.

Während die »absolute Monarchie« im Frankreich Ludwigs XIV.

ihren Höhepunkt erreichte und zum beispielgebenden Modell für die kontinentalen Monarchen wurde, setzte sich zur gleichen Zeit in England mit der »Glorious Revolution« 1688 das System des »King in Parliament« auf Dauer durch. Der andere kontinentale Modellfall, der brandenburgisch-preußische Militär- und Verwaltungsstaat, stand um 1700 noch in einem frühen Stadium des Versuchs der Hohenzollern-Dynastie, aus einem Konglomerat unzusammenhängender Länder mit unterschiedlichen historischen Verfassungen einen »considérablen« europäischen Staat zu schaffen. Wirklich »uneingeschränkt« hat kein »absoluter« Monarch in Europa regiert; keine Regierung und Verwaltung hat um 1700 bis zum letzten Untertan durchgegriffen. Dem stand das ständische Gefüge der Gesellschaft entgegen, das vom »Absolutismus« nicht aufgelöst, sondern staatlich übergriffen wurde.

In den protestantischen Staaten hat das landesherrliche Kirchenregiment monarchische Herrschaft gestützt, in den katholischen fand der staatliche Zugriff an den Privilegien und der Grundherrschaft der Kirche eine Grenze. In den geistlichen deutschen Staaten verhinderte ihr Charakter als Wahlstaaten den Ausbau absolutistischer Herrschaft. Es hing von vielen, fast in jedem einzelnen Fall unterschiedlich wirksamen Voraussetzungen und Bedingungen ab – Landesnatur, Größe, Bevölkerungszahl, wirtschaftliche und gesellschaftliche Struktur, Traditionen und Institutionen der Landesteile, dynastische Verbindungen und nicht zuletzt auch von der Energie der Landesherren, ihrer Räte und Minister –, wie erfolgreich sich staatliche Gewalt gegen Widerstände durchzusetzen vermochte. Überbewerten darf man den Erfolg nicht, wie es leicht geschieht, wenn vom Zeitalter des Absolutismus gesprochen wird. Ebensowenig darf der Modernisierungseffekt des Ausbaus und der Verbesserungen in Verwaltung und Justiz überschätzt werden.

Gleichwohl wurde im späten 17. Jahrhundert – neben und gemeinsam mit dem zunehmenden Aufwand fürstlicher Hofhaltung als Machtrepräsentation – im Zuge verstärkter Regierungstätigkeit eine zunehmende Zahl von Verordnungen wirksam, durch die Handel und Wandel in Stadt und Land reguliert und diszipliniert werden sollten. Der wohlgeordnete »Polizey-Staat« – »Polizey« als umfassende Verwaltung verstanden – wurde insbesondere für deutsche Kleinstaaten zur von einer umfangreichen kameralistischen und staatswissenschaftlichen Literatur ausgearbeiteten Zielvorstellung. Ludwig von Seckendorffs schon 1656 erschienener *Teutscher Fürsten-Staat* wurde zum Standardwerk der Verwaltungswissenschaft. Es beruhte auf den Erfahrungen, die Seckendorff als hoher Beamter in sächsisch-thüringischen lutherischen Staaten gewonnen hatte. Daß er diesem Werk fast dreißig Jahre später den *Christen-Staat* folgen ließ und zuletzt als kurbrandenburgischer Geheimrat zum Kanzler der neugegründeten Universität Halle bestellt wurde, kennzeichnet das religiöse und politische Kräftefeld in Mitteldeutschland am Ende des 17. Jahrhunderts.

III

Die eingangs erwähnte Kalenderreform in den protestantischen Teilen des Reiches im Jahre 1700 hatte auch eine ökonomische Folge. Bei der Gründung der kurbrandenburgischen Societät der Wissenschaften im Jahre 1700 in Berlin wurden auf Vorschlag von Leibniz die aus dem Privileg der Kalenderherstellung fließenden Einkünfte dieser neuen Einrichtung zugewiesen. Sie war die erste deutsche Akademie der Wissenschaften – diesen Namen erhielt sie nach dem Vorbild der Pariser Académie des Sciences erst 1746. Ihr Gründungsdatum markiert einen bedeutsamen Schritt in der deutschen Wissenschaftsgeschichte und lenkt den Blick auf den wohl innovativsten Prozeß in der Geschichte der frühen Neuzeit: den der »wissenschaftlichen Revolution«. In ihm nimmt das späte 17. und beginnende 18. Jahrhundert insofern eine besondere Stellung ein, als in dieser Zeit wissenschaftliche und technische Entwicklungen, ökonomische Expansion durch Intensivierung gewerblicher Produktion und Überseehandel wie die zunehmende Bedeutung von Bildung und Ausbildung aufs engste ineinandergriffen. In England und Frankreich, etwas später in Deutschland waren – an italienische Vorbilder anknüpfend – zahlreiche gelehrte Gesellschaften entstanden: private Zusammenschlüsse von Männern, die sich nicht mehr nur aus Bildungsinteresse, sondern auch zur praktischen Förderung von Sprache und Dichtung, von nützlichen Kenntnissen und zur Pflege der Kunst vereinigten. Die wissenschaftlichen Sozietäten und Akademien waren staatlich geförderte privilegierte Institutionen, deren Aufgabe die wissenschaftliche Forschung sein sollte. Also nicht die Vermittlung gesicherten Wissens als Ausbildung für bestimmte Berufe, wie sie an den Universitäten erfolgte, sondern die Erschließung neuer Erkenntnisse in praktischer Absicht.

Niemand hat die Bedeutung praxisorientierter Wissenschaft für Staat und Gesellschaft stärker betont als Leibniz in seinen Akademie-Plänen, die immer auch von dem Gedanken der Internationalität und Überkonfessionalität der Wissenschaft und von der Überzeugung getragen waren, daß die Wissenschaft zur »Erkenntnis und Gewißheit der Allmacht und Allwissenheit Gottes« wesentlich beitragen werde. In einer seiner Denkschriften zur Gründung der Berliner Sozietät hieß es 1700: »Wäre demnach der Zweck theoriam cum praxi zu vereinigen, und nicht allein die Künste und die Wissenschaften, sondern auch Land und Leute, Feldbau, Manufacturen und Commercien und mit einem Wort, die Nahrungsmittel zu verbessern, überdieß auch solche Entdeckungen zu thun, dadurch die überschwengliche Ehre Gottes mehr ausgebreitet« werde. Im Blick auf den Kurfürsten hat Leibniz auch die Pflege der deutschen Sprache, der deutschen und brandenburgischen Geschichte und der christlichen Mission in das Programm einbezogen: ein umfangreiches Programm, das selbstverständlich nicht realisiert werden konnte, das jedoch bezeichnend ist für die hohe Bedeutung, die der Wissenschaft – genauer gesagt: den Wissenschaften – für die Lösung praktischer Probleme vor allem bei der Verbesserung der Lebensverhältnisse zugeschrieben wurde.

Pflege und Förderung der Wissenschaften war deshalb für Leibniz eine der vornehmsten Aufgaben der Herrschenden. Die in den Haupt- und Residenzstädten einzurichtenden Sozietäten und Akademien sollten die herausgehobenen Zentren forschender, professionell betriebener Wissenschaft sein. Ihre ordentlichen Mitglieder sollten sich ohne Lehrverpflichtung ganz ihrer Arbeit widmen, und zwar in korrespondierender Zusammenarbeit mit auswärtigen, auch ausländischen Mitgliedern. Zugleich sollten sie durch Veröffentlichungen über Stand und Fortgang der Wissenschaften informieren und überdies durch öffentlich ausgeschriebene Preisfragen andere Gelehrte und Praktiker zu Beiträgen zur Forschung auffordern.

Isaac Newton, der Begründer der klassischen theoretischen Physik, dessen Hauptwerk *Mathematische Prinzipien der Naturlehre* 1686 erschienen war, wurde 1703 Präsident der Royal Society; im Jahr darauf erschien seine *Optik*, 1690 erschien Christiaan Huygens' *Traité de la lumière*, in dem er die Wellentheorie des Lichtes formulierte. Von 1666 bis 1681 war er Mitglied der Académie des Sciences in Paris gewesen. Seit 1690 veröffentlichte Jacob Bernoulli bedeutende differential-geometrische Arbeiten; 1708 gelang Johann Friedrich Böttger in Dresden die Herstellung des roten, 1709 des weißen Porzellans. 1711 konstruierte Denis Papin eine dampfgetriebene Wasserpumpe. Die Aufzählung ließe sich fortsetzen und könnte ergänzt werden durch eine andere, in der das Erscheinen von John Lockes *On Civil Government* im Jahre 1689 und seines *Essay concerning Human Understanding* im folgenden Jahr, von Pierre Bayles *Dictionnaire historique et critique* 1697 und, in Auseinandersetzung damit, von Leibniz' *Theodizee* im Jahr 1710 hervorgehoben zu werden verdienten. Deutlich tritt dabei die führende Stellung Englands und Frankreichs, auch der nördlichen Niederlande zutage. Die Verlagerung der europäischen Wirtschaft vom Mittelmeer an die Atlantikküste, die Bedeutung des Überseehandels, des Bank- und Kreditwesens wirkten als Herausforderung für gewerbliche Produktion, für die Entwicklung des Verkehrs und des Handels – und auch für die Erfindung von besseren Werkzeugen, Instrumenten, Geräten und Materialien. Unternehmerisches Denken und Handeln trieben die naturwissenschaftliche Forschung und die technische Entwicklung voran, während der Rationalismus der nachcartesianischen Philosophie Wege für die kritische Auseinandersetzung mit der Autorität der Tradition freimachte.

Um 1700 war dieser vielsträhnige Prozeß in vollem Gang, hatte indes noch keineswegs alle europäischen Länder, alle Lebensbereiche oder gar alle sozialen Schichten erfaßt. Noch kann im Hinblick auf diese Zeit nicht von »moderner Welt« gesprochen werden, so viele philosophische Entwürfe, wissenschaftliche Fortschritte, ökonomische Unternehmen und politische Entwicklungen auch in diese Richtung verweisen. In der von Charles Perraults *Poème sur le siècle de Louis le Grand* aus dem Jahr 1687 ausgelösten »Querelle des anciens et des modernes« ging es »nur« um den Vorrang der Literatur im glorreichen Zeitalter Ludwigs XIV. vor der verbindlichen ästhetischen Norm der Antike; man möchte indes den Namen, unter dem die Debatte berühmt geworden ist, für das beginnende 18. Jahrhundert allgemein in Anspruch nehmen. Ihr Ausgang ist lange offen geblieben – in der Theorie wie noch weit mehr in der Praxis. Die Gleichzeitigkeit des Ungleichzeitigen, die Diskrepanz zwischen dem, was gedacht und geplant, schon bewiesen und erprobt war, und dem, was allgemeine Anerkennung gefunden hatte und praktiziert wurde, war immens. Im Blick auf das Jahr 1700 ließen sich zwei gegensätzliche Zeitbilder entwerfen: eines, das das Eingebundensein der großen Mehrheit der Menschen in überkommene Lebensformen und Erfahrungen, Vorstellungen und Verhaltensweisen zeigt; ein anderes, das neue Ideen und Institutionen, Erwartungen und Mobilitäten verzeichnet. 1704 unterzog Christian Thomasius in *De crimine magiae* die Hexenprozesse einer gründlichen Kritik; 1714 wurde in Preußen durch königliches Edikt das Ende dieser Prozesse eingeleitet. Es dauerte indes noch bis 1775, bis in Deutschland die letzte Hinrichtung einer Hexe stattfand, in der Schweiz bis 1782.

IV

Für die Menschen des ausgehenden 17. und des beginnenden 18. Jahrhunderts bestimmten fast ausnahmslos christlicher Glaube und kirchliche Ordnung das tägliche Leben. Die Formen der Frömmigkeit allerdings unterschieden sich erheblich und so auch die Formen des Wirkens und der Repräsentation der Kirchen. Die bild- und sinnenhafte katholische Verehrungskultur war fest eingebunden in die sakrale kirchliche Heilsverwaltung; die verinnerlichten Frömmigkeitsbewegungen des Quietismus in Frankreich, des Jansenismus in den katholischen Niederlanden und in Frankreich blieben Randerscheinungen, die gemeinsam von Kirche und Staat unterdrückt wurden. Im Protestantismus dagegen hatten sich, am frühesten in den Niederlanden und in England, Frömmigkeits- und Erweckungsbewegungen gegen die Lehrstreitigkeiten der theologischen Orthodoxie und gegen das offizielle Landeskirchentum erhoben, in Deutschland in Gestalt des Pietismus. 1670 hatte Philipp Jacob Spener (1635–1705) zuerst in Frankfurt/Main Collegia pietatis – häusliche Andachten – eingerichtet und fünf Jahre darauf in seinem Buch *Pia Desideria* die Grundgedanken dieser Reformbewegung dargelegt, die eine lebendige Verwirklichung des Glaubens und eine Neugeburt der Kirche von unten, aus der Wiedergeburt der Glaubenden heraus, anstrebte. Nur wo er radikale und schwärmerische Formen annahm, drängte der Pietismus aus der Kirche hinaus. Die Konventikel der wahrhaft Frommen und »Stillen im Lande« wie auch die biblizistischen Gruppen und Gemeinden in Württemberg verblieben in der Kirche und trugen mit der Betonung des individuellen Glaubens und ihrem pädagogischen Eifer dazu bei, diese vor der Erstarrung im Amtskirchentum zu bewahren. Der praktische, pädagogische und missionarische Pietismus August Hermann Franckes in Halle hat durch die dort seit 1695 gegründeten Schulen erheblichen Einfluß auf die pädagogische und die Schulentwicklung im 18. Jahrhundert ausgeübt. Kritik an der orthodoxen Theologie, Betonung der individuellen Glaubenserfahrung und pädagogische Ausrichtung rückten in Deutschland, insbesondere in Halle, eng zusammen. Allerdings waren es dann vor allem die dortigen Pietisten, die 1721 mit der Anklage des staatsgefährdenden Atheismus bei König Friedrich Wilhelm I. die Vertreibung Christian Wolffs (1679–1754) erreichten, des international anerkannten Hauptvertreters der deutschen Aufklärungsphilosophie.

Das 18. Jahrhundert ist oft das Zeitalter der Aufklärung oder der Vernunft genannt worden. So wenig wie der Begriff »Absolutismus« die politische Wirklichkeit des 17./18. Jahrhunderts deckt, so der Begriff der »Aufklärung« die intellektuelle und im weiteren Sinne kulturelle. Stets hatte die Aufklärung ihre theologischen, pädagogischen und wissenschaftlichen Gegner, dazu diejenigen, die Herkommen, Tradition und Status gegen aufgeklärte Kritik verteidigten. Und stets gab es einen großen und vielgestaltigen Bereich der Nicht-Aufklärung, sei es, daß er vom Aufklärungsgedanken gar nicht erreicht, sei es, daß dieser von ihm entschieden abgestoßen wurde – von religiösen Sektierern, eschatologischen Schwärmern und Mystikern. Daß »modernes« wissenschaftliches Denken sich noch lange mit Aberglauben, Teufelsfurcht, astrologischen Spekulationen und alchimistischen Versuchen mischen konnte, dafür bietet die Zeit um 1700 zahlreiche Beispiele, unter ihnen Erhard Weigel und auch Isaac Newton.

Die für die junge Universität Halle kennzeichnende Nähe von Aufklärung und Pietismus, von Thomasius und Francke, verweist einschließlich der bald folgenden Auseinandersetzungen zwischen beiden auf das besondere, für das Verständnis der deutschen Aufklärung eminent wichtige Verhältnis derselben zur protestantischen Theologie.

Valentin Ernst Löscher (1673–1749), der seit 1692 an der Universität Wittenberg lehrte, einer der letzten bedeutenden Verteidiger der lutherischen Orthodoxie gegen den Pietismus wie gegen die Philosophie, zog in den von ihm 1701 gegründeten *Unschuldigen Nachrichten von alten und neuen theologischen Sachen* vehement gegen den »Mißbrauch der Philosophie« mit der Feststellung zu Felde, daß die »wahre, geoffenbarte Religion« mit einer Philosophie, »die alles mechanisch demonstriren will«, nicht bestehen könne. Die »weit und breit eingerissene Carthesische Philosophie« habe der Religion großen Schaden getan. »So bald man nur anfing die, zum wenigsten gar ungewisse, Lehren, daß die Sonne stehe und unsre Erd-Kugel um dieselbige herum gedreht werde, fest zu setzen, so bald nahm die Verachtung der heil. Schrifft und der Glaubens-Puncten mercklich zu.« Auch die »Pufendorffigesche Moralphilosophie« habe dazu beigetragen; auf beiden fußten Thomasius und Rüdiger. »Der Mißbrauch der Philosophischen Freyheit, welcher jetzo größer ist, als sie jemahls gewesen, bleibt unter sündigen Menschen nicht aus, und läst sich endlich gar nicht mehr einschränken, sondern reisset, wenn der gerechte Gott es zuläßt, alles hinweg.«

Weder hat die christliche Religion sich der Philosophie anpassen oder unterwerfen müssen, noch ist die deutsche Aufklärung atheistisch geworden. Vielmehr entfaltete sich der Diskurs zwischen Aufklärung und Theologie als ein für das protestantische Deutschland geistesgeschichtlich hochbedeutendes Ereignis: ein Gespräch der Abstoßung und Annäherung, von weitreichender Wirkung in Literatur und Wissenschaft. Aufklärung erschöpfte sich jedoch nicht in der Auseinandersetzung mit der Theologie; sie war auch nicht nur eine philosophische Bewegung, vielmehr im allgemeinsten Sinne auch eine politisch-soziale Reformbewegung in praktischer Absicht. Es ging ihr um Aufklärung der Begriffe, um kritische Prüfung des Wissens und der Vorstellungen, um die Anwendung vernünftigen Denkens zur Verbesserung des intellektuellen und praktischen Lebens. So dachten Thomasius und Gottsched, Locke und Bayle.

V

Was aber wissen wir über die materiellen Lebensverhältnisse der großen Mehrheit der Menschen um 1700? In den Gebieten, die während des Dreißigjährigen Krieges besonders schwer verwüstet und ausgeplündert worden waren, füllte sich die Bevölkerung nur sehr langsam wieder auf. Erst am Ende des Jahrhunderts wurde der Stand der Zeit um 1600 wieder erreicht; erst dann endete die Depressionsphase in Handel und Gewerbe, mancherorts noch später. Am Beispiel eines württembergischen Dorfes konnte gezeigt werden, daß nach dem Ende des Krieges sich die Zahl der Bewohner von 1000 auf 400 verringert hatte, viele Felder unbestellt lagen, die Herden dezimiert, die Häuser oft zerstört waren und es an Saatgut mangelte. Erst etwa 1720 war der alte Stand wieder erreicht, inzwischen hatte sich im Dorf vieles geändert: Landlose waren angesiedelt, kleine Hofstellen geschaffen worden; manche Bauern hatten angesichts der wirtschaftlichen Depression ihren Hof aufgegeben.

Ein anderes Beispiel für die langfristigen Folgen des Großen Krieges bietet Mecklenburg. Im Amt Stargard war im Jahr 1708 erst ein Viertel der während der Kriegszeit verlassenen Bauernhöfe wieder besetzt. Wüstliegende bäuerliche Stellen und Äcker waren zu den Gutsherrschaften eingezogen worden. Im Amt Schwerin war die bäuerliche Dienstpflicht auf fünf, in der Erntezeit auf sechs Tage in der Woche heraufgesetzt worden. In den landesherrlich angeordneten »Beichtkinder«-Verzeichnissen aus den Jahren 1703/04 stellen sich die Verhältnisse mehr als ein halbes Jahrhundert nach dem Kriege als äußerst dürftig dar. So notierte der Pfarrer des Kirchspiels Schaans, daß es im Dorf Göldenik, wo »vor Jahren« zwölf Bauern und ein Kossät gelebt hätten, nur noch zwei, in Vorbek, einst elf, nur noch sechs Bauern und vier Kossäten gebe. Bei der Schaanschen Pfarre gebe es kein Witwenhaus, an Pfarrhaus und Schule sei das Holz mürbe und wurmstichig, Organisten- und Küsterwohnung, vor einigen Jahren durch Brand zerstört, seien nicht wieder aufgebaut worden. Der Pfarrer von Kamp berichtete, das ein Jahrzehnt zuvor zusammengefallene Pfarrhaus sei nur notdürftig wieder hergestellt, die Filialkirche in Groß Grenz habe kein Pfarrhaus; die Gemeinde müsse hier eine der Kirche gehörige Schmiede unterhalten, wo der Pfarrer während seiner Amtstätigkeit wohne und, ebenso wie der Küster, eine Mahlzeit erhalte; in vier wüstliegenden Hufen stehe das Kirchgeld aus, herkömmliche Leistungen an den Pfarrer seien, nicht zuletzt infolge des »Bauernlegens« durch die Gutsherren, abgekommen. So gehen die Klagen fort: über schlechten Schulbesuch und das Ausbleiben des Schulgelds, über bäuerliche Widerspenstigkeit im Dorf und über das rücksichtslose Verhalten der Gutsbesitzer, aber auch über die mangelnde Unterstützung von seiten der Kirchenbehörden.

Selbstverständlich dürfen derartige Berichte nicht verallgemeinert werden. Große Gebiete blieben von direkten Kriegseinwirkungen mehr oder weniger verschont – so die Alpenländer, Schleswig-Holstein, die Rheinlande, Westfalen. Wie das Beispiel Mecklenburg zeigt, dürfen aber nicht allein unmittelbare Kriegseinwirkungen beachtet werden: Manche Wüstungen wurden lange oder überhaupt nicht wieder aufgesiedelt; das Bauernlegen verschlechterte die Rechtsstellung der bäuerlichen Bevölkerung. Der Landesausbau in Ostdeutschland, der durch den Großen Krieg weitgehend zum Erliegen gekommen war, nahm erst im 18. Jahrhundert wieder einen Aufschwung.

Der Zuzug vom Land in die Städte während des Krieges führte dort bei der zum Teil lange anhaltenden wirtschaftlichen Stagnation zur Verarmung der Unterschichten. Auf vielen Städten lasteten auch um 1700 noch drückende Schulden, die abzutragen sie kaum hoffen konnten. Die regulierenden Eingriffe der Landesherren bedeuteten stets eine Einschränkung der städtischen Selbstverwaltung. Zwar wurde die rechtliche Unterscheidung zwischen Stadt und Land schon aus fiskalischen Gründen von der Landesherrschaft aufrechterhalten, praktisch aber waren die Verhältnisse in ackerbürgerlichen Kleinstädten mit weitgehender Selbstversorgung für die Unterschichten nicht viel anders als auf dem Lande, wo mehr als achtzig Prozent der Menschen lebten.

In ihrer großen Mehrheit in grund- oder gutsherrlicher Abhängigkeit lebend, ist von der Landbevölkerung in Deutschland anders als in England und den Niederlanden auch um 1700 noch wenig Druck zur Veränderung der Agrarwirtschaft und zur Verbesserung ihrer sozialen Lage ausgegangen. Allerdings hat sie sich in vielen Fällen nicht ohne Erfolg gegen gesteigerte wirtschaftliche Anforderungen gewehrt. Mannigfaltig waren die Formen des Widerstandes: Dienstverzögerungen und -verweigerungen, Widersätzlichkeiten gegen herrschaftliches Personal, begrenzte dörfliche Tumulte aus unterschiedlichen Anlässen, auch Flucht. Der Aufstand 1705 in Bayern richtete sich hauptsächlich gegen die österreichische Besatzung; hinter den »Salpeterer«-Aufständen im südlichen Schwarzwald dagegen standen religiöses Sektierertum und genossenschaftliche Traditionen. Vor allem in abgelegenen Regionen und in Randgebieten konnten landesherrliche Verordnungen oft nicht durchgesetzt werden, und bei gerichtlichen Prozessen waren durchaus nicht immer die Bauern die Unterlegenen, auch nicht bei Untertanenklagen gegen die Grundherren.

Die im Spätmittelalter erreichte und in den folgenden Jahrhunderten kaum wachsende Zahl von Städten im Reich war beträchtlich; aber in den meisten Fällen handelte es sich um Kleinstädte, in denen die Zünfte den Ton angaben und eine Wirtschaftsmentalität der Statuserhaltung und Konkurrenzausschaltung pflegten. Ein städtisches frühkapitalistisches Großbürgertum, wie es im 15. und 16. Jahrhundert in großen und mittleren deutschen Handelsstädten erfolgreich gewesen war, gab es nur in wenigen Hafen- und Messestädten, ohne jedoch um 1700 die einstige Bedeutung wiedererlangt zu haben.

Das aktive bürgerliche Element wurden die »Gebildeten«, die ohne eigenständigen politischen Einfluß den Eintritt in kirchliche, staatliche, landständische, städtische und grundherrliche Ämter suchten, um hier Einkünfte und Wirkungsmöglichkeiten zu finden. Die deutsche territorialstaatliche Vielfalt bot ihnen Chancen, zumal bei der zunehmenden Anzahl von Behörden. Leitende Positionen blieben – wie im Hof- und Verwaltungsdienst – in der Regel dem Adel vorbehalten, wenngleich um 1700 nicht in so exklusiver Weise wie im weiteren Verlauf des 18. Jahrhunderts.

Unter den – verglichen mit England, den Generalstaaten und auch Frankreich – engen, rückständigen und zurückgeworfenen sozialen und ökonomischen Verhältnissen in Deutschland erhielt sich die ständische Struktur der Gesellschaft um so hartnäckiger. Sie hatte sich seit dem Ende des Dreißigjährigen Krieges noch verfestigt. Der Adel konnte seine Privilegien sichern und seinen sozialen Vorrang stärken, auch dann, wenn das politische Gewicht der landständischen Vertretungen gegenüber den Regierungen geringer wurde.

VI

Wie widersprüchlich und kontrastreich die historische Konstellation einer Zeit erscheinen kann, dafür bietet die Kunst des Barock ein Beispiel. Vor dem Hintergrund politischer und ökonomischer Krisen, der Nachwirkungen von Konfessionskriegen und der Folgen von Staaten- und Kabinettskriegen, der Diskrepanz zwischen Prozessen mühsamer Wiederherstellung und schneller Expansion in den verschiedenen europäischen Ländern und Regionen entfaltete sich eine glanzvolle, pathetische, von einem starken Repräsentationswillen getragene Kunst. In Italien in der Abkehr vom Manierismus der Spätrenaissance am frühesten auftretend, wurde sie in unterschiedlichen Formen der Aneignung rezipiert – als religiöse Kunst vor allem in katholischen Ländern.

Fand barocker Kunstwille in Italien seinen stärksten Ausdruck in der Kirchen- und Klosterarchitektur, in der Malerei und Bildhauerei, so in Frankreich mit starken klassizistischen Elementen in der Schloß- und Gartenarchitektur, in Deutschland in der Musik. Die oft wiederholte Charakterisierung des Barock als Kunst der Gegenreformation und des monarchischen Absolutismus hebt – wenngleich zu eng gefaßt – das religiöse und höfische Element der Barockkunst hervor, die vor allem von der Ecclesia triumphans und der Aristokratie gefördert wurde und in ihrem Dienst geistliche und weltliche Macht repräsentierte.

Der barocke Neu-, Um- und Ausbau von Bischofs-, Ordens-, Hof- und Wallfahrtskirchen, auch von städtischen und selbst dörflichen Gemeindekirchen bewirkte eine verstärkte Wahrnehmung der Kirche als Heilsanstalt und intensivierte die emotionale Bindung des Kirchenvolkes an sie. Die barocken Schlösser dagegen demonstrierten in gesteigerter Gestalt soziale Distanz, nämlich die Herausgehobenheit der Herrschenden über die Beherrschten. Von den barocken Architekten wurden Schloßanlagen geplant, wenn auch nicht immer vollständig ausgeführt, die Kirche, Gemäldegalerie, Opernhaus, Orangerie und einen großangelegten Park mit Alleen, Kanälen, Brunnen, Plastiken einschlossen: Gesamtkunstwerke eines abgegrenzten Lebens- und Bewegungsraums für die Hofgesellschaft. Barocke Gestaltung erfuhren auch die intimeren Lust- und Jagdschlösser, ebenso die »offiziellen« Teile der Residenzstädte. Den oft immensen Kosten barocker Schloßanlagen, deren Aufbringung nicht selten das Land belastete, stand die Förderung und Beschäftigung von Architekten, Künstlern, Kunsthandwerkern und die Unterhaltung eines oft zahlreichen Dienstpersonals gegenüber. Neben ihrer politischen und sozialen Bedeutung als Herrschaftszentren und Mittelpunkte der höfischen Gesellschaft kam den Höfen eine nicht geringe Bedeutung als Auftrag- und Arbeitgeber zu.

Die gesteigerte Bedeutung fürstlicher Höfe im Zeichen der Theorie und Praxis – oder auch nur des Anspruchs – »absoluter« Herrschaft wie auch die Demonstration solcher Herrschaft durch äußere Prachtentfaltung haben in der Literatur des Barock vielstimmigen Niederschlag gefunden. Der Hof und das Leben am Hof wurden zu einem bevorzugten Thema in Drama und Roman; der Hof wurde als Ort dargestellt, an dem sich Macht, Geld und Kunst konzentrierten, an dem Würden und Ämter vergeben, Anerkennungen und Belohnungen empfangen wurden, jemand sein Glück machen oder auch stürzen konnte. In zahlreichen Veröffentlichungen wurde eine Hof-Philosophie vorgetragen und Anleitung für »höfisches« Verhalten als Bedingung des Erfolgs gegeben. Es fehlte aber auch die Hofkritik, die Warnung vor dem Geblendetsein durch den glänzenden Schein des Hoflebens und vor der Verstrickung in Intrigen nicht. Johann Michael Moscheroschs (1601–1669) Diktum »Zu Hoff / zu Höll!« (1642) ist oft wiederholt worden.

Im Reich kam die italienischen und französischen Vorbildern folgende barocke Kirchen- und Schloßbaukunst vor allem in den Ländern des Hauses Habsburg, in Bayern, Oberschwaben, Franken und im Rheinland zur Entfaltung. Erst seit dem Ende des 17. Jahrhunderts traten auch deutsche, oft noch in Italien ausgebildete Baumeister mit großen Leistungen hervor. In Wien legte 1694 Johann Bernhard Fischer von Erlach (1656–1723) den ersten Entwurf für Schloß Schönbrunn vor; 1714 begann Johann Lucas von Hildebrand (1668–1745) mit dem Bau des unteren Belvedere. In Prag, Fulda und Bamberg arbeiteten die Mitglieder der Familie Dientzenhofer; Johann Dientzenhofer (1663/65–1726) baute das Schönbornsche Schloß in Pommersfelden, Matthias Daniel Pöppelmann (1662–1736) seit 1711 den Zwinger in Dresden, Balthasar Neumann (1687–1753) seit 1712 die Würzburger Residenz und noch nach 1760 Johann Conrad Schlaun (1695–1773) das fürstbischöfliche Schloß in Münster. Der Bau des Schlosses Charlottenburg in Berlin unter der Leitung Johann Arnold Nerings (1659–1695) und Johann Friedrich Eosanders (1669–1728) hatte bereits 1695 begonnen; Andreas Schlüter (1659–1714) übernahm 1699 den Bau des Berliner Stadtschlosses.

Spät im Vergleich mit Süd- und Westeuropa entfaltete sich in Deutschland auch die Musik des Barock; hier erreichte sie ihren Höhepunkt. Ihre neuen Gattungen waren die Oper, das Oratorium und die Kantate, hinzu kamen die Triosonate, das Concerto grosso und das Solokonzert. Maßgebend war Italien und blieb es am längsten für die Oper, für die in ganz Europa zahlreiche italienische Komponisten, Kapellmeister und Sänger gewonnen wurden. Johann Adolf Hasse (1699–1783), Schüler Antonio Scarlattis und seit 1734 Kapellmeister am Dresdener Hof, pflegte hier die neo-neapolitanische Opera seria. Im Gegensatz dazu wurde die sächsische Handels-, Messe- und Universitätsstadt Leipzig zu einem Zentrum der protestantischen Kirchen- und Profanmusik – wie schon früher Hamburg. Georg Philipp Telemann (1681–1769) wurde 1704 Organist und Musikdirektor in Hamburg, Georg Friedrich Händel (1686–1751) führte der Weg von Halle über Hamburg und Hannover 1717 nach London, wo er mit Erfolg seine Opern im italienischen Stil aufführte, sich dann aber 1738 dem Oratorium und der Instrumentalmusik zuwandte.

Fast gleichaltrig mit Händel, trat Johann Sebastian Bach (1685–1750) nach mehreren Stellen als Organist und Kapellmeister an thüringischen Höfen und Stadtkirchen 1723 das Amt an, mit dem sein Name verbunden blieb: das Amt des Thomaskantors in Leipzig. In seinem gewaltigen und einzigartigen kirchenmusikalischen Werk, den Kantaten, Passionen und Orgelkompositionen, wie auch in seinen weltlichen Kompositionen für Orchester und Soloinstrumente fand die Musik des Barock ihren bedeutendsten Ausdruck.

Die partielle Gleichzeitigkeit emphatischer Barockkunst, verinnerlichter pietistischer Frömmigkeit und rationaler Aufklärungsphilosophie macht eine scharfe, inhaltsbestimmte Epochenabgrenzung oder auch die Konzentration des historischen Geschehens um das Jahr 1700 zu einer Hilfskonstruktion. Sie bietet gleichwohl die Möglichkeit der historischen Konturierung, die Beharrung und Wandel sichtbar macht. Die bildende Kunst, die Musik, noch mehr die Dichtung des Barock beruhten ebenso auf rationaler Planung und Regelhaftigkeit, wie die Philosophie der frühen Aufklärung von rationalistischem Systemdenken bestimmt war. Beide wurden um die Mitte des 18. Jahrhunderts abgelöst von der Auflockerung der Formen – dort zum Rokoko und frühen Klassizismus, hier zum philosophischen Diskurs.

VII

Zuletzt noch ein Blick in die Welt um 1700. Die Umrisse der Kontinente waren im wesentlichen bekannt; das Innere der afrikanischen, sibirischen, mittelasiatischen und australischen Landmassen freilich noch wenig. Wichtiger als neue Entdeckungen aber waren längst die Anlage von Faktoreien, die wirtschaftliche Nutzung von Flächenkolonien, der Sklavenhandel, die Gründung von Siedlungskolonien und die Anlage von befestigten Häfen und Stützpunkten. Dem Beispiel der frühen Kolonialmächte und der holländischen und englischen Handelskompanien folgend, unternahm Kurfürst Friedrich Wilhelm von Brandenburg 1682 den Versuch der Gründung einer afrikanischen Handelsgesellschaft an der Guineaküste mit Sitz in Königsberg, dann in Emden, die sich freilich gegen die holländische Konkurrenz nicht zu behaupten vermochte und 1721 an die Generalstaaten verkauft wurde. 1719 wurden eine Orientalische Kompanie in Wien gegründet und der Hafen von Triest ausgebaut. Wie weit die überseeischen Besitzungen und Interessen der europäischen Mächte ihre Politik beeinflußten, dafür ist das Friedenswerk von Utrecht am Ende des Spanischen Erbfolgekrieges aufschlußreich, in dem es auch um die Besitzungen der Spanischen Krone in Süd-, Mittel- und Nordamerika ging. Aber nicht nur dies allein: Frankreich mußte seine festen Plätze an der Hudson-Bay, in Neu-Schottland und die Insel St. Christoph an England abtreten, diesem den Besitz Neufundlands überlassen, zudem den besetzten

Teil des portugiesischen Kolonialbesitzes in Südamerika zurückgeben. Die Auseinandersetzungen in Nordamerika zwischen Frankreich, England und Spanien, schließlich zwischen den britischen Kolonien und dem Mutterland werden sich durch das ganze 18. Jahrhundert hinziehen.

Mindestens die gleiche Folgebedeutung besaßen die Vorgänge in Osteuropa um 1700. Der Friede von Karlowitz 1699 hatte die Türkengefahr für Mitteleuropa definitiv beendet; Ungarn (ohne das Banat), Siebenbürgen, große Teile von Slawonien und Kroatien waren an das Haus Habsburg gefallen. Wenn in dem langen Prozeß der Verdrängung des Osmanenreiches aus der großen europäischen Politik der Balkan nicht zu politischer Stabilität gelangt ist, so war ein Grund dafür das Vordringen des Zarenreiches zum Schwarzen Meer, sein Eingreifen in die Balkanwirren und das damit entstehende Spannungsverhältnis mit Habsburg. Entscheidendes Datum für die grundlegende Veränderung der politischen Machtverhältnisse im europäischen Osten war das Jahr 1700: der Angriff Karls XII. von Schweden auf die russisch-polnisch-dänische Koalition gegen die schwedische Vormachtstellung an der Ostsee. Nach fabelhaften Siegen Karls über Russen, Polen und Sachsen, der Einbeziehung des Osmanenreiches, schließlich dem Eintreten Preußens und England-Hannovers in den Nordischen Krieg endete dieser mit dem Sieg des Zarenreiches. Mit der Abtretung Livlands, Estlands und eines Teils von Karelien an Rußland, aber auch der Herzogtümer Bremen und Verden an Hannover endete die schwedische Vormachtstellung im Norden. Das von Peter dem Großen modernisierte Zarenreich trat in den Kreis der großen europäischen Mächte ein, in dem es gegen Ende des 18. Jahrhunderts eine Stellung erreicht hatte, von der die politischen Geschicke seiner Nachbarn, vor allem Preußens und Österreichs, mitbestimmt wurden.

Was die Menschen um 1700 in Europa und gar im binnenorientierten Reich, das noch immer das »römische« hieß, von den politischen und militärischen Ereignissen in der Welt erfuhren und wie sie darauf reagierten, ist kaum zu rekonstruieren. Die große Mehrheit lebte in der Enge überlieferter familiärer und lokaler Lebensverhältnisse und mit Vorstellungen, in denen sich religiöse Weltdeutung, Aberglaube und generationenalte Erfahrung mischten. In den größeren Städten dürfte es für die unteren sozialen Schichten kaum anders gewesen sein. Immerhin aber hatte das 17. Jahrhundert in fast allen Ländern Europas so viel Unruhe und Veränderungen, Not, Unterdrückung und Zerstörung mit sich gebracht, daß sowohl die Erinnerungen daran als auch die Erzählungen davon lebendig geblieben waren. Und es war auch ein Jahrhundert demographischer Krisen, der Vertreibungen, Fluchten und Auswanderungen – als Kriegsfolge wie aus religiösen Gründen.

Zum wichtigsten Einwandererland war Nordamerika geworden. Die Masse der ersten Immigranten stammte aus Großbritannien, deutsche folgten um 1680. Zwischen 1700 und 1710 wanderten mehr als 12 000 Pfälzer nach Nordamerika aus. Handelte es sich in diesen Fällen meist um freiwillige Wanderung, so war die Einwanderung der Hugenotten aus Frankreich in die Niederlande, nach England, in die Schweiz und in kleinere protestantische deutsche Staaten die Folge religiöser Verfolgung. Zunehmend wichtig wurden die staatliche Lenkung der Neuansiedlung und die merkantilistische Peuplierungspolitik. Seit 1699, der endgültigen Zurückdrängung der Türken, wurden in Österreich Einwanderungsaufrufe erlassen. Vor allem aus den katholischen Gebieten Süd- und Südwestdeutschlands zogen Auswanderer nach Ungarn mit Ausläufern über die Karpaten hinaus, um sich als Siedler niederzulassen, während um die gleiche Zeit serbische und kroatische Familien an der ungarischen Militärgrenze angesiedelt wurden. Von 1699 bis 1707 wanderten französische Waldenser nach Württemberg; pfälzische und bayerische Emigranten fanden Siedlungsraum in Franken. Ein Fünftel der Bevölkerung der brandenburgischen Kurmark soll 1725 aus Umsiedlern bestanden haben.

Schließlich darf die Zahl der Fremden und Ausländer nicht gering geschätzt werden, die als Fachleute für Deichbau, Melioration, Festungsbau, als Architekten und Kunsthandwerker für den Kirchen- und Schloßbau ins Land gerufen wurden und manchmal auch blieben. Niederländische und englische Kaufleute hielten sich in Bremen und Hamburg, aber auch in den ehemaligen Hansestädten der Ostsee auf. Als 1703 St. Petersburg nicht nur als Residenzstadt, sondern auch als Zentrum für den Handel zwischen Rußland und Westeuropa gegründet wurde, bestand bereits ein halbes Jahrhundert eine deutsche Vorstadt in Moskau.

Generelle Aussagen über die Dynamik und Mobilität der Bevölkerung in Europa am Ende des 17. und zu Beginn des 18. Jahrhunderts sind nicht möglich; zu unterschiedlich waren die Verhältnisse in den einzelnen Ländern und Regionen. Die Wanderungen, Um- und Neuansiedlungen zeugen eher von Not und Bedarf als von Wohlstand und Überbevölkerung. Zeichen jedoch für die langsame Überwindung der Instabilität des zu Ende gehenden Jahrhunderts, für eine zögernde Bevölkerungszunahme und wirtschaftliche Erholung waren unverkennbar, ohne schon Sicherheit zu gewährleisten. Ein rasches Wachstum setzte erst um 1750 ein. Evident aber sind nach den Erschöpfungen des Krisenjahrhunderts die wissenschaftliche, literarische und intellektuelle Dynamik, die verstärkte gesellschaftliche und kulturelle Aktivität, die dichter werdende Kommunikation über Länder- und Konfessionsgrenzen hinaus. Mit dem Jahr 1700 endete keine geschichtliche Epoche, und es begann keine neue. Kein Umbruch, kein grundlegender Wandel ist mit dem Datum verbunden. Entwicklungen, die in der zweiten Hälfte des 17. Jahrhunderts – vor allem in dessen letztem Drittel – hervortraten, setzten sich fort, nun jedoch mit zunehmender Beschleunigung. Bereits um die Mitte des neuen Jahrhunderts ließen diese »Alteuropa« hinter sich; es formierten sich die Strukturen der »Modernen Welt«.

1800

Lothar Gall

Aufbruch in die Moderne: Revolution oder Reform?

Das Leben werde vorwärts gelebt, aber erst rückwärts verstanden, hat Sören Kierkegaard seinen Zeitgenossen, den Menschen der ersten Hälfte des 19. Jahrhunderts, ins Stammbuch geschrieben. Im Strom des Zeitgeistes bewegte er sich damit freilich nicht. Die Ansicht, daß die Gegenwart erst als Vergangenheit verständlich werde, widersprach dem Lebensgefühl, den Erwartungen und Hoffnungen der Mehrheit. Vom »Fortschritt im Bewußtsein der Freiheit« hat Hegel, der aus Württemberg stammende und in Berlin lehrende Philosoph, gesprochen und damit den Nerv der Zeit sehr viel mehr getroffen, mehr auch als Leopold von Ranke, der in Frontstellung zu einem solchen aufklärerisch-fortschrittsgläubigen Denken damals meinte, »jede Epoche« sei »unmittelbar zu Gott«.

Das neue Bewußtsein wurde entscheidend bestimmt durch die Erfahrung der Französischen Revolution und durch das, was in seiner Bedeutung viel langsamer wahrgenommen wurde, dann aber das Bewußtsein und die Lebenswelt sehr viel stärker prägen sollte: die später so genannte industrielle Revolution, die annähernd gleichzeitig mit der Französischen Revolution von England ihren Ausgang nahm. Beide Revolutionen führten nicht nur zu tiefgreifenden Wandlungen der Lebensverhältnisse, zu tiefen Einschnitten in die bisherige Ordnung, sie erzeugten auch eine ganz neue Vorstellung von der geschichtlichen Bewegung und dem geschichtlichen Prozeß, ja der Geschichte selbst. Diese stand nun für viele unter einem ganz neuen Gesetz, dem Gesetz des Fortschritts, der nicht mehr umkehrbaren Veränderung, einer alles in seinen Bann ziehenden Entwicklung. Das galt, so schien es, sogar für die Begriffe selbst, mit denen man die Vorgänge zu fassen suchte. Das Wort »Revolution« als bloße Beschreibung von Bewegung und Veränderung, wie es in dem Hauptwerk des Kopernikus, *De revolutionibus orbium coelestium (Von der Bewegung der Himmelskörper)*, verwendet worden war, wurde zu einer Kategorie des Fortschritts, einer zielgerichteten Bewegung nach vorne. Und »Geschichte« als Kollektivsingular entstand in seiner heutigen Bedeutung überhaupt erst in den letzten Jahrzehnten des 18. Jahrhunderts und nahm dann sogleich die neue Perspektive in sich auf, so daß der kurz vor der Jahrhundertwende unter Vermittlung Goethes, Schillers und Fichtes nach Jena berufene Philosoph Friedrich Wilhelm von Schelling formulieren konnte: »Was nicht progressiv ist, ist kein Objekt der Geschichte.« »Geschichte« war die Schilderung einer fortschreitenden Bewegung, war Fortschrittsgeschichte und bezog von dort her ihren inneren Sinn, ihre geschichtsphilosophische Logik im Unterschied zu den bloßen »Geschichten« herkömmlicher Art, denen ein solcher über sich selbst hinausweisender Sinn weitgehend fehlte.

Daß man mit der Französischen Revolution nicht nur in ein ganz neues Zeitalter eingetreten sei, sondern daß mit ihr die geschichtliche Bewegung insgesamt auf eine neue Bahn geraten sei, diese Vorstellung hatte eine große Zahl von Zeitgenossen erfaßt. »Solange die Sonne am Firmament steht«, so Hegel rückblickend in seinen *Vorlesungen über die Philosophie der Geschichte*, »und die Planeten um sie herum kreisen, war das nicht gesehen worden, daß der Mensch sich auf den Kopf, das ist auf den Gedanken stellt und die Wirklichkeit nach diesem erbaut.« »Es war dies somit ein herrlicher Sonnenaufgang«, fuhr er fort, »alle denkenden Wesen haben diese Epoche mitgefeiert. Eine erhabene Rührung hat in jener Zeit geherrscht, ein Enthusiasmus des Geistes hat die Welt durchschauert, als sei es zur wirklichen Versöhnung des Göttlichen mit der Welt nun erst gekommen.« Zwar war dem Aufbruch von 1789 bei vielen dann die Ernüchterung durch die Terrorherrschaft der Jakobiner gefolgt, aber die Grundeinsicht, daß die Revolution politisch, gesellschaftlich und vor allem vom Bewußtsein her eine tiefe, Vergangenheit und Zukunft trennende Zäsur markiere, hat sich dadurch nur bei wenigen verändert.

Das gilt für Frankreich selbst, es gilt für Deutschland und für Ostmitteleuropa, es gilt aber auch für den großen politischen Gegner Frankreichs in dieser Zeit, für England. Wohl hatte hier schon 1790 Edmund Burke seine sogleich auch ins Deutsche übersetzten *Reflections on the Revolution in France* veröffentlicht, in denen er die universalen Ansprüche der Revolutionäre und die These von der säkularen Bedeutung der Revolution scharf zurückwies und die Vorgänge in Paris ganz auf innerfranzösische Verhältnisse und Verwerfungen zurückführte. Aber sein Gegenspieler Thomas Payne war mit der Schrift *Rights of Man: Being an Answer to Mr. Burkes Attack on the French Revolution* von 1791 in der Öffentlichkeit doch weit erfolgreicher. Er betonte den universellen, den menschheitsgeschichtlichen Charakter der Französischen – wie vor ihr schon der amerikanischen – Revolution, und dies vor dem Hintergrund der grundlegenden Veränderungen der Lebenswelt, die gerade in England in den letzten Jahren in Gang gekommen waren und die das Fundament der bestehenden politischen, gesellschaftlichen und wirtschaftlichen Ordnung unübersehbar und unwiderbringlich auflösten, überall dem Neuen den Weg bahnten. In England fand eine solche Haltung in der ersten Hälfte der neunziger Jahre des 18. Jahrhunderts politisch und sozial im Radikalismus seinen Niederschlag, der von der Regierung allerdings mit eiserner Hand niedergehalten wurde.

Dieses Bewußtsein einer tiefen, von aller bisherigen Geschichte trennenden Zäsur bemächtigte sich im revolutionären Frankreich dann sogar der Zeitrechnung: Im Oktober 1793 führte der Konvent einen neuen, republikanischen Kalender ein, beginnend mit dem

22. September 1792 als Jahr I, eingeteilt in zwölf gleich lange, in Dekaden eingeteilte und nach dem jahreszeitlichen Charakter (Nivose, Pluviose, Ventose, Fructidor etc.) bezeichnete Monate. Er blieb in Frankreich und dann auch in den von Frankreich beherrschten oder abhängigen Gebieten bis 1806 gültig.

Burke freilich und seine Anhänger in ganz Europa – unter ihnen auch die Vertreter der deutschen Romantik – erklärten in einer kühnen Wendung das angeblich revolutionäre Neue für das Alte, für ein Kind der Aufklärungsepoche, die mit dem Jahrhundert zu Ende gehe, die wie dieses abgelebt und faktisch erledigt sei. Die Zukunft werde anderen, Vergangenheit und Gegenwart in neuer Weise verknüpfenden Kräften gehören. Zweierlei ist hieran bemerkenswert. Zum einen, daß man sich mit anderen Inhalten und Zielen auf die neue Basis stellte, auch hier also eine von der Vergangenheit grundlegend verschiedene, in eine ganz andere Richtung führende Zukunft beschwor. Und zum anderen und vor allem, daß man das Argument des zu Ende gehenden Jahrhunderts benutzte, um nicht nur die Zukunftsperspektiven anders zu besetzen, sondern auch ganz neue, quasi biologistische Kategorien einzuführen: die Kategorien jung und alt, Jugend und Alter. Das Junge hat, zumal an der Schwelle zu einem neuen, »jungen« Jahrhundert recht – das Recht des neuen, frischen Lebens gegenüber dem Alten, dem bei aller prätendierten Modernität schon Abgetanen, Abgelebten. Hier wurden im Streit der Meinungen und Positionen zwei Kategorien miteinander verbunden, die nur begrenzt etwas miteinander zu tun haben: das Neue, das Zukunftsverheißende und Zukunftsträchtige einerseits und die Generationsfrage, das Recht des Neuen, der Jugend gegenüber dem Alter andererseits.

Der Wechsel vom 18. zum 19. Jahrhundert sah dann allerdings als den aufstrebenden Stern auf der europäischen Bühne einen jungen Mann, der nicht als Kritiker und Gegner der Revolution emporgekommen war, sondern als ihr Sohn und Erbe. Damit verlieh er dieser Revolution erneut den Glanz des Aufbruchs, eines neuen

Zeitalters, verkörpert in der Person eines eben Dreißigjährigen. Napoleon I. war, darüber waren sich Freund und Feind zunehmend einig, die beherrschende und bestimmende Gestalt des beginnenden neuen Jahrhunderts. In ihm verbanden sich die Traditionen des 18. Jahrhunderts und der Revolution mit den Aufbruchs- und Aufschwungerwartungen des beginnenden 19. Jahrhunderts. So ist es denn auch kein Wunder, daß in den Säkularbetrachtungen des Rückblicks und Ausblicks immer wieder von ihm als der Schlüsselfigur der Epoche gesprochen wurde. 1801, zum Zeitpunkt der Selbstkrönung des Korsen zum Kaiser der Franzosen »par la grace de Dieu et par la volonté du peuple«, war allerdings noch nicht ausgemacht, ob der neue Monarch ein Erbe oder ein Zerstörer der Revolution und ihrer Ergebnisse sein würde, ein entschiedener Gegner der alten Monarchien oder ein noch unbeschränkterer, noch weiter in das Leben seiner Untertanen eingreifender Selbstherrscher – innerhalb Frankreichs und dann auch auf der Ebene seines ständig weiter expandierenden »Grand Empire«. Klar schien jedoch, daß er das neue Jahrhundert zunächst entscheidend bestimmen würde.

Diesem Eindruck der Zeitgenossen sind viele Historiker bei der rückblickenden Wertung der Epoche gefolgt. Thomas Nipperdey hat 1983 seine Geschichte des 19. Jahrhunderts mit dem lapidaren Satz begonnen: »Am Anfang war Napoleon.« Es ist dies eine Geschichte des *deutschen* 19. Jahrhunderts im Sinne des Alten Reiches. Vor allem für dieses Deutschland bedeutete das Auftreten Napoleons in der Tat eine tiefe Zäsur, Ende und Neuanfang zugleich: Ende, weil mit dem Vordringen Frankreichs nach Mitteleuropa und den Siegen Moreaus – zuletzt am 3. Dezember 1800 bei Hohenlinden östlich von München – die Tage des Alten Reiches definitiv gezählt schienen, und Neuanfang, weil jetzt die territoriale und vor allem die innere Neuordnung Süd- und Westdeutschlands unter dem Einfluß und nach dem Vorbild des napoleonischen Frankreich begann. Diese sollte der Sieg der Alliierten über Napoleon und Frankreich

1814/15 nur sehr begrenzt wieder rückgängig machen. Ende des Alten Reiches aber hieß zugleich Ende der katholischen Reichskirche und ihres Territorialbesitzes, also Säkularisation. Und es bedeutete weiter das Ende von mehreren hundert selbständigen Herrschaften – von der Reichsritterschaft über die Reichsstädte bis zu den vielen kleinen und kleinsten Territorien, die das Alte Reich umfaßt hatte – zugunsten der neuen Mittelstaaten, also Mediatisierung. All das zog sich über Jahre hin, war aber als Tendenz schon früh, nämlich an der Schwelle des neuen Jahrhunderts erkennbar und vertiefte den Eindruck, daß mit dem Jahrhundertwechsel zugleich ein ganz neues Zeitalter beginne, dem viele dann den Namen des französischen Kaisers gaben.

Was aber war das für ein Zeitalter, das da heraufzog, so fragten sich viele Menschen damals, und sie gaben, der Offenheit und Undeutlichkeit der Situation entsprechend, die verschiedenartigsten Antworten. Ein Zeitalter ständiger Umwälzungen, ständiger Revolutionen, angestoßen durch 1789 und die schleichendere, aber nicht weniger tiefgreifende, ja vielleicht noch einschneidendere Revolution, die von England ihren Ausgang nahm? Ein Zeitalter der Revolutionen auf allen Lebensgebieten, die sich immer fortzeugten und nie mehr zur Ruhe kommen würden, also eine revolutionäre und in alle Zukunft hin offene Epoche? Begann das Zeitalter einer neuen Universalmonarchie und der Beherrschung aller Verhältnisse durch den Kampf ihrer Wortführer und ihrer Gegner, wie es der Korse ankündigte, wenn er erklärte: »Die Politik ist das Schicksal«? Trat man also, im Übergang zu einer ganz neuen Ordnung, in eine Phase europa-, ja weltweiter kriegerischer Konflikte, in eine Epoche des Krieges ein? Oder war das, wie einer der leidenschaftlichsten Gegner des Herrschers an der Seine, Benjamin Constant, erklären sollte, ein blutiger Anachronismus, ein Einbruch der Vergangenheit in die Zukunft, ein letztes Aufflackern des Geistes der Eroberung und der Unterjochung, der das eigentliche Gesetz der entstehenden modernen Welt, das friedliche, arbeitsteilige, durch wirtschaftlichen

Verkehr und Handel vermittelte Nebeneinander der neuen politischen Einheiten, der Nationen, außer Kraft zu setzen versucht – vergeblich, wie sich schon bald zeigen werde? Und wie stand es andererseits mit der Friedlichkeit, dem friedlichen Nebeneinander dieser in der Tat überall, nicht zuletzt im Widerstand gegen den Fremdherrscher, emporkommenden – »erwachenden«, wie die Zeitgenossen sagten – Nationen? Würde Johann Gottfried Herder recht behalten? Herder, der 1795 in seinen *Briefen zur Beförderung der Humanität* geschrieben hatte: »Kabinette mögen einander betrügen; politische Maschinerien mögen gegeneinander gerichtet werden, bis eine die andere zersprengt. Nicht so rücken Vaterländer gegeneinander; sie liegen ruhig nebeneinander und stehen sich als Familien bei. Vaterländer gegen Vaterländer im Blutkampf ist der ärgste Barbarismus der menschlichen Sprache.«

Alle diese Fragen waren nicht entschieden, alles schien möglich. Und die Antworten spiegeln das ganze Spektrum der zeitgenössischen Positionen in einer Situation, die vor allem eines auszeichnete: ihre völlige Offenheit gegenüber der Zukunft angesichts der Tatsache, daß die Bindungen an die Vergangenheit mit dieser selbst in immer rascherem Tempo zerfielen. Das gilt vor allem für Mitteleuropa, für Deutschland. Alle bis dahin gültigen territorialen, politischen, gesellschaftlichen, wirtschaftlichen, religiösen und geistig-kulturellen Ordnungen waren um die Jahrhundertwende in Auflösung oder entschiedener Umbildung begriffen. Wer damals beispielsweise im vorderösterreichischen Breisgau lebte, fand sich als Badener wieder. Verwaltung und Staat bekamen hier ein gänzlich anderes Gesicht, und dieses Gesicht veränderte sich in den nächsten Jahren wiederum radikal: Die Kinder gingen in neugestaltete Schulen. Recht wurde nach neuen Gesetzen vor neuen Gerichten gesprochen. Einkünfte wurden nach neuen Gesetzen und vor allem ganz neuen Prinzipien besteuert, die ihrerseits ständigen Veränderungen unterlagen. Die ständischen Vertreter verschwanden mit den entsprechenden Körperschaften, und ebenso ging es mit den bisherigen Gemeindevertretern, ja mit den Gemeinden selbst in ihrer bisherigen Form. Vieles, ja das meiste, mit dem man vertraut gewesen war, verschwand und mit ihm die Bindung an die Vergangenheit. Was sich in Frankreich blutig, dramatisch und von unten vollzogen hatte, das geschah hier unblutig, bürokratisch, durch Verordnungen der neuen Obrigkeit, also von oben. Aber es war in beiden Fällen eine Revolution, und zwar – ungeachtet der ganz unterschiedlichen Beantwortung der Machtfrage – eine Revolution des neuen Typs, also eine, die nicht auf tatsächliche oder scheinbare Wiederherstellung vergangener Verhältnisse zielte, sondern ganz bewußt eine neue Ordnung anstrebte. Die Propagandaformel der Jakobiner »Krieg den Palästen, Friede den Hütten« wandelte ihr Gesicht. Sie wurde metaphorisch. Die Paläste waren nun das Synonym für die Ordnungen und Verhältnisse der Vergangenheit, und die Hütten standen für die Zukunft, die Veränderung, wer auch immer sie betrieb – wenn er nur ein Bundesgenosse Frankreichs war.

Kein Wunder daher, daß sich die Gegner dieser Form der Neugestaltung und Neuordnung unter dem Banner der Vergangenheit sammelten. Nicht freilich unter dem der eben versinkenden Vergangenheit, die man meistens selbst bekämpft hatte und die in vielem doch auch wieder als eine unmittelbare Vorstufe zur Gegenwart erschien. Vielmehr orientierte man sich an einer idealisierten vorabsolutistischen, vormodernen, auf der Einheit von Volk und Herrscher beruhenden Vergangenheit, die man im Mittelalter zu entdecken meinte, einer weitgehend versunkenen, nun gleichsam in Fragmenten, in Liedern, in Geschichten, in der Architektur, in der Malerei, in »altdeutscher« Kleidung, in Zeugnissen vergangener Größe wiederentdeckten Zeit.

Eine mächtige Bewegung ging in diesem Sinne um 1800 durch Europa, die Kräfte aus den unterschiedlichsten politischen und gesellschaftlichen Lagern vereinte: Bürger, welche die Regime des Neoabsolutismus bekämpften und für die einstige Freiheit der Gemeinden und ihrer Mitglieder eintraten; Vertreter der alten Führungsschichten, des Adels, die sich gegen den bürokratischen Anstaltsstaat und seine Tendenz wandten, eine Gesellschaft gleicher, aber politisch rechtloser Untertanen zu schaffen; Wortführer einer grundlegenden Reform von Staat und Gesellschaft aus dem »Geist«, aus der Tradition der jeweiligen Nation; und, ihnen allen Sprache und Farbe gebend, die Sprecher eines allgemeinen Aufbegehrens gegen den trockenen Rationalismus und Universalismus, gegen mechanische Gleichmacherei und Normierung, gegen den Geist des zu Ende gehenden Jahrhunderts mit den Vertretern der Romantik an der Spitze. Sie alle verkörperten eine Gegenbewegung gegen den Versuch, die Zukunft einseitig zu besetzen, gegen die Selbstgewißheit einer flach gewordenen Aufklärung, die dem Leben seine Tiefe, seine Abgründe und Geheimnisse nahm, seine Buntheit und seine Zufälligkeiten, und es damit seiner Individualität beraubte. Man plädierte für das Fremde, das andere, das Geheimnisvolle, suchte in der Vergangenheit Zeugnisse eines erfüllteren, reicheren Lebens, plädierte für die Kräfte des Emotionalen, des Phantastischen. Auch in den Bildungsschichten wurde die Macht des Religiösen neu entdeckt, speziell in den Formen und Ritualen der katholischen Kirche, der sich viele Vertreter der Romantik damals zuwandten. Sie beschworen die Kraft der Phantasie, die Traditionen gewachsener Lebenswelten, den »Volksgeist« und seine Schöpfungen im Dasein der jeweiligen Gemeinschaft, die individuellen Prägungen, die dieses dadurch über die Jahrhunderte erfuhr. In der Musik, in der Literatur, in der bildenden Kunst regte sich an der Wende zum neuen Jahrhundert zugleich ein neuer Geist, eine Mentalität des Aufbruchs, die unter Beschwörung eines versunkenen Erbes von der unmittelbaren Vergangenheit, ihren Normen, Regeln und Zielen bewußt Abschied nahm.

Vieles führte dabei auf der Flucht vor platter Rationalität, vor der Auflösung des ganzen Daseins in eine Beziehung von Mittel und Zweck, vor seiner Verarmung und Erstarrung in bloße Irrationalismen, in sektiererische Strömungen und Bewegungen, in die spekulative Auflösung bisheriger Erkenntniszusammenhänge und Systeme wie in der romantischen Naturphilosophie. Aber insgesamt spiegelt sich darin doch die Tendenz zum Aufbruch in ein ganz neues, vollkommen anderes Jahrhundert, das nicht nur die Fortsetzung und Steigerung des vorangegangenen sein, sondern anderen Kräften und Elementen Geltung verschaffen sollte.

Diese Elemente haben sich freilich im weiteren weder faktisch noch geistig durchzusetzen vermocht und wurden mehr und mehr an den Rand gedrängt, blieben eine Erscheinung der Kunst und Literatur, deren Bedeutung sich rückblickend vielfach im bloßen Eskapismus zu erschöpfen scheint. Das jedoch wird ihrer Bedeutung in der Zeit und untergründig bis tief ins 19. Jahrhundert hinein nicht gerecht. Sie repräsentierten damals eine mächtige Gegenbewegung gegen den vorherrschenden und schließlich erneut siegreichen Geist der Zeit, eine Gegenbewegung, die zeitweise alle Kräfte gegen das »System Napoleon« bündelte und gegen dieses ins Feld führte: geistig und dann buchstäblich, in den verschiedenen Freiheitsbewegungen und Freiheitskriegen.

Eine der Figuren, an denen sich die zeitgenössische Bedeutung dieser Bewegung auch rückblickend noch an der Heftigkeit der Reaktionen ausmachen läßt, die ihre Thesen auslösten, ist der Pfarrer und spätere Professor der Geschichte und Nationalökonomie Robert Malthus. Kurz vor der Jahrhundertwende entwickelte er gegen die vorherrschenden ökonomischen Lehren der Zeit in einer Streitschrift gegen Godwin, Condorcet und andere mit dem Titel *An Essay on the Principle of Population as it Affects the Future Improvement of Society* seine pessimistische, dem linearen Fortschrittsdenken gegenüber kritische Bevölkerungstheorie. Während man bis dahin optimistisch davon ausgegangen war, daß der ökonomische Fortschritt stets der – in England besonders dynamischen – Bevölkerungsvermehrung vorausgehe und zu immer günstigeren Verhältnissen führen werde, behauptete Malthus, hier öffne sich im Gegenteil eine Schere zum Nachteil der jeweils neuen Generationen.

Der Nahrungsspielraum wachse, wie er in der erweiterten zweiten Auflage seines Werkes, die 1803 erschien, noch breiter ausführte, in arithmetischer Reihe, während sich die Bevölkerung in geometrischer Progression vermehre. Der freie, ungebremste, durch keine Eingriffe in die Gesellschaft und in das Verhalten ihrer Mitglieder behinderte ökonomische Fortschritt erzeuge also wachsendes menschliches Elend in Form von Hunger und zunehmender Armut breiter Schichten. Die Zukunft werde nicht der immer weiteren Verbreitung von materiellem Wohlstand und in ihrem Gefolge von Wissen und Bildung gehören, sondern der immer größer werdenden Not, der Verelendung, der Proletarisierung ständig wachsender Bevölkerungsteile.

Alle bisherigen Theorien wurden damit auf den Kopf gestellt, so schien es mit Blick auf die stürmisch wachsenden Bevölkerungszahlen: Englands Bevölkerung verdreifachte sich zwischen 1750 und 1850, und auf dem Kontinent liefen die Dinge bald ähnlich. Das dahinter angeblich wirksame Gesetz: Der beschleunigte ökonomische Fortschritt führe für die breite Masse der Bevölkerung nicht zu größerem wirtschaftlichen Wohlstand, sondern zu immer größerem Elend, zu wachsender Armut. Wenn die Dinge so wie bisher weiterliefen, gerate man zunehmend in eine Fortschrittsfalle. Das einzige Mittel dagegen waren Malthus zufolge strengere Heiratsgesetze und Abstinenz in der Ehe, beides nur erreichbar durch stärkere soziale und moralische Kontrolle der Gesellschaft, das heißt durch zumindest teilweise Rückkehr zu den alten, gebundenen Ordnungen, zu den Verhältnissen der Vergangenheit.

Weder die These noch die Lösungen von Malthus haben sich durchgesetzt. Aber das große Echo, das er an der Wende zum 19. Jahrhundert fand, zeigt doch, wie verbreitet die Skepsis gegenüber dem naiven Fortschrittsdenken war, das allein auf Befreiung von äußerem Zwang und aus den traditionellen Ordnungen setzte. Sicher, nur wenige wollten sich dem Fortschritt ganz entziehen, wollten schlicht zurück zu den alten Verhältnissen. Dafür schien die

Bilanz der Entwicklung vor allem in materieller Hinsicht zu positiv: von der Bekämpfung von Krankheiten und Seuchen über die Verbesserung der Versorgung, das Entstehen und Zugänglichwerden immer größerer Märkte bis hin zu den Erleichterungen des Verkehrs, der Kommunikation und den Informationsmöglichkeiten aller Art. Aber viele wollten vom neuen Jahrhundert einen anderen Fortschritt als den des vergangenen. Es sollte ein kontrollierter, ein organischer Fortschritt sein, kein äußerlicher und mechanischer, sondern einer, den die Menschen frei gestalten und in den sie ihre je verschiedenen Vergangenheiten, ihre Traditionen, Sitten, Bräuche, ihre historisch gewachsenen Lebenswelten einbringen und bewahren konnten, damit die Zukunft bewohnbar und lebenswert bleibe.

Diese Skepsis war gleichsam eine lebensweltliche Reaktion gegen alle Veränderungen, gegen allen Wandel, den das ausgehende 18. Jahrhundert gebracht hatte, und vor allem gegen dessen immer rascheres Tempo. Die Jahrhundertwende gab dieser Reaktion den Anschein eines neuen Aufbruchs, eines anders gearteten Neubeginns. Aber es zeigte sich dann doch bald, daß die bloße Reaktion noch keine Einheit, kein gemeinsames, realistisches und realisierbares Programm erzeugte. Die Kräfte der Veränderung und des Wandels waren am Ende die stärkeren. Sie wurden verkörpert durch Napoleon, der, obwohl politisch ein Diktator und Selbstherrscher, in seiner Gesellschafts- und Wirtschaftspolitik, auch in seiner Kultur- und Kirchenpolitik ganz deutlich ein Mann und Erbe der Revolution, der Ideen von 1789 war und blieb. Und sie wurden gleichzeitig gestärkt durch dessen weltpolitischen Gegenspieler, durch England, das ohne Revolution und spektakulären politischen Systemwechsel als Vormacht eines stürmischen wirtschaftlichen und gesellschaftlichen Wandels, einer ökonomischen Revolution auftrat. Frankreich und England, die schon sehr wesentlich und mit zunehmender Bedeutung das zu Ende gehende 18. Jahrhundert beherrscht hatten, spielten nun auch im Blick auf das neue Jahrhundert eine zentrale Rolle, zumal die Macht, ja der Bestand des

Heiligen Römischen Reiches Deutscher Nation sich immer mehr auflöste.

Wo man sich in Europa an der Schwelle zum 19. Jahrhundert ein Bild der neuen Welt, der Zukunft zu machen suchte, da richtete sich der Blick in erster Linie auf die beiden großen westlichen Nationalstaaten, auf Frankreich und England. Sie markierten zugleich die zwei Wege in diese Welt: den Weg des revolutionären Bruchs mit der Vergangenheit, des entschiedenen politischen Neuanfangs, symbolisiert nicht zuletzt durch den neuen, den Revolutionskalender – für ihn stand Frankreich, das napoleonische Kaiserreich, das in den folgenden Jahren zur beherrschenden Macht des Kontinents bis an die Grenzen des russischen Reiches aufstieg – und der Weg der organischen Verbindung des Alten mit dem Neuen, der Vergangenheit mit der Zukunft bei gleichzeitigen tiefen Veränderungen von Wirtschaft und Gesellschaft, von Lebenswelt und Daseinsbedingungen – für ihn stand England, und an seinem Vorbild orientierten sich alle diejenigen, die auf Kontinuität im Wandel, auf schrittweise, das Herkommen nach Möglichkeit schonende Übergänge von einer alten zu einer neuen Ordnung setzten.

Unbestritten aber blieb in dem einen wie in dem anderen Lager, bei den Anhängern des französischen wie denen des englischen Wegs, daß diese beiden Länder den Fortschritt, die Zukunft repräsentierten. Und Fortschritt, die Veränderung und der Umbau aller Lebensverhältnisse, schien für die große Mehrheit der Zeitgenossen – begrüßt oder gefürchtet – das Signum der Zeit, das Signum des neuen Jahrhunderts zu sein. Von einem Zeitalter der Revolutionen war schon früh die Rede: der sichtbaren, manifesten einerseits und der schleichenden, aber darum nicht minder einschneidenden andererseits. Man konnte sich bei denjenigen einreihen, die die damit verbundenen Entwicklungen bejahten, unterstützten und aktiv mit vorantrieben, dem »parti du mouvement«, der »Bewegungspartei«. Oder man konnte sich an diejenigen halten, die Widerstand dagegen leisteten – freilich letztlich nur hinhaltenden –, an den »parti de la résistance«, die »Stillstandspartei«, wie die deutsche Übersetzung dieser ursprünglich französischen Begriffe lautete.

Wie dem aber auch sei – das Verhältnis zur Zukunft wurde selbst zu einem entscheidenden, ja zum zentralen Thema der Zeit. Und nirgendwo konnte es sich so frei, so ganz auf Perspektive und Erwartung gerichtet entfalten, wie im Blick auf das neue, noch ganz jungfräulich-unbelastete Jahrhundert. Alle Lebensbereiche wurden bei dieser Gelegenheit ins Auge gefaßt, ihre vermutete Entwicklung skizziert, Prognosen und Prophezeiungen der unterschiedlichsten Art gewagt.

Der Bereich, der sich hier am unmittelbarsten aufdrängte, aber auch zu den phantasievollsten, ja utopischsten Prognosen herausforderte, war der wachsende Einfluß der Wissenschaft und mehr noch der Technik auf die Entwicklung der Lebensverhältnisse, der ganz konkreten Lebenspraxis. Man diskutierte und spekulierte über die Verlängerung des Lebens und die Beseitigung der großen Seuchen durch die Fortschritte der Medizin, wobei Massenimpfungen gegen Blattern und Kuhpocken ein spezielles Thema waren. Man erörterte die Bedeutung und praktische Verwendbarkeit der von Galvani und Volta entdeckten elektrischen Ströme, die gegenwärtige und künftige Rolle der Dampfmaschine und mit ihr diejenige von Kohle, Eisen und Stahl als den Grundelementen der neu heraufziehenden Zeit, den Einfluß der vor allem in Frankreich geförderten neuen Wissenschaften mit der Chemie an der Spitze. Aus all dem erwuchs die Ahnung, daß die Zukunft sehr entscheidend von Naturwissenschaften und Technik bestimmt und auch darin grundsätzlich von den vergangenen Epochen unterschieden sein würde. Die Phantasie eilte dabei überall der Praxis voraus. Männer wie Saint-Simon, Charles Fourier oder Robert Owen prognostizierten Revolutionen des Verkehrs, der Kommunikation, der Produktionsweisen, die teilweise prophetischen Charakter hatten, teilweise aber auch rein spekulativ waren und blieben.

Entscheidend aber war, daß man auch und gerade hier ein Gesetz der Dynamik, der fortschreitenden Veränderung und Entwicklung wirken sah. Darin sah man den Grundcharakter der neuen Zeit, des neuen Jahrhunderts, und von daher suchte man sein Wesen zu bestimmen. Das gelang in diesem Bereich, dem der Technik und des wissenschaftlichen Fortschritts vor allem auf dem Gebiet der Naturwissenschaften, zwar nicht im Detail, wohl aber in der Grundtendenz am besten. Sehr viel schwieriger und widersprüchlicher aber wurde es dort, wo man dieses Jahrhundert gesellschaftlich und politisch, geistig und kulturell in den Blick zu nehmen und seine wahrscheinliche Physiognomie zu erfassen und zu bestimmen versuchte.

Am klarsten erschienen hier noch die gesellschaftlichen Zukunftsperspektiven. Zwar war in weiten Teilen Europas die Vorrangstellung des Adels faktisch noch ungebrochen, ja befestigte und verstärkte sich zusätzlich nach 1814/15, nach dem Sieg über Napoleon und das napoleonische Frankreich, aber die Aufklärung und dann vor allem die Französische Revolution hatten dessen Stellung doch in der Theorie und im allgemeinen Bewußtsein bereits tief erschüttert. Die Entwicklung der Wirtschaft, das Vordringen von Handel und Gewerbe, der Aufstieg der Städte und des Bürgertums, die Zunahme der Bildungsberufe – all das drängte in die gleiche Richtung. Die aristokratisch bestimmte und geformte Welt des 18. Jahrhunderts werde, so die verbreitete Meinung, im neuen, im 19. Jahrhundert abgelöst durch eine bürgerliche Welt, eine Welt, in der das Bürgertum die führende, die tonangebende Schicht sein werde. Statt der Geburt würden individuelle Leistung und Beruf, Besitz und Bildung den Platz des einzelnen in der Gesellschaft bestimmen und damit zugleich dieser Gesellschaft ein Element des permanenten Wandels, der Veränderung implantieren. Napoleons Wort, jeder Soldat habe »le baton de maréchal dans sa giberne«, den Marschallstab im Tornister, wurde dafür zum geflügelten Ausdruck, und daß ein einfacher Soldat aus Südfrankreich Marschall von Frankreich und schließlich sogar König von Schweden werden konnte, schien das unmittelbar zu bestätigen. An die Stelle der traditionellen, der ständischen, der Geburtsgesellschaft werde die offene Leistungsgesellschaft, die bürgerliche Gesellschaft treten, eine zunehmend von der individuellen Tüchtigkeit, dem individuellen Talent bestimmte, in ständiger Veränderung und Bewegung befindliche soziale Ordnung.

Das war die Erwartung, die Perspektive. Die Praxis sah natürlich anders aus, und in der zweiten Hälfte des mit so großen Erwartungen begrüßten Jahrhunderts war an die Stelle der traditionellen Ständegesellschaft die bürgerliche Klassengesellschaft getreten mit all ihren Abgrenzungen nach unten und ihren sozialen Verhärtungen. Zunächst aber verlieh die Vorstellung vom Aufbruch in eine neue, bürgerliche Welt der Idee des Fortschritts, der Idee eines unaufhaltsamen Wandels zu einer neuen, besseren gesellschaftlichen Ordnung eine gewaltige Schubkraft, bestärkte die bürgerlichen und dem Bürgertum zuneigenden Zeitgenossen in ihrem Zukunftsoptimismus und in ihren Erwartungen gegenüber dem neuen Jahrhundert. Von hier gingen vielleicht die größte Dynamik und die größten Hoffnungen im Hinblick auf die Zukunft aus.

Sehr viel unsicherer, ja zwiespältiger waren die Erwartungen schon hinsichtlich der Perspektiven des wirtschaftlichen Lebens. Die bürgerliche Gesellschaft sollte nach Meinung der überwiegenden Zahl ihrer Anhänger und Vertreter eine mittelständische Gesellschaft sein, dominiert und bestimmt von dem Bürger mit breitgestreutem Eigentum, das einer möglichst großen Zahl von Menschen eine selbständige und unabhängige Existenz sichert. Man träumte von einer klassenlosen Bürgergesellschaft mittlerer Existenzen, die eine neue, freie, politisch selbständige Gemeinschaft begründen werde, organisiert im Verein, in der Stadt, im nationalen Verfassungsstaat. Grundlage einer solchen Gesellschaft sollte die freie Entfaltung von Handel und Gewerbe sein, allerdings in einer den Mittelstand begünstigenden Form, wie sie sich in Europa in den vergangenen Jahrhunderten immer breiter entfaltet hatte. Man schrieb mit anderen Worten die vorindustrielle Situation und Entwicklung einfach fort, trat für deren Befreiung aus den ständischen Fesseln und aus der obrigkeitsstaatlichen Bevormundung ein. Die Entwicklung zum Großbetrieb und zu industrieller Massenfertigung wie auch die Ausbildung entsprechender Märkte blieben weitgehend noch außerhalb des Gesichtskreises und damit der Zukunftserwartungen. Wo sie bereits zu beobachten waren, im »eisernen Dreieck« zwischen Birmingham, Sheffield und Manchester in England, in Nordfrankreich oder in den südlichen Niederlanden, dem späteren Belgien, da empfand man das vielfach als eine von besonderen Voraussetzungen und Bedingungen abhängige Sonderentwicklung, nicht als Vorbild einer für weite Teile Europas bestimmenden Zukunft. Das sah man viel eher in der Schweiz mit seiner sich breit entfaltenden mittelständischen Wirtschaft und Gesellschaft und der daraus resultierenden Ordnung.

Das gilt vor allem für Deutschland, das durch die Handelsbeschränkungen und die Kontinentalsperre in den folgenden Jahren noch stärker von England abgeschnitten wurde. Hier dominierte um 1800 und in den folgenden Jahrzehnten noch weithin ein nachständisches, aber vorindustrielles Gesellschaftsbild, das Bild einer städtisch-bürgerlichen Gesellschaft mittlerer Existenzen auf der Grundlage traditioneller Wirtschaftsformen. An ihm orientierte sich auch die Mehrheit der Vertreter der »Bewegungspartei« in politischer Hinsicht. Alles war auf den materiell unabhängigen, selbständigen Bürger, den »Hausvater« im traditionellen Sinne, zugeschnitten. Er sollte im freien Dialog, in der offenen Auseinandersetzung mit seinesgleichen, als ehrenamtlicher Volksvertreter künftig die Verhältnisse und die weitere Entwicklung bestimmen. Diese neue Elite sollte an die Stelle der bisherigen Führungsgruppen Adel und Bürokratie treten und Staat und Gesellschaft zu einer neuen Einheit zusammenführen.

Darauf beruhte das gesamte politische Konzept, mit dem man hier in das neue Jahrhundert eintrat und dessen Einlösung man nun erwartete. In diesem Sinne übernahm man die westeuropäischen

Verfassungsvorstellungen, das Repräsentativsystem, die Konzentration des Wahlrechts auf Besitz und Bildung, das Prinzip der Gewaltenteilung und die Forderung nach dem Gesetzgebungs- und Budgetrecht durch eine gewählte Volksvertretung. Das Schwergewicht sollte dabei auf den Städten liegen als den – wie es Karl Friedrich Nebenius, der Schöpfer der badischen Verfassung von 1818, formulieren sollte – »Sitzen von Handel und Gewerbe«. Mit anderen Worten, der entscheidende Einfluß auf die Zukunft des Landes sollte von den ländlichen Eliten, dem Adel, auf die Stadt und das städtische Bürgertum übergehen, und an ihnen, an den städtischen Notabeln, sollten sich der Staat und seine Bürokratie wie im napoleonischen Frankreich so auch in Mitteleuropa künftig orientieren.

Kein Wunder, daß sich die große Mehrheit der Vertreter des Adels hiergegen wandte, seine Kritik am monarchischen Obrigkeitsstaat zurückstellte und überall an die Seite der Throne trat, auch dort, wo diese Nutznießer der revolutionären Zerstörung der alten Ordnung und der Auflösung des Reiches waren. Das wurde freilich erst nach 1814/15 deutlich, nach dem Sieg über das napoleonische Frankreich und der Enttäuschung weitergehender Hoffnungen auf Wiederherstellung der vorrevolutionären Ordnung. Nun sah man sich plötzlich mit der Gefahr konfrontiert, daß der monarchische Anstaltsstaat sich mit den neuen Kräften verbünden und an die Spitze der Bewegung zu einer grundlegenden Veränderung der Gesellschaft von einer agrarisch-ländlich-traditionellen zu einer modernen bürgerlich-liberalen treten könnte. Dieser Gefahr zu begegnen, verzichtete man auf eigenständige politisch-staatliche Ansprüche und stellte sich ganz in dessen Dienst: als Beamter, Offizier oder Diplomat.

Um die Jahrhundertwende hingegen verfolgte man noch den Traum einer Vereinigung aller gesellschaftlichen Kräfte gegen den monarchisch-bürokratischen Staat, eines reformierten Ständestaats mit einer adlig-bürgerlichen Führungsschicht. Dergleichen hatte sich im Freimaurertum, in den Vereinen der Residenzstädte, in der aufgeklärten Bürokratie herausgebildet. Und man konnte hier in vielem auf das englische Beispiel eines Zusammengehens von Adel und Bürgertum verweisen, das Zuspitzungen und revolutionäre Frontstellungen wie in Frankreich vermieden habe und einen eigenen, Vergangenheit und Zukunft organisch verbindenden Weg der Entwicklung zeige.

Das war eine Konzeption, die damals – an der Schwelle zum neuen Jahrhundert – auch im bürgerlichen Lager zahlreiche Anhänger fand. Ihr schien die Zukunft zu gehören, da auch Napoleon, die beherrschende Gestalt Kontinentaleuropas bis 1814, offenkundig einen solchen Elitenkompromiß anstrebte, wenn auch eindeutig unter Führung der Krone und des monarchischen Staats: in Frankreich selbst wie dann auch im »Grand Empire«, hier in seiner Dotationspolitik ebenso wie vor allem in der Förderung der Interessen sowohl der traditionellen als auch der neuen, bürgerlichen Eliten und der gleichzeitigen Vermittlung zwischen beiden.

Dies war zwar eine Politik, die sehr klar das Ziel hatte, die gesellschaftlichen Führungskräfte an den monarchischen Staat zu binden und sie im Dienst an ihm zu vereinen. Aber die Verhältnisse konnten sich durchaus einmal umdrehen, wie das etwa der Freiherr vom Stein nach 1806 in Preußen anstrebte, indem er an die Stelle des Dienstes am monarchischen Anstaltsstaat die Idee des Dienstes am Gemeinwesen stellte. Dieses Gemeinwesen, die »Nation«, erklärte er zur obersten Bezugsgröße. In ihrem Zeichen sollte die Gesellschaft zu neuer Einheit finden, sollte sie politisch und gesellschaftlich handlungsfähig werden.

Es war dies in vielem eine sehr viel konservativere Nationsidee als die der Französischen Revolution. Aber im Kern hatte sie die gleiche Stoßrichtung: Überwindung der Trennung von Staat und Gesellschaft zugunsten und unter Führung der Gesellschaft, Lösung der Verhärtungen und der einseitigen Bindungen des monarchischen Anstaltsstaates, Belebung und Politisierung der Öffentlichkeit und des öffentlichen Geistes, Mobilisierung aller Kräfte der

Nation. Demgemäß lagen auch die von ihm angestoßenen Reformen bei allen Unterschieden im einzelnen in zentralen Punkten und Zielen auf der gleichen Linie: Bauernbefreiung, Gewerbefreiheit, Selbstverwaltung, allgemeine Schulpflicht, allgemeine Wehrpflicht. All das sollte der wirtschaftlichen, der gesellschaftlichen, der politischen Mobilisierung der Nation dienen, der Belebung aller ihrer Kräfte zum Wohle des Gemeinwesens.

Damit trafen der Freiherr vom Stein und seine Mitstreiter zugleich die allgemeine Aufbruchstimmung zu Beginn des neuen Jahrhunderts, die Überzeugung, daß man durch Selbsttätigkeit, durch Eigeninitiative herauskommen müsse aus den Verkrustungen und Erstarrungen einer von oben reglementierten und normierten Welt, aus dem »tintenklecksenden Säkulum«, wie Schiller das in seinem Schauspiel *Die Räuber* genannt hatte. Als das neue Jahrhundert dann anbrach, da hat es freilich gerade Schiller mit tiefem Pessimismus begrüßt, der so gar nichts von Aufbruch und Erwartung erkennen ließ. Sein Gedicht *Der Antritt des neuen Jahrhunderts* beschreibt die allgemeine Situation, die von dem Ringen der beiden Mächte England und Frankreich bestimmt wurde, welche die europäische, ja die weltpolitische Szenerie beherrschten, in den düstersten Farben. »Edler Freund! Wo öffnet sich dem Frieden, / Wo der Freiheit sich ein Zufluchtsort?« So beginnt es, um unter Anspielung auf den Mordanschlag auf Napoleon düster fortzufahren: »Das Jahrhundert ist im Sturm geschieden, / Und das neue öffnet sich mit Mord.« Auflösung der alten Grenzen und Ordnungen, Kampf der Erben um die Weltherrschaft, Vernichtung der Freiheitsräume – so präsentiert sich ihm der Beginn des neuen Jahrhunderts: »Und das Band der Länder ist gehoben, / Und die alten Formen stürzen ein; / Nicht das Weltmeer hemmt des Krieges Toben, / Nicht der Nilgott und der alte Rhein. / Zwei gewaltige Nationen ringen / Um der Welt alleinigen Besitz, / Aller Länder Freiheit zu verschlingen, / Schwingen sie den Dreizack und den Blitz.« Das Streben nach Macht, nach Besitz, nach grenzenloser Expansion bestimme stärker als je zuvor die Welt, verkörpert in dem Kampf der beiden Großmächte: »Gold muß ihnen jede Landschaft wägen, / Und wie Brennus in der rohen Zeit / Legt der Franke seinen ehrnen Degen / in die Waage der Gerechtigkeit. / Seine Handelsflotten streckt der Brite / Gierig wie Polypenarme aus, / Und das Reich der freien Amphitrite / Will er schließen wie sein eignes Haus. / Zu des Südpols nie erblickten Sternen / Dringt sein rastlos ungehemmter Lauf, / Alle Inseln spürt er, alle fernen / Küsten – nur das Paradies nicht auf.« Dieses Paradies, die Welt der Freiheit und des menschlichen Glücks, sie rücken vor den rohen, materiellen Kräften, die das neue Jahrhundert bestimmen, immer weiter in den Hintergrund. »Ach umsonst auf allen Länderkarten / Spähst du nach dem seligen Gebiet, / Wo der Freiheit ewig grüner Garten, / Wo der Menschheit schöne Jugend blüht.« Was bleibt, ist Flucht, Flucht in die inneren Welten, in das Reich der Träume: »In des Herzens heilig stille Räume / Mußt du fliehen aus des Lebens Drang«, so endet der Blick auf das neue Jahrhundert, »Freiheit ist nur in dem Reich der Träume, / Und das Schöne blüht nur im Gesang.«

Dieser Geist der Weltflucht, eines elegischen Pessimismus, des Goetheschen »selig, wer sich vor der Welt ohne Haß verschließt«, trat immer aufs neue neben die Stimmen des Aufbruchs, der Bejahung des Neuen. Er grundierte vor allem das kulturelle Klima jener Jahre, unterstützte die Neigung, das Reich der Freiheit, des Geistes und der Kunst zu trennen und abzusetzen von der »Welt« und ihren Gesetzen, von dem Streben nach Macht und Herrschaft, nach Ausdehnung und Unterwerfung – auf dem Feld der Politik zunächst, aber dann auch zunehmend auf dem der Wirtschaft.

Hier und nur hier konnte der einzelne frei werden von Geburt und Stand, von gesellschaftlichen Prägungen, wirtschaftlichen Zwängen und politischen Umständen. Im 18. Jahrhundert hatte man davon geträumt, alle Lebensbereiche zusammenzuführen und neu zu gestalten unter der Herrschaft einer übergreifenden Vernunft und ihrer regulierenden Kraft. Von diesem Traum nahm man nun vielfach Abschied zugunsten eines anderen, desjenigen von der Freiheit, der Individualität, des »zu sich selbst Kommens«. Aus den Zwängen des Alltags und des praktischen Lebens sollte der einzelne durch die Kunst, die Welt des Geistes und der Wissenschaft befreit werden zu einer höheren Form des Daseins. Anders gewendet, der Glaube an die Vernunft hatte sich mehr und mehr als brüchig und unzureichend erwiesen. Es hatte sich gezeigt, daß er viele Bereiche unausgefüllt ließ, jene der Phantasie, des Bedürfnisses nach dem Schönen und der Betätigung der eigenen Individualität, und vor allem, daß er instrumentalisiert werden konnte, ausgenützt für handfeste Interessen und spezielle Überzeugungen. So trat an seine Stelle nun zunehmend der Glaube an die daseinserhöhende, daseinserweiternde Kraft der Kunst, ja eine Art Kunstreligion, die das ganze Jahrhundert begleiten sollte, sich freilich an seinem Beginn am machtvollsten entfaltete.

Mit der Wortverbindung Kunst und Religion ist zugleich ein Zusammenhang bezeichnet, den etwa Friedrich Schlegel in seinem Gedicht *An die Deutschen* in vielfältigen Wendungen umkreiste. Kunst ist ein Zugang zu den Geheimnissen der Welt und der Schöpfung, wie das über Jahrhunderte die Religion war und für viele noch ist. »Die sind verstoßen«, heißt es in dem Gedicht an einer Stelle, »die nach dem Nichts von Gott verlassen rennen, / An Religion und Dichtkunst sich erboßen, / Von der Natur Mysterien nichts nicht wissen, / zu sich in Koth das Heilige niederstoßen.« Und an einer anderen: »Dringt Jüngling' ein! Ernennt durch tapfres Streben / Euch selbst zu Herrn und Fürsten jeder Kunst; / So wird die Kirche sichtbar sich erheben. / Ihr habt der Liebe Muth, der Götter Gunst, / Ihr schautet die Natur im Heiligthume; / Entflammt die ganze Welt zu Einer Brunst! / Eur Tempel wachse groß zu Deutschlands Ruhme. / Der Grund ist fest, und hoch im Centrum sprießt / In königlicher Pracht der Dichtkunst Blume.« So viel den an der Jahrhundertwende über fünfzigjährigen Goethe von dem dreiundzwanzig Jahre jüngeren Friedrich Schlegel und der ganzen romantischen

Schule trennte, so waren sie sich in dieser Einschätzung des Zusammenhangs von Kunst, Wissenschaft und Religion doch ganz einig. »Wer Wissenschaft und Kunst besitzt, der hat auch Religion«, notiert Goethe in den *Zahmen Xenien* lapidar, »wer jene beiden nicht besitzt, der habe Religion!«

Daß das Reich der Kunst (und der Wissenschaft) ein eigenes, der Religion vergleichbares, ja gleichartiges Reich sei, das ist erst in dieser Zeit zur Überzeugung der Bildungsschichten geworden und hat sie seither begleitet. Es führte zur Bildung eines eigenen und eigenständigen Bereiches Kultur neben Staat, Wirtschaft, Gesellschaft und Religion mit eigenen Institutionen und eigenen Karrierewegen. Zwar hatte es die einzelnen Felder in der Musik, in der Malerei, in der Poesie, auch in Bildung und Wissenschaft schon seit langem gegeben. Aber sie hatten doch immer – vielfach als Handwerk betrachtet und in dieser Weise ständisch eingeordnet und eingeschätzt – in Abhängigkeit gestanden zu den anderen Bereichen, deren Bedürfnissen und Interessen, waren von deren Aufträgen abhängig, sind also deren Kostgänger gewesen. Das blieben sie in vieler Hinsicht. Aber der Gedanke der Eigengesetzlichkeit, der Autonomie der Kunst und der Wissenschaft brach sich doch gleichzeitig in immer stärkerem Maße Bahn, und der Staat, der bisher Machtstaat, Wohlfahrtsstaat, Rechtsstaat gewesen war, verstand sich von nun an zunehmend als Kulturstaat, als ein nicht nur aufgrund des Interesses des Fürsten, sondern aus »öffentlichem Interesse« zur Förderung der Kunst und der Wissenschaft verpflichtetes Gemeinwesen.

Dazu hat der geistige und kulturelle Aufbruch am Ende des 18. und zu Beginn des 19. Jahrhunderts, das Entstehen einer von einem allgemeinen Kulturbewußtsein getragenen Öffentlichkeit entscheidend beigetragen. Museen und Theater, Schulen und Hochschulen wurden nun Schritt für Schritt öffentliche Einrichtungen, ihre Inhalte mehr und mehr von dem Kreis derjenigen bestimmt, die auf dem betreffenden Gebiet autonome Kenntnisse besaßen, die von einer eigenen, der kulturellen Öffentlichkeit oder deren Untergliederungen anerkannt waren und als deren Wortführer und Sprecher auftraten.

Es blieb freilich nicht bei der Ausprägung und Entfaltung eines eigenen und eigenständigen Kulturbereichs, seiner zunehmenden Anerkennung und Einbeziehung durch den Staat. Seine Vertreter beanspruchten mehr und mehr eine Sprecherrolle für das Gemeinwesen, das sich von seinen traditionellen Wurzeln und Legitimationsstrukturen, von der Religion und der ständisch gegliederten Gesellschaft, loslöste. Dieser Anspruch schwingt in Hegels schon zitierter Deutung der Französischen Revolution mit, wenn er von ihr meinte, es sei in aller bisherigen Geschichte noch »nicht gesehen worden, daß der Mensch sich auf den Kopf, das ist auf den Gedanken stellt und die Wirklichkeit nach diesem erbaut«.

Hauptinstrument dieses Anspruchs wurde das in dieser Form und Breite ganz neue Phänomen einer Öffentlichkeit, einer allgemeinen Diskussion über alle Bereiche des öffentlichen Lebens, deren Ergebnisse in dem formuliert wurden, was man die »öffentliche Meinung« nannte. An diesem Austausch sollten im Prinzip alle Mitglieder eines Gemeinwesens teilnehmen, sollten alle ihre Vorstellungen, Ideen und Interessen geltend machen können. Aber in der Praxis waren es doch vor allem die Vertreter der neuen kulturellen Elite und unter ihnen vor allem diejenigen, die über das Wort verfügten und über den Rand einer einzelnen Disziplin hinausblickten, also jene, die ihre Kritiker abwertend Literaten und Intellektuelle nannten; Napoleon bezeichnete sie im Sinne des 18. Jahrhunderts als die »Philosophen«. Der Einfluß dieser Gruppe wuchs seit dem Ausgang des 18. Jahrhunderts in außerordentlichem Maße, ja sie bestimmt – auch und vor allem rückblickend – das Bild von der Vorstellungswelt der Epoche.

Das führt zu der Frage, wieweit unser Bild der Epoche und ihrer Erwartungen an das neue Jahrhundert einseitig oder doch vornehmlich von jener Gruppe und ihrem Anspruch auf eine Art Deutungsmonopol bestimmt ist. Unbestreitbar ist, daß unsere Quellen wesentlich aus der Feder von Angehörigen dieser Gruppe stammen, bewahrt und überliefert wiederum von ihresgleichen. Zeugnisse der Ideen und Erwartungen der unteren Schichten gibt es kaum, und auch für die übrigen gesellschaftlichen Gruppen, den gewerblichen Mittelstand, die Beamten, den Adel, fehlen entsprechende Quellen entweder ganz, oder sie reflektieren die Dominanz des neuen kulturellen Milieus. Wie stark diese Dominanz war und wie stark sie vor allem unser Bild beeinflußt hat, zeigt sich etwa daran, daß die Bedeutung der Religion und der Kirchen für die Vorstellungswelt und die Lebenspraxis des 19. Jahrhunderts lange Zeit im Licht der Überzeugungen der damaligen Bildungsschicht sehr zurücktrat und erst in jüngerer Zeit aufgrund neuer Quellen und infolge mentalitätsgeschichtlicher Fragestellungen wieder herausgearbeitet worden ist.

Ähnliches gilt für die Zukunftserwartungen und Zukunftsperspektiven, die bei weitem nicht so ausgreifend und fortschrittsorientiert waren, als es der Blick auf die entsprechenden Äußerungen von Schriftstellern und Intellektuellen der Zeit vermuten läßt. Die Lebenspraxis orientierte sich offenkundig weitgehend an den bisherigen Erfahrungen, suchte diese soweit wie möglich linear fortzuschreiben und dabei an den traditionellen Deutungsmustern festzuhalten, wobei das Neue, das Unerwartete wie immer von der Mehrheit als Bedrohung und nicht als Chance begriffen wurde.

Man wird also in Hinsicht auf die Lebenspraxis und die Zukunftserwartungen von dem Bild, das die Quellen in ihrer Mehrzahl vermitteln, einige Abstriche machen müssen. Hinzu kommt, daß die Frage nach der Zukunft ganz allgemein, nach ihrem Grundcharakter, nach ihren vorherrschenden Tendenzen, nach dem, was sie von der Vergangenheit unterscheidet und trennt, eine Frage war, welche die Antwort in eine ganz bestimmte Richtung lenkte, die ihrerseits das Neue, das ganz andere akzentuierte. Anders gewendet, sie forderte jene heraus, die von der Zukunft etwas erwarteten, die auf sie setzten und Grund hatten, sich von der Vergangenheit abzukehren, die also geneigt waren, sie als Projektionsfläche für ihre Hoffnungen, Wünsche und Überzeugungen zu benutzen. Das aber war damals selbst unter den Gebildeten nur eine Minderheit. Auch Schiller beschwor in seinem zitierten Gedicht *Der Antritt des neuen Jahrhunderts* zwar ein Reich der Freiheit und der Schönheit, siedelte dieses aber weniger in einer konkreten Zukunft als in einem Utopia, an einem Ort jenseits der konkreten Geschichte an. Und sein Freund Goethe hat zwar rückblickend von Valmy als dem Beginn einer neuen Epoche der Weltgeschichte gesprochen, aber auch und vor allem Kontinuitäten gesehen und diese nachdrücklich verteidigt.

Es war die nachfolgende Generation, jene der Romantik, die von einer entschiedenen Wendung, einem vor allem kulturellen Neuanfang sprach. Aber der Verdacht liegt hier nahe, daß dabei der normale Generationenkonflikt im Zeichen des Jahrhundertwechsels hochstilisiert wurde. Entscheidender war die Herausbildung und Festigung eines eigenen kulturellen Milieus, eines eigenen und eigenständigen Bereichs der Kultur. Und an ihm hatten sie nicht nur alle teil, diese Entwicklung verband vielmehr die zweite Hälfte des 18. mit den ersten Jahrzehnten des 19. Jahrhunderts. Hier bildete das Jahr 1800 oder 1801 in keiner Weise eine Zäsur.

So bleibt als der eigentliche Einschnitt jener Jahre mit tiefgreifenden Folgen praktisch für den gesamten Kontinent der Aufstieg und die Etablierung eines neuen Selbstherrschers in Frankreich, der die große Revolution von 1789 und 1793 zugleich beerbte und abschloß, festzuhalten. Mit ihm begann an der Wende vom 18. zum 19. Jahrhundert in der Tat eine ganz neue Phase der Geschichte, hinter die es dann kein Zurück mehr geben konnte. Säkularisation und Mediatisierung gestalteten die Landkarte Mitteleuropas grundlegend um. Das Alte Reich löste sich auf. An seine Stelle trat zunächst der von Frankreich dominierte Rheinbund, dann – nach 1814/15 – der Deutsche Bund. Gleichzeitig wurden mit den preußischen und den rheinbündischen Reformen große Teile der alten Ordnung nun auch im mitteleuropäischen Raum beseitigt und durch Institutionen nach dem Vorbild des revolutionären Frankreich oder Englands ersetzt. Ähnliches galt für die Apenninhalbinsel, für Italien. Das alles erfolgte von oben, durch die neuen Regierungen, aber es schien doch absehbar, daß damit eine Entwicklung eingeleitet war, die alsbald zu einem weiteren Umbau der Staaten im Sinne des modernen repräsentativstaatlichen Verfassungsgedankens führen würde. So konnte Hegel vor allem auch mit Blick auf seinen Zeitgenossen Napoleon formulieren, das seien »die großen Menschen in der Geschichte, deren eigene partikuläre Zwecke das Substanzielle enthalten, welches Wille des Weltgeistes ist«, um an anderer Stelle seiner *Vorlesungen über die Philosophie der Weltgeschichte* hinzuzufügen: »Ihre Sache war es, das Allgemeine, die notwendige höchste Stufe ihrer Welt, zu wissen, diese sich zum Zwecke zu machen und ihre Energie in sie zu legen. Sie haben das Allgemeine, das sie vollbracht haben, aus sich selbst geschöpft; es ist aber nicht von ihnen erfunden worden, sondern es ist ewig vorhanden und wird durch sie gesetzt und mit ihnen geehrt.«

In solchem Sinne konnte dann hundertfünfzig Jahre später Thomas Nipperdey, den Fokus auf den Beginn des 19. Jahrhunderts richtend, schreiben: »Am Anfang war Napoleon.« Er stand in der Tat – jenseits weiter ausgreifender, letztlich utopischer Hoffnungen und Erwartungen – an der Schwelle einer neuen, außerhalb Frankreichs und der von ihm beherrschten Gebiete mit einem neuen Jahrhundert zusammenfallenden Epoche: politisch, gesellschaftlich, wirtschaftlich und geistig-kulturell. Im Rückblick haben sich die Dinge wieder verschoben, bleibt die Epoche Napoleons auf dessen Regierungszeit beschränkt und ein großer Teil des 19. Jahrhunderts von anderen Kräften bestimmt, nämlich den Folgen der zwei großen Revolutionen, deren Wurzeln im 18. Jahrhundert liegen: der politisch-gesellschaftlichen Revolution in Frankreich und der wirtschaftlich-industriellen, die von England ihren Ausgang nahm. Aber dabei wird leicht übersehen, daß die konkrete Ausprägung, in der vor allem die politisch-soziale Revolution – und sei es in Widerstand und Opposition gegen jene Prägung – auf die folgenden Jahrzehnte wirkte, ganz wesentlich durch Napoleon und das napoleonische Regime bestimmt war. Sie schuf für weite Teile Kontinentaleuropas den Rahmen wie auch die verschiedenen Institutionen, in denen sich ihre Impulse entfalteten. Und nur der kleinere Teil ist in der nachfolgenden Restaurationsepoche, die ihren Namen kaum zu Recht trägt, entscheidend verändert oder gar beseitigt worden. Die territoriale Neuordnung während der napoleonischen Zeit blieb weitgehend erhalten; das gleiche gilt für die innerstaatlichen Verhältnisse, für das Justizwesen, für den Aufbau der Verwaltung, auch für weite Bereiche der damals etablierten wirtschaftlichen und sozialen Ordnung.

Sicher, Frankreich zog sich nach dem Sieg der Alliierten über den Korsen auf sein ursprüngliches Staatsgebiet zurück. Das »Grand Empire« brach zusammen. Spanien, Italien, die Niederlande, die Schweiz, Mitteleuropa befreiten sich von der französischen Herrschaft und gingen fortan wieder ihre eigenen Wege. Aber von Rückkehr zu den alten Verhältnissen konnte praktisch nirgendwo die Rede sein. Die Ergebnisse der Säkularisation blieben überall bestehen, außer dem in seinem Umfang stark reduzierten Kirchenstaat. Eine Aufhebung der Mediatisierung erfolgte ebensowenig. Wiederhergestellt wurden alte Herrschaftsverhältnisse nur in den direkt unter französischer Herrschaft stehenden Gebieten und in den französischen Sekundogenituren – und auch dort nur in Abstimmung mit den jeweils neuen Machtverhältnissen. Das neue, wesentlich von Talleyrand, dem inzwischen ins Lager der Bourbonen gewechselten Außenminister Napoleons, formulierte Legitimitätsprinzip band Herrschaft zwar an die Herkunft aus einem vor 1789 regierenden Haus, verwarf aber alle aus jener Zeit herrührenden konkurrierenden Herrschaftsansprüche zugunsten der an der Macht befindlichen Häuser. Es war dies vielfach eine Macht von

Napoleons Gnaden oder wenigstens der von ihm geschaffenen und anderthalb Jahrzehnte mehr und mehr bestimmten Ordnung.

Das alles sind freilich Entwicklungen, welche die Zeitgenossen der Wende vom 18. zum 19. Jahrhundert – ob sie sie nun 1800 oder 1801 begingen – kaum ahnen konnten. Für sie markierte der Übergang in ein neues Jahrhundert zugleich den Eintritt in ein wahrscheinlich von Frankreich, möglicherweise aber auch von dessen weltpolitischem Gegenspieler England dominiertes Zeitalter, das jedenfalls bestimmt sein würde von einem immer deutlicheren, immer akzentuierteren Bruch mit der Vergangenheit. Das Gestern galt in dieser Situation wenig. Man richtete den Blick entweder in eine ferne Vorvergangenheit – neben der von Klassik und Neuhumanismus gefeierten Antike vor allem jetzt auch ins Mittelalter mit seinen versunkenen und nun vielfach erneut beschworenen Lebensformen – oder aber in eine Zukunft, die man den Relikten des Gestern im Heute mit utopischen Visionen einer von Grund auf erneuerten, von Grund auf umgestalteten Welt entgegensetzte, einer Welt der Freiheit, Gleichheit und Brüderlichkeit in völliger Lösung von Tradition und Geschichte, die nur noch als Last empfunden wurden. Hier wie dort aber herrschte stärker als je zuvor eine Stimmung des Aufbruchs, der Erwartung, der Hoffnung auf Überwindung der Gegenwart zugunsten einer besseren Zukunft.

1900

Klaus Hildebrand

»Was das 19. Jahrhundert Alles brachte« oder »Die gute neue Zeit«

I

Wir haben uns daran gewöhnt, das noch andauernde Säkulum im Rückblick als ein schreckliches Jahrhundert zu bezeichnen. Sein Gesicht wurde, so der Titel einer jüngst publizierten Darstellung, neben »Rettern und Mediokritäten« vor allem von »Monstern« (Hans-Peter Schwarz) geprägt und verunstaltet: Dieses »Jahrhundert der Wölfe« (Ossip Mandelstam) steht den Menschen tatsächlich als Zeitalter der Weltkriege und der Massenvernichtung vor Augen. Dabei denken wir bevorzugt an seine erste Hälfte: Sie begann mit dem Ersten Weltkrieg als der »Urkatastrophe« (George F. Kennan) des 20. Jahrhunderts und endete mit dem Zweiten Weltkrieg, dem Finale einer dreißig Jahre währenden Auseinandersetzung der Staaten und Völker Europas und der Welt.

Was sich in den Dekaden nach 1945 vollzog, wird ungeachtet allen Grauens wahrscheinlich anders und nicht vorwiegend düster beurteilt werden. Denn es folgten Jahrzehnte von vergleichsweise hoher Stabilität, die Menschen gerade nach Zeiträumen der Unordnung und Zerstörung besonders zu schätzen wissen: Der Welt, unserer Welt blieb, obwohl es ununterbrochen zu militärischen Konflikten gekommen ist, der große Krieg erspart.

Dieser Vorzug, der kaum hoch genug veranschlagt werden kann, hatte vor allem damit zu tun, daß die Pax atomica, das Gleichgewicht des atomaren Schreckens, einen Zustand der Staatenwelt gesichert hat, der den brüchigen Frieden vor dem Umschlag in den allesvernichtenden Krieg bewahrt hat. Diese historische Tatsache verweist auf die andere Seite des schrecklichen Jahrhunderts, auf seine Leistungsfähigkeit. Sie braucht den Vergleich mit anderen Zeitaltern der Geschichte nicht zu scheuen, und ihre wissenschaftlichen und technischen Resultate, wenn sie auch von den furchtbarsten Möglichkeiten der Vernichtung begleitet wurden, haben vielleicht gerade deshalb zur zivilisatorischen Disziplin und politischen Vernunft der Menschheit beigetragen.

Eben diese Erwartung, die im hochgemuten Fortschrittsglauben der Jahrhundertwende aufgipfelte, dominierte, als die zivilisierte Menschheit, die Europäer und Amerikaner vor allen, die Schwelle zum neuen Jahrhundert überschritten: Die Zeichen der Zeit standen – ganz überwiegend jedenfalls – auf Zuversicht, Fortschritt und Optimismus.

Fasziniert blickte Europa im Jahre 1900 nach Paris. Am Fuße des Eiffelturms fand eine Weltausstellung statt, welche die Wunder der Technik zur Schau stellte: »gigantische Schiffsturbinen, Cinematographen, Automobile, Rolltreppen, Riesendynamos, Elektroöfen, Telegrafengeräte, fotometrische Apparate und elektromedizinische Einrichtungen« (Hans-Peter Schwarz). Auf der ganzen Linie schien der Zoologe Ernst Haeckel recht zu behalten, der ein Jahr vor der Wende vom 19. zum 20. Jahrhundert die baldige Lösung aller noch verbliebenen Welträtsel in Aussicht gestellt hatte.

Gewiß, es gab auch Zweifel gegenüber dem grenzenlosen Vertrauen in die Erkennbarkeit aller Dinge, gegenüber dem allgemeinen Fortschrittsvertrauen zumal, das nicht selten euphorisch und im Rückblick sogar hybride anmutet. Nicht zuletzt begleiteten Ängstlichkeit und Verzagtheit wie eh und je in der Entwicklung der Menschheit auch jetzt das Heraufziehen der technischen Errungenschaften. Denn einer Revolution gleich drängten diese ja vieles, was vertraut war, einfach an die Seite, zerstörten es gar: Die alte Welt wurde unbehauster, nahm neue Gestalt an, erschien manchem auf einmal bedrohlich. Im politischen Zusammenhang zumal mißtraute so mancher Repräsentant des konservativen Lagers dem rapiden Zeitwandel stärker, als daß er diesen begrüßt hätte. Für einen tief in der alteuropäischen Vergangenheit wurzelnden Monarchen wie Kaiser Franz Joseph türmten sich die chancenreichen Herausforderungen der Moderne zu nichts anderem als zu ablehnenswerten Gefährdungen des Bestehenden auf: »Österreich befindet sich im Zustand latenter Revolution«, klagte der pessimistisch in das 20. Jahrhundert blickende Greis an der Spitze der moribunden Doppelmonarchie.

Natürlich teilten auch diejenigen, die ihr namenloses Schicksal beispielsweise im Massenelend der großen Städte zu ertragen hatten, den Glauben daran nicht, daß in der Zukunft des neuen Jahrhunderts alles besser werden würde, weil es in der Vergangenheit des alten Jahrhunderts stetig aufwärts gegangen war. An der Jahrhundertwende lebte in London neben denen, die in unvorstellbarem Reichtum schwelgten, und denen, die sich gesicherter Verhältnisse erfreuten, ein Drittel der Bewohner dieser modernen Megalopolis in einem heute nur noch schwer vorstellbaren Elend. Die Auswirkungen der industriellen Revolution empfanden sie, wenn ihnen der alltägliche Kampf ums Überleben für solche Gedanken überhaupt Zeit ließ, eher als einen Sündenfall der Menschheit; ganz unten geblieben, sahen sie wenig Chancen aufzusteigen.

Und auf der anderen Seite des alten Erdteils, im zaristischen Rußland, in vielem und wesentlichem vom fortschrittlichen Großbritannien um Welten entfernt, ließ Leo Tolstoi, der Schriftsteller und adelige Gutsherr seines geliebten Jasnaja Poljana, in seinem 1900 verfaßten Drama *Und das Licht scheint in der Finsternis* eine Figur seines Standes zu ihresgleichen sagen: »Ihr habt bis zehn Uhr geschlafen, habt getrunken und gegessen und eßt noch immer, Ihr musiziert und philosophiert über die Musik – und dort, wo ich soeben gewesen bin, im Dorf, sind sie um drei Uhr morgens aufgestanden, oder haben, wenn sie Nachtwache bei dem Vieh halten, überhaupt nicht geschlafen, und alle miteinander, ob auch krank und schwach, ob Greise oder Kinder, ob Frauen mit Säuglingen an der Brust oder in schwangerem Zustand sind an die Arbeit gegangen und arbeiten bis zur Erschöpfung, damit wir hier die Früchte ihrer Arbeit verzehren.«

Gewiß ahnten feinfühlige Geister, daß die naive Selbstsicherheit ihrer Zeitgenossen, ihre abstoßende Selbstüberschätzung und die Anmaßung, die eigene Zeit als den Gipfel der historischen Entwicklung zu sehen, gefährliche Züge trugen, die Unheilvolles nach sich zu ziehen vermochten. Doch im Grunde waren es nur wenige, die Befürchtungen hegten, wie sie beispielsweise den österreichischen Satiriker Karl Kraus im Jahre 1909 geplagt haben. Eine tote Menschheit, so argwöhnte er in ahnungsvoller Übertreibung, könne dereinst neben ihren Werken liegen, die zu erfinden sie »so viel Geist gekostet« habe, daß keiner mehr übriggeblieben sei, sie zu nützen.

Ohne Zweifel, bei Enttäuschten und Skeptischen, bei Darbenden und Benachteiligten, bei Sensiblen und Hellsichtigen sind durchaus die gegenteiligen Empfindungen zum vorwaltenden Optimismus der Zeit anzutreffen. Krisenstimmung und Krisenfurcht waren den Menschen an der Jahrhundertwende – wie wohl zu allen Zeiten – beileibe nicht fremd. Aber es würde das Bild der Stimmungslage um 1900 verzerren, wenn man deren Existenz, die sich am Ende des Jahrhunderts nicht selten als »apocalypse joyeuse« – dekadent und lebensfroh in einem – artikulierte, im Licht der zerstörerischen Entwicklungen des 20. Jahrhunderts als die vorwaltende Tendenz jener Jahre bewerten würde.

Sicherlich, der dem Wahnsinn nahe Friedrich Nietzsche sah die »ganze europäische Kultur ... auf eine Katastrophe« zusteuern: »unruhig, gewaltsam, überstürzt, einem Strome ähnlich, der ans Ende will, der sich nicht mehr besinnt, der Furcht davor hat, sich zu besinnen«. Allein, der Seher des *Zarathustra* war ebensowenig repräsentativ wie der englische Schriftsteller Herbert George

Wells: An der Wende des Säkulums war von seinem ursprünglichen Optimismus kaum etwas übriggeblieben, und inzwischen beschwerten ihn zunehmend böse Ahnungen über die Zukunft der Menschheit.

Er sah eine Welt heraufziehen, die tatsächlich Alpträume zu verursachen geeignet war: 1899 entwarf er in der Schreckensvision *Wenn der Schläfer erwacht* die kaum mehr bewohnbare Metropole der Zukunft mit Hochhäusern und Verkehrschaos, mit TV-Recordern, Rolltreppen und gewaltigem Flugverkehr. In einer längst zur plutokratischen Oligarchie verkommenen Demokratie, die nur noch eine Farce ist, steht eine dem Luxus, Hedonismus und Zynikertum verfallene Schicht der »Oberweltler« den unterdrückten, unmündigen und illiteraten »Unterweltlern« gegenüber, die unter verschmutztem Himmel in verslumten Hochhäusern ihren primitiven Vergnügungen nachjagen: eine Tyrannis, stets am Rande von Revolution und Bürgerkrieg, in der, bewußt oder unbewußt, mit messianischer Heilserwartung die Sehnsucht nach Erlösung grassiert. Aber derlei Prophetien und Visionen gaben das nicht wieder, was Allgemeingut war, was mehrheitlich gedacht und gefühlt wurde, was das *Berliner Tageblatt* am letzten Tag des Jahres 1899 als *Die gute neue Zeit* begrüßte.

Bei den Regierenden, so unterschiedlich sie sich auch von Land zu Land ausnahmen – 1899 trat beispielsweise mit Alexandre Millerand ein Sozialist in das von der linken bürgerlichen Mitte gebildete Kabinett Waldeck-Rousseau ein, was weit über Frankreich hinaus viel Aufsehen erregte –, dominierte alles in allem der Glaube an den inzwischen wieder erholten Staat, der an Macht, ganz gewiß aber an Umfang noch zunehmen sollte. Gewiß kamen dem alten Lord Salisbury, dessen Ära als Außenminister und Regierungschef Großbritanniens in den Jahren 1900 beziehungsweise 1902 zu Ende ging, immer wieder Zweifel über die Regierbarkeit moderner Staatswesen. Gleichzeitig verkündete der aus einem geradezu triebhaften Selbstvertrauen heraus schwadronierende Wilhelm II. mit kaum zu überbietender Großspurigkeit, er werde sein Volk »herrlichen Zeiten« entgegenführen. Ein Umsturz des Status quo war allen Unkenrufen und Ängsten, die im konservativen Europa durchaus existierten, tatsächlich kaum in Sicht. Vielmehr schien sich die alte Erfahrung zu bestätigen, daß aus pessimistischer Skepsis vitale Kraft zu erwachsen vermag, daß gerade aus der beschworenen Geweihtheit zum Untergang neue Energien entstehen können.

Bei den Regierten, soweit sie Anhänger der wachsenden sozialistischen Bewegung waren, herrschte der feste Glaube an das wissenschaftliche Dogma ihrer säkularen Religion. Allem Elend der Gegenwart, dem die Arbeiterschaft ausgesetzt war, zum Trotz gaben sie sich vom Anbruch eines besseren Jahrhunderts, einer neuen Zeit fest überzeugt: »Und wie in Deutschland«, so verkündete Franz Mehring, Repräsentant der an der Spitze der sozialistischen Parteien Europas stehenden deutschen Sozialdemokraten, in seinem Buch *Rückblicke aufs 19. Jahrhundert* siegesgewiß, »so leuchten an der Wende des Jahrhunderts überall in der modernen Welt dem proletarischen Klassenkampfe glückliche Sterne.«

Und was die Liberalen, Bürgerlichen, Fortschrittlichen in Europa anging, so blickten sie – von Interludien abgesehen – wie eh und je seit den Tagen der Großen Revolution in Frankreich mit Zuversicht in die Zukunft des 20. Jahrhunderts, das der französische Schriftsteller Emile Zola geradezu programmatisch begrüßte: »Ich eröffne das kommende Jahrhundert«, das seiner progressiven Überzeugung nach der Wahrheit und Gerechtigkeit zum Sieg verhelfen und in dem auf der Grundlage der Wissenschaft die bessere Welt entstehen würde. In der Tat, die Errungenschaften von Wissenschaft und Technik schienen ihm recht zu geben, waren sie doch so überwältigend, ja revolutionär, daß sie, seitdem es Röntgenstrahlen und Schutzimpfungen gab, sogar bis dahin tödlich verlaufende Krankheiten und Seuchen zu besiegen imstande waren.

Daher erscheint es verständlich, daß man weit davon entfernt war, sich jene Schrecken ausmalen zu können, die das Janusgesicht des neuen Jahrhunderts prägen sollten. Gewiß, ganz am Rande der großen Fortschrittseuphorie – nicht selten im Untergrund der Zivilisation – existierten die Monster der Zukunft bereits, ohne daß man in randständigen Existenzen wie Lenin und Stalin, Hitler, Mussolini und Mao ihre noch in unvermuteter Ferne liegende Geschichtsmächtigkeit irgendwie hätte entdecken können. Mehr noch: Nur ganz wenige ahnten, daß die weiße Menschheit, die im Zenit ihrer Macht angekommen war, sterblich ist, während die Mehrheit die an sich selbstverständliche Erfahrung, wonach alle Reiche und Herrschaften einmal vergehen müssen, erst in dem großen Krieg der Jahre zwischen 1914 und 1918 machte. Daher blieb es auch bei Andeutungen über das Unheimliche, wenn der an sich so nüchterne Publizist Alfred Kerr in einer Silvesterkolumne vom 31. Dezember 1899 düster sinnierte: »Unsere Zukunft liegt im dunklen, wüste Worte hört man munkeln.«

Im übrigen gab es keine zureichende Idee, geschweige denn eine konkrete Vorstellung davon, was aus den hoffnungsfrohen Erwartungen werden würde, welche die Menschen an der Jahrhundertwende hegten. Denn »selbst in ihren schwärzesten Nächten vermochten sie sich nicht auszuträumen, wie gefährlich der Mensch werden kann«, hielt der Schriftsteller Stefan Zweig rückblickend fest und fuhr, einsichtsvoll und resigniert zugleich, fort: »Jeder einzelne darum von uns, auch der geringste unseres Geschlechts, weiß heute tausendmal mehr von den Wirklichkeiten als die Weisesten unserer Ahnen.«

Nein, ungeachtet der Zweifel und Ängste, die am Fin de siècle – ursprünglich eine Komödie, die den Kehraus als Lustbarkeit inszenierte – durchaus aufkamen, ungeachtet von Endzeitstimmung und Dekadenzgefühl, die sich im Wunsch nach einem »schönen Weltuntergang« (Karl Kraus) vereinten, ungeachtet von »süßlicher Verkommenheit« und »der schwankenden Schönheit Grabesmüder«, die der Dichter Stefan George als die Leiden einer »etwas rückgratlosen« und »äußerlich überbildeten« Jugend ausmachte, huldigte die Mehrheit der »Zeitreligion des Fortschritts« (Stefan Zweig), lebte in einem »goldenen Zeitalter der Sicherheit« und sah die »beste aller Welten« heraufziehen.

Zu diesen Hoffnungen bestand Anlaß, schienen doch allein schon Wissenschaft und Technik, deren Repräsentanten wie Demiurgen bestaunt wurden, alles zum Vorteilhaften zu wenden und das Glück der Menschen, Völker und Staaten beinahe berechenbar zu stiften.

II

In der Tat waren die Umwälzungen in den materiellen Lebensverhältnissen als Ergebnis der industriellen Revolution an der Jahrhundertwende kaum mehr zu übersehen. Ganz überwiegend wurden sie positiv gewürdigt und begrüßt, längst noch nicht und längst schon nicht mehr kritisiert und abgelehnt. Eine neue, zukunftweisende Phase im Geschichtsplan des mächtig voranschreitenden Industrialisierungsprozesses schien sich vielmehr abzuzeichnen. Seine traditionellen Leitsektoren, Textilproduktion und Kohle, waren seit geraumer Zeit bereits passé; Eisen wurde durch Stahl ersetzt. Neuerdings traten die chemische und die elektrische Industrie in den Vordergrund: Ihre Segnungen erleichterten den Lebensalltag; auf den Gebieten der Ernährung und der Medizin sorgten sie für lebenswichtige Fortschritte. Sinnfällig erhellte die beginnende Elektrifizierung der Welt das Leben von immer mehr Menschen.

Der Siegeszug des Verbrennungsmotors nahm seinen Anfang; neben den alten Pferdewagen und den neuen Fahrrädern tauchten die ersten Kraftwagen auf, zumal vom Jahre 1908 an in den Vereinigten Staaten von Amerika Henry Ford die Massenherstellung dieses Gefährts anlaufen ließ. In Italien und in Deutschland schlugen Fiat und Daimler ähnliche Wege ein, die nach dem Ende des Ersten Weltkriegs auch auf den europäischen Straßen allmählich zu amerikanischen Verhältnissen führten.

An der Jahrhundertwende waren die Beispiele des Fortschritts geradezu Legion: Dampfschiff und Eisenbahn, Telegraf und Telefon gehörten dazu. Spektralanalyse und Entdeckung des Äthers, Radio und Stummfilm wiesen weit über sich hinaus auf die Entwicklung im 20. Jahrhundert, ohne freilich auch nur eine Ahnung von der Allgegenwart und Allmacht, der Dichte und Universalität moderner Kommunikationsmittel aufkommen zu lassen. Immerhin, eine der uns heute ganz rückständig vorkommenden Rechenmaschinen der Zeit, welche die vorangeschrittene Mechanisierung des Weltbildes veranschaulichte, wurde in einer einschlägigen Zeitschrift von 1897 auf den Namen »Computer« getauft – ein Begriff, der den Gebildeten der Jahrhundertwende mit Gewißheit eher auf die mittelalterliche Komputistik verwies, als die moderne Entwicklung unserer Tage erahnen ließ.

Das positiv Greifbare wissenschaftlichen und technischen Fortschritts waren aber weniger die vorläufig noch luxuriösen Wunderwerke wie beispielsweise die laufenden Bilder im Kino, dessen Glanzzeit erst noch kommen sollte. Die kühne Prognose, wer das Kino habe, »wird die Welt aushebeln« (Carlo Mierendorff), deutete auf Tendenzen des Alltags, die noch in ganz weiter Ferne lagen. Für die Zeitgenossen erfahrbar, lebensweltlich spürbar wurde dagegen das, was sich als eine Revolution in der Lebenserwartung anbahnte. Das Durchschnittsalter von 35 bis 38 Jahren im Deutschland der 1870er Jahre des 19. Jahrhunderts stieg bereits in den Dekaden bis zum Ersten Weltkrieg um mehr als zehn Jahre. Das hing eng mit den seit der Jahrhundertmitte deutlich spürbaren Verbesserungen in Hygiene, Kanalisation und Wasserversorgung zusammen. Nach wie vor waren natürlich Übelstände zu beklagen, die nicht zum geringsten auch durch die Verschmutzungen der neuen Industrien verursacht wurden. Aber solche scheinbar unvermeidlichen Nachteile wurden vorerst als Übergangserscheinungen in Kauf genommen. Denn die Entwicklung, die beispielsweise in puncto Abwässerbeseitigung und Trinkwasserreinheit von England aus ihren Gang nahm, deutete auf Verbesserungen, die Leben und Natur zu schützen geeignet waren und erst sehr viel später als ökologische Maßnahmen in aller Munde gerieten. Über das Wissenschaftliche und Technische hinaus kam es im politisch-sozialen Bereich zur Entwicklung jener allgemeinen Daseinsfürsorge, die – allen voran in Deutschland mit seinem staatlichen Sozialversicherungssystem – Lebensqualität und Lebensdauer der Menschen steigerte.

Insgesamt feierte der Homo faber, der moderne Ingenieur zumal, Tag für Tag neue Triumphe über die Natur, und sein scheinbarer Sieg über die Unberechenbarkeit der Gewalten symbolisierte den Fortschritt. Die Studierstuben, Institute und Labors der Wissenschaft – anfangs noch die der historischen Wissenschaften, inzwischen bevorzugt die der Naturwissenschaften – verdrängten und ersetzten die unverkennbar in die Defensive geratenen Kirchen; viele Menschen glaubten ihre Existenz dort besser aufgehoben als bei jeder Religion. Denn was aus Entdeckungen wie Plancks Quantentheorie im Jahr 1900 oder Einsteins Relativitätstheorie ein Lustrum darauf an Problematischem und Zerstörerischem hervorgehen konnte – daß die ambivalenten Resultate der Physiker, Chemiker und Biologen, in denen sich Gut und Böse in zwillingshafter Neutralität miteinander paarten, das kollektive Dasein der menschlichen Spezies einmal in Frage zu stellen drohten – lag in der Ungewißheit einer offenen Zukunft, war, genau besehen, gar nicht vorstellbar. Erst vom Jahr 1945 an zog die schreckliche Vision vom Ende der Menschheit herauf, nachdem der Abwurf der Atombomben die ersten Ahnungen von der Kehrseite des Fortschritts beschworen hatte. Das Doppelgesicht der Moderne blickte nun drohender als je zuvor auf die Welt.

Dagegen bereitete der Gedanke an eine fortschrittlich organisierte Arbeitsgesellschaft, die sich an der Wende des Jahrhunderts erst anzudeuten begann, kaum ernstes Kopfzerbrechen, vor allem nicht im progressiven Amerika, da nach der Diagnose des Architekten Adolf Loos vom Jahre 1908 »der amerikanische arbeiter die welt erobert« hat: »Der mann im overall«. Nein, im Umkreis des Jahres 1900 blickte »die überwiegende Mehrheit der Bevölkerung mit großen Erwartungen in das aufziehende 20. Jahrhundert ... Die errungene Unabhängigkeit von der Natur und [die] Industrialisierung der Welt [wurden] ganz überwiegend als größter Sieg der Menschheit gefeiert. Die bürgerliche Grundstimmung blieb bis 1914 durch ein kaum in Frage gestelltes Kraftgefühl und einen unverwüstlichen Optimismus gekennzeichnet.« (Hans-Liudger Dienel)

Das Empfinden hatte sein Fundament in den Sachen: Der Fortschritt, der dem Menschen diente, war buchstäblich mit Händen zu greifen. Denn die Organisation und Planung allen Lebens, die Berechen- und Machbarkeit der Dinge wurde um 1900 durchaus noch als Errungenschaft und Aktivposten bewertet. Die neue Kaste der Ingenieure, die im Deutschen Reich aus den auf kaiserliche Initiative hin seit 1899 mit dem Promotionsrecht ausgestatteten Technischen Hochschulen hervorging, wurde immer wieder – ohne über die Tragik des antiken Vorbildes weiter nachzudenken – mit dem der Menschheit das Feuer und die Kultur bescherenden Prometheus verglichen. Den Sachwaltern der Wissenschaft und Technik schien die Zukunft zu gehören, die schließlich auch der Rationalisierung und Organisation der gesellschaftlichen und politischen Verhältnisse, dem inneren und äußeren Frieden der Menschen also, dienen würden. Natur und Gesellschaft wurden eins, gereichten, weil beispielsweise die Resultate der Elektrochemie nach Werner von Siemens' kühnem Wort aus dem Jahre 1886 die Völker von landwirtschaftlicher Nahrungsmittelproduktion unabhängig zu machen imstande seien, in einer nur Heil versprechenden Utopie der Menschheit zum Vorteil.

Skeptische Stimmen, die sich durchaus erhoben und auf Zukünftiges verwiesen, dürfen freilich nicht überhört werden. Mediziner warnten vor der Hektik großstädtischen Verkehrsgetriebes, vor dem beschleunigten Lebensrhythmus der Zeit, vor der Überforderung der Seele durch die neu aufkommende Krankheit der »Nervosität«:

»Ich glaube«, warnte der Berliner Neurologe Willy Hellpach zwei Jahre nach der Jahrhundertwende, »die meisten Leute täuschen sich heute über den eigenen Zustand, wenn sie meinen, sie seien an den Lärm, das grelle Licht, das Drängen und Stossen des modernen Straßenbildes gewöhnt. In Wahrheit bringt ein längerer Gang durch die Großstadt auch dem völlig eingelebten eine ganze Kette kleiner und kleinster Ärgernisse und Unzuträglichkeiten, die dadurch nicht unschädlicher werden, daß ihre Dauer nur eine momentane ist. Ich trete aus dem Hause und gerade fährt die elektrische Bahn fort. Ich muß mich quer über das Trottoir winden: ein paar Kleinstädter hemmen den Menschenstrom; eine Droschke kommt in rasendem Tempo um die Ecke. Ich muß auf die nächste Straßenbahn warten; mein Nebenmann raucht eine fürchterliche Zigarre; Ruß fliegt mir an den frischen Leinenkragen; der Wagen fährt bald rasend, so daß alles gegeneinander taumelt, bald hält er, weil ein Lastwagen das Geleise versperrt.«

Doch auch die Folgen der Naturentfremdung, sogar der Naturzerstörung schienen beherrschbar und kaum mehr als vorübergehend zu sein, zumal weite Regionen im damals agrarischen Europa davon noch gar nicht ergriffen waren. Gewiß, Klagen wurden laut über »ratternde Motoren, donnernde Hochbahnwagen, abscheulichen Rauch, giftige Abgase … und Schmutzströme« (Hermann Föttinger). Aber die mächtige Tendenz der Zeit schien in die genau entgegengesetzte Richtung zu drängen. Denn die Städte würden, weil die lästigen Probleme und ungesunden Begleiterscheinungen der modernen Entwicklung zu erkennen und zu beheben waren, »immer mehr von Luft, Licht und Reinlichkeit erfüllt [sein], … wo ehedem mörderischer Pesthauch die Menschenleben vernichtete«: Die Resultate der modernen Technik schienen alles in allem geeignet – wie es in einer *Glückliche Stunden* überschriebenen Diagnose des Zeitalters heißt – eine »Ahnung göttlichen Waltens in breiten Volkskreisen« (Adolf Slaby) aufkommen zu lassen.

Moderne Verkehrsmittel – die ersten Untergrundbahnen in den

europäischen Metropolen, Eisenbahnen, Trambahnen und bald auch Omnibusse in den größeren Städten – erschlossen selbst ärmeren Bevölkerungskreisen die Umgebung ihrer Wohnorte, öffneten ihnen den Zugang zur Natur. Mit Hilfe der Elektrotechnik könne sogar, lautete im Jahre 1910 die in einem Zukunftsroman geäußerte Hoffnung, die industriell zerstörte Landschaft wieder ganz hergestellt werden: »Wo einst eine Unzahl von Fabriken die Luft mit Rauch und Qualm verpestete, erstreckt sich jetzt ein wohlgepflegter Park, wo nur der Chor der Vögel die feierliche Stille unterbricht!« (Martin Atlas)

Sollte sich der Mensch dem ungestümen Fortschritt nicht gewachsen zeigen, sollten »Persönlichkeit und Charaktere nicht Schritt gehalten haben mit dem technischen Können« (Hermann Föttinger), dann würde die moderne Entwicklung mit behutsamem Zwang, würden Ingenieure und Pädagogen schon für die erforderliche Anpassung sorgen: Mit einer geradezu säkularen Heilserwartung vertrauten nicht wenige darauf, daß auch die gesellschaftlichen Probleme und politischen Konflikte, allen voran die soziale Frage, vom technischen und wissenschaftlichen Gang der Dinge, von der voranschreitenden Zivilisation gelöst würden.

Daß es anders kommen sollte, deutete sich an der Jahrhundertwende gleichwohl schon an. Je direkter und drängender sich die Fragen der Zeit mit den Interessen der Gesellschaft berührten, je näher und existentieller sie die Klassen und Individuen betrafen, desto vielschichtiger, unübersichtlicher und problematischer nahm sich das aus der Sicht der Ingenieure und Techniker so überschaubare Panorama auf einmal aus. Nicht verfügbar wirkte es, sondern unregierbar, nicht die Harmonie eines Weltplans schien zu dominieren, sondern die Anarchie des ewigen Kampfes.

Diese verwirrende Tatsache hatte wie ein Pendant zur heilversprechenden Entfaltung des wissenschaftlichen und technischen Fortschritts mit der Entwicklung jener modernen Zeit zu tun, die seit der großen Doppelrevolution des 18. Jahrhunderts – der industriellen, die von England, und der politischen, die von Frankreich ausging – ihre Resultate zeitigte: Industrialisierung und Urbanisierung, Säkularisierung und Emanzipation erreichten um 1900 einen ersten Höhepunkt. So manches läßt sich von hier aus bereits erkennen, was im neuen Säkulum zur maßgeblichen Wirklichkeit werden sollte.

Unter den dominierenden Strömungen der längst gespaltenen Weltanschauung, unter den politischen Ideologien des Konservatismus, des Liberalismus und des Sozialismus begegneten die konservativen Repräsentanten dem Wandel der Zeit, der ihnen revolutionär vorkam, im allgemeinen mit Mißtrauen, Zweifel und Ablehnung. Das gilt zumindest für die kontinentaleuropäische Spielart des konservativen Denkens und Handelns, während der englische Toryismus seit den Tagen Disraelis ganz bewußt den Anschluß an die Moderne gesucht hatte und von dieser mächtigen Strömung der Zeit sogar erfolgreich getragen wurde.

In der Tendenz positiv blickten Liberale und Sozialisten in das neue Gesicht der alten Welt, freilich mit jeweils ganz unterschiedlichen Erwartungen und Zielen. Nicht wenige spekulierten auf die sich offensichtlich herausbildende Existenz einer liberalen Bürgergesellschaft, deren Zweck, Zentrum und Grundlage das über sich selbst bestimmende Individuum zu sein hatte. Daß sich die wirtschaftlichen Voraussetzungen dafür zu ändern begannen, daß die Ära des Freihandels – von der englischen Ausnahme abgesehen – zu Ende ging und von einer ganz anderen Zeit abgelöst wurde, die der sozialistische Theoretiker Rudolf Hilferding bald als die des »organisierten Kapitalismus« kennzeichnete, tat der liberalen Erwartung – jedenfalls bis zum großen Krieg – keinen Abbruch. Die Idee von der vernünftigen und aufgeklärten, liberalen und friedlichen Zivilgesellschaft behielt ihre Anziehungs- und Überzeugungskraft ungeachtet der neuen, der imperialistischen Epoche mit ihren Schutzzöllen und Kartellen, ihren Massenmärkten, ihrem Verbands- und Vereinswesen, welche die Gesellschaft tiefgreifend veränderten und die Freiheit des Individuums empfindlich beschränkten.

Doch gerade in einigen dieser Tendenzen sahen die Sozialisten ihre spezifischen Chancen: »Die Massen rücken vor«, hatte Hegel schon früh im zurückliegenden Jahrhundert in der Vorrede zu seiner *Phänomenologie des Geistes* prophezeit, und jetzt, am Anfang des neuen Säkulums, war aus seiner Voraussage Wirklichkeit geworden. Aristokraten und Honoratioren, die bis dahin in Gesellschaft und Staat maßgeblichen Repräsentanten, hatten sich mit den Massen und ihren sich organisierenden Interessen auseinanderzusetzen. Ins Blickfeld trat das neuartige Phänomen einer Massenpolitik mit einer bis dahin erst in Ansätzen bekannten Form der Massenkommunikation: mit Zeitungen, die mehrmals am Tag erschienen, und mit dem ganz unorthodoxen Medium der Illustrierten, die den Bericht über Sensationen als Unterhaltungsware präsentierten. Daß die vorwaltende Tendenz des politischen Massenmarktes – ist das allgemeine Wahlrecht erst einmal erkämpft – mit historischer Notwendigkeit zu Demokratie und Sozialismus führen muß, war beispielsweise für die organisierte Arbeiterschaft in Deutschland, für die Gewerkschaften und für die mit ihnen verbundene SPD ein weitgehend akzeptierter Glaubenssatz der reformerischen Praxis, deren Wirklichkeit sich so unübersehbar deutlich und für die Zeitgenossen doch schwer unterscheidbar von ihrer revolutionären Rhetorik abhob. Das galt im Grunde noch viel stärker für die englischen Trade Unions, die gerade im Jahr 1900 über ihr Labour Representation Committee den Grundstein für die neue Labour Party legten. In Frankreich und den romanischen Ländern dagegen war die Verbindung zwischen gewerkschaftlicher Bewegung und anarchistischem Syndikalismus viel stärker ausgebildet, wo man beispielsweise den Streik nicht allein als Mittel des Arbeitskampfes betrachtete, sondern darüber hinaus mit der politischen Waffe des Generalstreiks zum gewaltsamen Umsturz entschlossen schien.

In dieser Perspektive blieben die Trennlinien zum Terrorismus der Zeit, der seine Opfer im vergangenen Jahrhundert unter den gekrönten Häuptern Europas – beispielsweise in Rußland, in Italien und in Österreich-Ungarn – gefunden hatte, verhängnisvoll unscharf: Vom Attentat gegen die Monarchen, wie dem spektakulären Mord eines italienischen Anarchisten an Kaiserin Elisabeth von Österreich im Jahre 1898, aufgeschreckt, verkannten Regierende und Regierte nicht selten – und zum Teil wohl auch absichtsvoll – die wesentlichen Unterschiede zwischen dem, was die sozialistischen Parteien Europas auf friedlichem Wege erreichen wollten, und jenen Repräsentanten eines davon längst abgespaltenen Anarchismus, der vor Gewalt und Mord nicht zurückschreckte.

Überblickt man die politischen Strömungen, die an der Jahrhundertwende in Gesellschaft und Staat dominierten, in historischer Perspektive, und konzentriert man sich vor allem auf die für Europa so maßgebliche deutsche Entwicklung, dann fallen die Ähnlichkeiten und Unterschiede nach hundert Jahren ins Auge. Die drei maßgeblichen Orientierungen haben trotz der unverkennbaren Wandlungen, die sie durchlebten, und der wechselseitigen Durchdringungen, die sie akzeptierten, bis in unsere Zeit hinein Bestand. Allein die Art und Weise, in der sie miteinander verkehren, hat sich grundsätzlich geändert. Was sich dem auf das Stichjahr 1900 zurückblickenden Betrachter als ein früh ausgebildeter Pluralismus von Ideologien und Interessen darstellen mag, wurde damals von keiner der drei konkurrierenden Weltanschauungen als akzeptabel toleriert. Vielmehr ging jede von ihnen darauf aus, die jeweils andere mit allen Konsequenzen zu besiegen und die eigene Hegemonie endgültig zu festigen. Es bedurfte erst der leidvollen Erfahrungen des 20. Jahrhunderts: des Untergangs von Demokratien und des Sterbens der Freiheit, des Aufstiegs der Diktaturen und der Schrekken des Totalitarismus, bis sich endlich die Einsicht Bahn brach, daß ideologische Koexistenz und politische Koalitionen für die eigene Existenz und das gesamte Gemeinwesen unverzichtbar, ja lebenswichtig sind, während weltanschaulicher Krieg und illusionäre Siegeshoffnungen für alle beteiligten Kräfte zerstörerisch, ja tödlich wirken. Zuweilen erweist sich die Geschichte eben doch als Lehrmeisterin für das Leben!

Bereits an der Schwelle zum neuen Jahrhundert zeigte sich neben den optimistischen und linearen Glaubenserwartungen der Sozialisten, wonach die gesellschaftliche Erscheinung der Massen notwendigerweise zur politischen Demokratie führt, ein ganz anderes Muster politischer Organisation: Führung und Gefolgschaft traten in den nationalistischen Verbänden und Vereinen, in den Assoziationen und Ligen der Zeit mehr und mehr hervor und verwiesen über sich hinaus auf das Diktaturphänomen des 20. Jahrhunderts. Mit ahnungsvollen Worten deutet ein Vers Stefan Georges aus dem Jahre 1907 wie eine frühe Vision auf den zukünftigen »Führer«: »Der mann! die tat! so lechzen volk und hoher rat. Hofft nicht auf einen der an euren tischen ass! Vielleicht wer jahrlang unter euren mördern sass. Jetzt in euren zellen schlief: steht auf und tut die tat.«

Doch ungeachtet eines messianischen Verlangens, das zu grassieren begann, und ungeachtet der literarischen Entwürfe, die eine solche Stimmung artikulierten und förderten, ist nüchtern festzustellen, daß sich unter denen, die dem revolutionären Gedanken damals anhingen, kaum einer auch nur im entferntesten vorzustellen vermochte, was aus der in die Praxis umgesetzten Idee dereinst entstehen sollte. Noch hatte die europäische Geschichte nicht jenen Zustand der Bestialität erreicht, den schon Franz Grillparzer auf die historischen Etappen der Humanität und Nationalität folgen sah.

Sogar der europäische Antisemitismus, der sich gerade an der Jahrhundertwende in der berühmten Affäre Dreyfus auf bösartige Weise in Frankreich regte, der in den Pogromen des Zarenreiches immer wieder gewalttätig hervorbrach und in der Doppelmonarchie mittlerweile zu einer gesellschaftlich-politischen Kraft aufgestiegen war, ließ bei weitem noch nicht erkennen, was sich nur eine Generation später mit dem Begriff »Auschwitz« verbinden sollte. Im leidvollen Rückblick freilich lesen wir die rassistischen Darstellungen aus der Feder des Grafen Gobineau oder eines Houston Stewart Chamberlain mit ganz anderen Augen, schrecken förmlich zusammen, wenn wir eine zeitgenössische Äußerung des Oberprokurors des Heiligen Synods der orthodoxen Kirche von Rußland, Konstantin Pobedonòszew, über die Juden im Zarenreich zur Kenntnis nehmen: »Die Lösung der Frage [gemeint ist die Existenz der damals fünf Millionen Juden im europäischen Rußland] besteht darin, daß ein Drittel der Juden auswandert, ein Drittel sich assimiliert und ein Drittel untergeht.«

Damals freilich schien sich das genaue Gegenteil der furchtbaren Forderungen und rassistischen Prognosen zu behaupten: Der Sieg der Aufklärung, dem Emile Zola seine mächtige Stimme geliehen hatte, feierte gerade in der von der Affäre Dreyfus erschütterten französischen Republik ihren offenbar zukunftweisenden Triumph über die antisemitische, chauvinistische und korrupte Reaktion auf der anderen Seite. Und so unwahrscheinlich, wie dem aufgeklärten Europa der Jahrhundertwende die Prognose eines Holocaust an den Juden erschienen wäre, genauso unwahrscheinlich war auch, daß die 1896 erschienene Schrift *Der Judenstaat* von Theodor Herzl dereinst in der Gründung des Staates Israel ihre Erfüllung finden würde.

Über alle weltanschaulichen Konflikte und politischen Auseinandersetzungen hinaus zeichnete sich jedoch eine mächtige Tendenz an der Jahrhundertwende ab, die zum Guten oder Bösen benutzt werden konnte und dann im anbrechenden Säkulum auf ganz widersprüchliche Art und Weise auch in Erscheinung trat: Die Gesellschaften gewannen gegenüber den Individuen und in gewisser Hinsicht sogar gegenüber den Staaten an Gewicht. Das ging einher mit dem umgekehrten Vorgang einer Verstaatlichung gesellschaftlicher Reservate sowie einer Betonung des Individuellen, des Außergewöhnlichen, des Unorthodoxen, das sich allem voran in der Kunst, in Malerei und Musik, in Literatur und Architektur Bahn brach.

Abseits vom noch immer breiten Strom der Tradition, in der

Auflehnung gegen sie und in der »Secession« von ihr vollzog sich eine Umwälzung des Hergebrachten, die den Zerfall aller Regelhaftigkeit, aller Überlieferung und aller Konvention nach sich zog, bis Hugo von Hofmannsthal im Jahre 1902 – mehr verzweifelt als wirklich befreit – bekannte: »Mein Fall ist, in Kürze, dieser: Es ist mir völlig die Fähigkeit abhanden gekommen, über irgend etwas zusammenhängend zu sprechen oder zu denken.« Musik und Malerei ließen diese auf den ersten Blick destruktive Tendenz, deren schöpferische Möglichkeiten erst nach und nach gewürdigt wurden, teilweise noch deutlicher, unmittelbarer, krasser in Erscheinung treten. In der neuen, der atonalen Musik, die sich beispielsweise mit den Namen von Arnold Schönberg und Alban Berg verbindet, brach jene abendländische Kontinuität gänzlich ab, die seit dem Mittelalter existiert hatte. Die traditionellen Tonarten hörten in ihr gleichsam zu existieren auf, und was übrigblieb, waren nur noch aufeinanderfolgende Töne und Rhythmen.

Die Maler hatten sich seit der Renaissance der Perspektive bedient, die den dreidimensionalen Raum entstehen ließ. Mit der ungegenständlichen Malerei, die im Übergang vom Impressionismus zum Expressionismus unübersehbar wurde, kam diese Überlieferung an ihr Ende. Die herkömmliche Vorstellung vom Raum verschwand, es dominierten Linien und Farben, die von den Künstlern als Bewegungen verstanden wurden. Es ging in erster Linie nicht mehr darum, das Sichtbare abzubilden, sondern das Innere darzustellen. Alles in allem war die künstlerische Revolution der Jahrhundertwende, war das schockierend Neue der Werke zu einem großen Teil der längst fällige Aufstand gegen die als erdrückend empfundene und als unschöpferisch abgelehnte Last des Hergebrachten. In diesem Sinne war die neue Architektur, die in Zukunft einer programmatischen Sachlichkeit huldigen sollte, auch ein Einspruch gegen die Stilmaskeraden des 19. Jahrhunderts.

Wie bereits angedeutet, geriet der alte Staat unter den Druck der neuen Massen und ihrer wachsenden Bedürfnisse. Verstärkt hatte er sich – ob er das wollte oder nicht – mit der Arbeiterfrage auseinanderzusetzen. Die Forderung nach dem Achtstundentag, die programmatisch auf die Welt des 20. Jahrhunderts verwies, die Wünsche nach Lohnerhöhung, mit denen die Unternehmen jetzt immer drängender konfrontiert wurden, forderten auch den Staat heraus, zumindest soweit er sich im kontinentaleuropäischen Zusammenhang als Sachwalter der allgemeinen Gerechtigkeit verstand.

Diese neuen Aufgaben hatten ohne Zweifel bereits die alten Staaten im zurückliegenden Jahrhundert beschäftigt – teilweise bis an den Rand ihrer Existenz. Aber sie verstanden, daraus ihre Vorteile zu ziehen, und überwanden die Krise ihrer Existenz, die in der Mitte des 19. Jahrhunderts zutage getreten war, resolut. Denn der Vergesellschaftung staatlicher Hoheit begegneten sie – teilweise gezwungen, teilweise aber auch von sich aus – mit einer Verstaatlichung gesellschaftlicher Belange. Aufgaben der Bildung und der Fürsorge beispielsweise, die über Jahrhunderte bei den Kirchen gelegen hatten, gingen in staatliche Obhut über. Der bürokratische Anstaltsstaat erweiterte und wandelte sich zum modernen Sozialstaat, der zukünftig ein ganz unterschiedliches politisches Profil annehmen konnte: das einer konstitutionellen Monarchie ebenso wie das einer parlamentarischen Demokratie, aber eben auch das einer totalitären Diktatur.

Zu den neuartigen Aufgaben des sich wandelnden Staates gehörte es auch, über die Linderung individueller Not hinaus Opfer der gesellschaftlichen Modernisierung zu unterstützen. Vor allem war es der Wandel von der Agrar- zur Industriegesellschaft, der nach staatlichen Hilfen durch direkte und indirekte Intervention geradezu verlangte. Um die Jahrhundertwende läßt sich daher – im Deutschen Reich zum Beispiel, weniger dagegen in England – die Ausbildung eines landwirtschaftlichen Subventionswesens beobachten, das sich im Verlauf des 20. Jahrhunderts ebenso großzügig wie belastend entwickelte. Um die sich allerorten bemerkbar machende Agrarkrise zu meistern, gingen andere, kleinere Länder eigene, gleichfalls weit in die Zukunft vorausweisende Wege: Holland und Dänemark etwa gönnten ihren Agrariern nicht den Vorzug von Schutzzöllen, setzten sie vielmehr der Konkurrenz des Freihandels aus, vertrauten auf die regulierende Kraft des Marktes und hüteten sich vor künstlichen Monopolen. Früh leiteten sie auf diese Art und Weise eine wirtschaftliche und politische Entwicklung ein, die aus Bauern schließlich Landwirte machten.

Die künstlerische Infragestellung der Tradition, die philosophische Umwertung aller Werte, die wissenschaftliche Revolution des Denkens und die medizinische Entdeckung des menschlichen Unterbewußtseins ließen vom alten Menschen so wenig zurück, daß die Forderung nach dem »Neuen Menschen« vor allem in der Literatur immer lauter wurde. Auf eine ganz und gar andere Art und Weise, diametral unterschieden von den Visionen einer künstlerischen Avantgarde, sah sich die breite Masse einem Wandel der Lebensverhältnisse und -gewohnheiten ausgesetzt, der den Menschen auf Dauer tatsächlich veränderte: Denn die seit Jahrhunderten vertrauten Regeln von Erwerb und Verzehr versagten in der sich jetzt ausbildenden Konsum- und Warenhausgesellschaft, die der spätere Außenminister der Weimarer Republik, Gustav Stresemann, im Jahre 1900 so charakterisierte: »Wenn man heute in einer Familie hört: Wir gehen zu Wertheim, so heißt das nicht in erster Linie, wir brauchen irgendetwas besonders notwendig für unsere Wirtschaft, sondern man spricht wie von einem Ausfluge, den man etwa nach irgend einem schönen Orte der Umgebung macht. Man wählt sich dazu einen Nachmittag, an dem man möglichst viel Zeit hat, verabredet sich womöglich noch mit Bekannten. In der Leipziger Straße angekommen, bewundert man erst eine ganze Zeitlang die Schaufenster, dann ergeht man sich in den Untergeschoßräumen, sieht sich die verschiedensten Auslagen an, kauft vielleicht hier und da, läßt sich durch den Fahrstuhl nach dem ersten Stock befördern und nimmt womöglich eine Tasse Chokolade nebst dem obligaten Stück Torte oder Apfelkuchen. Hat man Bekannte gefunden oder mitgebracht, so bleibt man wohl plaudernd längere Zeit sitzen, zeigt die gegenseitigen Einkäufe und reizt sich dadurch gegenseitig zu neuen Ausgaben. Die Zeit verfliegt ... und wenn man an der Uhr plötzlich sieht, daß es höchste Zeit sei heimzukehren, so macht man oft wohl gleichzeitig die Wahrnehmung, daß man anstatt der einen Cravattenschleife, die man anfänglich kaufen wollte, mit einem ganzen Bündel der verschiedenartigsten Sachen beladen ist. Eine Zeitlang spürt man dann vielleicht Reue und nimmt sich vor, nicht wieder so leichtsinnig zu sein, aber sobald man das Warenhaus betreten hat, um einen kleinen Einkauf zu machen, wiederholt sich das Schauspiel aufs neue.«

Der Aufstieg der Warenhäuser – allein in Deutschland entstanden im letzten Drittel des 19. Jahrhunderts die Filialketten von Abraham Wertheim, Leonard Tietz, Rudolph Karstadt, Hermann Tietz und Theodor Althoff – wandelte die Kauf- und Lebensgewohnheiten in einer ganz grundlegenden Art und Weise, die nur mit dem Aufkommen des Fabriksystems zu vergleichen ist: »Was die Fabriken für die Herstellung von Massengütern bedeuten«, so urteilt ein Kenner des Gegenstandes, »das sind die Warenhäuser für den Verbrauch von Massengütern: Umschlagplätze von Waren und Wünschen.« (Axel Kuhn) Schon im Jahre 1900 wußte der junge Gustav Stresemann, daß in diesen Paradiesen des Angebots eher Bedürfnisse geweckt als befriedigt werden; der Käufer ersteht Dinge, die er ursprünglich gar nicht wollte. Der Zauber des Massenkonsums aber ließ zugleich die volkswirtschaftliche Bedeutung des Massenpublikums erahnen, dessen Kaufkraft und Kauflust für moderne Nationalökonomien lebenswichtig werden sollte.

Wohin das einmal führen würde, welche Ansprüche, Wünsche und Obsessionen dereinst in der Freizeitgesellschaft späterer Dekaden des 20. Jahrhunderts damit einhergehen sollten, war freilich im Jahr 1900 nur schwer vorstellbar, mit anderen Worten: Ein Handwerker oder ein Fabrikherr der Jahrhundertwende, so spottete unlängst ein anonymer Kulturkritiker unserer Tage, »würde wohl, könnte er die Vergnügungen seiner Ururenkel zwischen Walt-Disney-Land und Bungee-Springen mit ansehen, sich sehr verwundern. Konnten sie vielleicht den technischen Fortschritt des nächsten Jahrhunderts imaginieren, die Anspruchslosigkeit der Bedürfnisse in der Nicht-Arbeitszeit wäre ihnen merkwürdig vorgekommen. So hatten sie sich jedenfalls ›Fortschritt‹ nicht vorgestellt.«

In einer Welt, in der rapide Veränderung und resolute Beharrung nebeneinander existierten, in der Bewegung über Stillstand triumphierte und der alte Staat der neuen Dynamik dennoch die Richtung zu geben schien, war die zukünftige Bedeutung einer von jetzt an nicht mehr zur Ruhe kommenden Forderung nach Emanzipation schwer abzuschätzen, die sich als Frauenbewegung mehr und mehr Gehör verschaffte. In England gingen die für ihren Kampf um das Frauenwahlrecht als Suffragetten verspotteten Anhängerinnen der Emily Pankhurst auf die Straßen, scheuten auch vor Gewalt nicht zurück und sorgten auf jeden Fall für eine nachdrückliche Beachtung ihres Anliegens. In anderen Ländern – in Deutschland beispielsweise – machte sich, in den Formen des Protests freilich zurückhaltender, ähnliches bemerkbar. Allein, der Zug der Zeit beförderte das emanzipatorische Verlangen offenbar nicht. Denn das im Jahr 1900 in Kraft tretende *Bürgerliche Gesetzbuch* bestimmte, ohne irgendeinen Zweifel daran aufkommen zu lassen, daß der Mann das Haupt der Familie ist.

Und dennoch gab es die ersten Risse im scheinbar so festgefügten Haus des herkömmlichen Patriarchats. Das hatte auch, aber nicht zwingend mit jener Entdeckung der weiblichen Sexualität zu tun, die Dichter wie August Strindberg und Frank Wedekind, Maler wie Edgar Degas oder Henri Toulouse-Lautrec dem mit Empörung oder Neugier reagierenden Publikum präsentierten. Denn dem emanzipatorischen Effekt, den diese Produkte moderner Kunst zu bewirken vermochten, entsprach im Gegensatz dazu nicht selten eine erotische Dämonisierung des Weibes, dessen natürliche Eigenschaften von Körper und Seele geradezu überzeichnet wurden.

Nein, das noch ferne Ende des Patriarchats deutete sich in Betrachtungen an, die gerade nicht die Differenz der Geschlechter betonten, vielmehr deren Gleichberechtigung forderten. In der karikierenden Übertreibung wurde dem schmunzelnden Publikum vor Augen geführt, was es zukünftig einmal zu erwarten hatte: In einer *2000! Ein Zukunftsbild* betitelten Kolumne im *Berliner Tageblatt* vom 29. Dezember 1899 läßt der Autor eine junge Dame auftreten, die selbstbewußt »den Rauch ihrer Cigarre« von sich bläst und einem gänzlich verdatterten Jüngling erläutert: »Ich bin Marcelline Graf, Doktor der Schauspielkunst, und habe alle Aussicht, beim nächsten Verbrüderungsfest zwischen Bühnenverein und Genossenschaft Professor zu werden.«

Noch weiter ging der Berliner Humorist Otto Reutter, der im Jahre 1908 den vollständigen Rollentausch der Geschlechter beschwor. In hundert Jahren, textete er halb im Scherz und halb im Ernst, »regieren die Frauen die Welt«. Kein Mann dürfe sich dann, so ist der Gehalt seines zum Lachen animierenden und zum Nachdenken anregenden Liedes einmal zusammengefaßt worden, »nach Einbruch der Dunkelheit auf der Straße zeigen, ein Kneipenbummel ohne Damenbegleitung wäre strengstens untersagt. Auch in der Familie hätten Männer und Frauen die Rollen getauscht: Die Väter zögen jetzt die Kinder groß, und am liebsten würden Frauen auch noch Schwangerschaft und Gebären auf Männer abwälzen.« (Ute Frevert) Vor dem Hintergrund einer scheinbar ewigen Welt der traditionellen Familienverhältnisse klang das aufs Ganze gesehen kaum überzeugend. Und dennoch steckte ein Körnchen Wahrheit darin, gab es Signale des Wandels, die auf grundlegende Veränderung deuteten. Das galt nicht nur für Vorkämpferinnen der Frauenbewegung wie Helene Stöcker und Franziska von Reventlow, die durchaus schon von sich reden machten, vielmehr trat das Neue auch im Alltäglichen hervor, als sich Universitäten, Parteien und Vereine sowie bis dahin allein Männern vorbehaltene Berufe vor allem akademischer Provenienz den Frauen zu öffnen begannen. Im feuilletonistischen Rückblick *Was das 19. Jahrhundert Alles brachte* ist unter dem Datum des 4. Januar 1900 in diesem Zusammenhang in der *Germania* bezeichnenderweise von »weiblichen Doctoren« die Rede.

Der Auftakt zur Gleichberechtigung der Geschlechter war damit gegeben. Auf Dauer würde das egalisierende Bestreben, durch Professionalisierung die Gleichbehandlung zu erwirken, für das Verhältnis der Geschlechter weit entscheidender sein als die Überwindung der vorläufig zwischen Mann und Frau noch bestehenden äußeren Unterschiede, die an der Jahrhundertwende so augenscheinlich in der Kleidermode zum Vorschein kommen: Die Art der Bekleidung unterschied die Geschlechter nach wie vor ganz unverkennbar. Hosen zu tragen, wie es eine Generation darauf von Lilian Harvey und Marlene Dietrich als den Leitbildern der neuen Frau demonstriert wurde, galt für die Dame ebenso wie für das »Frauenzimmer« um 1900 als ganz und gar unschicklich. Aber davon abgesehen, war es die sich stetig verstärkende Teilhabe von Frauen an der bis dahin männlichen Berufswelt, die um die Jahrhundertwende einsetzte und die einen zeitgenössisch kaum absehbaren Emanzipationsvorgang einleitete: In seiner Geschichtsmächtigkeit vergleichbar ist er vielleicht nur mit der Emanzipation der farbigen Welt vom weißen Europa, und seine Auswirkungen für die Bevölkerungsentwicklung und das Wirtschaftsleben sind wohl selbst heute noch gar nicht abzuschätzen.

III

Die Entwicklung in Wirtschaft und Gesellschaft, in Wissenschaft und Technik, die über das 19. Jahrhundert hinaus auf das nachfolgende Säkulum verwies, hatte die überlieferte Staatenwelt fundamental herausgefordert. Doch unter dem Zwang zur Modernisierung hatten sich ihre Protagonisten längst mit dem Unvermeidbaren arrangiert; an der Jahrhundertwende hatten sie ihrerseits

Formen angenommen und Züge entwickelt, die es ihnen erlaubten, sich im neuen Jahrhundert – vorläufig jedenfalls – zu behaupten. Ob sie nun parlamentarisch oder republikanisch wie im Westen Europas, halbkonstitutionell oder autokratisch wie in der Mitte, im Südosten oder im Osten des Kontinents verfaßt waren: um 1900 zeigten die Staaten allesamt ein Doppelgesicht, das für die Zukunft mannigfache Möglichkeiten ihrer Entfaltung enthielt. Der Tendenz nach waren sie – nicht zuletzt deshalb, weil sie sich allesamt, in welcher Gestalt auch immer, hin zum Sozialstaat entwickelten – nicht mehr im traditionellen Sinne absolut, aber im zukünftigen Sinne allgegenwärtig. Sie waren anfällig und stark in einem, sie bargen reformerische und revolutionäre Energien und konnten sich zur Demokratie oder zur Diktatur entwickeln.

Nur eines war nicht wahrscheinlich, nämlich das, was aus der »Krise des liberalen Systems« (Ernst Nolte), die sich an der Jahrhundertwende durchaus schon bemerkbar machte, zwei bis drei Dekaden später hervorging. Mit anderen Worten: Die Perspektive des modernen Totalitarismus eines Hitler oder Stalin war kaum erkennbar und blieb einfach außerhalb der zeitgenössischen Vorstellungskraft, selbst wenn Max Weber damals schon auf jene neue Hörigkeit verwies, zu der das »stahlharte Gehäuse« der Industriegesellschaft die Individuen mehr und mehr verurteilte.

Daß die spezifische Form der totalitären Diktatur noch außer Reichweite war, daß selbst Nietzsches prophetische Klage, wonach »die Demokratisierung Europas … zugleich eine unfreiwillige Veranstaltung zur Züchtung von Tyrannen« darstelle, die zerstörerische Qualität der modernen Despotien unseres Jahrhunderts kaum vorausahnen ließ, hatte nicht zuletzt damit zu tun, daß die existierenden Staaten noch stark genug waren, um mit dem Neuen, das sie herausforderte, fertigzuwerden. Gegenüber den Attacken des Fortschritts, der Bewegung, der Ideologien hatten sich die überlieferten Gewalten durchaus behauptet. An der Zeitenwende standen sie jedenfalls gefestigter als fünfzig Jahre zuvor da, hatten es sogar verstanden, sich mit den unterschiedlichen Strömungen der Zeit, vor allem mit den demokratischen und populistischen Wogen des Nationalismus und Imperialismus auf überraschende Art und Weise zu verbünden.

Begünstigt hatte den National- und Machtstaat in diesem Zusammenhang die Tatsache, daß die Probleme und Entwicklungen der Moderne, die Verwerfungen und Konflikte der neuen Gesellschaft letzten Endes immer wieder – auf dem Kontinent noch weit intensiver als in Großbritannien – beim alten »Vater« Staat gelandet waren. Bis dahin unbekannte Aufgaben waren ihm aufgebürdet worden und hatten ihm damit gleichzeitig zu einer zwischenzeitlich in Frage gestellten, nunmehr restaurierten Legitimation verholfen, hatten ihm gleichsam eine neue Idee zugewiesen. Damit war ein Prozeß staatlichen Machtzuwachses eingeleitet, der in den kommenden Jahrzehnten des 20. Jahrhunderts, gleichgültig in welcher Verfaßtheit sich die Staaten im einzelnen präsentierten, noch weiter zunahm: »Nicht die sich aus den Bindungen der Vergangenheit befreiende, das Individuum zur Selbstverantwortung führende Gesellschaft, sondern der alles regulierende und kontrollierende, in immer weitere Bereiche vordringende Staat erwies sich als der eigentliche Nutznießer der Entwicklung.« (Lothar Gall)

Ordnung, nicht Freiheit lautete die beileibe nicht dominierende, aber dennoch kaum zu überhörende Parole einer neuen Zeit, die als Voraussetzung und Bedingung bürgerlicher Freiheit oder als rigorose Alternative zu ihr in Gestalt von Demokratie beziehungsweise Diktatur zur Entfaltung gelangte. In den parlamentarischen Staaten bot diese Tendenz der Moderne die Chance, ungeachtet aller Regulierung, Disziplinierung und Bürokratisierung als Bürger über seine Existenz zu bestimmen; in den Diktaturen der Zukunft dagegen hatten die Menschen im Sinne eines Maschinen-, Kasernen- und Ameisenstaates als Rädchen im Räderwerk zu funktionieren, hatten »Dienst im Gliede« (Theodor Mommsen) zu verrichten und sich als »Genossen« und »Volksgenossen« bedingungslos mit ihren politischen Führern zu identifizieren.

Diese politische Weggabelung zeichnete sich in gewisser Hinsicht schon an der Wende des Jahrhunderts ab, als die Staaten allesamt zwischen den Kräften des Imperialismus und der Demokratie hin- und hergerissen wurden. Selbst in Großbritannien warfen Repräsentanten wie Cecil Rhodes, Joseph Chamberlain und die großen Vizekönige des Empire die Frage nach der Vereinbarkeit von »libertas« und »imperium«, von Freiheit und Macht, auf. Denn sie zweifelten zunehmend daran, daß sich ein Weltreich von Westminster aus regieren lasse, daß die sozialen Forderungen der Massen nach einem besseren Leben mit den Bürden des globalen Imperiums vereinbar seien. Wohin der windungsreiche Weg schließlich führen sollte, war offen, doch schon jetzt kündigte sich an, daß das bürgerliche Zeitalter, »wenn es je irgendwo volle Wirklichkeit gewesen war« (Lothar Gall), vor großen Herausforderungen stand und manches ungeachtet allen Vertrauens in die liberale Idee und Lebensform auf sein Ende hinzudeuten schien.

Das hatte mit den sozialen Spannungen der Klassen ebenso zu tun wie mit den ideologischen Angriffen der Gegner. Die universale Attacke des römischen Katholizismus, im 19. Jahrhundert bereits unübersehbar aus der Defensive heraus geführt, hatte längst an Schlagkraft verloren, und die Parole vom »Dritten Rom«, das sich bald im kommunistischen Moskau etablieren sollte, entbehrte vorläufig noch der erforderlichen Staatsmacht. Doch nach wie vor richtete sich die ebenso entschiedene wie wütende Ablehnung seitens des proletarischen Internationalismus gegen den existierenden Nationalstaat, zielte auf die Überwindung seiner bürgerlichen und kapitalistischen Verfaßtheit: »Nieder mit dem Kapitalismus und seinen menschenunwürdigen Werken! Hoch die Internationale, völkerbefreiende Socialdemokratie!« lautet der für sich sprechende *Neujahrsgruß* des *Vorwärts* vom 31. Dezember 1899. Mit anderen Worten: Die Staaten, die Großstaaten Europas zumal, die in vielem allmächtig dastanden und doch zuweilen ohnmächtig wirkten, hatten bis an die Grenze ihrer Kraft, hin und wieder sogar bis zur

Staatskrise mit zahlreichen sie belastenden und herausfordernden Problemen ganz unterschiedlicher Provenienz zu kämpfen.

Vergleichsweise festgefügt erschien, wenn wir den Blick auf den Zeitpunkt der Jahrhundertwende begrenzen, das Deutsche Reich. Daß es im neuen Jahrhundert sein faktisches Ende sowie die Teilung und Wiedervereinigung seiner nationalstaatlichen Existenz erleben würde, hätte zu diesem Zeitpunkt wohl kaum jemand erwartet. Die säkularen Phänomene der Zeit, Monarchie und Parlamentarismus, hatte es im spezifischen Konstitutionalismus preußisch-deutscher Prägung scheinbar gelungen miteinander vermählt; seine zukünftige Entwicklung war offen. Für Liberale und Progressive stand fest, daß sich die zwitterhafte Gestalt des Kaiserreichs in den kommenden Dekaden zu einem Parlamentarismus englischer Provenienz entwickeln werde. Der optimistische Glaube daran existierte zumindest bis zur großen Verfassungskrise des Jahres 1908, die in der *Daily Telegraph*-Affäre aufbrach, als sich deutlich abzeichnete, daß die gegenseitige Blockade der politischen Kräfte ihr Zusammenwirken mehr als verhängnisvoll störte. Die Alternative zur fortschrittlichen Parlamentsherrschaft, der Staatsstreich nämlich, der die Geschichte des Bismarckreiches von Anfang an begleitet hatte, trat jetzt viel krasser als bisher zutage: Konturenhaft ließ sich die Entwicklung des 20. Jahrhunderts erkennen, die zwischen Republik und Diktatur verlaufen sollte.

Aber selbst Großbritannien, das nach wie vor für jeden bürgerlichen Liberalen überall in Europa als politisches und zivilisatorisches Vorbild galt, hatte – weil oder obwohl der Staat vor dem Hintergrund seiner Tradition die gesellschaftlichen und wirtschaftlichen Entwicklungen der Zeit zumindest weitgehend ihrer Entfaltung überließ – mit mannigfachen Krisen zu kämpfen, die sich, je näher sich die Geschichte auf den großen Krieg zubewegte, häuften und verdichteten. Immer wieder erschütterten heftige Streiks das Land, das 1911 sogar einen Generalstreik zu überstehen hatte. Die widerspenstige Haltung der Lords provozierte im gleichen Jahr eine Verfassungskrise, die mit einer weitgehenden Entmachtung des Oberhauses endete; die irische Frage spaltete die britische Nation bis hin zur Gefahr der kriegerischen Auseinandersetzung. Die erstaunliche, segensreiche Stabilität, die England im Verlauf des 20. Jahrhunderts auszeichnen sollte, war am Anfang des Säkulums zumindest nicht ohne weiteres absehbar.

Das Zarenreich lebte mit einer latenten Staatskrise, die sich kurz nach der Jahrhundertwende unter dem Eindruck des Krieges gegen Japan in den Jahren 1904/05 in einer Revolution entlud. Ungeachtet der daraufhin eingeleiteten scheinkonstitutionellen Reformen, die nicht viel mehr als Schminke auf dem alten Gesicht des Staates waren, trieb das Riesenreich auf tönernen Füßen gewaltsamen Entwicklungen entgegen, die Rußland zwischen Revolution und Gegenrevolution, zwischen revolutionärer und staatlicher Gewalt zerrissen, bis sich das eine mit dem anderen, der neue Terror mit der traditionalen Autokratie vom Jahre 1917 an auf das Schrecklichste verbinden sollte.

Österreich-Ungarn litt unter einer Dauerkrise, weil die Nationalitätenfrage die permanente Verfassungskrise in sich barg. Was viel später, im ausgehenden 20. Jahrhundert nämlich, als Vorbild, als Muster eines sogenannten multinationalen Zusammenlebens angesehen werden sollte, als eine friedliche Völkergemeinschaft Europas, galt zeitgenössisch viel eher als ein Völkerkerker. Das Vielvölkerreich des alten Kaisers Franz Joseph wurde im Zeichen der nationalen Bewegung als völlig anachronistisch betrachtet, schien sein uraltes Existenzrecht längst an die moderne Nation verwirkt zu haben und galt als vom Tode gezeichnet. Und daß der einst mächtige Staat der Osmanen, der schon lange als »kranker Mann am Bosporus« dem Untergang geweiht erschien, über kurz oder lang zerfallen würde, schien tatsächlich nur eine Frage der Zeit zu sein. Dagegen war die sich in unseren Tagen weltweit regende Renaissance der islamischen Welt trotz eines auch damals immer wieder aufbrechenden Fanatismus gläubiger Muselmanen nur schwer absehbar.

Bleibt die französische Republik, in der sich in den Jahren von 1894 bis 1900 die Affäre Dreyfus zur Krise der Gesellschaft auswuchs und beinahe sogar zur Staatskrise geführt hätte. In der von dem Historiker Georges Sorel so genannten »Révolution Dreyfusienne« traten mächtige Tendenzen der Zeit in ihrer beinahe unversöhnlichen Widersprüchlichkeit auf den Plan, die sich im 20. Jahrhundert ausbreiten und verstärken sollten. Der Einfluß von Presse und Öffentlichkeit erregte Aufsehen, als der Dichter Emile Zola in seinem berühmten offenen Brief *J'accuse* vom 13. Januar 1899 die französische Tradition der Menschenrechte gegen alle Widersacher verteidigte. In diametraler Entsprechung dazu erhob die nationalistische Reaktion ihr Haupt gegen den wehrhaften Republikanismus. Denn aus den Trümmern der alten Rechten entstand im Gefolge der Affäre Dreyfus ein neuer, integraler Nationalismus, der von Maurice Barrès und der »Ligue de la Patrie Française« im Jahre 1899 seinen geistigen Ausgang nahm. Als Ergebnis dieses neuartigen Nationalismus, der antiliberal, antisemitisch und antiparlamentarisch war, entstand schließlich die »Action française«, die im Rückblick als eine Präfiguration des Faschismus beurteilt worden ist.

Bedeutender, gewichtiger und dauerhafter sammelte sich auf der anderen Seite der durch die Affäre Dreyfus tief gespaltenen Nation das politische Lager der Republikaner, der Intellektuellen, die die individuellen Freiheiten gegen die Staatsmacht verteidigten und unter Georges Clemenceaus Banner die Große Revolution von 1789 vervollkommnen wollten. Mit anderen Worten: Im Frankreich der Jahrhundertwende zeichneten sich mit kaum zu verkennender Deutlichkeit diejenigen Fronten ab, die die Nation im 20. Jahrhundert durchzogen und trennten. Es bildeten sich die politischen Formationen aus, die sich im Februar 1934 bei bürgerkriegsähnlichen Tumulten vor der Deputiertenkammer auf der Place de la Concorde bekämpften. Die Verteidiger der Republik behaupteten sich dabei aufs neue gegen das antiparlamentarische

Lager, bevor dieses, durch seine Kollaboration mit dem äußeren Feind im Gefolge der Niederlage von 1940 begünstigt, für einige Jahre die Oberhand gewann.

Kurzum: Wo sich beim Übergang vom einen in das andere Jahrhundert der Kampf zwischen progressiven und reaktionären Kräften in den Staaten Europas bemerkbar machte, schienen die Zeichen der Zeit eher auf einen Sieg des Neuen und Fortschrittlichen zu deuten. Daß die Geschichte des 20. Jahrhunderts dagegen blutige Umwege einschlagen würde, um die Alternative der Zeit – Parlamentarismus oder Autokratie – zu entscheiden oder in ganz andere Legierungen, in gemischte Regimetypen von neuartiger Herkunft zu überführen, deutete sich erst umrißhaft an.

Wie in den Staaten bei grundsätzlicher Offenheit der Entwicklungsmöglichkeiten vieles für eine friedliche, vernünftige, parlamentarische Zukunft zu sprechen schien, so nahm sich auch die Lage der Staatenwelt um 1900 nicht von vornherein düster aus. Die entscheidende Frage, ob Krieg oder Friede sein werde, mußte nicht unbedingt negativ beantwortet werden. Ganz abgesehen davon, daß Krieg zu führen zur Normalität gehörte und nicht a limine als Verbrechen galt, herrschte um die Jahrhundertwende noch nicht jener kriegerische Fatalismus, der sich im Gefolge der ersten Marokkokrise ausbreitete, als die in festgefügten Militärblöcken feindselig einander gegenüberliegenden Staaten einen »trockenen Krieg« (Hans Delbrück) gegeneinander führten.

Im Gegenteil: Noch gab es realistische Aussichten, daß der Wettbewerb der Völker ohne Krieg durch wirtschaftliche Konkurrenz und wirtschaftliche Zusammenarbeit seinen friedlichen Austrag finden würde. Ja, es mehrten sich die rational argumentierenden Stimmen derjenigen, die einen Krieg angesichts des entwickelten Zustandes der Zivilisation einfach für unsinnig erklärten, weil selbst der Sieger in einem militärischen Ringen nur verlieren könne. Skeptischer Gestimmten war zudem klar, daß ein Krieg der Völker – wie der junge Winston Churchill dem englischen Unterhaus im

Jahre 1900 beschwörend vor Augen führte – verheerender sein würde als der zurückliegende Krieg der Fürsten.

Dagegen erhofften die Progressiven Europas, was die Frage nach Krieg oder Frieden anging, das Heil gerade von den auf den Plan getretenen Massen, weil sie diese für gut, edel und friedlich hielten. In diesem Sinne feierte der österreichische Pazifist Alfred Hermann Fried, der im Jahre 1911 mit dem Friedensnobelpreis ausgezeichnet wurde, am 1. Januar 1900 in der *Friedens-Warte* das neue Säkulum mit viel Hoffnung: »1900, das sociale Jahrhundert, Jahrhundert des Friedens, es grüßen Dich Deine Pioniere!« Doch diese hochgemute Botschaft sollte an der künftigen Realität zerschellen. Gewiß, überall in Europa organisierte sich die Friedensbewegung und fand beispielsweise mit Bertha von Suttner international beachtete Repräsentanz; die erste Haager Friedenskonferenz ebnete im Jahre 1899 den Weg, um die Kriegführung zu humanisieren und die Abrüstung der Heere zu fördern – Vorhaben, die im 20. Jahrhundert weiter verfolgt wurden. Vom Jahre 1901 an gehörte der Begriff des Pazifismus zum Sprachschatz der Zeitgenossen, ohne daß damit der gleichzeitig allerorten grassierende Militarismus seine fatale Bedeutung eingebüßt hätte. Nein, die Geschichte der Staaten und der Staatenwelt schlug noch zweimal im kommenden Jahrhundert den furchtbaren Umweg eines Weltkrieges ein, ehe sie die an der Jahrhundertwende gelegten Spuren einer frühen Vernunft, die im übrigen zu keiner Zeit später in Vergessenheit geraten sollten, verstärkt aufnahm.

Der schicksalhafte Gang der Entwicklung wurde nicht zuletzt durch die entschieden nationale, oftmals nationalistische und nicht selten chauvinistische Orientierung der Staaten geprägt, die über den eigenen Rahmen, über den angestammten Rayon ihrer Existenz hinaus nach Imperienbildung, Weltmachtstellung, ja Vorherrschaft auf dem Globus strebten: »Ja, wir glauben, daß die russische Nation eine außergewöhnliche Erscheinung in der Geschichte der ganzen Menschheit ist« – so verkündete Fjodor Dostojewskij die Mission vom Weltherrschaftsanspruch des Zarenreiches und verlangte geradezu, ein großes Volk müsse daran glauben, »daß in ihm, und nur in ihm allein, die Rettung der Welt liegt, daß es bloß lebt, um an die Spitze aller Völker zu treten, sie alle in das eigene Volk aufzunehmen und sie, in harmonischem Chor, zum endgültigen, ihnen allen vorbestimmten Ziele zu führen.« Damit ist das Bewegungsgesetz der damaligen Staatenwelt umschrieben, dem Regierende und Regierte wie die Lemminge folgten.

Gedanken an ein friedlich geeintes Europa, wie sie der zeitweilige italienische Ministerpräsident Crispi und der französische Rechtsanwalt Desmarest in einem 1901 öffentlich geführten Briefwechsel austauschten, fristeten dagegen eher eine Existenz am Rand der Zeit – zu groß war die Uneinigkeit darüber, wer »den ersten Anstoß zur Gründung der Vereinigten Staaten Europas geben« solle; zu unzeitgemäß wirkte die Idee noch, »um den Grundstein zu dieser Konföderation zu legen«. Europa mußte erst von seinem scheinbar für die Ewigkeit errichteten Thron stürzen, hatte erst von seiner universalen Herrschaft Abschied zu nehmen, bevor es im 20. Jahrhundert den Versuch beginnen konnte, zu sich selbst zu finden.

Dabei mehrten sich an der Jahrhundertwende die Signale, die auf diese Götterdämmerung der alten Staatenwelt verweisen konnten. Längst hatte sich – vom letzten Drittel des 19. Jahrhunderts an – aus der europäischen Ordnung der Pentarchie ein globales System unter Einschluß der Vereinigten Staaten von Amerika und Japans entwickelt. Unter ihrem Präsidenten Theodore Roosevelt waren die Amerikaner ihrerseits in das imperialistische Zeitalter der Weltgeschichte eingetreten, hatten 1898 das niedergehende Spanien besiegt und den Nachfahren Karls V. und Philipps II. mit Kuba und den Philippinen ihre kolonialen Besitzungen in der Kabirik und in Südostasien entwunden. Und nur fünf Jahre nach der Wende des Jahrhunderts vermittelten die Vereinigten Staaten im amerikanischen Portsmouth den Frieden zwischen Rußland und Japan.

In dem ostasiatischen Krieg hatten die »gelben Emporkömmlinge«, wie die Japaner von den Europäern eingeschätzt wurden, das Zarenreich der Romanows, das seit dem 18. Jahrhundert zum Areopag der großen Staaten zählte, in die Knie gezwungen: ein geradezu revolutionärer Vorgang, der jedoch – im kleineren Maßstab freilich – bereits 1896 ein Vorspiel gehabt hatte, als der Negus von Abessinien mit seinen Truppen bei Adua über den König von Italien triumphierte.

Die weiße Menschheit, die um die Jahrhundertwende noch geradezu göttergleich die Welt beherrschte, die im Jahr 1900 mit einer militärischen Koalition der Europäer unter Einschluß der Japaner das sich im Boxeraufstand gegen die fremde Bevormundung erhebende China, die größte Halbkolonie der Welt, zur Räson brachte, mußte erste Rückschläge hinnehmen.

Doch weit über das Militärische, Wissenschaftliche und Technische, über die Macht und ihre sich neu verteilenden Gewichte hinaus waren es im Grunde die leitenden Ideen Europas – die der Nation und die des Selbstbestimmungsrechts der Völker zumal –, welche die unterworfene Welt an den außereuropäischen Peripherien in Asien und Afrika in Bewegung versetzten. Im Jahre 1907 beispielsweise lernte der junge Jawaharlal Nehru die Agitationsmethoden von Sinn Fein in Irland kennen, die im indischen Freiheitskampf der Zukunft ihre Rolle spielen sollten. Auch die Methode der Gewaltlosigkeit, die von Mahatma Gandhi später im großen Stil praktiziert wurde, war als »civil disobedience« schon längst erfunden und geht auf den amerikanischen Individualisten Henry David Thoreau zurück. Mit anderen Worten: Um die Jahrhundertwende hat die Dekolonisation des 20. Jahrhunderts längst ihre Wurzeln geschlagen.

In dem Maße, in dem das spezifisch Europäische – der Nationalstaatsgedanke – globale Dimension erhielt, schritt die Emanzipation der Welt von der europäischen Vormacht voran. Auf dem Höhepunkt seiner Macht vermittelte der alte Kontinent dem unterworfenen Teil der Menschheit diejenigen Ideen, die seine Herrschaft schließlich untergraben sollten. Die beiden großen Kriege des 20. Jahrhunderts, die noch in weiter Ferne lagen, deren Vernichtungspraxis und Gewaltpotential die zeitgenössische Vorstellungskraft bei weitem überstiegen, wirkten als geschichtsmächtige Promotoren des europäischen Weltgeistes, dessen zu allgemeiner, ja universaler Geltung aufgestiegene Ideen das Gesicht der Erde so grundlegend veränderten. Indes, halten wir inne und führen wir uns eine schlichte Tatsache abschließend vor Augen: Vieles deutet sich dem rückblickenden Betrachter an, weil er den Gang der Ereignisse kennt, während sich dem Zeitgenossen viel weniger erschließt, weil ihm die Zukunft ungewiß bleibt.

2000

Gustav Seibt

Endliche Welt, kein Ende der Geschichte

Auf das lange 19. Jahrhundert folgte das kurze 20. So sieht man es in Europa seit 1989. Die Epoche zwischen dem Ersten Weltkrieg, dessen erste wichtige Folge die Russische Revolution von 1917 war, und dem Fall der Berliner Mauer hat die Geschlossenheit einer durchgehenden Geschichte angenommen. Sie handelt vom umfassendsten Versuch der Menschheit, ihr Schicksal von Natur und Zufall zu befreien und es in die eigene Hand zu nehmen; sie handelt zugleich vom Widerstand gegen dieses totalitäre Unternehmen im Zeitalter der europäischen Diktaturen bis 1945 und danach im Kalten Krieg, der sowjetisch-amerikanischen Systemkonkurrenz. Am Ende dieser titanischen Anstrengung steht – in einem Zustand unvergleichlich gesteigerter technisch-ökonomischer Entwicklung – der Wiedergewinn der bürgerlich-kapitalistischen Welt in Gestalt von Verfassungsstaat und Massendemokratie. Die konsumierende Marktwirtschaft und die von ihr hervorgebrachte Zivilisation scheinen vorerst ohne zukunftsträchtige Alternative zu sein, bedroht allein von den Fundamentalismen wirtschaftlich benachteiligter Weltkulturen und von der Knappheit der ökologischen Ressourcen für den beispiellos vermehrten Stoffwechsel zwischen Mensch und Natur. Prekär bleibt allerdings die Zukunft von Demokratie und Rechtsstaat. Europa und Nordamerika hoffen, auch ihre zivile Ordnung sei ohne dauerhafte Alternative, da die freie Wirtschaft den freien Bürger und die Sicherheit des Rechts voraussetze und alle anderen politischen Ideen praktisch besiegt seien.

Die Geschichte des so verstandenen kurzen 20. Jahrhunderts beginnt und endet in Europa, in Sankt Petersburg und in Berlin. Sie hat aber die ganze Welt in ihren Kreis hineingezogen, und am Ende steht die Globalisierung der technisch-kapitalistischen Lebensform. Doch in ihren Ideen und Zielen bleibt es eine europäische Geschichte, ein grandioses geschichtsphilosophisches Drama mit furchtbaren Opfern und Verbrechen – und am Schluß einer grausamen Ernüchterung, die zugleich als Befreiung von einem monströsen Irrtum, als großes Aufatmen erfahren wurde.

Noch vor einem Jahrzehnt, bis 1989, stellten sich jedenfalls im Westen die Grundlinien des Jahrhunderts anders dar. Der entscheidende Einschnitt lag im Jahr 1945. Mit dem Selbstmord Hitlers endete die Vergangenheit, mit der Atombombe auf Hiroshima begann die Gegenwart. Die Vorgeschichte der Gegenwart setzte 1917 ein, mit dem traditionellen Anfangsdatum der Zeitgeschichte. Doch die eigene Epoche war vor allem bestimmt durch die Erbschaft von Auschwitz und durch die Drohung, die seit Hiroshima über der Welt hing. Diese Geschichte war nicht mehr europäisch. Europa war abhängig von den beiden Supermächten, die allein über die Gewalt zur möglichen Zerstörung der Erde verfügten. Die Atombombe war der Garant einer vierzigjährigen Weltordnung; die pilzförmige Energiewolke im pazifischen Himmel und das Schreckensbild der Hunderttausenden verbrannten Menschen auf der Erde unter ihr verhinderten, daß der Kalte Krieg über Scharmützel hinaus zu einem heißen wurde.

Im Jahre 1945 war der Holocaust ans Licht der Weltöffentlichkeit gelangt. Die industrielle Tötung von Millionen Menschen wurde sogleich als tiefer Bruch in der Menschheitsgeschichte aufgefaßt. In immer neuen Schockwellen erreichte dieses Faktum das Bewußtsein der zivilisierten Gesellschaften. Es zeigte, was im Extremfall möglich ist; es führte den Menschen vor, daß sie von einem Moment auf den anderen fabrikmäßig in brennbare Materie, in Fett, Haare und Knochen zu verwandeln waren, ohne daß die menschliche Natur derer, die das ins Werk setzten, revoltiert hätte. So wurden die Bilder von Auschwitz nicht nur die Quelle eines namenlosen Grauens, mit dem jeder Mensch, der nach 1945 zur Welt kam, irgendwann konfrontiert wurde, sondern darüber hinaus das Motiv einer kaum zu widerlegenden Verzweiflung an der Humanität. Hier waren nicht einfach Bestien am Werk gewesen, sondern Techniker, Beamte, Soldaten, Familienväter, Mitglieder einer hochzivilisierten Nation. Sie hatten in den Vernichtungslagern einen moralfreien und mitleidlos funktionierenden Kosmos aufgebaut, in dem das Böse, die größte denkbare Mitleidlosigkeit, zum Selbstzweck wurde, in dem ein Menschenvolk dem anderen das Recht aberkannte, die Erde zu bewohnen.

Damit ist die Erinnerung bis heute nicht fertig geworden; die zweite Hälfte des 20. Jahrhunderts hat sich unablässig mit Auschwitz befassen müssen, ohne daß ein Ende absehbar wäre. Zu den unmittelbaren Folgen von Auschwitz gehört die Gründung Israels, des Staats der Juden, der zur einzigen westlichen Enklave im Orient nach seiner Entkolonisierung wurde. Der daraus entstandene Konflikt im Nahen Osten hat die Welt in den folgenden Jahrzehnten begleitet; er war in alle Auseinandersetzungen des Kalten Krieges verflochten.

In doppelter Hinsicht eröffnete das Jahr 1945 ein Zeitalter der Angst. Die Menschheit mußte mit der Möglichkeit ihrer vollständigen Vernichtung rechnen, denn die technischen Mittel dafür waren gefunden, und der Holocaust hatte bewiesen, daß alles Mögliche auch wirklich werden kann, daß es Umstände gibt, in denen keine letzte Hemmung das Undenkbare verhindert. Es ist vorstellbar, daß in der Phantasie der Völker, in ihren Alpträumen, die Bilder der Leichenberge aus den Vernichtungslagern und der von der Atombombe verbrannten Menschen sich überlagerten. Seit der Pest von 1348 war der Menschheit ihre kollektive Hinfälligkeit so allumfassend nicht mehr vor Augen geführt worden. Und im Unterschied zur Pest waren der Holocaust und die Atombombe nicht Naturkatastrophen, sondern Menschenwerk. Da die westliche Menschheit zwar gelernt hatte, die Natur, nicht aber sich selbst zu beherrschen, war die Vernichtungsdrohung nicht mehr aus der Welt zu schaffen.

Zugleich aber beendete das Jahr 1945 für Europa ein eisernes Zeitalter von Unfrieden und Unsicherheit: die Epoche der beiden Weltkriege. Das wurde freilich erst im Laufe der Jahrzehnte sichtbar, während derer der Friede des Kalten Krieges herrschte. Daß die Ordnung der Zwischenkriegszeit instabil gewesen war, hatten die Zeitgenossen fast allgemein empfunden. Die zwanziger und dreißiger Jahre waren geprägt teils von Bedrohungsgefühlen, teils von utopischen Erlösungshoffnungen. An die in Versailles begründete Staatenordnung glaubten bald nicht einmal mehr die Sieger. Die besitzenden Klassen sahen sich einer ernsten Revolutionsdrohung ausgesetzt. Die politischen Systeme vieler Staaten waren unbeständig und formbar, und welche Staatsform sich in Europa auf Dauer durchsetzen würde, war durchaus offen.

Verglichen mit dieser Unberechenbarkeit, entwickelte die europäische Welt nach 1945 eine erstaunliche Stabilität, nach innen wie nach außen. Sie wirkte nach vier Jahrzehnten so zementiert und so unbeweglich, daß noch wenige Monate vor der Implosion des Ostblocks kaum ein Beobachter den Fall der Mauer und die widerstandslose Abdankung der sowjetischen Satellitenregime in den osteuropäischen Ländern für möglich gehalten hätte. Das wirft ein Licht zurück auf das Blocksystem, wie es zwischen der Berliner Blockade und dem Fall der Mauer geherrscht hatte. Je länger es währte, desto mehr dürfte seine Ordnung auch zu etwas Chimärischem, nämlich Symbolisch-Kosmologischem geworden sein, eingedrungen in eine seelische Sphäre, so daß die Imagination einer anderen Ordnung unmöglich geworden war, jedenfalls den Anschein des Utopischen und Unvernünftigen angenommen hatte. Die Welt des Kalten Kriegs war ein Angstsystem, und ganz am Ende war sie, jedenfalls einen entscheidenden Moment lang, nur noch das. Es fiel in sich zusammen, als die Angst geschwunden war.

Das vom Gleichgewicht des Schreckens garantierte System des Kalten Krieges zeigte äußerlich – und das mag zu dem Anschein von Unveränderlichkeit beigetragen haben – eine einprägsame Symmetrie, die jener von mittelalterlichen Weltkarten ähnelt. Projiziert auf einen Kreis war die Erde aufgeteilt in der Form eines auf den Kopf gestellten Buchstaben T. Von oben nach unten verlief der Eiserne Vorhang, die Grenze zwischen Ost und West. Darunter lag quer die Dritte Welt, die so hieß, weil die nördliche Hemisphäre in zwei Welten geteilt war. Die Dritte Welt war die Hölle in diesem Kosmos. Hier wurden die etwa zweihundert blutigen Kriege ausgefochten, die bis 1989 den im Norden nicht auszutragenden Konflikt ersetzten. Die nach Freiheit und Wohlstand strebenden Völker des Südens mußten sich für eine der beiden nördlichen Hälften entscheiden. Armut, Hunger, demütigende Abhängigkeit beherrschten das Leben in diesem Inferno.

Seit dem Ende der sechziger Jahre trug das Fernsehen immer wieder die Bilder verdorrender Länder und massenhaft sterbender Menschen in die Wohnzimmer. Der Westen lebte damals längst im Überfluß, der Osten ohne elementaren Mangel; die Bilder aus den Kriegs- und Hungerzonen Biafras gelangten zum gleichen Zeitpunkt in die erste und zweite Welt, als die Mondflüge die Menschheit mit der Ansicht des Planeten Erde vom Weltall aus bekannt machten. Die Reichen und Satten konnten nicht übersehen, daß sie mit den Verhungernden und Verdurstenden zusammengehörten.

Der Norden verwandte immer mehr Mittel in die Aufrechterhaltung des seltsamen Zustands von Alarmbereitschaft und Reglosigkeit, aus dem der Kalte Krieg bestand. Der Kalte Krieg war ein angedrohter Krieg, die ständig gegenwärtige Möglichkeit der totalen Zerstörung. Er war als Drohung etwas Unwirkliches, trotzdem war der Schrecken, auf dem seine Nichtrealisierung beruhte, real. Zwischen dem 16. Juli 1945 und dem Jahr 1989 hat man 1945 Detonationen von Atombomben gezählt, im Durchschnitt alle neun Tage eine; auf dem Höhepunkt der Spannung, im Jahre 1962, wurden insgesamt 143 Atomversuche durchgeführt, es wurden also im Schnitt alle zweieinhalb Tage nukleare Sprengsätze gezündet. Diese Versuche waren keineswegs geheim; in den Vereinigten Staaten wurden Explosionen zuweilen direkt übertragen, und eine Zeitlang war das »bombwatching« ein regelrechter Volkssport. Am 30. Oktober 1961 zündete die Sowjetunion als »singuläre Machtdemonstration« eine Fünfzig-Megatonnen-Bombe, durch die mehr Energie freigesetzt wurde als durch alle während des Zweiten Weltkriegs eingesetzten Bomben einschließlich der beiden Atombomben über Japan. Mitteilungen wie diese erreichten die Zeitgenossen des Kalten Krieges regelmäßig in den abendlichen Nachrichten.

All das war real und unvorstellbar zugleich. Seit dem Ende der fünfziger Jahre, mit der Einführung von Interkontinentalraketen und Satelliten, waren die Supermächte imstande, sich gegenseitig und zugleich die ganze Erde zu zerstören. Die Rede vom mehrfachen »Overkill« kam auf. Es wurden aber weiter Waffen gebaut, verbessert, aufgerechnet. Nach den dramatischen ersten anderthalb Jahrzehnten des Kalten Krieges, nach dem Bau der Berliner Mauer und der Kuba-Krise, wurden Verhandlungen begonnen, die eine Entspannung einleiteten. In Helsinki versuchte man 1975, die Koexistenz der beiden Riesenblöcke dauerhaft zu machen. Es begann ein jahrelanges ergebnisloses Waffenzählen und Abwägen von Techniken und Systemen. Ende der siebziger Jahre erlitt die Entspannung Rückschläge, weil Breshnews Sowjetunion sie nicht ehrlich meinte, sondern als diplomatisches Mittel behandelte, um mit dem Westen wirtschaftlich und technisch ins Geschäft zu kommen; es wurden kleinere Waffen gebaut, die Mittelstreckenraketen, zugleich wurde wieder »konventionell« aufgerüstet, mit Panzern, Flugzeugen, U-Booten und Flugzeugträgern. Seit dem Beginn der achtziger Jahre geisterte die Drohung des doch wieder führbaren Krieges durch Europa.

Die Politikerfahrung, die sich mit dem Kalten Krieg verband, war die einer absoluten Übermacht der Verhältnisse. Der Zustand der Welt schien so gefährdet, daß jede falsche Bewegung ihren Fortbestand hätte bedrohen können. Der Eindruck des zugleich Chimärischen und Zementierten, den die Ordnung des Kalten Krieges erweckte, war eine unmittelbare Folge der offenkundigen Inkommensurabilität des menschlichen Handelns mit den Gewichten, die hier im Spiel waren. Der das Gleichgewicht garantierende Schrekken hat die Bewohner der ersten und zweiten Welt in stark wechselnder Intensität erreicht. Ganz verschwunden ist er nie, als Hintergrundspannung war er dauernd gegenwärtig.

Die Friedensbewegungen, die sich in den achtziger Jahren in einigen Ländern, vor allem in der Bundesrepublik und in der DDR, formierten, waren gewiß nicht allein eine Reaktion auf eine neue Phase von Rüstung und Strategie, sondern auch das Aufbegehren gegen die Dauerdrohung, deren Sinn sich für die Jüngeren im Dunkel der Geschichte zu verlieren begann. Der westliche Pazifismus der späten siebziger und der achtziger Jahre trug viele Züge von Unvernunft und Hysterie, die damals von seinen Gegnern auch scharf beleuchtet wurden. Aber als kollektive Nervenkrise war er auch Ausdruck des Umstands, daß ein Weltsystem, das auf die Drohung totaler Vernichtung aufgebaut war, sich mit einer freien Gesellschaftsordnung kaum vereinbaren ließ. Schließlich bewies die NATO Stärke und rüstete nach; aber daß das den westlichen Ländern so schwergefallen war, mag auch ein Faktor für den Abbau der fatalen Grundspannung des Kalten Kriegs gewesen sein.

Als seit 1987 der amerikanische Präsident und der sowjetische Parteivorsitzende ihre Deklarationen wörtlich zu nehmen begannen und die erste ernsthafte Abrüstung des Kalten Kriegs einleiteten, schwankten die Reaktionen zwischen Unglauben und Erleichterung. Man hatte aufgehört, die Auflösung des Patts noch für möglich zu halten. 1989 brachten fliehende Urlauber, Demonstranten und ein paar besonnene Staatsmänner das System des Kalten Krieges sang- und klanglos zum Einsturz. Es ist unklar, ob die Menschen, die am 9. November 1989 in Berlin »Wahnsinn« riefen, den Zustand meinten, dem sie ein Ende setzten, oder den Vorgang, dessen Zeuge die ganze Welt war.

1989 endete ein vergeblicher geschichtsphilosophischer Emanzipationsversuch – trotzdem war der Fall der Mauer der glücklichste Augenblick des 20. Jahrhunderts, denn er machte die Weltgeschichte wieder zu einer Angelegenheit menschlicher Entschlüsse mit all ihrer Unberechenbarkeit.

Der Kalte Krieg war weit mehr als eine außenpolitische Machtkonstellation; er konstituierte eine Weltordnung, die auch das Gesicht des Lebens in allen Zügen prägte. Eine Konkurrenz zwischen den Vereinigten Staaten und Rußland wäre nach dem Zweiten Weltkrieg mit großer Wahrscheinlichkeit auch dann eingetreten, wenn Rußland eine Demokratie nach westlichem Muster gewesen wäre. Der Kalte Krieg war keine rein ideologisch bestimmte Konfrontation, sondern folgte auch aus der Machtmechanik der weltpolitischen Konstellation am Ende des Zweiten Weltkriegs. Und je länger er dauerte, desto mehr schwand das Gewicht der Ideologie in diesem Konflikt. Im Westen hat man sich seit der Entspannung um 1970, erst recht seit Helsinki daran gewöhnt, über Prinzipienfragen hinwegzugehen; die materielle Brisanz der Menschenrechtsbestimmungen in der KSZE-Schlußakte dürfte den meisten Beteiligten auf beiden Seiten zunächst verborgen geblieben sein. So war der Kalte Krieg nicht einfach die zweite Phase eines Weltbürgerkriegs oder eine ausschließlich ideologische Auseinandersetzung zwischen dem Totalitarismus und der freien Welt.

Trotzdem hat der ideologische Anteil die Auseinandersetzung verhärtet und gewiß auch verlängert. Es ist schwer vorstellbar, daß es einer russischen Regierung ohne selbsterteilten historischen Auftrag und den damit betrauten Parteiapparaten möglich gewesen wäre, die Nationalstaaten Osteuropas so lange besetzt und in Abhängigkeit zu halten. Diese Vergewaltigung bedurfte einer starken weltanschaulichen Legitimation und einer minutiösen Gängelung der inneren Verhältnisse, um unter Bedingungen des Friedens aufrechterhalten zu werden. So haben alle an den Westen grenzenden Länder auch mindestens einmal gegen die sowjetische Hegemonie aufbegehrt: erst die DDR, dann Ungarn, schließlich die Tschechoslowakei und Polen. Jugoslawien trennte sich erfolgreich vom sowjetischen Machtblock. Auch für die innere Moral der gleichgeschalteten Parteiapparate dürfte das ideologische System des Sozialismus selbst noch im Zustand der Formelhaftigkeit eine stabilisierende Wirkung besessen haben.

In der heroischen Frühphase des Kalten Kriegs, in der Zeit von Berliner Blockade, Korea-Krieg, 17. Juni, Ungarnaufstand bis zum Mauerbau und der Kuba-Krise kultivierte der Westen, allen voran Amerika und die Bundesrepublik, ein kämpferisches Selbstbewußtsein als freie Welt. Gleichwohl kann nicht von einer Symmetrie der Ideologien gesprochen werden, etwa in Analogie zu den Religionskriegen des 17. Jahrhunderts, in denen gleichermaßen ausgearbeitete Konfessionen gegeneinanderstanden. Der Westen führte kein kodifiziertes Weltbild ins Feld, sondern begriff sich eher als Gegenentwurf, als offene Gesellschaft, im Grunde als eine zivilisatorische Fortsetzung des Natürlichen. So kann man den Kalten Krieg auch nicht als Fortsetzung der kommunistisch-faschistisch-liberalen Frontstellungen der Zwischenkriegszeit sehen, als bloße Vereinfachung des Dreiecks zwischen bürgerlicher Demokratie, rechten und linken Diktaturen in den zwanziger und dreißiger Jahren.

Die ideologischen Grundlagen beider Parteien des Kalten Kriegs waren zwar gleichermaßen universalistisch – sie lassen sich auf den im 19. Jahrhundert formulierten Gegensatz von Freiheit und Gleichheit zurückführen –, aber die Ausgestaltung der beiden Systeme war ganz asymmetrisch. Überall fürchtete man sich vor der atomaren Vernichtungsdrohung, vor der kruden, machtbestimmten Aggression. Aber die Menschen im Westen fürchteten sich darüber hinaus auch vor dem kommunistischen System, dem totalitär gleichgeschalteten Alltag, wie ihn ein für alle Male George Orwells Roman *1984*, das wohl einflußreichste politische Buch dieses Jahrhunderts, vor Augen geführt hatte. Im Lauf der Jahrzehnte wurde immer mehr über die stalinistische Schreckensgeschichte der Sowjetunion bekannt, nicht zuletzt durch die Romane von Arthur Koestler und Alexander Solschenizyn; aber auch aus der Gegenwart war durch die Emigration und die Dissidenten soviel erfahrbar, daß nur – meist akademische – Sektierer sich zu Anwälten des real existierenden Sozialismus machen wollten. So standen die beiden Welten einander unversöhnlich gegenüber.

Der Osten wirkte für den Westen – und auch für kritische Geister im Osten selbst – zunehmend grau und uniform, er roch nach Braunkohle und Abgasen, seine Häuser waren farblos und trist, überall las man die gleichen Parteiparolen mit ihrem befohlenen Optimismus. Die Regime der Länder glichen sich wie ein Ei dem anderen in der Doppeleinheit von Staats- und Parteiführung, den Akklamationen und Paraden, den alten Männern mit Hüten, die von Brüstungen winkten, den Palastrevolutionen und hohlen Versprechungen, den kleinlichen, in immer neuen Eiszeiten wieder zurückgenommenen Liberalisierungen. Die Waren, die der Osten anbot, nahmen sich wie billige Parodien oder Fälschungen westlicher Konsumgüter aus, und wenn es ein Kennzeichen gibt, das die Physiognomie des Ostblocks zusammenfaßt, dann ist es die schäbige Fassadenhaftigkeit des Ganzen, der Eindruck eines bröckelnden potemkinschen Dorfes, einer von allen durchschauten Lüge, einer stehengebliebenen Zeit.

Auf der anderen Seite des Eisernen Vorhangs überzog sich das Dasein mit den immer bunteren Fassaden des Konsums, der allgegenwärtigen Reklame für Verbrauchsgüter, mit einem immer dichteren Verkehr. Für östliche Augen wirkte der Rhythmus nervös, das Angebot der Waren, Meinungen und Lebensmöglichkeiten war verwirrend: Wie kann man so leben, fragte 1964 eine Besucherin, »als Mensch existieren zwischen Lichtschreien und flachschnäuzigen gefräßigen Stahltieren?« So schloß der Eiserne Vorhang des Kalten Kriegs fremde Daseinsformen gegeneinander ab. Das erst machte im Jahre 1989 die Erfahrung der Entgrenzung so rauschhaft und pathetisch: Der Fall der Mauer bedeutete nicht nur das Ende eines gewaltsam stabilisierten machtpolitischen Konflikts, nicht nur die endgültige Verabschiedung einer längst ausgehöhlten Ideologie, sondern er wurde erlebt als Veränderung der Grundbedingungen der Existenz.

Der Kalte Krieg fixierte einen allumfassenden Weltzustand; seine überdimensionale, so gewaltsame wie chimärische Ordnung wirkte unzugänglich für politisches Handeln. Mehr und mehr schien in diesen vier Jahrzehnten die klassische Ereignisgeschichte ausgeschaltet, ersetzt von stationären Verhältnissen. Die überkommene Staatenpolitik wurde schwächer, im geteilten Deutschland schien sie zuletzt im Bewußtsein der friedfertigen Mehrheit abgestorben zu sein. Unter dem bleiernen Schirm dieser bewaffneten Reglosigkeit aber vollzog sich mit unerhörter Gewalt und Geschwindigkeit eine ganz andere Geschichte: die Verwandlung aller alltäglichen Lebensumstände, der Wirtschaft, des Konsums, des Verhaltens und der Lebensstile, des Wohnens, der Landschaft, der natürlichen Umwelt.

Noch nie hat sich eine menschliche Gesellschaft so schnell und tiefgreifend in allen ihren Lebensäußerungen verändert wie die westeuropäischen Länder – und in ihrem Gefolge auch die Staaten Osteuropas – in den beiden Generationen nach dem Zweiten Weltkrieg. Begleitet und großenteils ermöglicht wurden diese Veränderungen von einer ungebremsten Dynamik der Wissenschaften und der Technik, die die Grundlagen des gesamten Wissens von der Natur erneuerten und nun am Ende des 20. Jahrhunderts dabei sind, ein neues Weltbild auszubilden, das von den kleinsten Bausteinen des Kosmos und des Lebens ausgeht, um noch in die fernste Zukunft der Natur zu blicken und die höchste Komplexität des Lebens auf seine Elemente zurückzuführen. Was sich in früheren Epochen so langsam vollzog, daß es der Erfahrung und dem Bewußtsein der Menschen weitgehend entzogen war: die Veränderung von Gesellschaftsstrukturen, Sitten, Lebensformen, Mentalitäten und Weltbildern, das beschleunigte sich im 20. Jahrhundert so stark, daß es mit der Kürze individueller Biographien meßbar wurde. Sozialgeschichte wurde zur Ereignisgeschichte.

Es begann mit der Wirtschaft. Durch den Wiederaufbau des vom Krieg zerstörten Europas wurde eine gewaltige Maschine angeworfen, die erst in den siebziger Jahren ins Stottern geriet und umgebaut werden mußte. Westeuropa übernahm die amerikanische Form der Marktwirtschaft, die auf der Umverteilung enormer Wachstumsraten auf die konsumierenden Massen beruht, die so zu zahlungskräftigen Kunden dieser Wirtschaft werden, das Wachstum höhertreiben, um immer neue Steigerungen von Produktion und Verbrauch in Gang zu setzen. Der Konsum der Massen wurde zum Motor der westlichen Volkswirtschaften. In aufeinanderfolgenden Wellen wurden Bedürfnisse befriedigt und neue geweckt. Die Löhne stiegen, die Freizeit vermehrte sich. Die Haushalte wurden nun, weit umfassender als vor dem Krieg, mit elektrischen Geräten wie Kühlschränken und Waschmaschinen technisiert, mit Radios, Telefonen, Schallplattenspielern und Fernsehgeräten kommunikativ aufgerüstet. Das Auto wurde zu einem millionenfach verbreiteten Massenprodukt; jährliche Völkerwanderungen zu südlichen Urlaubszielen setzten ein. Für die wachsende Bevölkerung und das steigende individuelle Raumbedürfnis der Menschen mußten riesige neue Wohngebiete errichtet werden.

Der Konsum machte die Menschen zu umworbenen Wirtschaftssubjekten, deren Bedürfnisse mit einer immer reichhaltiger und reizvoller werdenden Reklame beeinflußt und geweckt wurden. Die Signale der Werbung begleiten seither das ganze Leben in der kapitalistischen Welt. Wachstum und Beschleunigung der Wirtschaft zeigten sich dem einzelnen im jährlichen Zuwachs auf den Lohn- und Gehaltszetteln, im raschen Altern der Geräte, in den wechselnden Kleidermoden, in der sich vervielfältigenden Massenkultur.

Gewaltig steigender Verbrauch ist die objektive, ökonomische Seite dieses Prozesses. Die subjektive Seite sind Wohlstand, vermehrte Lebenschancen, Bequemlichkeit, Genuß, Unterhaltung, Freiheit, erhöhte gesellschaftliche Duldsamkeit. Schon um 1950 konnte man feststellen, daß ein westlicher Industriearbeiter in angenehmeren Umständen lebte als ein Ritter des Mittelalters. In früheren Epochen bestand das Dasein der Überzahl der Menschen fast ausschließlich aus Arbeit. Nach dem Zweiten Weltkrieg wurde hart und dabei so produktiv wie nie zuvor gearbeitet; zugleich wurde regelmäßiger Müßiggang, einst das Privileg kleiner Oberschichten, zu einem Massenvergnügen. Jahrzehntelang betrachteten viele Zeitkritiker die industrielle Konsumgesellschaft mit starkem Mißtrauen; sie befürchteten Gleichschaltung und Manipulation der Menschen zu ökonomischen Zwecken. Inzwischen nennen Historiker die ersten drei Jahrzehnte nach dem Zweiten Weltkrieg zumindest für die westliche Hemisphäre ein goldenes Zeitalter, denn es herrschten Frieden und stetig wachsender Wohlstand für alle. Auch die ärmlichen Diktaturen des sowjetischen Blocks konnten die nach dem Vorbild des Westens steigenden Bedürfnisse ihrer Untertanen nicht dauerhaft vertagen und mußten der kapitalistischen Konsumwirtschaft nacheifern. Daß sie diesen Wettstreit verloren, wurde zur wichtigsten Ursache ihres Scheiterns.

Das entscheidende Produkt der neuen Konsumgesellschaft war ohne Zweifel das Auto. Es war das teuerste bewegliche Gut, das an die Massen verkauft werden konnte; die Produktion der vielen Millionen Kraftfahrzeuge setzte ein Heer von Arbeitern in Lohn und Brot. Zugleich ermöglichte das Auto jene Mobilität, die zum Grundmerkmal der Epoche wurde. Das Auto erst erlaubte die Ausdehnung der verdichteten Kernsiedlungen und Städte in die alte europäische Kultur- und Nutzlandschaft, die in der zweiten Hälfte des 20. Jahrhunderts zu jenem teils ziergartenhaften, teils grausam entstellten, technisch eingerahmten Interieur wurde, das uns heute umgibt. Ganz Europa mußte für das Auto mit glatten, asphaltierten Straßen überzogen werden, die Hunderttausende Quadratkilometer Natur wegfraßen. Die Motorisierung des Verkehrs ermöglichte die weiträumige Trennung von Wohnen, Arbeit und Freizeit, aber auch den Aufbau von Supermärkten und Einkaufszentren, in denen Waren aus aller Herren Länder angeboten werden. Das Auto war vor dem Flugzeug und mehr als die Eisenbahn das entscheidende Transportmittel des Massentourismus, für den etwa die Küsten des westlichen Mittelmeers fast vollständig zubetoniert wurden. Der Autoverkehr bildete den vitalen Kreislauf der Konsumgesellschaft, er war Voraussetzung und Resultat des enorm gestiegenen Wohlstands. Vom Autobau hing seit den fünfziger Jahren die Konjunktur mehr als von jedem anderen Industriezweig ab. Das Auto trug noch vor dem Flugzeug zum ersten und entscheidenden Sieg der ungemein beschleunigten Zeit über den immer wesenloser werdenden Raum bei, der das späte 20. Jahrhundert kennzeichnet.

Zum wichtigsten kulturellen Instrument der Konsumgesellschaft wurde das Fernsehen, das sich seit den fünfziger Jahren rapide verbreitete und binnen kurzem bis in die letzten ländlichen Winkel sein bläuliches Flackern leuchten ließ. Ein bedeutender Lebensfaktor wurde es schon durch das pure Quantum an Zeit, das es durchschnittlich im Leben der Menschen zu beanspruchen begann – zwei oder drei Stunden täglich vor dem Apparat zu sitzen, ist seither für große Teile der europäischen Bevölkerung ganz normal. Neben der Atombombe gibt es keine technische Errungenschaft, die in der Nachkriegszeit so heftig umstritten war wie das Fernsehen. Man befürchtete von ihm die Manipulierung und Verblödung der Massen, propagandistische Gleichschaltung und Zurichtung. Die Wirkungen dieses großen neuen Lebensfaktors aber erwiesen sich als eher undeutlich. Neben dem Auto und zusammen mit der umfassenden telefonischen Vernetzung trug das Fernsehen am meisten dazu bei, für die Nachkriegsmenschheit den Raum zugunsten der Zeit zu entmachten. Schon die Möglichkeit, daß ganze Nationen abends zur gleichen Zeit dasselbe sahen, brachte die naturgegebenen Abstände zum Verschwinden. Seit den sechziger Jahren wurden Direktübertragungen in alle Welt machbar. Sportereignisse, Naturkatastrophen, Kriege und politische Vorgänge konnten überall zur Anschauung gebracht werden. Die Mondlandung wurde so zum Weltereignis. Daß die Vereinigten Staaten den Vietnamkrieg erfolglos abbrechen mußten, lag nicht zuletzt an der Berichterstattung im westlichen Fernsehen: Die Grausamkeit dieses Krieges war der demokratischen Öffentlichkeit auf Dauer nicht zuzumuten. Die Politik wurde unter pausenlose Beobachtung gestellt, mit zwiespältigen Folgen: Teils konnte politisches Handeln zu einem subtil demagogischen Schaugeschäft werden, das einen neuen Typus von persönlichem Charisma und zuweilen übermenschliche Nervenstärke erforderte; teils baute das Fernsehen Autorität ab, gab Staatslenker und Parteiführer der Lächerlichkeit preis und trug so zur demokratischen Egalisierung der öffentlichen Sphäre bei. In den Monaten um den Fall der Mauer hat die westliche Berichterstattung eine enorme Wirkung ausgeübt, indem sie die Zerfallsprozesse im östlichen Imperium beschleunigt hat. In Krisenmomenten wird sich diese Wirkung immer wieder erneuern können; Diktatoren und Kriegsherren wissen das, aber ihr wichtigstes Mittel ist defensiv: Sie versuchen das Fernsehen fernzuhalten. Im Golfkrieg gegen Saddam Hussein 1991 und im Krieg gegen Serbien 1999 wurde das Fernsehen zu einem Mittel, um die Kampfmoral der Kriegsparteien zu manipulieren, vor allem um die Stimmung der launischen und mißtrauischen westlichen Öffentlichkeiten zu beeinflussen. In den westlichen Gesellschaften wird heute vielfach empfunden, daß die Machtfülle der Sender die Autonomie von Politik und Kultur bedroht.

Nach den Erfahrungen dreier Jahrzehnte spricht aber wenig dafür, daß das Fernsehen zu einer nachhaltigen politischen Indoktrination taugt. Es trägt viel eher zur Verbreitung eines gleichartigen, vorwiegend amerikanisch geprägten Lebensstils in den westlichen Gesellschaften bei, es ist ein Instrument der Reklame, es spiegelt die bestehende Welt und hält damit Zeit und Phantasie der Konsumenten besetzt, aber positiv bringt es erstaunlich wenig in Bewegung. Die Menschen haben zunehmend gelernt, sich die vom Fernsehen gebotenen Eindrücke vom Leib zu halten, mit Gleichgültigkeit oder Ironie auf sie zu reagieren und nur das ihnen jeweils Gemäße zu nutzen. Die Vermehrung der Programme seit den siebziger Jahren hat den zu Beginn befürchteten Manipulationseffekt torpediert. Das Fernsehen, das dürfte seine untergründigste Wirkung sein, trägt mehr als alles andere zur Entmaterialisierung der natürlichen Umwelt bei, die die Wohlstandsepoche seit dem Zweiten Weltkrieg kennzeichnet, zum Eindruck von Allgegenwart, grenzenloser Wunscherfüllung, kurz, zu dem Illusionären, das die Konsumgesellschaft charakterisiert.

Die historisch beispiellose Entfaltung von Wohlstand und Technik in der Nachkriegszeit läuft auf allen Ebenen auf Entfernung und Befreiung von der Natur hinaus. Das Fernsehen gaukelt nicht nur die Überwindung von Raum und Zeit vor, es macht Menschen auch in vorher kaum erprobtem Ausmaß fähig, allein zu bleiben, ohne die Ansprache einer Gemeinschaft. Dieses Alleinsein setzt materiell wiederum das anonyme Funktionieren aller Versorgungseinrichtungen wie Wasser, Strom, Heizung, Transport von Waren und Energie voraus. Die Menschen leben mehr als je zuvor nicht nur in einem von ihnen geschaffenen Interieur, sondern auch in einem auf Verkehr und Information fließend gehaltenen Chronotop. Diese Entwicklung erreichte nach 1989 im Internet, der weltweiten Verkoppelung von Millionen privat und öffentlich genutzten Computern in einem ursprünglich vom amerikanischen Verteidigungsministerium entwickelten Netz, ihre bisher letzte Stufe. Auto, Telefon, Flugzeug, Fernseher und vernetzter PC beschreiben eine Abfolge von gesteigerter Raumüberwindung, die auf die Erleichterung aller Widerstände der Natur, ihres Schweren und Kargen, hinausläuft.

Das System des Kalten Kriegs lag wie Blei über der Nachkriegswelt, aber unter ihm brachte die bald so genannte Überflußgesellschaft wenigstens in Westeuropa und Nordamerika eine Alltagskultur hervor, deren wichtigstes, sie von allen früheren Epochen unterscheidendes Merkmal jene erstaunliche Leichtigkeit in der Überwindung natürlicher Widerstände wurde. Das prägte sich in einer Verwandlung der Lebensformen aus, die von Historikern inzwischen geradezu als anthropologische Metamorphose bezeichnet werden konnte und die jedenfalls einen tiefen Einschnitt in der Geschichte menschlicher Zivilisationen bedeutet.

Entscheidend dürfte die Befreiung der Sexualität sein. Sie hat, wie alle hier beobachteten Tendenzen, eine lange Vorgeschichte in der bürgerlichen Kultur, kam aber erst nach dem Zweiten Weltkrieg zum Abschluß. Seit den frühen sechziger Jahren gibt es die empfängnisverhütende Pille, die mit einem Schlag die Sexualität von überkommenen biologischen Verantwortungen und Ängsten entlastete und vor allem den Frauen erstmals eine annähernde Waffengleichheit mit den Männern brachte. Viel leichter als früher kann Sex seither als Lust und Selbstzweck genossen und auch vom Sozialen abgetrennt werden. Mit der Erfindung der Pille ging eine Welle psychologischer Aufklärung durch die industrialisierte Welt, die eben diese Autonomie der Sexualität propagierte. Die Pille und die von ihr ausgelöste Verhaltensänderung ist vielleicht die wichtigste materielle Voraussetzung der gesellschaftlichen, vor allem beruflichen Emanzipation der Frauen, seit der Aufbau gesamtgesellschaftlicher Versorgungssysteme die Familie von elementaren Notwendigkeiten der Daseinsvorsorge entlastete.

All das folgte auch der ökonomischen Rationalität der sozialstaatlich abgefederten Konsumgesellschaft, die jeden einzelnen, also auch jede Frau, als Kunden, Warenabnehmer und Versicherten aus den überkommenen naturhaften Zusammenhängen herausgelöst hat. Es bedeutete aber ohne Zweifel einen kaum zu überschätzenden Freiheitsgewinn, eine Entlastung von Angst und Schuldgefühlen, die den seither aufwachsenden Generationen das Leben ungemein erleichtert hat. Eine unmittelbare Folge dieser Entwicklung war schließlich die Befreiung der Homosexualität, die nach einem jahrzehntelangen mühseligen Vorlauf in den siebziger Jahren erreicht wurde und am Ende des Jahrhunderts auch zu einer gesellschaftlich allgemein akzeptierten Tatsache zu werden verspricht. Sie hat einer anthropologisch konstanten Minderheit zum ersten Mal in der Geschichte ein menschenwürdiges Dasein ermöglicht.

Aufhebung des Raumes, Überschreitung natürlicher Grenzen und naturgeschichtlicher Zwänge, Loslösung von familiären und gemeinschaftlichen Bindungen oder Fesseln, Verringerung von Arbeit, Vermehrung von Freizeit, Müßiggang als Massenerscheinung – das sind die Auswirkungen des massenhaften Wohlstands auf das Leben in der Nachkriegsgesellschaft. Die Vorkriegszeit hatte unter der Drohung eines übermächtigen Kollektivismus gelebt, einer totalitären Durchorganisierung der Welt, aus der die bürgerliche Kultur und ihr Individualismus zu verschwinden drohten. Die klassische bürgerliche Kultur ist in den Jahrzehnten nach 1945 in der Tat weitgehend verschwunden, ebenso wie die Kultur und Lebensformen der Arbeiterklasse, der Bauern und Handwerker. Aber dafür ist das bürgerliche Individuum zu einer ganz unbürgerlichen Massenerscheinung geworden. Die westliche Welt hat nach 1945 zahllose soziologische Begriffe für ihre Daseinsform ausprobiert: Industriegesellschaft, Spätkapitalismus, Überflußgesellschaft, Konsumistisches Kleinbürgertum, Verwaltete Welt, Eindimensionaler Mensch oder einfach nur System. Die meisten dieser mehr oder weniger alarmierten Diagnosen haben sich nicht bestätigt. Der Begriff der Konsumgesellschaft beschreibt, neutral gebraucht, das ökonomische Fundament des Ganzen, die sich im Massenverbrauch selbst antreibende und steigernde Marktwirtschaft, die ihre Subjekte aus allen Fesseln von Natur und Tradition löst.

Die im Konsum egalisierte Massengesellschaft mit ihrem ungeheuer erhöhten Lebenstempo entwickelte eine historisch einzigartige Alltagskultur, die die tiefgehende soziale Mutation an die Oberfläche brachte und sichtbar machte. Kleidung, Umgangsformen und Sitten haben sich selten in der Geschichte so rasch und einschneidend verändert wie in der Zeit um 1970. Vorbereitet wurde diese Verwandlung von der Studentenrevolte und der mit ihr verbundenen Hippiebewegung. Was diese sozial meist privilegierten Bürgerkinder erprobten, eroberte in kürzester Zeit eine ganze Generation. Um 1970 war der bürgerliche Habitus bei den Jüngeren fast vollständig verschwunden, am auffälligsten bei den Männern, deren Haare lang werden durften und deren Kleidung farbig wurde wie vor der bürgerlichen Zeit; der Herrenanzug, der die Mode über ein Jahrhundert lang bestimmt hatte, war auf dem Rückzug, der Herrenhut verschwand fast vollständig. Die Frauen mußten sich immer weniger verhüllen und trugen immer kürzere Röcke. Die Umgangsformen verloren ihre Förmlichkeit, und sie dienten nun vor allem dazu, soziale Unterschiede zu überspielen, anstatt sie herauszustreichen und sichtbar zu machen. Seit den achtziger Jahren differenzierte sich der Habitus wieder stärker; aber die Amplitude des sozial Möglichen konnte doch nicht mehr verringert werden. Das überkommene Arbeitsethos, Sparsamkeit und Kargheit einer Lebensform, die mit der Knappheit zurechtkommen mußte, schienen zu verschwinden, konnten allerdings bei einzelnen einer ungehemmten Leistungsbereitschaft im Konkurrenzkampf weichen.

Der neue Lebensstil orientierte sich an der Jugend als endlos ausgedehntem Zustand. Dies entsprach dem gestiegenen Wohlstand, der den Aufschub des Berufsbeginns erlaubte, aber auch dem erhöhten Bedarf an langwierigen Ausbildungen, den ein sich immer weiter technisierendes und spezialisierendes Wirtschaftssystem hervorbrachte. Der ganze Grundton des Daseins veränderte sich, am deutlichsten hörbar in der Rock- und Popmusik, die die sentimentale Schlagermusik der früheren bürgerlichen Kulturindustrie ablöste. In der Zeit von den sechziger Jahren bis heute hat sie die Melodie und die menschliche Stimme immer weiter zurückgedrängt, während Rhythmus und technoide Klangeffekte in immer neuen Mischungen bis an die Grenze physischer Erträglichkeit erprobt werden. Überhaupt dürfte es noch nie eine Kultur gegeben haben, in der Musik so ununterbrochen präsent war wie die des späten 20. Jahrhunderts. Das hängt nicht nur mit den vermehrten und erleichterten Konservierungsverfahren zusammen, sondern ist auch der genuine Ausdruck des dionysischen Grundzugs, den die neue Alltagskultur angenommen hat. Die Popmusik ist die eigentliche Massenkunst unserer Epoche. Sie schlug den Rhythmus des überraschend heiteren und erleichterten Lebens, das dem Westen nach den furchtbaren Katastrophen der ersten Jahrhunderthälfte und im Schatten der atomaren Vernichtungsdrohung gegönnt war. In ihr verdichteten sich mehr als anderswo die Lebens- und Gemeinschaftsgefühle der aufeinanderfolgenden Jugendgenerationen.

Seit den sechziger Jahren verlor auch die moderne Kunst das Spezialistische, das ihr in den ersten Jahrzehnten des Jahrhunderts eigen gewesen war. Andy Warhol versöhnte die Avantgarde endgültig mit der Massenkultur. Eine spielerische, oft dekorative Moderne wurde populär, die Grenzen der Kunst wurden überhaupt niedergerissen; sie wanderte ein in die Lebenswelt, deren technische Artefakte die Kunst zu ihrem Material machte. Die neue Massenkultur wurde zunehmend ironisch und selbstbezüglich, sie entwickelte ihr eigenes Gedächtnis. Das von der überkommenen Handwerklichkeit und Werkhaftigkeit emanzipierte Ästhetische wurde verdünnt zu einer allgemein verbreiteten Haltung, die den Umgang mit der künstlich gewordenen Welt regelte. Man hat nicht zu Unrecht von der Bohemisierung der Massen gesprochen; darin ist die wählerische und spielerische Haltung von Millionen Individuen gegenüber einer Welt beschrieben, die sich als gewaltige Angebotspalette von Waren, Reizen, Moden, Lebensstilen darstellt. Der Konsum hatte die Arbeit als Zentrum des Ökonomischen abgelöst, und wunderbarerweise schien das zu funktionieren.

Vielleicht waren die sechziger Jahre das glücklichste Jahrzehnt seit 1914. Jedenfalls waren es optimistische Jahre. Der Ton war auf Fortschritt, Emanzipation und Wachstum gestimmt. An ihrem

Ende stand ein Triumph menschlichen Könnens, die Mondlandung. Die bürgerliche Jugend begehrte auf und sprengte die Fesseln vieler Konventionen. Die Sexualität wurde so frei wie nie zuvor. Die Schrecken von Krieg und Zerstörung verschwanden vor der Erfahrung eines scheinbar grenzenlos wachsenden Wohlstands. Selbst der Osten hatte bis zum Prager Frühling Anteil an dieser Aufbruchstimmung. Die Grundstimmung Europas und Amerikas war reformistisch, politisch links, technikgläubig, zuversichtlich.

Doch in den vom Mond aus aufgenommenen Bildern hatte die Menschheit ihre Erde auch erstmals von außen sehen können, als kleines blaues Paradies mit einer verletzlichen duftigen Lufthülle. Die Erde zeigte sich als endlich, und auf einmal war die an den fernsten Horizont zurückgedrängte Natur wieder da. Die siebziger Jahre wurden ein pessimistisches Jahrzehnt, sie bezeichnen einen tiefen Einschnitt im Lebensgefühl der westlichen Welt, aber auch im Osten, der damals in die Stagnation der Breschnew-Zeit eintrat. Währungsturbulenzen und eine Wachstumskrise mit konstant hoher Arbeitslosigkeit und Inflation – die sogenannte Stagflation – ließen sich durch nationale Wirtschaftspolitik über Jahre nicht regulieren. Ein Sockel beträchtlicher Arbeitslosigkeit ist den westlichen Industriestaaten seither geblieben. 1972 und 1973 folgten einander zwei Ereignisse, die mit einem Mal die unsichere Grundlage jener gigantischen Konsumwirtschaft enthüllten, die die nördliche Hemisphäre seit den fünfziger Jahren verwandelt und auf die die befreite Lebenswelt sich soeben umfassend eingestellt hatte: das Buch *Die Grenzen des Wachstums* des Club of Rome und der Ölschock.

Jenes wohl einflußreichste politische Buch seit Orwells Roman *1984* trat auf als fachwissenschaftliches Gutachten zum Zustand der Erde. Seine Methode gab sich mathematisch, also unwiderlegbar. So profitierte die Schrift immer noch vom Wissenschaftsglauben der optimistischen sechziger Jahre. Ihr Inhalt aber war tief pessimistisch. Das Wachstum der Weltbevölkerung und der steigende Verbrauch in den Industrienationen würden, so lautete die These, die natürlichen Ressourcen der Erde – Wasser, bebaubaren Boden, Luft, Metalle, Mineralien, Erdöl, auch Kohle – binnen kurzem erschöpfen. Die Grenzen des Wachstums würden innerhalb der nächsten zwei oder drei Generationen, also noch zu Lebzeiten der jüngeren Leser des Gutachtens, erreicht werden. Der Schlüsselbegriff war das »exponentielle Wachstum«, die Verdoppelung der Wachstumsraten vor allem der Weltbevölkerung in immer kürzeren Zeiträumen. Der über Jahrhunderte langsam ansteigende Verbrauch werde schon um 2000 explodieren und auf einen verwüsteten Planeten hinauslaufen, wenn nicht in kürzester Frist – die Autoren sprachen von wenigen Jahren – eine radikale Umsteuerung erfolge.

Ihre Zahlenhaftigkeit und ihr wissenschaftlicher Gestus sicherten dieser malthusianischen Angstvision eine enorme Wirksamkeit – die Überflußgesellschaft sah sich plötzlich von Armut und leeren Vorratskammern bedroht. Die Hungerbilder aus Afrika und das schlechte Gewissen gegenüber der Dritten Welt taten ein übriges. Die Belastungen der eigenen Umwelt in den Industriestaaten waren mit Händen zu greifen und riefen Naturschutzbewegungen hervor. Als kaum zwei Jahre später eine vorübergehende Produktionsdrosselung der erdölexportierenden Staaten die sogenannte Ölkrise auslöste, wurde dem Westen das Prekäre der natürlichen Grundlagen seiner Ökonomie drastisch vor Augen geführt. In Deutschland blieben im Winter 1973/74 die Autobahnen an vier Sonntagen leer, und Geschwindigkeitsbegrenzungen schränkten die Freiheit des autofahrenden Konsumbürgers dauerhaft ein.

Diese Wahrnehmungen der Endlichkeit hat der Westen seither nicht mehr vergessen. Der Lebensstil der frühen siebziger Jahre zog die Konsequenz aus der Befreiung von äußeren Zwängen, die durch die Konsumgesellschaft möglich geworden war; im selben Moment aber kehrte der soeben scheinbar abgestreifte Naturzwang in neuer Gestalt zurück, wenn auch zunächst vor allem als Zukunftsangst. Die Öffentlichkeit zumal des in der Nachkriegszeit besonders verwandelten Deutschland gewöhnte sich an unheildrohende Zahlen und Begriffe, an Statistiken, die wie auslaufende Sanduhren wirkten, an Wörter wie »Waldsterben« oder »Ozonloch«. Nun erwies sich auch, daß die alte Abhängigkeit von der Natur durch eine neue Abhängigkeit vom globalen Wirtschaftssystem eingetauscht worden war. Was in vormodernen Gesellschaften ein kalter Winter und eine schlechte Ernte gewesen waren, das bedeuteten für den einzelnen nun schlechte Konjunkturdaten, erhöhte Energiepreise und steigende Arbeitslosigkeit.

Der ökologische Schock, der mit der langen Wirtschaftsflaute der siebziger Jahre zusammenfiel, rückte auch die Abhängigkeit von der Wirtschaft insgesamt in den Blick. Wachstum war umweltschädlich, aber ohne Wachstum war der Motor der riesigen Maschine, die nach dem Zweiten Weltkrieg in Gang gesetzt worden war, nicht am Laufen zu halten. Der Kalte Krieg hatte Politik als unveränderliches Schicksal etabliert; jedoch war dieses Schicksal irgendwann so weit weggerückt wie die epikureischen Götter, die sich um die Menschen nicht scheren. Nun erwies sich auch die Wirtschaft als Schicksal, aber als eines, das viel näher lag und unmittelbarer wirkte als die Politik. Wenn im Orient der Ölexport stockte, blieben in Europa die Heizungen kalt und standen die Fabriken still. Wenn die Weltwirtschaft lahmte, fanden die Jugendlichen keine Ausbildungsplätze und ging die Zahl der Arbeitsplätze zurück. Der moderne Konsumbürger hat alle möglichen Freiheiten, aber er muß sich darauf verlassen können, daß der Strom aus der Steckdose kommt und das Heizwerk ihn mit Wärme beliefert; auf diese Weise ist er von den zentralen Leitsystemen so abhängig geworden wie sein Vorfahr von Winter und Sommer. Und wer arbeitslos ist, scheidet aus dem System aus. Er wird versorgt, ausgehalten, aber auf Dauer fällt er aus der unentwegt geschäftigen Gesellschaft heraus. Mit der Zeit wird er sogar der Achtung beraubt; irgendwann hört er auf mitzuleben. Diese Erfahrung mußte seit den siebziger Jahren ein stabil hoher Anteil der Bevölkerung in den Wohlstandszonen machen.

Die Prophezeiungen der »Grenzen des Wachstums« haben sich in vielen Punkten nicht bestätigt. Der Verbrauch konnte vielfach auf Anhieb reduziert werden, neue Ressourcen wurden aufgespürt, manche Berechnungen haben sich als haltlos erwiesen. Aber die grundlegende Wahrnehmung der Endlichkeit hat sich gehalten. Der Energieträger, auf dem die gewaltige Entfaltung von Wohlstand seit den fünfziger Jahren vor allem beruht, ist das Erdöl. Es ist leicht zu gewinnen und zu transportieren, und es blieb über alle Jahrzehnte nach dem Zweiten Weltkrieg überraschend billig. In der wirtschaftlichen Gesamtkalkulation ist der Preis der Arbeit in den letzten Jahrzehnten des 20. Jahrhunderts so konstant gestiegen, wie derjenige der Energie zurückging.

Seit dem Ende der fünfziger Jahre hat das Erdöl die Kohle und andere Energieträger weit hinter sich gelassen. Es wurde zur wichtigsten Grundlage für die Kunststoffe der vielen neuen Geräte, Gebrauchsgüter und Verpackungen, mit denen sich erst die künstliche und danach die natürliche Umwelt der Industriestaaten füllte. In den wenigen Jahrzehnten seit 1950 wurde in einem riesigen Feuer ein Vorrat verbrannt, der in Hunderttausenden von Jahren angesammelt worden war. Die erste Ahnung davon überfiel die westliche Menschheit, die soeben noch an Wohlstand für alle geglaubt hatte, in den siebziger Jahren. Seither hat der Verdacht, die eigene Lebensweise könne auf Dauer haltlos sein, sie nicht mehr verlassen.

Den Pessimismus der siebziger Jahre hat das folgende Jahrzehnt nur zum Teil wieder überwinden können. Eine neoliberale Wirtschaftspolitik, die von den wirkungslos gewordenen keynesianischen Rezepten abging, brachte die westliche Wirtschaft wieder in Gang. Allerdings zeigte sich, daß der große Kreislauf von Produktion und Verbrauch auf eine beträchtliche Anzahl von Menschen verzichten konnte und sie sozialstaatlich ruhigstellen mußte. Den ökologischen Schock besänftigte eine Naturschutzpolitik, die einige der schlimmsten Symptome, vor allem die Verschmutzung von Luft und Wasser, spürbar zu bessern vermochte. Die achtziger Jahre gaben sich liberal in jeder Hinsicht, wirtschaftlich, aber auch politisch. Die erste in Wohlstand und Demokratie hineingeborene Generation hatte seit der Mitte der sechziger Jahre das westliche System idealistisch bezweifelt und eine Reihe sozial- und bildungspolitischer Reformen angestoßen. Die Demokratie sollte von einer formalen Verfassungsordnung mit antikommunistischem Impuls zu einer gerechten Sozialordnung und Lebensform ausgebaut werden. Diesen Anstoß verstanden die westlichen Demokratien erfolgreich zu integrieren, während zur selben Zeit ein versprengter Fundamentalismus die bürgerliche Demokratie vergeblich mit Waffengewalt umzustürzen versuchte. Im Kugelhagel der Roten Brigaden und der Roten-Armee-Fraktion gingen dann aber die kommunistischen Ideale, die alle historischen Dementis seit der Stalinzeit überlebt hatten, endgültig zugrunde.

1974/75 waren aus Europa die letzten den Westen kompromittierenden Militärdiktaturen, die Generalsregime in Portugal, Griechenland und Spanien, verschwunden. Auch dieser Sieg war liberal und ökonomisch: Die Demokratisierung eröffnete den zurückgebliebenen Mittelmeerstaaten den Weg in den gemeinsamen europäischen Markt. Um 1980 war im Westen jegliche fundamentale Systemkritik bedeutungslos geworden, intellektuell wie politisch. Eine neue, ernüchterte und wie seit je selbstsüchtige Bürgerlichkeit etablierte sich im Schwung der nun wieder stetig ansteigenden Konjunktur. Der Osten fiel in derselben Zeit endgültig zurück. Das Weiterdrehen der Rüstungsspirale hatte der Unzufriedenheit in den pazifistischen Bürgerbewegungen ein moralisches Ziel gegeben und die Wirtschaft des sowjetischen Blocks zunehmend von westlichen Krediten und Getreidelieferungen abhängig gemacht. Dem ökologisch geschärften Blick entging schon vor Tschernobyl nicht, daß die östliche Kommandowirtschaft noch verschwenderischer und zerstörerischer in der Natur wütete als der Kapitalismus. So ging es zwar im Westen wieder voran, allein an Fortschritt glaubte kaum jemand mehr. Die Kultur nannte sich postmodern und wurde reißend historistisch, sie spiegelte sich in Geschichtszitaten, historischen Ausstellungen und im sentimentalen Rückblick auf die während der vorangegangenen Generation endgültig verlorengegangene karge Alltagswelt der vormodernen Gesellschaft. Gleichzeitig lernte man wieder mit sozialer Ungleichheit zu leben, die sich mit der langen Dauer des Wohlstands verschärft hatte. Der Wiederaufbauimpuls der Nachkriegszeit war ebenso verblaßt wie das Gerechtigkeitsstreben der sechziger und frühen siebziger Jahre. Man hatte wieder begriffen, wie gut es ist, Geld zu haben und den Luxus zu genießen.

Das Auftauchen von Aids, einer tödlichen, unheilbaren Infektion in einem Jahrhundert, das den Glauben genährt hatte, jede Krankheit sei irgendwann zu besiegen, das erneute Aufwallen von Vernichtungsfurcht im Streit um die Nachrüstung und die länderübergreifende Technikkatastrophe von Tschernobyl gaben diesem glaubenslosen und genußfrohen Jahrzehnt einen düsteren Hintergrund. Daß der Westen vor einem welthistorischen Sieg stand, ahnte dort niemand.

Der Westen der achtziger Jahre war nicht nur reich und technisch innovativ – es war das Jahrzehnt, in dem der Computer zur Massenware wurde und die Produktion beispiellos rationalisierte –, er schien auch so frei und konfliktlos wie nie zuvor zu sein. Wer in dieser Zeit jung war, konnte seine Jugend in einer historisch vergleichslosen Sorgenfreiheit genießen. Noch in den siebziger Jahren hatte der Kapitalismus schwer und tankerhaft gewirkt, so häßlich wie die einförmige funktionelle Betonbauweise der Zeit; in den Achtzigern kam er postindustriell daher, gab sich schnell, flexibel, umweltschonend und heiter wie die anmutigen Stahl- und Glaskonstruktionen der postmodernen Architektur. Alles schien möglich, das meiste war erlaubt. Am Ende des Jahrzehnts lief der Osten einfach zum Westen über. Im Juni 1989 hatte das kommunistische Regime Chinas auf dem Tienanmen-Platz noch eine Demokratiebewegung mit Panzern niedergewalzt. Aber schon im Mai hatten Ungarn und Österreich ihren Grenzzaun beseitigt und damit das Loch geöffnet, durch das die beiden Welten zusammenflossen. Es waren Urlauber in bunten Ferienkleidern und Demonstranten mit Kerzen, die nach über vierzig Jahren das sowjetische Imperium zum Einsturz brachten. Das liberale System hatte auf der ganzen Linie gesiegt – als Demokratie und als Konsumgesellschaft.

Drei Jahre vor diesem fast beiläufigen Zusammenbruch des Ostens hatte die Reaktorkatastrophe in Tschernobyl ein verheerendes Licht auf den inneren Zustand der Sowjetunion geworfen. Die beiden Symbolereignisse für die Erfahrungen der Menschheit mit der Technik nach 1945 sind die Mondlandung 1969 und Tschernobyl 1986. Daß der triumphale Schritt auf den Mond, das Ergebnis einer kaum zehnjährigen, bis zuletzt riskanten Vorbereitung, den Amerikanern gelang, während der schlimmste Atomunfall der bisherigen Geschichte in einem heruntergekommenen ukrainischen Kraftwerk eintrat, entschied einen vierzigjährigen wissenschaftlich-technischen Wettkampf.

Um Tschernobyl wurden innerhalb weniger Stunden über 10 000 Quadratkilometer verseucht, rund 200 000 Menschen mußten umgesiedelt werden, und eine radioaktive Wolke bedrohte viele Tage halb Europa mit atomarer Kontaminierung. Der nur notdürftig verschalte Unglücksort droht bis heute mit neuer Zerstörung, auf die man nur unzureichend vorbereitet ist. Massenhaft erkranktes und verkrüppeltes Leben zeugt davon, daß hier eine Kraft freigesetzt wurde, die alle menschlichen Maßstäbe und Möglichkeiten übersteigt. Die Niederlage von Tschernobyl war eine von Wissenschaft und Technik überhaupt. Sie ging die Menschheit insgesamt an, so wie es siebzehn Jahre zuvor mit der Mondlandung auch gewesen war, die doch nur als gewaltige Demonstration der Militärtechnik der Vereinigten Staaten zustande gekommen war, dann aber den von allen Völkern gemeinsam bewohnten, gartenhaften Planeten bewußtgemacht hatte.

Die ungeheure Entfaltung von Wissenschaft und Technik, die

einen seit zwei Jahrhunderten laufenden Prozeß fortsetzte und steigerte, ist der auf lange Sicht gewiß folgenreichste Vorgang des späten 20. Jahrhunderts. Er hat die Möglichkeiten und zugleich die Selbsterfahrung der Menschheit radikal erweitert und verändert, und zwar auf irreversible Weise. Krieg und Kalter Krieg haben dabei eine treibende Rolle gespielt. Ohne den Zweiten Weltkrieg wäre die Kernkraft nicht in so kurzer Zeit in eine waffenfähige Form gebracht worden, und ohne den Kalten Krieg hätte die rasante Entwicklung der Raumfahrt, der Satelliten- und der Rechnertechnik nicht in wenigen Jahrzehnten die Voraussetzungen für den heutigen hochvernetzten Kommunikationszustand hergestellt. Die Entwicklung der Rechenmaschinen von den Lochkarten zählenden Apparaten zu Beginn des Jahrhunderts über die mit Röhren arbeitenden Rechner nach dem Zweiten Weltkrieg bis zu Personal Computer und Internet entspricht einem Bedürfnis der verwalteten Welt und der großen Fabriken, aber ihre Geschwindigkeit wurde durch militärische Zwecke enorm gesteigert.

Ein extrem aufwendiges Kollektivunternehmen wie die Raumfahrt war nur in staatlicher Regie ins Werk zu setzen; im übrigen aber war der Fortschritt im technisch-industriellen System längst selbsttragend geworden. Am Ende der achtziger Jahre arbeiteten weltweit etwa fünf Millionen naturwissenschaftliche Forscher – 1910 hatte es in den beiden führenden Industrienationen Deutschland und Frankreich zusammen erst 8000 Physiker und Chemiker gegeben. Die Zahl an neuen Geräten, Medikamenten, Herstellungsverfahren oder Kunststoffen, die von dieser universalen Nation von Wissenschaftlern, die eine gemeinsame Sprache spricht und gemeinsame Methoden anwendet, entwickelt wurde und wird, ist längst unüberschaubar geworden. Wissenschaft, Technik und Industrie bilden einen Verbund, der den Fortschritt an allen Fronten vorantreibt, finanziert, ausbeutet. Der Motor dieser riesenhaft institutionalisierten Schläue ist das Gewinnstreben, das immer das Äußerste aus der Natur und ihren Gesetzmäßigkeiten herausholen will.

Nicht ohne Grund hat man schon in der Mitte des 20. Jahrhunderts das Industriesystem als den tiefsten Einschnitt der Menschheitsgeschichte seit der neolithischen Seßhaftwerdung und dem Beginn von Ackerbau und Viehzucht beschrieben. Hier war und ist das Laboratorium, in dem die vollständige Veränderung der Erdoberfläche zugunsten einer sprunghaft gestiegenen Weltbevölkerung vorangetrieben wird. Und von diesem wissenschaftlich-technischen System wird es dann auch abhängen, ob die gewaltige Entfesselung aller Kräfte in menschenfreundlichen Bahnen gehalten werden kann.

Die Wissenschaft hat nicht nur die Welt verändert, sondern auch das Weltbild. Die Teilchenphysik, die in der ersten Jahrhunderthälfte entwickelt wurde, ging eine Verbindung mit der Astrophysik ein. So wurden kosmologische Fragen erstmals direkt und experimentell zugänglich. An den Bausteinen der Materie und ihrem Vorkommen im All wurden Hypothesen über die Weltentstehung entwickelt und durchgerechnet. Diese Hypothesen – das Bild vom Urknall, von der Expansion und vielleicht späteren Kontraktion von Energie – erinnern frappant an mythologische Bilder von Urfeuern und Weltzyklen. Aber sie sind mathematisch formulierbar, experimentell greifbar und sogar datierbar.

Man bemüht sich um eine Altersbestimmung des Kosmos – zwanzig Milliarden Jahre lautet die derzeitige Hypothese; die beim Urknall vermutete Temperatur von zehn Milliarden Grad wird auch bei der Explosion von Wasserstoffbomben erreicht. Am Anfang soll es nur eine einzige Familie von Teilchen gegeben haben, die sich erst beim Abkühlen in eine Unzahl verschiedener Teilchen und die vier Grundkräfte differenzierte, die man im Kosmos wirken sieht: Gravitation, Kernkraft, schwache Wechselwirkung bei radioaktivem Zerfall sowie elektromagnetische Kraft. Auf Long Island wird ein Experiment vorbereitet, in dem die Bedingungen, die in der ersten Sekunde des Urknalls geherrscht haben könnten, nachgebildet werden sollen: Man will Gold- und Uranatome auf Lichtgeschwindigkeit beschleunigen und aufeinanderschießen.

So bemüht sich die Wissenschaft, das Elementare zugänglich und in einer »Weltformel« greifbar zu machen, und sie hat ihre Grenzen dabei noch immer nicht erreicht. Was dies für das menschliche Selbstverständnis am Ende bedeuten wird, ist heute noch ganz offen. Daß der Mensch und sein Bewußtsein durch die kopernikanische Revolution, durch die Darwinsche Evolutionsbiologie und durch die Psychoanalyse Freuds aus dem Mittelpunkt der Welt an den Rand gerückt worden sei, daß er sich seelisch so wenig als Herr in seinem Hause fühlen könne wie als Krone der Schöpfung und als Mittelpunkt des Kosmos, ist ein oft wiederholter Gemeinplatz geworden. Im 20. Jahrhundert wurde der Mensch mit Theorien überschüttet, die ihn in Frage stellten und entmächtigen wollten. Für den Marxismus ist er von den materiellen Bedingungen seiner Reproduktion abhängig, für die Tiefenpsychologie von unerkannten und kaum beherrschbaren Trieben, für die Verhaltensbiologie von naturgeschichtlichen Prägungen, für die Evolutionsbiologie von genetischen Voraussetzungen. Die Menschenart hat im 20. Jahrhundert ihre Umwelt so verändert wie kein irdisches Lebewesen zuvor, aber ebenso wie nie zuvor in ihrer Geschichte wurde sie als Spielball von hintergründigen Mächten und Faktoren beschrieben. Vielleicht aber wird man diese Fragen einmal ganz anders sehen. Die Hirnforschung hat errechnet, daß die hundert Milliarden Nervenzellen des menschlichen Gehirns mit ihrer Länge von etwa einer Million Kilometer Nervenbahnen untereinander eine Zahl möglicher Verbindungen eingehen können, die größer ist als die Anzahl der Atome im gesamten Universum. Kehrt mit solchen Befunden der Mensch nicht ins Zentrum der Schöpfung zurück? Sein Gehirn ist das komplexeste Organ, das die Evolution hervorgebracht hat, also doch so etwas wie ihre Krönung.

Dieses Organ ist im 20. Jahrhundert erstaunlich weit bei dem Versuch gekommen, den Anfang und den Verlauf aller Dinge zu rekonstruieren. Es ist ihm im gleichen Zeitraum gelungen, auch die elementaren Bausteine des organischen Lebens aufzufinden. Die

Lesbarmachung des genetischen Codes, die seit den fünfziger Jahren gelingt, bedeutet für das Selbstverständnis und die künftige Geschichte des Menschen wahrscheinlich einen noch tieferen Einschnitt als die Entfesselung der physikalischen Elementarkräfte. Der Übergang vom Anorganischen zum organischen Leben ist beschreibbar geworden, und damit sind Hypothesen zur Entstehung des Lebens auf der Erde erstmals nachprüfbar.

Mittlerweile ist der Moment absehbar, in dem die Wissenschaft in den Verlauf der Evolution selbst eingreifen kann. Schon heute kann die Gentechnik Chimären aus Schafen und Ziegen, aus den Genen von Bakterien, Pflanzen und Tieren hervorbringen. Einzelne Exemplare von Lebewesen selbst höchster Ordnung können durch Klonierung beliebig vervielfacht werden. Die Medizin hat begonnen, die fünfzig- bis hunderttausend menschlichen Gene zu kartieren und lesbar zu machen. Durch die damit mögliche und kaum abweisbare Prävention von genetisch bedingten Krankheiten wird die Möglichkeit sichtbar, daß sich die bisher gültigen Regeln der Evolution wandeln, daß Veränderungen im Erbmaterial bald eher von gesellschaftlichen Entscheidungen als von natürlicher Auslese abhängen. Die genetische Evolution könnte zu einem willentlich gelenkten Akt werden, und die Menschheit kann sich in Tun und Unterlassen schmeicheln, sie habe göttergleich ihr eigenes Schicksal in die Hand genommen. Von der Atomfurcht hat man gesagt, Angst habe die Menschheit nicht vor der Wasserstoffbombe, sondern vor sich selbst. Dasselbe muß jetzt für die Molekularbiologie gelten. Gefährlichere Grenzen wurden nie überschritten.

Bei all dem wird eine überraschende ästhetische Einheit des Wissens sichtbar. Rechnerteile, die aus atomaren Strukturen bestehen, sich also die Elementarkräfte dienstbar machen, sind in der Entwicklung; der teils chemische, teils elektronische Informationsaustausch im Gehirn funktioniert nach der Art von Morsezeichen, der genetische Code läßt sich auf nur vier Buchstaben zerlegen, und die digitale Computersprache ist auf dem Unterschied von 1 und 0, von positiver und negativer elektronischer Ladung aufgebaut. In dem Zurückgehen auf die Elementarteilchen und -kräfte zeigt sich ein mehr als nur metaphorischer Zusammenklang von Mikro- und Makrokosmos, von Natur und avanciertester menschlicher Technik. Die Rechnertechnik konnte offenbar vor allem deshalb so erfolgreich weiterentwickelt werden, weil sie mit einem Prinzip arbeitet, das der Natur insgesamt zugrunde liegt: dem Aufbau kompliziertester Strukturen aus einfachen, antagonistischen Teilchen. Der Computer und das Internet sind gewiß kein Gehirn, aber daß das neueste Instrument im weltwirtschaftlichen und wissenschaftlichen Datenaustausch mit einem Elementarprinzip der Physik und des organischen Lebens zu arbeiten scheint, hat für die heutige Menschheit etwas wunderbar Einleuchtendes.

Die Dynamik der Wissenschaft spielte bei der Beendigung des Wettlaufs der Systeme und dem daraus folgenden höheren Vernetzungsgrad der Welt – historisch eine Vereinfachung, zugleich aber ein Ordnungsverlust – eine entscheidende Rolle. Durch die Mondlandung und Tschernobyl war der Kampf sichtbar und unzweideutig entschieden worden. Ein wichtiger Faktor war aber auch das Zurückbleiben des Ostens in der Informationstechnologie und der damit verpaßte Schritt auf eine weitere Stufe der industriellen Revolution. Der Osten blieb stählern und schwer, als der Westen sich elektronisch beschleunigte und flexibilisierte. Das Internet, ein nach 1989 vom amerikanischen Verteidigungsministerium freigeschaltetes polyzentrisches, grenzenlos erweiterbares weltweites Computernetz, wurde zum deutlichsten Symbol und Medium der seit 1989 wiedervereinigten Welt. Seine explosionsartige Entfaltung in den vergangenen Jahren ist das einprägsamste Zeichen für die ungebrochene Vitalität des kapitalistischen Weltprozesses.

Mit dem Fall der Berliner Mauer begann die undeutliche Übergangszeit, in der wir heute leben und auf das bevorstehende Jahrtausendende blicken. Die ersten euphorischen Momente sind rasch verflogen. Kurz war von einer neuen politischen Weltordnung die

Rede, kühner sogar vom Ende der Geschichte. Die Ideengeschichte der Neuzeit habe sich im 20. Jahrhundert blutig ausgerast, behauptete man, und die liberale Demokratie mit ihren gleichförmigen Anerkennungsverhältnissen sei als einzig tragfähiges Konzept des menschlichen Zusammenlebens übriggeblieben. Danach gehe es nur noch um Anpassungs- und Umsetzungsfragen, während aller Prinzipienstreit, der der klassischen Geschichte ihren Inhalt, aber auch ihre kriegerische Unversöhnlichkeit gegeben habe, nunmehr beendet sei. Die letzten antagonistischen Bastionen, China, Korea, Kuba, würden bald fallen, der arme Süden sich dem Westen nachentwickeln. Doch schon 1990 begann der blutige Stammeskrieg in Jugoslawien, der Vertreibung und Massenmord nach Europa zurückbrachte. 1989 wurde der alte Zusammenhang von Nation und Demokratie für Mittel- und Osteuropa wiederentdeckt; aber auch Völkerhaß und Nationalismus kehrten wieder. Das Ende der Geschichte sah rasch aus wie die trübe Auferstehung halbtoter Affekte aus dem 19. Jahrhundert. Am Ausgang des Jahrhunderts sah sich ganz Europa in einen Krieg hineingezogen, dessen Resultat – vielleicht nach einem generationenlangen Stellungskampf wie in Palästina oder in Nordirland – vermutlich doch eine ethnische Flurbereinigung sein wird, wie sie am Ende des Zweiten Weltkriegs zwischen den Deutschen und ihren östlichen Nachbarn stattfand. Nach dem amerikanisch-irakischen Golfkrieg von 1991 wurde das Angstszenario einer in feindliche Kulturkreise zerfallenen Welt entworfen, die von länderübergreifenden Religionskonflikten bedroht sei.

Mit dem Begriff der Globalisierung begann zur selben Zeit ein neues Wort für die 1989 bewiesene Schicksalhaftigkeit der Ökonomie zu kursieren. Die Globalisierung ist nur zur Hälfte die Wahrnehmung einer grenzenlos vereinigten Weltgesellschaft – wer nicht globalisiert ist, sondern arbeits- und computerlos in einer strukturschwachen oder unterentwickelten Region als Modernisierungsverlierer lebt, bleibt vom Weltverkehr ausgeschlossen. Es dürfte sich dabei um zwei Drittel der heute Lebenden handeln. Das Ende der

Geschichte, der Kampf der Kulturen und die Globalisierung sind bestenfalls unscharfe Wahrnehmungen eines unklaren Weltzustands.

Die Europäer blicken am Ende des Jahrhunderts viel lieber zurück als nach vorn. Die europäische Vereinigung wird überzeugungsarm und ohne demokratisches Pathos als wirtschaftliche Notwendigkeit, nicht zuletzt als Versicherung gegen Krieg betrieben. Man bilanziert das Jahrhundert unter Titeln wie Zeitalter der Extreme und Vergangenheit einer Illusion, würdige Nachfolger von Diagnosen, die Untergang des Abendlands, Aufstand der Massen, Verlust der Mitte, Verwaltete Welt, Antiquierter Mensch und Eindimensionaler Mensch hießen. Allerorten ist von einem Ende die Rede, auf das kein Anfang folgt. Das Wort Postmoderne sagte, daß man nichts Bestimmtes mehr vorhabe, weil alles möglich scheint. Die Rede vom Ende der Kunst diagnostiziert die Konsequenz der modernen Entgrenzungen aller Formen und Werkbegriffe als fades, gleichmäßig über die Lebenswelt verteiltes Ästhetisches. Kunst ist heute das, was man in eine Ausstellung bringen kann, also praktisch alles; umgekehrt kann man sich mit den Blicken eines Ausstellungsbesuchers an jedem beliebigen Ort aufhalten. In der neuen Einheit der Welt scheint der Widerstand einer autonomen ästhetischen Sphäre weitgehend verschwunden. Wo noch Werke geschaffen, Bücher geschrieben, Gebäude errichtet und Stücke komponiert werden, wird tief in die Vergangenheit gegriffen; oft kehrt man zurück zu den Modellen aus der ersten Hälfte des 20. Jahrhunderts. Der Roman arbeitet weiter an der Beseelung eines Weltalltags, der bald kein Draußen mehr kennt. Erzähltechnische Spiegelkabinette, Zitatcollagen und utopische Gedankenspiele beherrschen eine Literatur, deren Fluchtinstinkte zurückführen zur Ingenieurslust am Bau virtueller Welten. Einzig der Film profitiert von technischen Errungenschaften wie der Computersimulation; er nutzt sie aber vor allem zu einer noch perfekteren Verdoppelung der vorgefundenen Welt.

Die vielleicht nur vorübergehende Erschöpfung der Phantasie ist einer der überraschendsten Züge am Ende eines Jahrhunderts, das keine Grenzüberschreitung gescheut hat. Das Jahr 2000 setzt kaum Furcht oder Hoffnung frei; Unterhaltungsfilme zeigen konventionelle Weltuntergangsbilder mit drohenden Meteoren und außerirdischen Invasionen. Die substantiellste Furcht betrifft die Fähigkeit der Rechner, mit der ungewohnten Datumsziffer 2000 zurechtzukommen: Die Programmierer der Computer hatten so wenig wie der Rest der Menschheit Lust, auch nur zehn Jahre vorauszublicken.

Ernüchtert, rückwärtsgewandt, erwartungslos, in Europa kriegerisch beunruhigt, endet das 20. Jahrhundert. Von einer Fin de siècle-Stimmung mit Abschiedswehmut und Zukunftshoffnung ist vorerst nichts zu spüren. Die drei Nullen, die uns erwarten, werden die Grundbedingungen des Daseins nicht verändern. Die Empfindung eines leergeräumten Horizonts zeigt auf ihre Weise die Summe aus den Erfahrungen des Jahrhunderts. Nach dem glücklichen Moment von 1989 wurde in Europa die Schlußbilanz des kommunistischen Versuchs gezogen – man fand Millionen Tote, zerstörte Gesellschaften und kahlgewordene Länder. An menschheitsbeglükkende Utopien wird niemand so schnell wieder glauben wollen.

Die Aufbrüche und Grenzüberschreitungen der Künste haben an eine Wand geführt, denn überall wurde das Elementare erreicht: die reine Farbe, der Kubus und der rechte Winkel, der harmoniefreie Klang, das Geräusch, die Lautmalerei, das System der Sprache, die ästhetisierte Lebenswelt und über allem die angewandte Kunst der Reklame. An den Fortschritt der Wissenschaften ist man gewöhnt, aber er löste nicht nur Probleme und trug zu beispiellosem Wohlstand bei, er führte die Menschheit auch vor neue Abgründe. So sind die großen Hoffnungen ermattet, verbraucht. Die Energien konzentrieren sich auf die Anstrengung fürs individuelle Wohlergehen, den besonderen Lebensentwurf, die gelingende Biographie. Das ist ein vernünftiges Resultat einer Epoche, in der unter gigantischen

Anstrengungen von Kollektiven am Ende die Demokratie siegte. Aus Klassen und Massen wurden Bürger, deren Zeit nicht die Geschichte, sondern die Generation ist. Die Zukunft liegt draußen, im Weiterfunktionieren der technischen Welt, der Versorgungsapparate, im Gleichgewicht der Natur.

Es gibt noch politische Hoffnungen, aber sie sind schwach und werden vorzugsweise in der dünnen Luft internationaler Institutionen gehegt. Die Massaker des letzten Jahrzehnts in Jugoslawien und in Afrika haben zur Einrichtung eines internationalen Gerichtshofes für Menschenrechtsverletzungen geführt. Die Anstrengungen, das Instrumentarium der Vereinten Nationen zur Verrechtlichung internationaler Beziehungen zu nutzen, sind freilich bisher erfolglos geblieben. Der Krieg gegen Serbien führte die westlichen Länder in ein Dilemma zwischen dem unzulänglichen formalen Völkerrecht und den moralischen Impulsen, die von den Bildern und den Berichten über Massaker und Völkervertreibung ausgehen. Der Vernetzungsgrad der Ökonomie erzwingt die Überwachung der Finanzströme und den Aufbau gesicherter Rechtsbeziehungen zwischen den Erdteilen. Der Bedarf an solchen übernationalen Strukturen wird zweifellos wachsen, denn die Menschheit wird in den nächsten anderthalb Jahrhunderten ihre schwerste soziale Krise bestehen müssen.

Das 20. Jahrhundert, das so viel versucht und so viel verbraucht hat, ist einzigartig auch in demographischer Hinsicht gewesen. Es war das Jahrhundert mit der weitaus größten Bevölkerungszunahme in der Geschichte. Von Christi Geburt bis zum Jahre 1800 wuchs die Weltbevölkerung von 300 Millionen auf eine Milliarde. Die zweite Milliarde war 1926 erreicht. 1960 waren es drei Milliarden, 1998 wurde die sechste Milliarde erreicht. Nach konservativen Hochrechnungen – es handelt sich um Extrapolationen, die mehr sind als bloße Schätzungen – wird der Zenit um 2100 bei etwa elf Milliarden Menschen erreicht sein und um 2150 in einen stationären Zustand übergehen. In Europa wird die Bevölkerung bereits im 21. Jahrhundert zurückgehen und zwischen 2000 und 2050 von 737 auf etwa 721 Millionen sinken. Schon das 19., erst recht das 20. Jahrhundert waren voller malthusianischer Ängste, die sich nicht erfüllt haben. Die Erde wird vermutlich imstande sein, selbst die noch bevorstehende Zunahme an Menschen irgendwie zu verkraften. Was sie dagegen nicht mehr verkraften wird, ist eine Fortsetzung des Wachstums und des Verbrauchs, wie sie sich in der westlichen Welt nach 1945 etabliert haben. Die Wissenschaft hat das Bild des »ökologischen Fußabdrucks« entwickelt, den jedes einzelne Mitglied einer Gesellschaft auf fruchtbarer Erde hinterläßt, damit sie es mit der zur Verfügung stehenden Technologie ernährt. In Europa liegt dieser Fußabdruck auf einer Fläche von dreieinhalb Hektar, in den Vereinigten Staaten bei fünf Hektar. In den meisten Entwicklungsländern liegt er bei weniger als einem halben Hektar. Um die ganze Welt mit heutiger Technologie auf den Stand der USA zu heben, bedürfte es zweier weiterer Planeten Erde.

Diese Zahlen sind für das individuelle Vorstellungsvermögen zunächst so unbegreiflich wie die meisten großen Tatsachen des 20. Jahrhunderts, so schwer vorstellbar wie die Atombombe oder der Kalte Krieg, wie der Urknall oder das menschliche Gehirn. Doch bereits die Anschauung der täglichen Lebensumstände in den Industrienationen dürfte die Empfindung vermitteln, daß eine Grenze schon bald, jedenfalls in historischen Zeithorizonten erreicht sein wird. Das Wachstum kann nicht unendlich sein, also wird es Stillstand und Rückgang geben. Darauf ist die gewaltige Maschinerie der westlichen, nunmehr globalen Wirtschaftsweise nicht eingestellt. Zudem wird sich die unvermeidliche Bremsung des Wachstums mit den ebenso unvermeidlichen Ansprüchen der am Verbrauch bisher zu kurz gekommenen Erdteile überlagern. Kurzum, das Naturwesen Mensch wird unter technisch enorm erleichterten Bedingungen zu seiner jahrtausendelang geübten Sparsamkeit zurückkehren müssen. Das ist keine schreckliche, aber doch eine beunruhigende Aussicht.

Die gedämpfte Stimmung am Millenniumswechsel wird auch mit

dieser Aussicht zu tun haben. Daß der Zenit des Wohlstands überschritten sein dürfte – vermutlich war er es schon in den achtziger Jahren –, ist an den sozialstaatlichen Anpassungsanstrengungen allerorten abzulesen. Der Konsum nimmt nur noch marginal zu, vielfach geht er jetzt schon zurück.

Die politischen und sozialen Freiheiten, die in den letzten fünf Jahrzehnten errungen wurden, setzen ein grundlegendes Wohlergehen, nämlich elementare Sorgenfreiheit voraus. Ohne die Idee auch materieller Gerechtigkeit, jedenfalls von Chancengleichheit ist die Demokratie nicht zu bewahren. Es gibt einen zwingenden Zusammenhang von Massenwohlstand und liberaler politischer Verfassung, der über die polemische Vorstellung von Schönwetterdemokratie hinausreicht. Gleichwohl werden die nächsten Jahrzehnte die Neuerfindung einer sparsamen Demokratie machen müssen, einer liberalen Gesellschaft, die nicht verschwendet.

Das 20. Jahrhundert zeigte in Europa eine Menschheit, die sich politisch ungewöhnlich bedenkenlos und mordlustig, technisch ungewöhnlich schlau, wirtschaftlich ungewöhnlich sorglos verhielt. Die Kräfte der Gesellschaft und der Natur wurden in beispielloser Weise entfesselt. Die Anstrengungen, die Geschichte der Gattung einem Plan zu unterwerfen, sind gescheitert. Die Aufgabe, den gewaltig gesteigerten Lebensprozeß der technisch-industriellen Welt zu zügeln, bleibt und läßt sich nicht mehr abweisen oder auch nur vertagen.

Die zweite Hälfte des 20. Jahrhunderts hat in Europa einen Menschentypus zur Herrschaft geführt, dessen Zukunft vielleicht weniger gewiß ist, als es derzeit scheint: Er ist verständig, lustorientiert, metaphysisch bedürfnislos, ruhelos und ziellos zugleich. Die säkulare Tendenz zur Entmachtung der Religion hat sich fortgesetzt, so stark, daß eine Rückkehr zu den früheren Zuständen auf diesem Gebiet heute ebenso unwahrscheinlich wirkt wie auf den irdischeren Feldern von Technik und Wirtschaft. In der ersten Jahrhunderthälfte floß noch viel religiöse Energie in die politischen Bewegungen mit ihren starken Ansprüchen an die Individuen. In der zweiten Jahrhunderthälfte splitterten religiöse Erfahrungen sich auf: Die zur Massenerscheinung gewordene Psychotherapie übernahm einen Teil der seelsorgerischen Aufgaben der Religion; Rausch- und Entgrenzungserfahrungen wurden im Drogengenuß zu einem breiten Randphänomen der Konsumkultur. Rituelle und transzendente Bedürfnisse wurden nicht mehr in den Kirchen befriedigt, sondern teils individualisiert, teils in die Jugendkultur integriert. Während die gesellschaftliche Macht der Kirchen immer bedeutungsloser wurde, wuchs das Angebot an Esoterik, Astrologie, weltreligiösen Glaubensvarianten ins Unüberschaubare. In kleinen Zirkeln mag so intensiv geglaubt, gebetet und gefeiert worden sein wie eh und je; die öffentliche Atmosphäre war so glaubenslos und unverbindlich wie noch nie in der Geschichte. Verschreckt und entsetzt reagierte der Westen auf den islamischen Fundamentalismus, der seit den späten siebziger Jahren zu einem auch politisch wichtigen Faktor wurde, ganz so, als hätte man den fanatischen Kampfgeist einer Buchreligion nicht aus der eigenen Vergangenheit kennen können. Beunruhigend wirkte wohl vor allem, daß es an einer Stelle doch möglich war, das Rad der Säkularisierung zurückzudrehen, daß technische Zivilisation und Glaubenseifer einander nicht in jedem Moment ausschließen. Hier liegt eine der unbeantworteten Fragen ans 21. Jahrhundert.

Die einzige europäische Institution, die schon im Jahr 1000 bestand und immer noch an gleicher Stelle in ununterbrochener Kontinuität fortlebt, ist das römische Papsttum. Unter Johannes Paul II. feierte es überraschende politische Triumphe, die freilich weniger der eigenen Stärke als der Altersschwäche eines einstmals gewaltigen Feindes zu verdanken waren: des osteuropäischen Kommunismus. Der Papst hat die Kirche als Institution globalisiert und sie für den massendemokratischen Öffentlichkeitsstil geöffnet; dogmatisch und hierarchisch hat er sie zementiert. Mit Schuldbekenntnissen und historischen Revisionen zieht der Papst auf seine Weise die

Bilanz des Millenniums. Im Tourismus wird die Nüchternheit der Epoche auch die Feiern des heiligen Kirchenjahrs 2000 besiegen.

»Dichter Nebel lag auf der Erde, am ersten Tag des 20. Jahrhunderts«, berichtete ein junger deutscher Journalist in einer Korrespondenz vom 7. Januar 1900 aus Berlin. »Soll das so fortgehen? Es gibt ganze Jahrhunderte, die entsetzlich verliefen. Für den einzelnen hat diese Vorstellung, eine langwierige, öde Entwickelung mitmachen zu müssen, etwas Trostloses.« Das zu Ende gehende Jahrhundert hat mehr und Schlimmeres gebracht als eine langwierige öde Entwicklung. Merkwürdigerweise aber könnten wir unsere Empfindungen am Jahrtausendende – Neugier, Verdruß, Zweifel, Hoffnung – noch immer mit derselben Sprache ausdrücken. Man darf das 20. Jahrhundert auch nicht überschätzen.

Die Autoren

Kaspar Elm, geboren in Xanten, Professor em. für Mittelalterliche Geschichte am Friedrich-Meinecke-Institut der Freien Universität Berlin.

Johannes Fried, geboren 1942 in Hamburg, Professor für Mittelalterliche Geschichte an der Johann Wolfgang Goethe-Universität Frankfurt am Main.

Lothar Gall, geboren 1936 in Lötzen/Ostpreußen, Professor für Neuere Geschichte an der Johann Wolfgang Goethe-Universität Frankfurt am Main.

Klaus Hildebrand, geboren 1941 in Bielefeld, Professor für Mittlere und Neuere Geschichte an der Rheinischen Friedrich-Wilhelm-Universität Bonn.

Hagen Keller, geboren 1937 in Freiburg i. Br., Professor für Mittelalterliche Geschichte an der Westfälischen Wilhelms-Universität Münster.

Jürgen Miethke, geboren 1938 in Berlin, Professor für Mittlere und Neuere Geschichte an der Ruprecht-Karls-Universität Heidelberg.

Peter Moraw, geboren 1935 in Mährisch Ostrau, Professor für Mittelalterliche Geschichte, Deutsche Landesgeschichte, Wirtschafts- und Sozialgeschichte an der Justus-Liebig-Universität Gießen.

Paul Münch, geboren 1941 in Bichishausen, Professor für Neuere Geschichte an der Universität Gesamthochschule Essen.

Heinz Schilling, geboren 1942 in Bergneustadt/Rhl., Professor für Geschichte der Frühen Neuzeit an der Humboldt-Universität Berlin.

Gustav Seibt, geboren 1959 in München, Historiker und Literaturwissenschaftler, Redakteur bei der *Berliner Zeitung*.

Rudolf Vierhaus, geboren 1922 in Wanne-Eickel, Direktor em. am Max-Planck-Institut für Geschichte in Göttingen, Hon.-Professor für Mittlere und Neuere Geschichte an der Universität Göttingen.

Auswahlbibliographie

1000 – Johannes Fried

Ehlers, Joachim, »Dom- und Klosterschulen in Deutschland und Frankreich«, in: *Schule und Schüler im Mittelalter. Beiträge zur europäischen Bildungsgeschichte des 9. bis 15. Jahrhunderts*, hrsg. von Martin Kintzinger u. a. (Beihefte zum Archiv für Kulturgeschichte, Bd. 42), Köln 1996, S. 29–52.

Fried, Johannes, »Der heilige Adalbert und Gnesen«, in: *Archiv für mittelrheinische Kirchengeschichte* 50 (1998), S. 41–70.

Ders., *Der Weg in die Geschichte. Die Ursprünge Deutschlands bis 1024* (Propyläen Geschichte Deutschlands 1), Berlin 1994.

Ders., »Endzeiterwartung um die Jahrtausendwende«, in: *Deutsches Archiv für Erforschung des Mittelalters* 45 (1989), S. 381–473.

Lippelt, Helmut, *Thietmar von Merseburg. Reichsbischof und Chronist* (Mitteldeutsche Forschungen 72), Köln/Wien 1973.

Mayr-Harting, Henry, *Ottonische Buchmalerei: Liturgische Kunst im Reich der Kaiser, Bischöfe und Äbte*, Stuttgart u. a. 1991.

Schneider, Wolfgang Christian, *Ruhm, Heilsgeschehen, Dialektik. Drei kognitive Ordnungen in Geschichtsschreibung und Buchmalerei der Ottonenzeit*, Hildesheim/Zürich 1988.

Thietmar von Merseburg, *Chronicon – Chronik*, hrsg. und übersetzt von Werner Trillmich (Ausgewählte Quellen zur deutschen Geschichte des Mittelalters, Bd. 9), 7. Auflage, Darmstadt 1992.

Wellmer, Hansjörg, *Persönliches Memento im deutschen Mittelalter* (Monographien zur Geschichte des Mittelalters, Bd. 5), Stuttgart 1973.

1100 – Hagen Keller

Duby, Georges, *Sankt Bernhard – Die Kunst der Zisterzienser*, Paris 1977.

Haverkamp, Alfred (Hrsg.), *Juden und Christen zur Zeit der Kreuzzüge*, Sigmaringen 1999.

Keller, Hagen, *Zwischen regionaler Begrenzung und universalem Horizont. Deutschland im Imperium der Salier und Staufer. 1024–1250* (Propyläen Geschichte Deutschlands 2), Berlin 1986 (Studienausgabe 1990).
Lobrichon, Guy, *Die Eroberung Jerusalems im Jahre 1099*, Sigmaringen 1998.
Schulz, Knut, *»Denn sie lieben die Freiheit so sehr ...«. Kommunale Aufstände und Entstehung des europäischen Bürgertums im Hochmittelalter*, Darmstadt 1992.
Tellenbach, Gerd, *Die westliche Kirche vom 10. bis zum frühen 12. Jahrhundert*, Göttingen 1988.
Weimar, Peter (Hrsg.), *Die Renaissance des 12. Jahrhunderts*, Zürich 1981.
Weinfurter, Stefan, *Herrschaft und Reich der Salier. Grundlinien einer Umbruchzeit*, Sigmaringen 1991.
Wilson, David M., *Der Teppich von Bayeux*, Frankfurt am Main/Berlin 1985.

1200 – Kaspar Elm

Grundmann, Herbert (Hrsg.), *Handbuch der deutschen Geschichte I*, 9. Auflage, Stuttgart 1970.
Imkamp, Wilhelm, *Das Kirchenbild Innocenz' III. (1198–1216)* (Päpste und Papsttum 22), Stuttgart 1983.
Kempf, Friedrich, *Papsttum und Kaisertum bei Innocenz III. Die geistigen und rechtlichen Grundlagen seiner Thronstreitpolitik* (Miscellanea Historiae Pontificiae 19), Rom 1954.
Laufs, Manfred, *Politik und Recht bei Innozenz III.*, Köln 1980.
Maleczek, Werner, *Papst und Kardinalskolleg von 1191 bis 1216. Die Kardinäle unter Coelestin III. und Innocenz III.* (Publikationen des Historischen Instituts beim Österreichischen Kulturinstitut in Rom I,6), Wien 1984.
Miethke, Jürgen; Bühler, Arnold (Hg.), *Kaiser und Papst im Konflikt. Zum Verständnis von Staat und Kirche im späten Mittelalter* (Historisches Seminar 8), Düsseldorf 1988.
Vauchez, André (Hrsg.), *Machtfülle des Papsttums (1054–1274)* (Die Geschichte des Christentums. Religion, Politik, Kultur, Bd. 5), Freiburg/Basel/Wien 1994.

1300 – Jürgen Miethke

Battenberg, J. Friedrich, *Das europäische Zeitalter der Juden. Zur Entwicklung einer Minderheit in der nichtjüdischen Umwelt Europas*, Bd. 1: *Von den Anfängen bis 1650*, Darmstadt 1990.
Bergdolt, Klaus, *Der Schwarze Tod in Europa*, München 1994.
Fetscher, Iring; Münkler, Herfried (Hrsg.), *Pipers Handbuch der Geschichte der politischen Ideen*, Bd. 2: *Mittelalter*, München 1993.
Isenmann, Eberhard, *Die deutsche Stadt im Spätmittelalter 1250–1500. Stadtgestalt, Recht, Stadtregiment, Kirche, Gesellschaft, Wirtschaft*, Stuttgart 1988.
Lexikon des Mittelalters, 9 Bände, Zürich/München 1980–1998.
Mayer, Hans Eberhard, *Geschichte der Kreuzzüge*, 9. Auflage, Stuttgart 1995.
Mollat, Michel; Vauchez, André (Hrsg.), *Die Zeit der Zerreißproben (1274–1449)* (Die Geschichte des Christentums. Religion, Politik, Kultur, Bd. 6), Freiburg/Basel/Wien 1991.

Moraw, Peter, *Von offener Verfassung zu gestalteter Verdichtung. Das Reich im späten Mittelalter 1250–1490* (Propyläen Geschichte Deutschlands 3), Berlin 1985.
Schimmelpfennig, Bernhard, *Das Papsttum*, 4. Auflage, Darmstadt 1996.
Willoweit, Dietmar, *Deutsche Verfassungsgeschichte. Vom Frankenreich bis zur Teilung Deutschlands*, 3. Auflage, München 1997.

1400 – Peter Moraw

Bäumer, Remigius (Hrsg.), *Das Konstanzer Konzil*, Darmstadt 1977.
Brendecke, Arndt, »Fins(s) de siècle und kein Ende«, in: *Historische Zeitschrift* 268 (1999), S. 107–120.
Buckel, Walter (Hrsg.), *Das 14. Jahrhundert. Krisenzeit*, Regensburg 1995.
Carozzi, Claude, *Weltuntergang und Seelenheil*, Frankfurt am Main 1996.
Europäische Kunst um 1400 (Katalog zur 8. Ausstellung des Europarats), Wien 1962.
Gerwing, Manfred, *Vom Ende der Zeit*, Münster 1996.
Meuthen, Erich, *Das 15. Jahrhundert*, 3. Auflage, München 1996.
Moraw, Peter, *Über König und Reich*, Sigmaringen 1995.
Seibt, Ferdinand, *Karl IV. Ein Kaiser in Europa. 1346–1378*, München 1978.
Smahel, Frantisek (Hrsg.), *Häresie und vorzeitige Reformation im Spätmittelalter*, München 1998.
Wendorff, Rudolf, *Zeit und Kultur*, Wiesbaden 1980.

1500 – Heinz Schilling

Handbook of European History 1400–1600. Late Middle Ages, Renaissance and Reformation, hrsg. von Th. A. Brady, H. A. Oberman und J. D. Tracy, Leiden 1995.
Jung-Inglessis, E. M., *Das Heilige Jahr in Rom, Geschichte und Gegenwart*, Città des Vaticano 1997.
Meuthen, Erich, *Das 15. Jahrhundert* (Oldenbourg Grundriß Geschichte Bd. 9), 3. Auflage, München 1996.
Ders., »Reiche, Kirchen und Kurie im späten Mittelalter«, in: *Historische Zeitschrift* 265 (1997), S. 597–637.
Moeller, Bernd, *Deutschland im Zeitalter der Reformation*, 3. Auflage, Göttingen 1988.
Ders., *Die Reformation und das Mittelalter. Kirchenhistorische Aufsätze*, Göttingen 1991.
Schilling, Heinz, *Die neue Zeit. Vom Christenheitseuropa zum Europa der Staaten. 1250–1750* (Siedler Geschichte Europas Bd. 3), Berlin 1999.
Ders., »Reformation – Umbruch oder Gipfelpunkt eines Temps des Réformes?«, in: Bernd Moeller (Hrsg.), *Die frühe Reformation in Deutschland als Umbruch*, Heidelberg 1998, S. 13–34.
Wuttke, Dieter, »Dürer und Celtis. Von der Bedeutung des Jahres 1500 für den deutschen Humanismus«, in: *The Journal of Medieval and Renaissance Studies* 10 (1980), S. 73–129.

1600 – Paul Münch

Burkhardt, Johannes, *Der Dreißigjährige Krieg*, Frankfurt am Main 1992.

Delumeau, Jean, *Angst im Abendland. Die Geschichte kollektiver Ängste im Europa des 14. bis 18. Jahrhunderts*, 2 Bde., Reinbek bei Hamburg 1985.

Lehmann, Hartmut, *Das Zeitalter des Absolutismus. Gottesgnadentum und Kriegsnot*, Stuttgart 1980.

Lovejoy, A. O., *Die große Kette der Wesen. Geschichte eines Gedankens*, Frankfurt am Main 1993.

Press, Volker, *Kriege und Krisen. Deutschland 1600–1715*, München 1991.

Rabe, Horst, *Reich und Glaubensspaltung. Deutschland 1500–1600*, München 1989.

Roeck, Bernd, *»Als wollt die Welt schier brechen«. Eine Stadt im Zeitalter des Dreißigjährigen Krieges*, München 1991.

Schilling, Heinz, *Aufbruch und Krise. Deutschland 1517–1648*, Berlin 1988.

Shapin, Steven, *Die wissenschaftliche Revolution*, Frankfurt am Main 1998.

Zeeden, Ernst-Walter, *Hegemonialkriege und Glaubenskämpfe 1556–1648* (Propyläen Geschichte Europas 2), Frankfurt am Main 1982.

1700 – Rudolf Vierhaus

Lehmann, Hartmut, *Das Zeitalter des Absolutismus. Gottesgnadentum und Kriegsnot*, Stuttgart 1980.

Mandrou, Robert, *Staatsräson und Vernunft 1649–1775*, Frankfurt am Main 1975.

Maurer, Michael, *Kirche, Staat und Gesellschaft im 17. und 18. Jahrhundert*, München 1999.

Münch, Paul, *Lebensformen in der Frühen Neuzeit*, Berlin 1992.

Schilling, Heinz, *Höfe und Allianzen. Deutschland 1648–1763*, Berlin 1989.

Schmidt, Georg (Hrsg.), *Stände und Gesellschaft im Alten Reich*. Stuttgart 1989.

Vierhaus, Rudolf, *Staaten und Stände. Vom Westfälischen bis zum Hubertusburger Frieden, 1648–1763* (Propyläen Geschichte Deutschlands 5), Berlin 1984.

1800 – Lothar Gall

Bauer, Leonhard; Matis, Herbert, *Geburt der Neuzeit. Vom Feudalismus zur Marktgesellschaft*, München 1988.

Birtsch, Günter (Hrsg.), *Grund- und Freiheitsrechte von der ständischen zur spätbürgerlichen Gesellschaft*, Göttingen 1987.

Borchardt, Knut, »Die Entwicklung der industriellen Gesellschaften«, in: Cipolla, Carlo M. (Hrsg.), *Europäische Wirtschaftsgeschichte*, Bd. 4, Stuttgart 1985, S. 135–202.

Fehrenbach, Elisabeth, *Vom Ancien Régime zum Wiener Kongreß*, München 1993.

Koselleck, Reinhart (Hrsg.), *Studien zum Beginn der modernen Welt*, Stuttgart 1977.

Holzhausen, P., *Der Urgroßväter Jahrhundertfeier*, Leipzig 1901.

Nipperdey, Thomas, *Deutsche Geschichte 1800–1866. Bürgerwelt und starker Staat*, München 1983.

Porter, Roy, »The 1790s: ›Visions of Unsullied Bliss‹«, in: Briggs, Asa; Snowman, Daniel, *Fins de Siècle. How Centuries End 1400–2000*, New Haven/London 1996, S. 125–155.

Sauer, A. (Hrsg.), *Die deutschen Säculardichtungen an der Wende des 18. und 19. Jahrhunderts*, Berlin 1901.

Schieder, Theodor (Hrsg.), *Handbuch der europäischen Geschichte*, Bd. 5: *Europa von der Französischen Revolution zu den nationalstaatlichen Bewegungen des 19. Jahrhunderts*, hrsg. von Walter Bußmann, Stuttgart 1981.

Wehler, Hans-Ulrich, *Deutsche Gesellschaftsgeschichte*, Bd. 1: *Vom Feudalismus des Alten Reiches bis zur Defensiven Modernisierung der Reformära 1700–1815*, München 1987.

1900 – Klaus Hildebrand

Haas, Willy, *Die Belle Epoque*, München 1967.

Herre, Franz, *Jahrhundertwende 1900. Untergangsstimmung und Fortschrittsglauben*, Stuttgart 1998.

Klein, Fritz; von Aretin, Karl Otmar (Hrsg.), *Europa um 1900*. Texte eines Kolloquiums, Berlin 1989.

Nitschke, August; Ritter, Gerhard A.; Peukert, Detlef J. K.; vom Bruch, Rüdiger (Hrsg.), *Jahrhundertwende. Der Aufbruch in die Moderne 1880–1930*, 2 Bände, Reinbek bei Hamburg 1990.

Schieder, Theodor, *Staatensystem als Vormacht der Welt 1848–1918* (Propyläen Geschichte Europas 5), Frankfurt am Main – Berlin – Wien 1977.

Tannenbaum, Edward R., *1900. Die Generation vor dem Großen Krieg*, Frankfurt am Main/Berlin/Wien 1978.

2000 – Gustav Seibt

Birg, Herwig, *Die Weltbevölkerung*, München 1998.

Bracher, Karl-Dietrich, *Die Krise Europas* (Propyläen Geschichte Europas 6), Berlin 1998.

Furet, François, *Das Ende der Illusion*, München 1996.

Hobsbawm, Eric, *Das Zeitalter der Extreme*, München 1995.

Nolte, Ernst, *Geschichtsdenken im 20. Jahrhundert*, Berlin 1991.

Reich, Robert B., *Die neue Weltwirtschaft*, Frankfurt am Main 1996.

Schöllgen, Gregor, *Geschichte der Weltpolitik von Hitler bis Gorbatschow 1941–1991*, München 1996.

Sieferle, Rolf Peter, *Epochenwechsel*, Berlin 1994.

Wilson, Edward O., *Die Einheit des Wissens*, Berlin 1998.

20 Tage im 20. Jahrhundert. 20 Bände, hrsg. von Norbert Frei, Klaus-Dietmar Henke und Hans Woller, München 1998 ff.

Personenregister

Abaelard, Peter 55, 94 f.
Abbo von Fleury 34, 36, 56, 59
Adalbert von Hamburg 85
Adalbert, hl. 43 f., 47 ff.
Adam von Bremen 85
Adela, Gräfin 50
Ademar von Chabannes 18, 49
Adolf von Köln 108
Adolf von Nassau 152, 154
Aegidius Romanus 148 f.
al-Kamil, Sultan 133
Albrecht I. 152
Albrecht von Österreich 154
Albrecht, Erzbischof 232
Alexander II. 90
Alexander VI. Borgia 205 f., 216 f., 224 f., 232, 238
Alexander von Roes 169
Alfonso V. 212
Alkuin 56
Alpert von Metz 50
Alsted, Johann Heinrich 248
Althoff, Theodor 364
Alvarus Pelagius 149
Amalrich von Bene 126, 131
Andreae, Johann Valentin 246, 265
Angelus Silesius 266
Anno, Erzbischof 85 f.
Anselm II. von Lucca 70
Anselm von Canterbury 104
Aristoteles 124, 126, 172, 246, 276
Arndt, Johann 266
Arnold, Gottfried 286
Atlas, Martin 355
Augustin, Aurelius 59
Augustinus von Ancona 149

Bach, Johann Sebastian 308
Bacon, Francis 246, 278 f., 284
Bacon, Roger 174
Balduin von Boulogne 66
Baldung, Hans (gen. Grien) 227
Baldus de Ubalais 171
Barbari, Jacopo da 212
Barrès, Maurice 373
Bartolus von Sassoferrato 171
Bayle, Pierre 297, 301
Benedikt XII. 156
Benno II. von Osnabrück 82
Berengar von Tours 55, 57
Berg, Alban 361
Bernhard von Clairvaux 94, 102, 104
Bernhard von Parma 171
Bernini, Gian Lorenzo 279
Bernoulli, Jacob 297
Berta von Blois 24
Bertolt von Zähringen 80
Bianca Maria, Kaiserin 212
Bismarck, Otto von 371
Boetius 56
Boleslaw der Tapfere 44, 46
Bonifaz VIII. 12, 134, 137 f., 141–148, 171, 192, 216
Boockmann, Hartmut 222
Borgia, Cesare 218

Borgia, Lucrezia 218 f.
Borromini, Francesco 279
Bosch, Hieronymus 227
Böttger, Johann Friedrich 297
Brahe, Tycho 243
Bramante 223
Breschnew, Leonid 384, 399
Breughel, Pieter 256
Bruno, Giordano 277
Buno, Johannes 283 f.
Burchard von Ursperg 109
Burchard von Worms 33–36
Burckhardt, Georg 234
Burckhardt, Johannes 206, 216
Burke, Edmund 315 f.

Caccini, Giulio 280 f.
Caesar, Gaius Julius 239, 242
Caëtani, Fam. 146
Calixt II. 100, 102
Calvin, Johann 231, 261
Campanella, Tommaso 246
Carion 252
Cellarius, Christoph 283
Celtis, Konrad 215 f., 225
Chalcidius 36
Chamberlain, Houston Stewart 360
Chamberlain, Joseph 370
Christian IV. 268
Churchill, Winston 375
Claricia Scotti 112
Clemenceau, Georges 373
Clemens III. 66, 98
Clemens V. 142, 156, 166, 171
Clemens, Papst 114
Coelestin III. 113
Coelestin V. 142 f.
Colonna, Fam. 146 f.
Condorcet, Marie Jean 322
Constant, Benjamin 318
Crispi, Francesco 376

DaCosta Kaufmann, Thomas 213
Dahn, Felix 22
Dante Alighieri 149, 172, 175
Darwin, Charles 277, 408
David von Dinant 126
De Vitoria, Francisco 208
Degas, Edgar 365
Delbrück, Hans 374
Descartes, René 232, 278, 301
Desmarest, Rechtsanwalt 376
Diego von Osma 128 f.
Dienel, Hans-Ludger 353
Dientzenhofer, Johann 307
Dietmar, Bischof 47 f.
Dietrich, Marlene 367
Disraeli, Benjamin 356
Domingo de Guzmán 128
Dostojewskij, Fjodor 375
Dreyfus, Alfred 359 f., 373
Duns Scotus, Johannes 170
Dürer, Albrecht 213, 215, 234
Durkheim, Emile 37

Eckart, Meister 173
Edward I. 167
Edward II. 150
Edward III. 150
Einstein, Albert 352
Ekbert von Braunschweig 75
Ekkehart von St. Gallen 50
Elisabeth von Österreich 358
Elm, 11
Emnilde 58
Enzelin, Dombaumeister 83
Eosander, Johann Friedrich 307
Eugen III. 102

Faust, Georg 275
Fénelon, François de Salignac de la Mothe 288
Ferdinand I. 262
Ferdinand II. 269
Ferrer, Vinzenz 179
Fichte, Johann Gottlieb 314
Fiorentino, Adriano 213
Fischer von Erlach, Johann Bernhard 307
Folcuin, Abt 18
Ford, Henry 350
Föttinger, Hermann 354 f.
Fourier, Charles 326
Fra Dolcino 157
Fra Salimbene von Parma 114

Francesco di Pietro Bernardone 128
Francke, August Hermann 287 f., 300
Franz I. 211
Franz Joseph I. 345, 372
Franz von Assisi 129
Franz von Sales 266
Freud, Sigmund 277, 408
Frevert, Ute 366
Fried, Alfred Hermann 375
Fried, Johannes 11
Friedrich August I. von Sachsen 292
Friedrich Barbarossa 51, 87, 90, 108, 119 f.
Friedrich der Weise 211, 215, 231
Friedrich I. von Österreich 107, 110
Friedrich II. 87, 110, 117, 133, 141, 144, 151, 154, 163
Friedrich III. von Brandenburg 292
Friedrich V. von der Pfalz 252, 268
Friedrich von Österreich 154
Friedrich von Staufen 80
Friedrich Wilhelm I. 300
Friedrich Wilhelm von Brandenburg 309
Frisius, David Fabricius 254
Fugger, Jakob 210, 213
Fugger, Ulrich 213
Fulbert von Chartres 34, 55, 57

Galilei, Galileo 254, 276, 278, 281
Galilei, Vincenzo 281
Gall, Lothar 369 f.
Gallus Anonymus 46
Galvani, Luigi 326
Gama, Vasco da 207
Gandhi, Mahatma 377
Gauzlin von Bourges 34
Gazes, Theodoros 212
Geldern, Graf von 87
Gemeiner, Carl Theodor 228
George, Stefan 349, 359
Gerbert s. Silvester II.
Gerhard von Cambrais 35 f.
Gerhardt, Paul 266
Gerhoch von Reichersberg 70, 72, 101
Gesner, Konrad 275
Giesebrecht, Wilhelm von 22, 25 f., 45
Gobineau, Joseph Arthur Comte de 360
Godwin, William 322
Goethe, Johann Wolfgang 212, 314, 333 f., 338
Gottfried von Bouillon 66
Gottsched, Johann Christoph 301
Gratian, Kaiser 170
Gregor I. (der Große) 17, 24, 59, 113
Gregor VII. 67, 69, 7376, 90, 96–99, 115
Gregor IX. 170
Gregor XIII. 239, 242, 252
Grillparzer, Franz 359
Grimmelshausen, Jakob Christoffel von 245
Grote, Geert 190
Grundmann, Herbert 111
Grünspecht 251
Gryphius, Andreas 271, 274
Guibert von Nogent 87
Guido von Assisi 129
Gustav Adolf von Schweden 252, 269
Gutenberg, Johannes 178, 211

Habermas, Jürgen 275
Haeckel, Ernst 344
Händel, Georg Friedrich 308
Harvey, Lilian 367
Hasse, Johann Adolf 308
Hauck, Albert 22, 39
Hegel, Georg Wilhelm Friedrich 313 f., 336, 339, 357
Heimpel, Hermann 290
Heinrich der Löwe 102, 108
Heinrich der Seefahrer 196
Heinrich II. 22, 41, 51
Heinrich III. 51, 97
Heinrich IV. 68, 72–80, 84, 86, 90, 97 ff., 104, 130
Heinrich IV. von Frankreich 263
Heinrich V. 77, 86, 96, 99 f.
Heinrich VI. 108–111, 117 f., 120
Heinrich VII. 152
Heinrich VIII. 224
Heinrich von Cremona 148
Heinrich, Markgraf 51
Hellpach, Willy 354
Herder, Johann Gottfried 319
Hermann von Salm 75

Herzl, Theodor 360
Hieronymus, hl. 45
Hildebrand, Johann Lucas von 307
Hildebrand, Klaus 8
Hilderich, Bischof 15
Hilferding, Rudolf 356
Hitler, Adolf 349, 368, 380
Hochstraten, Jakob van 215
Hoenegg, Hoe von 263
Hofmannsthal, Hugo 361
Hohenheim, Theophrastus Bombastus von 251
Holbein, Hans d. J. 215
Honorius Augustodunensis 53
Horaz 55
Huguccio 114
Hunold, Christian Friedrich 293
Hus, Johannes 193 f., 222, 235
Hussein, Saddam 393
Hutten, Ulrich von 214 f., 236
Huygens, Christiaan 297

Ibn Rushd 172
Ignatius von Loyola 231
Innozenz III. 67, 108 f., 112, 115, 117 f., 120, 125–130, 132–135
Innozenz IV. 134, 141
Isidor von Sevilla 78

Jakob der Reiche 210
Jakob von Viterbo 149
Jaspers, Karl 275
Jeanne d'Arc 201
Jesus Christus 12, 23, 44 ff., 51, 65 f., 69, 92 f., 97 f., 101, 103 f., 115, 118, 129 f., 137, 141, 144, 178, 213, 217, 231, 233, 266
Joachim von Fiore 131
Johannes Andreae 171
Johannes Colonna 129 f.
Johannes Paul II. 417
Johannes Quidort 148
Johannes Teutonicus 170
Julius II. Rovere 223
Juvenal 55

Karl I. (der Große) 35, 44, 51, 56, 94, 100, 202
Karl I. von Anjou 144, 154
Karl IV. 153, 162, 164, 187, 191, 196, 200 f.
Karl V. 208, 376
Karl VI. 201
Karl XII. 310
Karstadt, Rudolph 364
Keller, Hagen 11
Kempf, Friedrich 134
Kennan, George F. 343
Kepler, Johannes 243, 246, 276 f.
Kerr, Alfred 349
Khevenhüller, Hans 241
Kierkegaard, Sören 313
Knut II. (der Große) 25
Koestler, Arthur 388
Kolakowski, Leszek 240
Koloman 50
Kolumbus, Christoph 178, 207, 255
Konrad II. 22, 51
Konrad IV. 154
Konrad von Zähringen 88
Konrad, König 90, 98
Konradin 154
Konstantin I. (der Große) 45, 72, 117
Konstanze, Königin 110, 117
Kopernikus, Nikolaus 255, 276, 314
Kraus, Karl 346, 349
Kuhn, Axel 364

Las Casas, Bartholomé de 208
Laskaris, Konstantinos 212
Leibniz, Gottfried Wilhelm 287, 289, 291, 295 ff.
Lenin, Wladimir Iljitsch 349
Leo von Vercelli 25
Leopold I. 155
Lichtenberger 251
Lipsius, Justus 254
Liutgard, Gräfin 50
Locke, John 297, 301
Logau, Friedrich 261
Loos, Adolf 352
Löscher, Valentin Ernst 301
Lothar III. 89

Lothar von Segni 112 f.
Lucan 55
Ludwig der Bayer 151 f., 154, 162, 164, 173
Ludwig der Heilige 41, 164
Ludwig IX. 138
Ludwig XIV. 286, 293 f., 298
Ludwig von Anhalt-Köthen 282
Lullus, Raimundus 172
Luther, Martin 178, 211, 215, 218–222, 225, 231–235, 252, 255, 265, 282

Mabillon, Jean 22
Machiavelli, Niccolò 227
Macrobius 55, 58
Malthus, Robert 322 f.
Mandelstam, Ossip 343
Manegold von Lautenbach 76
Manfred, König 154
Mao Tse-tung 349
Marianus 66
Marsilius von Padua 149, 173
Martialis 55
Martianus Capella 56
Mathilde, Königin 108
Matthias I. Corvinus 212
Maximilian de Béthùne 130
Maximilian I. 211 f., 215, 229
Maximilian von Bayern 263
Mehring, Franz 348
Meinrich, Dekan 15
Meuthen, Erich 214
Michelet, Jules 22
Mierendorff, Carlo 351
Miethke, Jürgen 12, 119
Millerand, Alexandre 347
Moeller, Bernd 223 f.
Mommsen, Theodor 369
Montaigne, Michel de 247
Monteverdi, Claudio 281
Moraw, Peter 11
Moreau, Jean Victor 317
Morus, Thomas 246
Moscherosch, Johann Michael 307
Münch, Paul 12
Müntzer, Thomas 179
Muratori, Ludovico Antonio 22
Mussolini, Benito 349

Napoleon I. 317, 322, 324, 327, 331 f., 336, 339 ff.
Nebenius, Karl Friedrich 330
Nehru, Jawaharlal 377
Nering, Johann Arnold 307
Neumann, Balthasar 307
Newton, Isaac 277, 297, 300
Nicolai, Philipp 266
Nicole Oresme 165
Nietzsche, Friedrich 346, 368
Nikolaus von Kues 179, 237
Nilus, hl. 51
Nipperdey, Thomas 317, 339
Nolte, Ernst 368
Nostradamus s. Michel de Notredame
Notredame, Michel de 251

Ockham, Wilhelm von 149, 170, 173
Oldradus de Ponte 171
Opitz, Martin 282
Ortega y Gasset, José 23
Orwell, George 387, 399
Otloh von St. Emmeram 57
Otto I. (der Große) 25, 202
Otto III. 39–46, 49, 51
Otto IV. 107 f., 117
Otto von Braunschweig 108
Otto von Freising 72
Otto von Wittelsbach 109 f.
Ottokar von Böhmen 154
Ovid 55, 59
Owen, Robert 326

Pankhurst, Emily 365
Papin, Denis 297
Paracelsus, Philippus s. Theophrastus Bombastus von Hohenheim
Paschalis II. 66, 93, 99
Payne, Thomas 315
Peri, Jacopo 281
Perrault, Charles 298
Persius 55
Peter I. (der Große) 292, 310
Petrarca, Francesco 175, 177

Petrus Cantor 113
Petrus Damiani 24
Peuckert, Will-Erich 219
Philipp II. 241, 376
Philipp II. August 108, 110 f.
Philipp IV. (der Schöne) 134, 138, 146, 150, 165, 167
Philipp von Schwaben 107 ff.
Pierre de Castelnau 127
Pierre de Corbeil 113
Planck, Max 352
Platon 36
Plautus 68
Pobedonòszew, Konstantin 360
Pöppelmann, Matthias Daniel 307
Porphyrius 56
Preimesberger, Rudolf 213
Ptolemäus, Claudius 196, 212, 246
Pufendorf, Samuel 153, 301

Radulf, Mönch 18
Raffael 223
Rambold 24
Ranke, Leopold von 22, 45, 134 f., 219, 313
Rather, Bischof 17
Reinhardt, Volker 222
Reuchlin, Johannes 214
Reutter, Otto 366
Reventlow, Franziska von 366
Rhodes, Cecil 370
Richard II. 150, 201
Richard Löwenherz 108
Rinckart, Martin 266
Robert de Courçon 113, 125, 131
Robert der Fromme 24
Robert II. 49
Roosevelt, Theodore 376
Röslin, Helisäus 252
Rudolf I. 152
Rudolf II. 276
Rudolf IV. 153
Rudolf von Habsburg 151 f., 154
Rudolf von Rheinfelden 73
Rudolf von Schwaben 75 f.
Rupert von Deutz 104

Saint-Simon, Claude Henri de Rouvroy 326
Saladin, Sultan 120
Salisbury, Robert Arthur 347
Scarlatti, Antonio 308
Schelling, Friedrich Wilhelm von 314
Schiller, Friedrich 314, 332, 338
Schilling, Heinz 11
Schlaun, Johann Conrad 307
Schlegel, Friedrich 334
Schlüter, Andreas 307
Schmidt, Gregorius Andreas 283
Schmitt, Carl 275
Schönberg, Arnold 361
Schulz, Hyronimus 232
Schwarz, Hans-Peter 343 f.
Sciarra Colonna 146
Seckendorff, Ludwig von 295
Segarelli 157
Seibt, Gustav 10
Sergius IV. 23
Sickingen, Franz von 236
Siegbert von Gembloux 67, 72
Siegfried von Merseburg 26
Siemens, Werner von 353
Sigismund, Kaiser 194, 196, 201
Silvester II. 34, 117
Simmel, Georg 37
Slaby, Adolf 354
Solschenizyn, Alexander 388
Sorel, Georges 373
Spalatin s. Georg Burckhardt
Spee von Langenfeld, Friedrich 266, 273
Spener, Philipp Jacob 299
Stalin, Josef 349, 368, 403
Stefan Langton 113
Stein, Heinrich Friedrich Karl Reichsfreiherr vom und zum 331 f.
Stiblin, Kaspar 246
Stöcker, Helene 366
Stresemann, Gustav 363 f.
Strindberg, August 365
Suger, Abt 103
Suttner, Bertha von 375

Tacitus 214
Talleyrand, Charles Maurice de 340

Telemann, Georg Philipp 308
Telephorus von Cosenza 179
Terenz 55
Tetzel, Johannes 231
Thietmar von Merseburg 15–21, 23f., 26ff., 32, 34, 36–42, 46, 48f., 51f., 54, 58f., 62f.
Thomas von Aquin 170
Thomas von Kempen 266
Thomasius, Christian 286, 289, 298, 300f.
Thoreau, Henry David 377
Tietz, Hermann 364
Tietz, Leonard 364
Tilly, Johann Graf von 269
Tolstoi, Leo 345
Toulouse-Lautrec, Henri 365
Trapezundios, Georgios 212
Trasimund Scotti 112

Unger, Bischof 44
Urban II. 67, 93, 98, 105
Ursinus, Georg 253

Valla, Lorenzo 212
Valois, Fam. 150
Vauchez, André 133
Vergil 55
Vierhaus, Rudolf 12
Virdung 251
Volta, Alessandro Graf 326

Waldeck-Rousseau, Pierre 347
Waldes, Kaufmann 122
Wallenstein, Albrecht Eusebius Wenzel 269
Wallerstein, Immanuel 233
Walther von der Vogelweide 107, 109, 112f., 118
Warhol, Andy 398
Weber, Max 37, 222, 368
Wedekind, Frank 365
Weigel, Erhard 300
Wells, Herbert George 346
Wenzel IV. 162, 194, 201
Wertheim, Abraham 364
Wilhelm II. 347
Wilhelm II. von Hessen 227
Wilhelm II. von Sizilien 117
Wilhelm von Nogaret 146
Winterhager, Wilhelm E. 225
Wiprecht von Groitzsch 82
Wolff, Christian 300
Wolfgang, hl. 34, 53, 57f.
Wyclif, John 193

Zola, Emile 348, 360, 373
Zweig, Stefan 349f.
Zwingli, Ulrich 231, 261

Bildnachweis

Die Vorlagen für die Bilddokumente stammen von:

Conzett & Huber, Zürich 10; Fratelli Alinari, Florenz 7, 8; Ralph Kleinhempel, Hamburg 16, 21; Prof. Dr. Karl-Heinz Ludwig, Bremen 9; Ann Münchow, Aachen 3; Rheinisches Bildarchiv, Köln 4; Scala Istituto Fotogr. Editoriale, Florenz 12a; Walter Steinkopf, Berlin 13a, 13b; Verlagsarchiv 17 a, 17b.

Alle übrigen Aufnahmen lieferten die in den Bildunterschriften genannten Archive, Bibliotheken, Museen und Sammlungen.

Die Verwertungsgesellschaft Bild-Kunst, Bonn, erteilte die Erlaubnis zur Reproduktion des Gemäldes von Matthias Koeppel; die Heidelberger Fensterentwürfe werden mit Einverständnis des Künstlers reproduziert.